秦漢魏晉史探微

（重訂本）

田餘慶　著

商務印書館

本書中文繁體字版由中華書局（北京）授權出版

責任編輯：　童思媚
裝幀設計：　涂　慧
排　　版：　周　榮
責任校對：　趙會明
印　　務：　龍寶祺

秦漢魏晉史探微（重訂本）

作　　者：　田餘慶
出　　版：　商務印書館（香港）有限公司
香港筲箕灣耀興道 3 號東匯廣場 8 樓
http://www.commercialpress.com.hk
發　　行：　香港聯合書刊物流有限公司
香港新界荃灣德士古道 220–248 號荃灣工業中心 16 樓
印　　刷：　中華商務彩色印刷有限公司
香港新界大埔汀麗路 36 號中華商務印刷大廈 14 樓
版　　次：　2025 年 7 月第 1 版第 1 次印刷

ISBN 978 962 07 6775 3
Printed in Hong Kong

前言

《秦漢魏晉史探微》一書，輯存的是書名斷代範圍之內的近年讀史之作。文章一般寫在 1979—1989 的十年之間，少數文章定稿稍晚一點，但內容都是在這十年之中醞釀的。有兩篇寫得較早，這兩篇與《探微》其他文章在觀點上有承襲或照應之處，所以經刪節後也選收進來了。

以《探微》名書，無新鮮感，不愜人意。我原想把十年時限這一因素放到書名中去。這十年與過去大有不同，讀書寫作的外部條件有了改善，是非常難得的。有一位文學家以《十年蹣跚》為文章標題，吸引了我。我很想找一個類似的書名。但是琢磨許久，終於放棄了這個打算。因為，歷史學畢竟不同於文學，古史又不同於近史。古史內容缺乏現實感，本來就枯燥；而我的文章又比較濃縮，讀起來難得有輕鬆之感。這樣的書，要賦予它一個富有哲理、文采而又活潑、簡練的書名，反而不倫不類，不如雖平淡卻實在一點為好。我的興趣在鈎沉發隱，以《探微》名書，倒也符合實際。

收入《探微》的文章都經過修改，有的改動很大，甚至重寫一過。所改動之處，或換題目，或增設文內標題，或補充訂正資料，或調整充實論點。但是各文主旨概依舊說，以存其真。有幾篇文章新加了簡短的跋語，其內容一般是資料和論斷有所增益而在修改原作時未能包含者，也有的是對原作的一些說明。由於《探微》所收某些文章原來已有了「附語」、「後記」之類，所以在編次《探微》時附加的這類文字，一律冠以「作者跋語」，以示與原有附加文字相區別。

十年來每有所思所作，總不免晚學之憾。但是自知之明和學有所守的體會卻日漸增長。一位博學多才的文學家在自己的一種著作付印後被問及此後寫同類作品的設想，他回答說，要想寫作而沒有可能，那只會有遺恨；有條件寫作而寫出來的不是東西，那就要後悔了，而後悔味道不好受。所以他強調說：「我寧恨毋悔。」對這幾句話，我曾久久凝思。我知道，學科有不同，學識有高下，不能一概而言，強比前人。不過「寧恨毋悔」的論學之語有如當代《世說》，讀來濃郁沁心，極堪回味，我願以為圭臬。

作　者

1991 年溽暑於北京大學

目　錄

說張楚

——關於「亡秦必楚」問題的探討

一　漢初重張楚

《史記・陳涉世家》記陳勝義兵入陳事說：陳勝稱大楚，「入據陳，數日，號令召三老、豪傑與皆來會計事。三老、豪傑皆曰：『將軍身被堅執銳，伐無道，誅暴秦，復立楚國之社稷，功宜為王。』陳涉乃立為王，號為張楚」，云云。

張楚詞義，古今學者為之詮釋，頗不乏人。《史》、《漢》注家用訓詁成法釋張楚，從張字生解，謂張楚猶言張大楚國。王先謙據《廣雅・釋詁》「張，大也」，直謂張楚就是大楚。按照這個說法，陳勝入陳建張楚之號，實際上就是篝火狐鳴時以及用尉首祭壇時所稱大楚的正式宣告。張晏認為張是弛的反義詞，謂楚為秦滅，是已弛；陳勝立楚，遂為張，故號張楚。這個解釋雖嫌迂拗，但涵蓋了秦楚關係，包含了張楚目的，有它的長處。的確，由於楚有可張之勢，張楚旗號非常有利於反秦活動，陳勝張楚才具有不平常的意義。《史記・項羽本紀》楚南公之言曰：「楚雖三戶，亡秦必楚」，論者謂其識廢興之數。張楚名號，可與「亡秦必楚」之說照應。

七十年代出土的長沙馬王堆三號漢墓帛書，其《五星占》中的五星行度和另一種古佚書的干支表，具列秦及漢初紀年，其間有張楚而無秦二世年號。這一發現受到史學界的廣泛注意，引起帛書張楚究竟是王號、是國號還是年號的討論，也引起帛書置張楚於干支系列中究竟有甚麼政治意義的評議。[1] 我想，當時制度，國君紀元以數計，稱某國某王某年，所以籠統地說，張楚既是國號、王號，又用以紀年，是合乎情理的。再細，就說不清楚了。馬王堆三號漢墓年代不晚於漢文帝時，該墓帛書以張楚紀年，證明此時人們在觀念上尊重張楚法統。其所以形成這種觀念，當是由於張楚有首事之功，如果沒有張楚，就不會出現滅秦的戰爭，也就不會有漢。

漢武帝時司馬遷編纂《史記》，法統觀念仍然尊楚。《史記》立月表記秦末事，不名曰「秦漢之際月表」，而名曰「秦楚之際月表」，說明司馬遷明確地意識到楚在秦末歷史中具有獨特地位。但是《史記》與馬王堆帛書在這方面又微有不同。《史記》中的月表繫年未用張楚而用楚義帝，是以義帝代表楚；《史記》中的本紀不立陳勝而立項羽，是以項羽代表楚。與帛書比較，《史記》尊楚雖舊，但張楚陳勝的地位卻被義帝、項羽取代了。《史記》以陳勝入世家，比帛書書法降了一等。歷代史家對《史記》立《陳涉世家》事，議論甚多，但都難於說透其中的道理。因為，若是如司馬遷所說尊重亡秦首事，則張楚之功不在項羽之下，雖立《陳王本紀》亦無不可；若從陳勝不繼世而亡言之，比諸侯立為世家也不合適，入列傳就可以了，又何必立世家呢？

在我看來，對於秦末擾攘時期究竟該由誰來代表「秦楚之際」的楚這一問題，司馬遷的思想是相當混亂的，所以他採取了折衷的辦

---

1 各種意見分見《文物》1975 年第 5 期，以及《文史哲》1979 年第 5 期和第 6 期所載劉乃和、鮑善淳、張政烺諸文。

法，把陳勝安排在世家之中。這種處理不但不夠妥帖，而且也違背司馬遷作世家的一般宗旨，自亂《史記》義例。司馬遷思想的混亂還表現為既以義帝紀元，卻不立義帝本紀。清人吳非以此改《秦楚之際月表》為《楚漢帝月表》，並撮取義帝事略而作《楚義帝本紀》。這一改作意在以《春秋》筆法改正《史記》書法，本身並沒有甚麼史學價值，只不過說明《史記》書法於此確有缺陷，不愜人意而已。

但是，司馬遷修纂《史記》，在混亂中也有不亂的地方，這就是，歷史由秦至漢，其間必有楚的法統地位存在，不容抹殺，因而《史記》才有《秦楚之際月表》之作。後代文獻如《太平御覽》皇王部歷代帝序，於秦漢之間特立楚懷王一目。其他典籍亦有列入楚義帝者。這些不能不說是接受了《史記》書法的影響。吳非《楚漢帝月表・序》承認司馬遷月表之作「意重楚也」，是不錯的。

也有《史記》的研究者持另外的意見，認為月表之作重漢而不重楚，如清人汪越的《讀史記十表》卷四謂《秦楚之際月表》以漢為主。按：漢是司馬遷的本朝，《史記》歸根結柢以漢為主是合乎情理的事，當然沒有甚麼問題。但是重漢並不一定排斥重楚，而重楚也還是為了重漢。楚和漢，其統系在《月表》中本不見有偏正、主次之分。這一點，汪越並沒有看清楚。汪越又言：「《六國表》末已書天下屬漢，明正統也。」這個說法是似是而非的。考《六國表》於二世三年著錄自趙高反，二世自殺，以迄子嬰降，項羽殺子嬰，「尋誅羽，天下屬漢」諸事，用的是史終言之的寫法，其所說誅項羽以後「天下屬漢」，即表明了項羽不滅，漢尚不得為正統的意思。因此，這並不能證明汪越之見正確。汪越又舉「太史公月表進漢元年於入秦之初。夫入秦之月，猶未有漢」，認為這也是月表以漢為正統之證。其實，續汪越之作而撰《讀秦楚之際月表補》的徐克范就說：「漢至五年即帝位，不更起元，固以初破秦為元年，表亦錄其實耳，非故進之也。」與汪越相比，徐克范所說不失為平實通達之議。[1]

帛書與《史記》都尊楚，反映自漢初至武帝時人們思想比較自由，歷史觀比較符合實際，正名尊君思想還沒有發展到特別偏執的程度。不過，帛書所尊者張楚，是平民；《史記》所尊者義帝、項羽，是舊族。兩相比較，司馬遷的史學思想畢竟有所不同，反映獨尊儒術以後人們對上述這一段歷史的認識正在起着變化。我們知道，《漢書》是以陳勝、項籍合為一卷，入列傳中的，這是東漢時期人們對這些歷史人物的定位。《漢書》給予這些人物的地位，大大低於《史記》，是一目了然的。《漢書・異姓諸侯王表》冠以漢元年，不書楚懷王或楚義帝，而依次列漢王以外其他諸侯王。這與《史記・秦楚之際月表》於同年冠以楚義帝元年，下書諸侯王，而以漢王廁列其中相比，正統觀念的變化是很明顯的。司馬遷序《秦楚之際月表》，強調的是「號令三嬗」，即秦—楚—漢的遞變；班固序《異姓諸侯王表》，強調的卻只是漢「五載而成帝業」。這除了反映通貫之書與一朝之史着眼點有所不同以外，也反映正名尊君觀念的變遷。取對楚的態度為例進行考察，我們可以看到司馬遷的歷史觀念正好處在西漢初年帛書作者和東漢史家班固之間的狀態。這是值得研究司馬遷史學思想和中國史學史的學者留意的一個問題。

清人周中孚對於《史記》處理秦—楚—漢問題的立意也曾有所關注。他在《鄭堂札記》卷一中說：「漢興，太中大夫陸賈記錄時功，作《楚漢春秋》。史遷以項羽為本紀，秦楚之際為月表，實本於陸賈也。然在《史記》則可，若斷代為史，便為失體。所以《漢書》不循

---

1 上引諸家清人論述，分見吳非《楚漢帝月表》及汪越撰、徐克范補《讀史記十表》，引文均據《二十五史補編》。

其轍，而後人修史，亦無此種紀、表」云云。周氏關注之點，只在修史體例，而未究及歷史內容；他關注的楚，不及張楚陳勝。正是在這些地方，本文與周氏之議並不相同。

二　張楚反秦的歷史背景

漢初重張楚，是尊重張楚反秦的成功。那麼，為甚麼以楚反秦，天下就能景從響應，六國舊人就能接受樹置，否則就沒有這種效果呢？要回答這個問題，必須追溯戰國晚年的歷史，特別是其時楚秦鬥爭的歷史。秦楚毗鄰，歷史關係複雜。戰國晚年，楚國軍事力量雖已就衰，但在關東六國中還是比較強大的。前 260 年秦趙長平戰役之後，六國中與秦同大而足以難秦的，只有楚。秦滅楚，經過了較久的艱苦戰爭。楚被滅後，潛力還在。所以陳勝一呼而楚境震動，關東沸騰，張楚所具有的號召力量，其他關東五國都無法比擬。

據《史記・楚世家》，前 299 年，楚懷王被秦國挾持不返，三年後客死咸陽，「楚人皆憐之」。今天還能見到的《詛楚文》，正反映了這個時期非常緊張的秦楚關係。前 278 年，秦將白起拔楚國郢都江陵，置南郡。楚雖蹙地，猶得徙都於陳，稱郢陳，即今河南淮陽。楚在郢陳收兵自保，並相機收復了一部分失地，可見都郢陳的楚國還擁有相當實力。《戰國策・楚策》虞卿謂魏王曰：「夫楚，亦強大矣，天下無敵⋯⋯。」此事時間在前 248 年或稍後，晚於秦趙長平之戰。「天下無敵」之說雖屬誇張，但仍可從中看到，長平戰後，楚國實力確居東方各國之冠，為諸侯所重視。所以前 241 年，楚、魏、趙、韓、衛五國之師合縱攻秦，居縱長地位者是楚國而不是其他國家。五國之師敗績，秦兵反攻迫近郢陳，楚王始東走過淮，以壽春為郢都，郢陳當於此時或稍後入秦之手。雖然如此，郢陳楚人勢力並未被秦消滅。從此以後，歷秦滅楚之戰以至於陳勝入陳而稱張楚，楚人反秦的重要事件幾乎都與郢陳之地、郢陳之人有關。總之，楚國沒有由於國都再徙而一蹶不振，仍是秦國兼併的主要障礙。

楚國徙都壽春後，秦楚接觸仍以郢陳附近為多。郢陳迤西與韓國地境相連，而韓秦關係也頗複雜。所以這個地區一旦出現糾葛，往往牽動秦、楚、韓三個國家，對局勢造成重大影響。

韓國長期受秦蠶食，在關東六國中最弱最小，所餘國土只有相當於潁川一郡以及南陽郡一部分地方。秦滅六國之戰，最先選擇這個最弱最小的韓國下手。秦王政十四年（前 233），韓王表示願意納地效璽，為秦藩臣。兩年之後，韓國正式獻南陽地於秦。此韓國的南陽，不是前 263 年秦武安君所取韓國在河內野王的南陽之地。《通鑒》秦王政十六年：「韓獻南陽地。九月，發卒受地於韓。」胡注曰：「此漢南陽郡之地，時秦、楚、韓分有之。」秦既得兼併南陽郡內的韓地，則此處秦楚力量的均勢，甚至毗鄰地區包括郢陳一帶秦楚力量的均勢，都將受到影響，對秦有利而對楚不利。

在秦發卒受韓南陽地的第二年，即秦王政十七年，秦內史騰（按：《史記・六國年表》誤為內史勝）受命為南陽假守。就是這個內史騰，據《史記》，於此年率領秦軍滅韓，擄韓王安；據雲夢秦簡《編年記》，最晚至秦王政二十年，他又成為秦國的南郡守，統治昔日楚國本土之地。就騰的經歷說來，可以認定他本是秦國處理其東南地境所接的韓、楚兩國事務的重臣，而不是秦國重要的武將。他雖曾率秦軍滅韓有功，但人們都知道滅韓無需大軍，也絕不會有惡戰，與王翦、蒙武等人出軍征戰的作用不同。以騰的才能和權責言，他能滅弱韓，能出守南郡，卻不能勝滅楚之任。當然此刻滅楚還不是秦國之所急，秦國眼下所急，主要是處理新獲韓地的善後事宜，防止韓地和毗鄰的郢陳一帶出現事端，並為滅楚之戰清掃障礙。這些事，可信騰是主要的參與者。[1]

內史騰滅韓後不久，在秦、韓、楚接壤區域，果然發生過一些事故。騰攻韓，擄韓王安，秦以韓地置潁川郡，在秦王政十七年。《秦始皇本紀》、《韓世家》以及兩處《正義》，均如是說。是年《通鑒》記「內史騰滅韓」，胡注：「韓至是而亡。」這本是記載明晰，沒有疑問的事。可是《六國年表》卻記秦滅韓事於十八年。看來如果不是《年表》誤記，秦王政十八年秦韓之間可能發生過比秦得韓地、擄韓王更為重大，更足以作為秦滅韓標誌的事件，只是內容無從知曉。再過兩三年，韓秦關係中的事端就通過以下材料而明朗化了。

《睡虎地秦簡・編年記》：「韓王居□山。」（二十年）

《史記・秦始皇本紀》：「新鄭反。昌平君徙於郢。」（二十一年）

《睡虎地秦簡・編年記》：「韓王死。昌平君居其處。有死□屬。」（二十一年）

按：昌平君，楚公子之仕秦者；新鄭，韓國舊都；郢，楚國舊都郢陳；□山，郢陳之山。這幾條材料，敘事都以秦為主體，所涉

1　高敏《雲夢秦簡初探》解釋《史記・秦始皇本紀》「十六年發卒受地韓南陽假守騰」的文字時，認為騰本是韓南陽假守，於此年降秦，為秦效力（河南人民出版社，1981年，增訂本，第35頁）。這一解釋於情理不合，難以成立。因為，如果騰真是韓南陽假守之降秦者，那麼秦國以新納的這一名降將出任秦王輦下的內史，旋又以騰率秦軍滅其本國，擄其舊君，這顯然是難以置信的。此時的秦國並不缺乏優良的軍事人才，完全沒有如此重用降人的必要。梁玉繩《史記志疑》卷五於此句之後有「附案：此句疑有訛脱。方氏《補正》曰：『發卒受韓南陽地，而使內史騰為假守也。』」此説比較合理可信。

及的人和地非楚即韓。可以斷定，它們所反映的是與楚國舊地有關、與楚國勢力有牽連的韓秦矛盾，而且當與上舉《六國年表》所反映的秦王政十八年韓秦間可能出現過的事端屬於同類性質。

根據這些材料，參考諸家研究秦簡有關問題的論著，可以窺測到秦滅韓後，秦、韓、楚三國接壤地區新鄭、郢陳出現了不寧，規模不小，牽動頗廣。先是韓王安作為秦國俘虜，被強制離開韓國舊土潁川，遷居郢陳□山。韓國舊都新鄭發生叛亂，當是舊韓官民激於國破王遷而發難反秦，而且可能是韓王安致死的原因。秦國對於韓王安的處置辦法，值得注意。韓亡後，秦國應當有所警惕，以求防範韓地發生反秦事端。照理，秦當徙韓王安遠離舊土舊民，但是實際上卻是就近於楚國舊都郢陳安置。而且昌平君接踵而至，追隨韓王安於郢陳；韓王安死，昌平君即居於韓王之處。這些相連的事使人感到，秦王政似乎是有意把亡國之君韓王安交給事秦的楚公子昌平君看管。這是不符合常情的事。我懷疑是秦國考慮到三國接壤地帶的特殊環境而採取的一種權宜措施，目的是向這一帶韓人、楚人表示寬容態度。韓是六國中頭一個被秦王政攻滅的國家，秦對韓王的寬大，可以緩解它國的憂心，有利於秦國各個擊破。

韓國殘餘勢力的異動，看來不久就平息了。在平息韓亂中，楚公子昌平君起了相當重要的作用。此年稍早，有秦將王賁擊楚之事。以王賁擊楚和事秦的楚公子昌平君居郢陳二事合起來考慮，似乎新鄭韓人之叛與毗鄰地帶楚人反秦活動有呼應之勢。而昌平君居守郢陳既是為了看管亡國的韓王，又是為了綏撫難安易動的楚人。昌平君能起這種雙重作用，主要是由於他所具有的特殊身份，同時也由於秦王相信他的忠誠。

已故的馬雍先生認為新鄭之反和韓王徙死，「是韓國滅亡以後的一次餘波」，[1] 是很正確的判斷。我想加以補充的是，新鄭所見秦滅韓的餘波，影響及於楚舊都郢陳之地，郢陳楚人也處在這次餘波的激蕩之中；而楚人的激蕩比起新鄭韓人之叛，其後果可能更為嚴重。據此估計，具有特殊身份的昌平君在郢陳一帶的事態發展中，還將繼續發揮特殊作用，對此後的秦楚關係將繼續產生影響。

新鄭叛平後，韓人反抗轉入低潮，但還有反秦暗流存在。據《史記・留侯世家》及《索隱》，我們知道張良的先人五世相韓，張良本人出於潁川之父城，曾學《禮》於淮陽（郢陳）。韓亡時張良已年逾二十。張良本人和他的家人，在韓亡後具有參加新鄭韓人反叛的天然條件。這與張良以家財求刺客為韓復仇事，日後又求力士狙擊秦始皇於博浪沙事，以及秦末說項梁立韓公子成為韓王事，合而觀之，他反秦的政治態度是前後一致的。而且，張良的活動至於郢陳地境，所交頗有楚國舊人。據《項羽本紀》，項羽季父項伯素善張良，張良曾說：項伯「秦時與臣遊，項伯殺人，臣活之」，云云。潁川郡的新鄭、父城與陳郡的郢陳、項相距不遠，韓楚之民在頻繁交往中扇揚反秦，是很方便的事。所以發生在這一帶的政治事件，往往是此呼彼應，與韓楚之民都有關係。

陳勝、吳廣均楚人，陳勝、吳廣所率戍卒，至少有一部分是這一帶的楚民。這與陳勝舉義後立即趨據郢陳，建號張楚，自然有直接關係。南陽、潁川、陳郡這一戰國末年的多事地帶，到秦末又成為反秦基地，並不是偶然的。由於具有獨特的地理、歷史條件，這一地帶醞釀出一場反秦鬥爭是完全可以理解的事。

---

1 《讀雲夢秦簡〈編年記〉書後》，見《雲夢秦簡研究》，中華書局，1981 年。

三　昌平君反秦之役

當秦滅韓的餘波在新鄭、郢陳一帶激蕩的時候，秦楚之間新的一輪衝突也在醞釀之中。這兩件事交織發展，彼此影響，正是秦、韓、楚三國關係錯綜複雜的反映。

《編年記》秦王政十九年：「南郡備敬（警）。」二十年，南郡守騰（按：即前見內史騰、南陽假守騰）發佈《語書》，告誡南郡吏民守法律、去淫僻、除惡俗等等。二十一年，秦軍伐楚。《本紀》中追述伐楚的原因說：「荊王獻青陽（在今長沙境）以西，已而畔約，擊我南郡，故發兵誅」，云云。此次戰事，《六國年表》記載非常簡單，只是說，秦：「王賁擊楚」；楚：「秦人破我，取十城」。《楚世家》說：「秦使將軍伐楚，大敗楚軍，亡十餘城。」《本紀》二十一年記：「王賁攻薊」，薊字無疑是荊字之訛。上舉十九年至二十一年連續三年中發生的事，有相關的背景，即：舊楚之地南郡發生了異常事態，引起秦國官方關注，構成早在醞釀之中的秦軍伐楚口實，因而有王賁攻楚的戰事發生。不過我估計，秦軍攻楚戰爭不會爆發於南郡，那裏留下的楚國殘餘力量不值得王賁一擊。可能發生戰爭的地區還是南陽、陳郡一帶，這一帶楚人潛在勢力很大，隨時有發生事端的可能。而且楚王負芻都城壽春，也正在陳郡的東南方向，離郢陳並不太遠。

據《本紀》，新鄭反、昌平君徙於郢諸事，都發生在王賁攻楚同年稍後。按情理說，事情的順序應當是：秦藉南郡有事的口實，命王賁攻楚，引發了韓國遺民反秦鬥爭，於是而有昌平君被派駐郢陳以為善後的事。這是兼用秦國的軍事力量與昌平君的政治影響，雙管齊下，既壓楚，又壓韓，以求底定潁川、陳郡一帶，為滅楚之戰作準備。王賁，秦名將王翦之子。他此年擊楚雖有所獲，畢竟只是秦楚之間這一輪戰事的初試鋒芒，帶有試探性質。試探的結果，使秦王政得出滅楚不難的結論，因而急於對楚進行最後的攻擊。而持重的宿將王翦，也就在這個時候受到秦王的責備，不得不謝病歸老。只是由於接着發生的新鄭反叛，才多少稽延了秦國對楚國的最後攻勢。

《史記・王翦列傳》載王翦謝病事實如下。秦王政向年輕將領李信詢問取楚兵數所宜，李信以二十萬兵為答；問王翦，王翦答非六十萬不可。秦王以王翦怯，罷歸家居。二十二年李信、蒙恬（當作蒙武）遂將兵二十萬南伐楚，分攻平輿、寢，大破楚軍。平輿及寢均在郢陳以南。度此役兵鋒所指，當是越過郢陳而向楚都壽春。然而就在這時，意外的事出現了，秦兵不得不作大規模的調動，以對付這一突然出現的事端。於是，李信回軍北上，攻打鄢郢，據《通鑒》胡注，此鄢郢就是郢陳。正是這個郢陳，一年以前秦國用昌平君駐守以綏撫楚、韓之民，李信秦軍還剛剛經此抵達平輿及寢的前線之地。這一秦軍手中的重鎮，此刻卻忽然落入了與秦國為敵的一種勢力之手，以至於李信不得不以全部南征之師反攻奪取。

《王翦列傳》說：李信攻破鄢郢以後，「於是引兵而西，與蒙恬（當作蒙武）會城父。荊人因隨之，三日三夜不頓舍，大破李信軍，入兩壁，殺七都尉，秦軍走」。據《正義》，此城父當是父城之訛誤，在秦潁川郡。這裏應當思考的問題是：究竟郢陳出了甚麼事，使李信必得撤回南達平輿及寢的全部秦軍？為甚麼李信回師攻破郢陳後，還要西進至於潁川之父城？為甚麼秦軍西向父城之時楚人要緊緊追隨，以至於三日三夜不頓舍？這些緊追不捨，終於大破秦軍的楚人，究竟是一支甚麼武力？

以上這些問題，沒有現成史料可以直接回答，只能參照上文提出的秦楚關係發展線索，並考慮以後秦楚之間的大事，提出一些推測。我認為，郢陳出現不測，關鍵在昌平君。當李信之師南伐，越郢陳而至平輿及寢，並擊破由壽春前來迎戰的楚軍後，楚國情況岌岌可危，存亡只是旦夕間事。在這緊急關頭，為秦國鎮靜郢陳的楚公子昌平君，也許是出於故國之念，也許是出於其他利害關係的考慮，忽然轉變立場，由附秦變為抗秦，郢陳遂由秦軍的後方城市變為楚人抗秦的主要據點。封邑在郢陳附近項地的楚將項燕，此時當在楚軍抗秦前線，他無疑是以其實力促成昌平君轉變立場的主要人物。據《水經・潁水注》，項是楚國遷都郢陳以後的「別都」，可見其地位對於郢陳是十分重要的。昌平君易幟以後，郢陳及附近郡縣楚人群起響應；本來就不寧靜的韓人聞風而起，也在潁川發難反秦。正在郢陳以南作戰的李信、蒙武大軍發現後方出現驟變，不得不回師進擊昌平君於郢陳。郢陳雖被秦軍奪回，潁川父城一帶又復告急。於是李信、蒙武相約，會師父城，以平韓人之叛，這就是他們下郢陳後又匆匆西去的原因。尾隨秦軍西行的楚人，只能是昌平君在郢陳所聚之師，他們在李信回師時雖然未能守住郢陳，但也不曾敗散。此時他們緊追秦軍不捨，鬥志旺盛，與父城一帶的反秦武力匯合，共破李信軍，二十萬秦軍的伐楚行動就徹底失敗了。

年輕氣盛的秦將李信沒有估計到，上一年王賁擊楚，並未能消滅郢陳及附近郡縣楚人反秦力量；更沒有估計到長年事秦的昌平君會在關鍵時刻反秦為楚，並能聚集相當強大的武力，主動出擊，追迫秦軍。李信把伐楚的戰略進攻指向壽春，估計壽春的楚王負芻所遣楚軍力量單薄，容易攻取。他沒有考慮到壽春以外的郢陳地區，楚人還有相當可觀的反抗力量，而且還可以與項燕之軍聯合。李信的這一錯誤使秦軍在後路火起時無法收拾，終於一敗塗地。

昌平君長期在秦，不見與楚王負芻有任何關係，所以他興起的反秦之師並不向壽春靠攏，而是繼續在中原作戰。秦王對王翦說：「荊兵日進而西」，可見昌平君軍對秦軍的態勢不是防守而是進攻。秦國必須投入比王賁、李信兩次擊楚要大得多的兵力，才能對付這場比預想要艱難得多的戰爭。這就是秦王政在罷黜老將王翦一年之後，又不得不匆匆起用他伐楚這一故事的歷史背景。

雲夢睡虎地四號秦墓出土木牘，編號分別為 M_4：11 和 M_4：6，寫有安陸（即今雲夢）戍卒名為黑夫和驚二人的兩封家書。前一封，有「黑夫等直佐淮陽，攻反城久，傷未可智（知）也」之語；後一封，有「以驚居反城中故」之語。前一封寫於二月辛巳，黃盛璋先生據汪曰楨《歷代長術輯要》和日本國新城新藏《戰國秦漢長曆圖》，定二月辛巳為秦王政二十四年二月十九日。[1] 黃先生以「秦攻淮陽反城，不見記載」之故，遂改《本紀》二十三年項燕、昌平君「反秦於淮南」句中之「淮南」為「淮陽」以當之。我認為淮陽之反就是昌平君郢陳之反，與《本紀》中「淮南」二字無關，沒有必要改《本紀》之文以合木牘書簡。昌平君始反在二十二年，李信回軍，郢陳暫時又入秦軍之手，這就是李信攻破鄢郢之事。但當李信、蒙武軍潰於潁川父城後，郢陳必然又入昌平君或其他楚軍之手。第二年，即二十三年，秦軍興王翦伐楚之師，郢陳是必爭之地，戰事有所遷延，持續至二十四年春。我疑黑夫、驚二人此時適在爭奪郢陳（淮陽）的王翦

1　兩封書信的釋文見《湖北雲夢睡虎地十一座秦墓發掘報告》，《文物》1976 年第 9 期。考證見黃盛璋《雲夢秦墓兩封家信中有關歷史地理的問題》，《文物》1980 年第 8 期。黃文考證中的某些見解，本文下節另有商榷。

軍中。第一信謂「攻反城久」，當是頭一年即二十三年秦軍就已開始攻郢陳，至翌年二月猶未攻下。第二封信說「驚居反城中」，這意味着郢陳（淮陽）已入秦軍之手，時間據黃先生估計，當在二十四年三月以後。這兩通木牘家書所透露的秦軍奪取淮陽之戰，與本文前面所判定的昌平君郢陳之反，基本上是相符合的。[1] 木牘家書有「聞新地城多空不實者」等語，可知這次戰事相當激烈，戶口流散是比較嚴重的。

王翦秦軍擊楚，據《楚世家》及《王翦列傳》，曾至蘄南，地在淮北；又據《本紀》，二十三年昌平君反秦於淮南，二十四年王翦、蒙武擊破之。這就是說，昌平君在秦軍壓力之下，可能自郢陳退據淮北，再退淮南，淮北和淮南都曾是秦楚戰場。不過，《本紀》此條的《集解》引徐廣曰：「淮一作江。」據此可知，六朝人所見《史記》的不同寫本，敘此事原有淮南、江南二說，應當都是可據的。秦楚確有江南之戰。梁玉繩《史記志疑》卷五也贊同江南之說，認為項燕死後，昌平君繼續反秦於江南之地。二十四年，王翦、蒙武之軍在江南繼續與昌平君的楚軍作戰，直到昌平君死。二十五年王翦始定楚國江南地，此年《史記・六國年表》書「秦滅楚」。

秦楚江南之戰的具體內容，《史記》所載很少。北宋陳舜俞《廬山記》謂廬山有康王谷、康王觀，相傳楚康王為秦將王翦所迫，匿於谷中，後世有碑刻記其事。陳氏此書出自考證採訪，號稱精核，康王傳說亦當同此，不會完全是無稽之談。廬山康王觀，首建於蕭

1 這裏有個疑問。木牘家書說秦軍「攻反城久」，而《王翦傳》卻說秦軍久守不攻，直至楚軍東退，因而追之，大破楚軍，至於蘄南云云。兩處所敘戰爭狀況，一說攻，一說守，顯然不一致。這是不是說，王翦野戰，堅壁待機以拼實力，是主戰場的行動；而木牘家書所說攻反城淮陽，只是配合主戰場的行動呢？王翦此次出征，的確還有其他戰事為本傳所未載者，如《本紀》：「取陳以南至平輿。」本傳所載，似乎只是王翦主力一次戰鬥的特寫而已。

梁大同二年。《太平御覽》卷五四引《尋陽記》、《太平寰宇記》卷一一一、《輿地紀勝》卷二五、《讀史方輿紀要》卷八三、《古今圖書集成》第一二九冊，以及正德《南康府志》、同治《星子縣志》等幾種地志，都有康王谷（或稱楚王谷）事，只是詳略不同，細節微有差別而已。其中一些資料說到此楚康王為楚懷王之子，但未列出根據何在。[1]《廬山記》的作者則認為，楚在春秋時自有康王，此康王谷的康王，或是彼「康王之子孫，未可知也」。所以，這一段楚人抗秦故事的真實性究竟如何，這個楚康王究竟是何許人，也都難於得到確切的解答。我們現在只能琢磨已知的零星資料，參考歷代注家及研究者提供的各種意見，緣情據理，作出推測，以求得到一些近似的答案。

《史記》記秦滅楚以前一二年內諸大事，歧異之處不少，特別是《始皇本紀》二十三、二十四年內事，與《六國年表》、《楚世家》、《王翦列傳》、《項羽本紀》等均有順序顛倒之處。歷代史家注意及此，多有人加以辨析，力求理出眉目。梁玉繩《史記志疑》卷五認為，《史記》中上述問題多半是由《始皇本紀》內的錯簡和衍文、誤字引起。所以他細加董理，把《本紀》該兩年內的文字訂正如下：「二十三年，秦王復召王翦，強起之，使將擊荊，取陳以南至平輿，殺項燕。秦王遊至郢陳，荊將立昌平君為荊王，反秦於江南。二十四年，王翦、蒙武攻荊，破荊軍，虜荊王，昌平君遂自殺。」梁氏訂正《本紀》文

1 曾見有人引用《南康軍圖經・紀遊集》佚文，著錄此事，亦謂楚康王即是楚懷王之子。按：《南康軍圖經》已不存，《中國地方志聯合目錄》不著錄，張國淦《中國古方志考》所考南康軍諸經諸志無有帶《紀遊集》篇名者，皆與上舉《圖經》不類。所以上舉《圖經》佚文不知自何處引來。據《輿地紀勝》卷二五，星子於太平興國一年置縣；《元豐九域志》卷六江南東路條有「南康軍，太平興國七年以江州星子縣置軍，治星子縣」；《新定九域志》古跡卷六南康軍條有《圖經》之名，應當就是《南康軍圖經》。因此知上舉之《南康軍圖經》定非偽出，當是祥符時諸圖經中的一種，但莫能詳。近讀《文史》第二十七輯陸振岳《圖經述略》一文，也還未獲得解答上舉問題所需的資料。

字，未必處處皆得其實，但他研究《史記》功力深厚，其可信程度是比較大的。梁氏沒有看出李信攻楚時昌平君反秦於郢陳的隱情，因而否定《史記》中說得很明白的項燕與昌平君聯合反秦的事實，這是他的疏忽之處。他認為昌平君稱楚王事在楚王負芻被王翦俘擄以前，亦未必合於情理。他根據徐廣所見《史記》舊本，改昌平君「反秦於淮南」句為昌平君「反秦於江南」，使我懷疑王翦追逐「楚康王」於廬山的傳說，可能與《史記》中王翦、蒙武之軍追逐昌平君於江南之事有某種聯繫。昌平君也許就是楚懷王遺留於秦國的後裔，或是以它故留秦的楚公子，此時假託懷王之子，以廣號召。和以後項梁立以為楚後者被說成是楚懷王孫心一樣，其所求者只是反秦效果，血緣真偽和行輩親疏反而沒有多少實際意義。至於「康王」這一謚號，如果不是襲用春秋時楚康王名號的話，當是秦滅楚後楚國遺民感謝昌平君（或者是昌平君本人，或者是另外一個有關的楚國人）抗秦不屈而奉獻給他的私謚。不過這許多意見都只是推測而已，目前無從核實。

秦滅六國戰爭，史籍記載極為簡略，人們的印象是有征無戰，如風掃落葉。但是從本文所考昌平君反秦事跡以及江南的秦楚戰爭看來，情況並不完全如此，至少秦滅楚之戰是相當艱難的。這反證前舉楚南公「亡秦必楚」之言事出有因；而陳勝反秦舉義立刻趨據楚舊都郢陳而稱張楚，也是勢所必然。

四　關於昌平君的異說種種

昌平君事跡，最早見於《秦始皇本紀》九年記載。是年，秦王政「令相國昌平君、昌文君發卒攻〔嫪〕毐，戰咸陽」。《索隱》:「昌平君，楚之公子，立以為相，後徙於郢，項燕立為荊王，史失其名。昌文君，名亦不知也。」[1]

本文前引《本紀》二十一年「昌平君徙於郢」、二十三年「荊將項燕立昌平君為荊王」事，當是《索隱》「後徙於郢，項燕立為荊王」所本，近年部分地得到雲夢所出秦簡《編年記》如下記載的印證。《編年記》曰：二十一年「韓王死。昌平君居其處。有死□屬」；二十三年「四月，昌文君死」。

《索隱》說昌平君是楚公子，可以由爾後昌平君被項燕立為荊王一事得到證明。至於《索隱》秦王「立以為相」之說，看來是司馬貞根據《本紀》九年「令相國昌平君……」的文字而作出的解釋，《索隱》的「相」，當即九年正文所稱的相國。於時呂不韋為秦相國，所以史家對於昌平君與呂不韋同時為相國之事，頗多懷疑和推測。

翻檢《史記及注釋綜合引得》，發現該書把平嫪毐的昌平君與立為荊王的昌平君分為二人立目，足見編者對於昌平君其人不甚了了，因而採取謹慎的態度。郭沫若先生著《十批判書》，在其《呂不韋與秦王政批判》中，認為平嫪毐的昌平君可能是呂不韋的別稱，甚至認為昌平君三字就是呂不韋三字的誤寫。據他說，金文呂不韋三字極易被錯誤地隸定為昌平君。但是，昌平君之名在《史記》中曾多次出現，不可能每次都出現同樣的誤寫；而且秦滅楚時昌平君仍在活動，但此時呂不韋卻早已死去。所以僅從文獻考察，就可斷定郭說不能成立，何況秦簡中出現了昌平君，更足以否定郭說。

---

1 《史記・春申君列傳》熊悍立為楚王（楚幽王，時即秦王政之九年），《索隱》曰：「按：楚悍有母弟猶，猶有庶兄負芻及昌平君。」據此，知昌平君與楚幽王及楚王負芻均為兄弟行輩，後來項燕立昌平君為楚王以抗秦，正是以他繼承亡於壽春的楚王負芻。有了此條資料，昌平君事跡就更便於敘述和理解。此條資料本文原來失檢，是我的疏失，現補注於此。本文內涉及昌平君的文字，仍存其舊，不一一斟酌改動，請讀者留意。

馬非百先生著《秦集史》，於《丞相表》中認為：秦制有左、右丞相，右在左前，丞相尊者稱相國；秦王政九年時已知呂不韋為相國，同時又有昌平君為相，則呂不韋當為右丞相，昌平君自然就是左丞相。馬先生此說，似亦失之武斷，因為秦雖曾有過左、右丞相，但不能證明秦設丞相必有左右之分，必有二丞相並置。既然史不著呂不韋為右丞相，就更沒有強以昌平君為左丞相之理。

《文物》1986 年第 3 期和 1988 年第 3 期發表有討論昌平君問題的兩篇文章。前一文作者田鳳嶺、陳雍，題曰《新發現的「十七年丞相啟狀」戈》，根據一件秦戈銘文，認為其中的十七年指秦王政十七年，並認為九年昌平君為相而未見罷相記載，則此十七年的丞相就只能是昌平君。根據此說，不但《索隱》所謂「立以為相」之話可以證實，而且連「史失其名」的昌平君的名字，似乎也有着落了。但是事實並非如此。兩年以後發表的另一文，作者胡正明，題曰《「丞相啟」即昌平君說商榷》，不但指明丞相啟即昌平君之說無據，而且認為《本紀》九年「令相國昌平君、昌文君……」之文的傳統句讀有誤，應當讀作：「令相國、昌平君、昌文君……。」我認為此說合理可信。看來，相國即是呂不韋，昌平君未嘗為相國。《索隱》「立以為相」之說是司馬貞誤讀《史記》，望文生義，不足為憑。昌平君、昌文君二人同為楚國公子之留秦者，身份權勢較高；同在秦王政時不同年代兩度出現，參預政治活動；同用封號為稱而不稱名，亦不署其他官職；同在楚國滅亡前夕易幟反秦，先後身死。像昌平君、昌文君那樣稱封號而不稱名，在戰國秦漢時期是常見的事。嫪毐是呂不韋所進，與呂不韋有關，但是秦王政按驗嫪毐之初本不及呂不韋，所以嫪毐叛亂時呂不韋得與昌平君、昌文君同奉秦王之命發卒平亂。及至嫪毐問題情實具得，「事連相國呂不韋」，呂不韋始成為被查究的人物。也許由於呂不韋與嫪毐本有關係之故，歷代史家都未曾懷疑發卒攻嫪毐的「相國」就是呂不韋，而把楚公子昌平君當作是秦的相國，疑惑後人達兩千年之久。

昌平君長期事秦，助平嫪毐，證明了對秦王的忠誠。他與楚國沒有聯繫，又沒有足以自恃的實力，未曾引起秦王的疑忌。所以無論從哪方面說來，他都較易贏得秦王的信任。他的楚公子身份，具有被秦用來對付楚人的價值。他徙駐楚舊都郢陳後，得到與眾多楚民接觸的機會，也得與楚將項燕發生聯繫，這是他得以聚眾反秦的重要條件。二十二年李信兵過郢陳，指向壽春，使楚國社稷瀕臨危亡邊緣，這是促成昌平君與項燕舉兵反秦的合理時機。《本紀》繫「荊將項燕立昌平君為荊王，反秦於淮南」事於二十三年，比前一節推測昌平君易幟反秦之事略晚一些。這是因為《本紀》所指不是昌平君初反秦於郢陳之年，而是他反秦後正式稱楚王，且已轉移至淮南之年的緣故。昌平君初反秦時，楚王負芻還在，當有所待，因而並沒有馬上稱楚王。

《編年記》曰：二十三年「興，攻荊。□□守陽□死。四月，昌文君死」。興，指秦國兵卒徵發。這就是王翦復起，秦大徵發，以甲士六十萬委王翦東征之事。□□當是郡名，陽是郡守之名，但不知此郡是屬秦還是屬楚。昌文君當是隨昌平君反秦，死於抵抗王翦之役，地點當在父城東至郢陳一帶。此年《本紀》記王翦擊楚，「取陳以南至平輿」，當指越郢陳後步步進擊之事，軍鋒所指，與當年李信之軍一致。後來王翦軍折至蘄南，當是昌平君楚軍已轉移至於此地之故。《本紀》記「秦王遊至郢陳」，當是由於郢陳是楚舊都，又是昌平君反秦所據之地，有反秦的傳統和潛力，因而必須鎮之以權威。而且，王翦率空國之師出征，也必須有以節制，因而秦王有郢陳之「遊」，這與王翦出師時請美田宅園池以釋秦王之疑、固秦王之信，可以互相印證。所以，史文雖然以「遊」為說，實際上卻是秦王及時對郢陳實行強力控制的一次重要巡視。秦戍卒家書所記攻反城淮陽，當即此前後的事。郢陳此時確有淮陽之稱，見《史記・留侯世家》。

如前所述，《史記》記秦王政二十三、二十四年事頗有錯簡，疑竇不少，史家於此不得不改字求解。但是改字解史同改字解經一樣，本來是學者所忌，只有不得已而為之。史料改字必須不悖公認的校勘原則，充分尊重注家成果和前人研究意見，反復斟酌，切忌武斷。必改而又缺乏版本依據時尤其要慎重從事。即令這些都做到了，改字解史除了一些明顯易見的訛誤以外，往往仍不免見仁見智，難於定讞。所以本文辨昌平君之役所作的推斷，引前人改字所作的解釋，都不敢自信必得其實。前舉黃盛璋先生《雲夢秦墓兩封家信中有關歷史地理的問題》一文，對牴牾資料作了新的判斷，改動史文較多；黃文中與昌平君有關的一些意見，亦有來自改字生解者。其中頗有可商榷之處，特舉出以求正於黃先生。

黃文認為，《編年記》秦王政之二十一年「韓王死，昌平君居其處，有死□屬」之文，說明昌平君已死於此年。「有死□屬」之句，缺字不好揣度，辭意難求。黃文大概是訓有為又，以為「有死□屬」的死者就是昌平君。這當然是很難置信的。黃文據此，進一步認定稍後項燕立之為荊王以反秦的人，不是如《史記》所確指的昌平君，而是昌文君。此說如果能夠成立，那麼《史記》須要改動之文就不止一處了。黃先生對此是否作過周密的考慮？《編年記》二十三年

「□□守陽□死。四月，昌文君死」。對此，黃文又猜測前一死者就是項燕，由此認定項燕與昌文君同死此年，以此反證項燕所擁立者確為昌文君而非昌平君。這也給人以穿鑿之感。黃文用《編年記》以正《史記》中的牴牾訛誤時，作為證據使用的不盡是《編年記》中確鑿可辨的文字，而兼有以意補之的或者強為之解的文字，任意性大，缺乏說服力。用這樣的方法尋找證據，並據以擅改《史記》文字以成己說，看來是不適宜的。

《楚世家》、《王翦傳》都說王翦破楚軍於蘄，殺項燕，蘄地在淮北；而《本紀》二十三年又說昌平君反秦於淮南。黃文認為這些材料說的是一件事，但地點不同。他說，《本紀》淮南之說不對，《索隱》引徐廣「淮一作江」之說也不對，正確的應是淮北或淮陽。因為，作淮北，與蘄地合；作淮陽，與雲夢秦墓木牘家書合。但是這也近於武斷。因為秦楚之戰既及於淮北之蘄，後來又擴展到了江南，按路線說淮南正好是王翦追逐楚軍的必經之地，為甚麼昌平君反秦就不能在淮南停留呢？前引《史記》不同材料，明說在不同地點，為甚麼只能是一件事呢？考慮到楚國最後一個都城在淮南壽春，淮南當有一些有利於昌平君停駐的條件，因此否定昌平君反秦於淮南之說就更難認為有理由了。相比之下，如果還是覺得必須改字求解的話，值得考慮的只能是徐廣之說，因為徐廣畢竟是根據親眼所見的一種古本《史記》說話的，有版本根據，比黃文的鑿空之見，理由要充分得多。當然這也只是根據版本學常識來判斷，並非認為徐廣之說絕對正確。

黃文對《王翦傳》中「李信攻平輿，蒙恬攻寢，大破荊軍。信又攻鄢郢，破之。於是引兵而西，與蒙恬會城父」句改字為解，也不妥當。黃文認為由平輿、寢至城父，是由西向東，不是由東向西，於是擅改「而西」為「而東」。但是這一字之解既無助益，還造成了新的麻煩。第一，這段史料疑難的關鍵之處是，為甚麼李信要回攻自己的後方城市郢陳。改「西進」為「東進」，並無助於解決這個問題。第二，如果李信率軍東進，應當是面朝楚軍，為何楚人不是迎頭抵擋，而是如《王翦傳》所說在秦軍後面緊追不捨？第三，如果李信軍敗真是在郢陳以東或平輿、寢以東之地，戰場距秦地日遠，秦王為甚麼會突然感到事態緊迫，以至於惶恐以謝王翦，說出「將軍雖病，獨忍棄寡人乎」的話來？顯然，合理的解釋只能是，郢陳出現了不測，引發了潁川郡內舊韓遺民的抗秦鬥爭，而潁川的鬥爭又正是僅僅一年以前發生的「新鄭反」事件的重演。「新鄭反」作為秦滅韓的餘波，影響及於郢陳；郢陳楚人反秦的不測事件，又反轉過來波及韓人聚集的潁川。既然如此，李信自郢陳「引兵而西」的史料，指西向潁川，意思很明確，無須改字求解了。

這樣解釋《王翦傳》的有關史文，只有一處有待斟酌，即城父的方位問題，而這個問題張守節《正義》本已替我們作了較為完滿的解答。《正義》認為城父當作父城，在唐汝州郟城縣東，於秦屬潁川郡。城父於郢陳為東，但父城於郢陳為西。父城、城父二名，舊籍多有誤寫。《正義》引服虔曰「城父，楚北境」，即誤父城為城父。《元和郡縣圖志》卷六汝州郟城縣條：「本春秋時鄭地，後屬楚（按：此即服虔所謂『楚北境』），又入於晉，七國時又屬韓。至漢以為縣，屬潁川郡……。父城故城在縣東南四十里。」父城戰國既為韓地，秦時自多韓國遺民。韓國舊族張良即出於父城。張良自少及長，交遊於郢陳一帶，並屢有反秦活動。可見這一帶韓國遺民響應郢陳昌平君的號召，再起反秦，是完全有基礎、有條件的。李信率軍自郢陳西趨父城，目的就是鎮壓韓人反抗。李信父城之敗，敗於韓楚聯軍。

五　張楚反秦的兩重作用

秦王政力戰十年，完成統一。六國遺民懾於秦的威力，暫時放棄了暴力反抗，但仍時有非暴力反抗活動。其中著者，有齊魯儒生博士譏刺始皇封禪事，孔鮒受陳餘挑動藏書事，博士淳于越請復古分封事，以及「始皇帝死而地分」的東郡刻石事，等等。從事非暴力反秦的人物，各國遺民皆有，而以齊國為多。齊國是文化之邦，知識人才眾多，反秦輿論易於傳播，對秦威脅很大。

但是，武力反秦之事也並非全不足憂，秦始皇所憂主要在楚。秦楚之戰激烈而持久，多有反覆，在楚國遺民中留下的印象十分深刻。「亡秦必楚」之說，反映了楚人強烈的復仇願望。《史記・高祖本紀》謂秦始皇常說「東南有天子氣」，因東遊以厭之。東南者楚地，可知秦始皇十分關注楚地動靜，隨時提防楚地發生反秦暴亂。劉邦居楚地，恐為秦所注視，據說曾以此疑不自安。史籍所見江東的金陵、丹徒、曲阿、由拳等地都有秦始皇東遊時掘地厭天子氣的記載，而這一帶地方都在當年王翦秦軍滅楚時掃蕩江南的範圍之中。這種種事實，決定了秦末武力反秦的發動者和主力軍，非楚莫屬。以後楚地櫌鋤白梃發難反秦之事，證明秦始皇當年的東南之憂是確有根據的。

齊文楚武。秦始皇對齊楚採取了一系列防範措施，徙民是其中重要措施之一。秦徙天下豪富十二萬家於咸陽，所徙以齊楚居多。《史記・劉敬列傳》記劉敬言：秦楚之際，「諸侯初起時，非齊諸田、楚昭屈景莫能興」。所以漢高祖九年徙民，[1]《漢書・高祖紀》謂：「徙

1　漢高祖九年徙民，十年就有被徙者亡走之事。張家山漢墓竹簡《奏讞書》，記高祖十年七月京兆湖縣令狀等奏劾齊國族田氏徙處長安，田氏女子虁用他人文書闌出函谷關，欲還臨淄，被獲，以「亡之諸侯論」，送者齊人以「從諸侯來誘論」。此資料甚可貴。見《張家山漢墓竹簡〔二四七號墓〕》，文物出版社，2001 年。《奏讞書》釋文見此書第 214 頁。

齊楚大姓昭氏、屈氏、景氏、懷氏、田氏五姓關中」，而不言及三晉和燕。

陳勝首事，張楚成為關東武力反秦的重心所在，齊魯儒生也紛紛來歸陳王，齊文楚武合流了。儒生的鼓蕩，對於六國反秦浪潮的推動，很起作用。陳勝張楚的六個月中，楚、趙、燕、齊、魏均已自王。舊韓有張良聚眾而韓國名號卻未出現，我想是由於潁川密邇陳地，陳勝不允許另立韓王以分楚勢之故。

當東方反秦形勢蓬勃發展之時，陳勝所遣以楚為旗號的直接攻秦諸將，卻一無所成。陳勝初起時，吳廣曾建議：「王引兵西擊，則野無交兵。」[1] 陳勝把西擊任務交給身居假王地位的吳廣，而吳廣之軍卻被秦軍阻於三川。曾在項燕軍中視日的陳人周文受命擊秦，收兵數十萬，入函谷後也被章邯擊敗自殺。吳廣死於部將田臧之手，章邯又擊殺田臧。陳勝遣入武關的楚人宋留也滯留南陽，未得入關，後來降秦被殺。西擊秦者皆張楚之兵，為陳勝實力所在，但其戰鬥力之弱卻大大出乎意外，死傷損失者佔很大的比重。看來此時張楚攻秦並非上策，而樹置諸侯以為秦敵卻能立刻收到瓦解強秦的實效。

陳勝反秦，必趨據舊楚都城郢陳而稱張楚，這是歷史條件和時代意識交相作用於陳勝的結果，而不是任意的選擇。它有積極的意義，也有消極的意義。張楚既立，反秦浪潮迅猛廣闊地從楚地興起，天下景從響應以擊暴秦。沒有其他王國能夠代替張楚旗號。這是張楚成功的一面，也是主要的一面。但是從另一方面看來，立張

1 見《文選》卷二四注引《楚漢春秋》。

楚意味着以楚反秦，這就不可避免地導致各諸侯王在反秦旗幟下效尤競立，以至於動搖剛剛樹立的統一的政治理念。張楚西擊一無所成，而東方諸侯聲勢卻如此浩大，因此只有組織諸侯聯合反秦，才有出路。諸侯聯合反秦必須有盟主，張楚自然居於盟主地位。這種情況，實質上就是戰國末年楚為縱長合縱攻秦的重演。所以，張楚之立，對於統一政治局勢的繼續維持，又有消極影響，孕育嚴重後果。

《鹽鐵論・結和》記載文學論秦末事說：「一夫倡而天下和，兵破陳涉，地奪諸侯。」此話比較準確地概括了張楚反秦的兩重作用。《史記・天官書》所謂「張楚諸侯並起」，同樣是這個意思。司馬遷評價陳勝亡秦之功時，也重在陳勝首倡而諸侯並起。《太史公自序》曰：「秦失其政而陳涉發跡，諸侯作難，風起雲蒸，卒亡秦族。」《陳涉世家》曰：「陳涉雖已死，其所置遣侯王將相竟亡秦，由涉首事也。」為了亡秦而重演合縱，看來是形勢發展的必然一步。陳勝未必是心甘情願地接受這種局面。他想獨立地西擊秦，又想阻止六國王室後人（如魏咎）為王，但畢竟都失敗了。

陳勝張楚之立，可以說是諸侯舊地皆王的開端，是「興滅國」；項梁立楚懷王，可以說是諸侯王室後人皆可興復的標誌，是「繼絕世」。[1]「興滅國，繼絕世」，舊典所載，影響至深。陳勝走一步，項氏再走一步，這兩步連在一起，使一場農民反秦暴政的戰爭無可避免地轉化為諸侯合縱攻秦。看來在這個關鍵時刻，歷史前進並沒有直路可走，非出現「之」字不可。

1　陳勝是反對繼絕世的。《孔叢子・答問》孔鮒建議陳勝「興亡繼絕，以為政首」，陳勝沒有拒絕「興亡」，卻拒絕「繼絕」。他說：「六國之後君，吾不能封也。」

在關東形勢出現如此變化的時候，關中的秦國出現了同步變化的動向，也值得我們留意。

項羽率合縱之師破秦軍主力於鉅鹿，而劉邦又銜楚懷王之命進入武關。此時，秦國君臣都認識到，保全一統的帝業已絕無可能，去帝稱王還不失為自存之計。秦二世曾向趙高求為一郡之王；據說趙高曾與楚約，由他本人滅秦宗室而王關中。《秦始皇本紀》說，二世死，趙高宣告：「秦，故王國；始皇君天下，故稱帝。今六國復自立，秦地益小，乃以空名為帝，不可。宜為王如故。」這樣，戰國七王就一個不差地恢復了。秦去帝稱王，賈誼在《過秦論》中是讚許的。但是時勢畢竟已變化了；關東諸王雖然可以承認關中王業，但不等於承認秦的故王，嬴秦宗室或舊人欲求保全王位，已經不可能了。子嬰為秦王沒有多久，就不得不封皇帝信物出降於楚將劉邦。秦降於楚，「亡秦必楚」的話終於應驗了。但是另一個同時出現的結果，卻是帝業回歸於王業。要想再造帝業，必須經過一場嚴重的鬥爭，這就是劉邦、項羽之戰，這場戰爭，在一定程度上又似當年的秦滅六國。

國內史家往往把秦末戰爭區分為性質不同的兩個階段，即秦楚之戰和楚漢之戰，前一階段的農民戰爭轉化為後一階段的爭奪統治權力的戰爭。我現在認為，不論如何區分階段，也不論以何者為轉化標誌，都須得承認如下的事實，即秦楚戰爭和楚漢戰爭一脈相承，其性質既能轉化，必有足以形成轉化的內在條件。這種內在條件，我認為就包含在陳勝張楚反秦的稱號之中。張楚足以反秦，張楚也足以引發諸侯競起。競起的諸侯中，始終以楚的聲勢最大。由此演化為項羽、劉邦之爭，而實際上項羽、劉邦皆楚，這個楚，又是繼承陳勝張楚而來。

《義門讀書記》卷一三引馮鈍吟曰：「楚兵初起，憂在亡秦，須立六國以樹黨。六國立，則秦已失天下，獨有關中耳。秦已滅，則患在諸侯。盡徙故王王惡地，羽之謀也。此亦有不得已者，但不知桓、文處此當何如耳！」[1] 項羽面對亡秦以後的一盤殘局，確有難於下手的隱衷，被馮班覺察到了。項羽不會自安於稱楚王而長久地與諸侯王並立，不會眼看着業已空出的帝位而毫不動心。所以他除了在分封諸侯王中隱伏心機以外，還有其他一些動作。第一步，他把楚懷王升格為楚義帝，以楚帝代替秦帝的法統地位，並就此承認帝業的合法性。他自己則暫居西楚霸王，繼續作諸侯的盟主。第二步，他徙義帝於郴而又殺之，這樣就使楚帝名號暫時空懸起來，使自己有靜觀待變、斟酌處理的餘地。第三步，他合乎邏輯的措置是，作好各種善後以後，自己名正言順地登上楚帝的寶座。但是項羽沒有邁開這最後一步，形勢就急遽變化，自己立刻由主動變為被動，作楚帝的機會也永遠消失了。

代項羽完成帝業的劉邦，此時雖然用的是漢王名義，但是如前所述，他淵源於楚，是楚的一部分。項羽稱帝不成，並不意味着楚不能帝。不過要奪取帝業，只有楚的名分還不夠，還必須據有當年秦滅六國的形勢。我們看到，當淵源於楚的漢王劉邦東向與諸侯盟主楚王項羽交鋒之時，他確實是不期而然地居於當年秦始皇滅六國的地位。客觀形勢要求居關中的劉邦之楚消滅居關東的項羽之楚，步秦始皇的後塵，再造帝業。這又出現了反秦而又不得不承秦的問

1　馮鈍吟即馮班，有《鈍吟雜錄》十卷，《四庫全書總目》入子部雜家類，班姪馮武輯，何焯評。此處何焯引入《義門讀書記》（中華書局，1987 年）之語，不見於《叢書集成》本中的《鈍吟雜錄》。何焯謂馮班「著書無定所」，「沒後多散佚」，所以馮武所輯不全。馮班生於萬曆季年，死時近七十。何焯生卒年為 1661—1722，晚於馮班不數十年。何焯此處所引，大概是後出的馮班佚文為何焯所知者。《四庫全書總目》集部別集類存目八有《馮定遠集》11 卷。

題，出現了以後的漢承秦制，首先而又最根本的是承秦帝制。以帝制為標誌，張楚以來歷史所呈現的「之」字路走到頭了。只是張楚猶有餘波，表現為漢初關東諸侯王問題迭起，擾攘達數十年之久，在數十年擾攘中，楚的名號總是反復出現。

《史記・六國年表・序》曰：「夫作事者必於東南，收功實者常於西北。故禹興於西羌，湯起於亳，周之王也以豐鎬伐殷，秦之帝用雍州興，漢之興自蜀漢。」太史公造作三代興滅之詞，意在烘托秦漢。漢胎於楚，作事在東南；而收功實於秦，地在西北。我疑太史公是據秦時政治風謠敷衍成說，而「東南有天子氣」就是其時極為敏感的一則風謠。西北之秦警惕東南之楚，蓋源於秦楚的歷史關係。東西畛域之別甚至影響千年之久，何止於漢！

回顧戰國末年秦滅六國之際，韓、楚犄角而立，新鄭、郢陳不寧，李信、王翦攻楚，項燕、昌平君反秦等一系列事件，決定了秦滅六國後「亡秦必楚」之說的流行和秦始皇的東南之憂。不久，戍卒作難，張楚自號，郢陳建旗，項氏北歸，懷王繼統，劉邦滅秦，這一系列決定時局進程的大事，又無一不是過去秦楚關係的自然發展。特別是張楚自號於陳，與十餘年前昌平君易幟反秦於陳之事，甚多相似之處。陳勝召與計事的陳地三老、豪傑，無疑多是當年昌平君郢陳反秦之役的見證人，甚至可能是參加者。張楚之立，重新開始了秦楚之爭；劉邦滅秦，完成了張楚之軍西擊強秦所未曾完成的任務。秦楚之爭，最後的勝利者是楚。勝利的楚以劉邦為代表，轉化為漢的皇權，這同時又是秦始皇已開其端的統一的回歸，帝業的勝利。

《史記・秦楚之際月表》曰：「初作難，發於陳涉；虐戾滅秦，自項氏；撥亂誅暴，平定海內，卒踐帝祚，成於漢家。五年之間，[1] 號令三嬗。自生民以來，未始有受命若斯之亟也。」三嬗，謂張楚、項氏（含楚懷王）、漢家。其實，三嬗皆楚。三嬗而獲成功，謂漢承秦而成帝業。號令三嬗，意味着歷史上的秦楚之爭從秦末張楚以來，儘管一再變更形式，但終於以楚的勝利宣告結束，雖然勝利了的新朝並不稱楚，而稱為漢。

秦楚之際風雲詭譎，事態紛紜，它昭示於後人的歷史結論，一是非張楚不能滅秦，二是非承秦不能立漢。滅秦和承秦，相反而又相成，其間都有楚作為中介。這就是本文主旨所在。[2]

〔**後記**〕　從漢墓張楚帛書論及漢初重張楚問題，不可忽略漢高祖劉邦對張楚的態度。《史記・高祖本紀》十二年十二月高祖曰：「秦始皇帝、楚隱王陳涉、魏安釐王、齊湣王、趙悼襄王皆絕無後，予守冢各十家，秦皇帝二十家，魏公子無忌五家。」陳勝守冢之數，《漢書・高帝紀》亦作十家。而《史記・陳涉世家》記載詳明，謂「高祖時為陳涉置守冢三十家碭，至今血食」，《漢書・陳勝傳》又綴以「王莽敗，乃絕」之語，足見確鑿可信。陳勝守冢之數優於秦始皇及其他六國君長，表明漢高祖對張楚的特殊態度。對於楚義帝，漢五年以義帝無後，曾立韓信為楚王以存恤楚眾，但旋即降韓信為侯而別以劉交王楚，為同姓王。對於項羽，只是承認他受自義帝的魯公封號，

1　《史記・太史公自序》作八年，較勝。八年，起陳勝張楚，止劉邦稱帝。五年之説若非錯簡，則可能有二解。一，指陳勝張楚至漢王之立（或義帝被殺），首尾五年；二，如汪越《讀史記十表》卷四所云，指漢王始封至稱帝，亦五年。不過此二解釋都不能涵蓋「號令三嬗」的全過程。

2　李開元《漢帝國的建立和劉邦集團 —— 軍功受益階層研究》（三聯書店，2000 年）一書，拓展了本文的論點，對於秦—楚—漢歷史的錯綜關係有進一步的研究論證，請參讀。

以禮發喪，並以項氏有功者四人為漢列侯而已。相比之下，漢高祖重張楚而不重義帝法統，更清楚可見。《容齋隨筆》卷九「楚懷王」條曰：「高祖嘗下詔，以秦皇帝、楚隱王亡後，為置守冢，並及魏、齊、趙三王，而義帝乃高祖故君，獨缺不問，豈簡策脫佚乎？」在我看來，洪邁此處所疑簡策脫佚，並無根據。高祖為陳勝而不為義帝置守冢，而且戶數多，優於其他帝王，正是由於漢初特重張楚法統的緣故。

—— 原刊《歷史研究》1989 年第 2 期

論輪台詔

一　輪台詔頒佈的時機

《漢書・西域傳》班固贊曰：漢武帝制匈奴，通西域，「師旅之費不可勝計。至於用度不足，乃榷酒酤，管鹽鐵，鑄白金，造皮幣，算至車船，租及六畜。民力屈，財用竭，因之以凶年，寇盜並起，道路不通。直指之使始出，衣繡杖斧，斷斬於郡國，然後勝之。是以末年遂棄輪台之地，而下哀痛之詔，豈非仁聖之所悔哉」！

漢武帝在反擊匈奴的長期過程中，開邊興利，繼往開來，對中華民族的歷史有很大的貢獻。但是他竭天下民力資財以奉其政，數十載無寧日，加之以重刑罰，窮奢麗，弄鬼神，終使民怨沸騰，社會後果極其嚴重。文武之道，一張一弛。漢武帝要保存所取得的積極成果，必須及時地在政策上實現轉折，使社會安定下來，使人民得以休養生息。

政策的轉折出現於征和四年（前 89），[1] 也就是漢武帝死前二年。

1　輪台詔文見《漢書・西域傳・渠犁》，為征和四年之事，在征和三年李廣利降匈奴以後。上引班固贊語說武帝「末年」下輪台詔，也可證明繫年是無可疑的。《後漢書・樊準傳》安帝永初間郡國被水旱災，御史中丞樊準上疏：「可依征和元年故事，遣使持節慰安⋯⋯。」李賢引征和四年輪台詔文為注。這樣就出現了下輪台詔究竟是征和四年，還是征和元年的問題。《通鑒》永初二年胡注謂「此（按：指李賢注）乃征和四年詔也，征和元年當有遣使慰安故事」。胡注是一個通達的解釋。王先謙《後漢書集解》引用胡注之文而未另出斷語，當是同意。

這一年，漢武帝所頒佈的輪台「哀痛之詔」，是中國古代帝王罪己以收民心的一次比較成功的嘗試，它澄清了紛亂局面，穩定了統治秩序，導致了所謂「昭宣中興」，使西漢統治得以再延續近百年之久。

輪台之詔的頒佈，不能說是及時的。在征和以前的若干年，出現過需要轉折也有可能實現轉折的時機，但漢武帝喪失了這種時機，延誤了轉折，從而加深了人民的苦難和政局的動亂。

漢武帝的統治，前後歷五十四年之久。在他統治的最早一個時期，約當建元元年至元光二年（前 140—前 133），西漢社會在經濟和政治方面，都還是升平治世的景象。《史記・平準書》曰：「至今上（武帝）即位數歲，漢興七十餘年之間，國家無事，非遇水旱之災，民則人給家足，都鄙廩庾皆滿，而府庫餘貨財⋯⋯。」《鹽鐵論・國疾》載大夫之言曰：「文景之際，建元之始，民樸而歸本，吏廉而自重，殷殷屯屯，人衍而家富。」又載賢良之言曰：「建元之始，崇文修德，天下乂安。」其時雖有閩越用兵之事，但規模不大，對社會無甚影響。

元光二年，漢武帝開始了大規模的用兵。《漢書・五行志》（中之下）：「自是（按：指元光二年）始征伐四夷，師出三十餘年，天下戶口減半。」《漢書・蕭望之傳》載張敞曰：「昔先帝征四夷，兵行三十餘年，百姓猶不加賦而軍用給。」所謂三十餘年，具體說是三十二年。《漢書・西域傳・渠犁》：「是時軍旅連出，師行三十二年，海內虛耗。」徐松《漢書・西域傳・補注》曰：「自元光二年謀馬邑，誘單于，絕和親，為用兵之始。其後連年用兵，至太初三年西域貢獻，凡三十二年。」按：元光二年至太初三年（前 133—前

102），是西漢歷史的重要年代，漢武帝的全部事業，幾乎都是在這三十二年中完成的，其中除四出征伐外，還有罷黜百家、獨尊儒術這樣的意識形態的改革，還有如收相權、行察舉、削王國、改兵制、設刺史等項政治、軍事制度的改革，還有如統一貨幣、管鹽鐵、立平準均輸制等項經濟制度的改革，等等。河決瓠子奪淮入海，為害武帝一朝達二十餘年之久，也是在這個時間之內修復的。

但是，如果細細考察漢武帝在這三十二年中完成的每一項事業的具體時間，我們就會發現，絕大多數事項都是元狩（前 122—前 117）、元鼎（前 116—前 111）年間做成的；有少數完成於元封年間（前 110—前 105）；只有伐大宛一件事在元封以後，而伐大宛雖然事出有因，但並不是必要的。如果不計伐大宛這件並非必要之事，那麼漢武帝在元封年間已經完成了歷史賦予他的使命，從此着手實行政策的轉折，應當說正是時候。

元封是一個具有特定意義的年號，它是以舉行封禪典禮而得名的。封禪典禮盛大隆重，時人非常重視。《史記・太史公自序》謂司馬談不得參預大典，「發憤且卒」。封禪的意義，據《漢書・武帝紀》注引孟康所說，是「王者功成治定，告成功於天」。漢武帝認為自己該辦的事都已經或都即將辦完，可以說已經到了「功成治定」的時候，才於元封元年舉行封禪大典，並使用元封年號。這就是說，在元封年間實行政策的轉變，應當是漢武帝考慮過的。

還應看到，元封年間已經出現了較大的社會險象。《漢書・石奮傳》附《石慶傳》:「元封四年（前 107），關東流民二百萬口，無名數者四十萬。公卿議欲請徙流民於邊以適（謫）之。」武帝反對謫徙，案問御史大夫以下議為請者，又詔報丞相石慶曰 :「今流民愈多，計文不改。[1] 君不繩責長吏，而請以興徙四十萬口，[2] 搖蕩百姓……。」流民問題並不始於此年。在此之前，由於連年興發和重賦，已有不少農民棄業流亡。加之以「吏多私，徵求無已，去者便，居者擾」，使流民問題更加嚴重。漢武帝制定了流民法「以禁重賦」，結果仍然是「官曠民愁，盜賊公行」，以至出現流民二百萬口的嚴重局面。這是農民對漢武帝政策的嚴重抗議。如果官府處置不慎，勢必進一步「搖蕩百姓」，其後果武帝是知道的。所以他才案問御史以下議請謫徙者，並重責丞相石慶，以圖平息事端。從這裏看來，武帝在元封年間改變政策以安百姓，也完全是形勢所必需的。

《資治通鑑・漢紀》征和二年，有一長段敍述巫蠱之獄始末的文字，內容非常重要，但不見於《史》、《漢》及今存北宋以前其他有關史籍。其中有幾句追述漢武帝對大將軍衛青所說的話：「漢家庶事草創，加四夷侵陵中國，朕不變更制度，[3] 後世無法；不出師征伐，天下不安。為此者不得不勞民。若後世又如朕所為，是襲亡秦之跡也。」

漢武帝以歷史為鑒，對於自己所行諸事進行反省，認為這些事情雖屬必要但畢竟是勞民之舉，文詞是懇切的。他料到後世如不改變軌轍，繼續勞民，就會出現秦朝那樣的速亡局面。這種推測符合情理，也符合當時的歷史實際。他以勞民為念而思所以改弦更張，更是難能可貴。他在局面還沒有發展到像征和年間那樣接近於失去控制之時，就認識到這一點。衛青死於元封五年（前 106），漢武帝

---

1 「計文不改」，謂上計文書的戶口、墾地數目不改。

2 「請以興」，王先謙《漢書補注》引劉奉世曰「興讀如軍興」。「興徙四十萬口」，當即以軍興謫徙流民之無名數者。

3 漢武帝所説「變更制度」，以解釋成改正朔、易服色的太初改制為順，但與這裏所引的話在時間上不相符，因為這裏所引的話不能晚於元封五年（見下）。疑所謂「變更制度」，係泛指政治、經濟等諸項改革而言，並非特有所指。

說此話的時間下限不能晚於此年，上限當在元封中或更早一些。這是我們能夠見到的漢武帝表示有必要改變政策的最早記載，它出於漢武帝的鄭重思考，而不是敷衍之辭。

轉變政策既然早已有必要又有可能，漢武帝對此也有所認識，為甚麼他要遲到征和末年自己臨死前，才在輪台詔中確認這種轉變呢？關於這一問題，我們從史籍中找不到現成的答案，只能從事態發展中探尋跡象，進行分析。我認為，造成這種情況的一個原因是，漢武帝對開邊之事心裏無數，不知道該在甚麼地方適可而止；另一個原因是，漢武帝與衛太子的矛盾制約着轉變政策這件事情的整個過程。可以說，漢武帝在完成積極事業的過程中，該止步的時候沒有止步。他師心自用，僥倖求逞，使自己走向相反方向，因而延誤了政策轉變的時間。只是到了最後時刻，他才下決心頒佈輪台「哀痛之詔」，力圖挽回將頹的局勢。失之東隅，收之桑榆，漢武帝的目的應當說基本達到了。班固所做「仁聖之所悔」的評論，對漢武帝來說大體上是合適的。

下面，我們擬圍繞衛太子問題和開邊事態這兩個方面試作剖析，以探索征和四年輪台之詔的具體背景，並論證其他相關問題。

二　漢武帝與戾太子的潛在矛盾

上引《資治通鑒》漢武帝對衛青所說的話，是《通鑒》一段長文的一部分。這段長文在上引文之前說：「初，上年二十九，乃有戾太子（按：衛太子謚戾），甚愛之。及長，性仁恕溫謹。上嫌其材能少，不類己，而所幸王夫人生子閎，李姬生子旦、胥，李夫人生子髆。皇后、太子寵浸衰，常有不自安之意。上覺之，謂大將軍青曰……」，云云。

皇后衛子夫是衛青之姊，衛太子劉據是衛青之甥。衛子夫以生子劉據而得立為皇后，劉據之貴寵可知。劉據生於元朔元年（前128），元狩元年（前122）立為太子時年七歲。其時武帝開邊、興利、改制、用法，事業蓬勃發展。他留心觀察太子的才能志向，希望同自己一樣具有雄才大略，能夠繼承自己的事業。當他清楚太子「仁恕溫謹」的秉賦之後，「嫌其材能少，不類己」，[1] 才逐漸產生了不滿。加上其餘皇子陸續出生，繼嗣有了選擇的餘地，因此，皇后、太子也就漸漸由寵盛變為寵衰了。這裏面，衛皇后寵衰與衛太子寵衰關係密切，衛太子寵衰主要是由於他的才能志向不能稱武帝開邊興利之意。可以看出，宮廷裏這一變化在相當大的程度上帶有政治性，而不只是其他原因如色衰之類。

《通鑑》在提到「亡秦之跡」的話以後接着說：「太子敦重好靜，必能安天下，不使朕憂，欲求守文之主，安有賢於太子者乎！聞皇后與太子有不安之意，豈有之耶？可以意曉之。」這些話無疑是為了安皇后、安太子，也無疑是為了安衛青、安衛氏家族。但事情並不止此。這個時候，武帝確也需要太子這樣的繼嗣來「安天下」。所以他並沒有由於元封五年衛青之死而廢黜寵衰的皇后和太子。自此到征和二年，其間有十六年，皇后和太子的地位都無變化。看來由於情況的複雜性，在對待皇后、太子的問題上，漢武帝有一段相當長的猶豫過程。

《通鑑》繼續寫道：「太子每諫征伐四夷，上笑曰：『吾當其勞，以逸遺汝，不亦可乎！』上每行幸，常以後事付太子，宮內付皇后，

1　《漢書・外戚傳・鉤弋趙倢伃傳》敘昭帝之立說：「鉤弋子年五、六歲，壯大多知。上常言類我，……心欲立焉。」可知武帝選擇繼嗣，總把與己相類當成一項重要標準。按：昭帝生於太始三年（前94），五、六歲時當征和三、四年。

有所平決，還白其最，上亦無異，有時不省也。上用法嚴，多任深刻吏；太子寬厚，多所平反。雖得百姓心，而用法大臣皆不悅。皇后恐久獲罪，每戒太子宜留取上意，不應擅有所縱捨。上聞之，是太子而非皇后。群臣寬厚長者皆附太子，而深酷用法者皆毀之。邪臣多黨羽，故太子譽少而毀多。」

武帝既不滿意衛太子「仁恕溫謹」，又怕「亡秦之跡」再現；而要避免重蹈「亡秦之跡」，又正需要像衛太子那樣堪為「守文」的人作為繼嗣。這顯然是矛盾的根源。其實在當時，武帝仍然深信自己的統治是穩固的，並不認為真會出現「亡秦」的結局。他認為，「朕不變更制度，後世無法；不出師征伐，天下不安」。顯然，他還沒有打定主意在自己統治的時間內轉變政策方向。他擔心的是「後世」，也就是自己身後太子即位之時。他把轉變政策之事付託給太子。所謂「吾當其勞，以逸遺汝」，以及告誡後世不要「如朕所為」，就是這個意思。至於他自己，那還是要繼續「出兵征伐」，還是要繼續「變更制度」。太初年間追匈奴、伐大宛、改正朔、易服色等，就是武帝這種思想的表現。這個時期，武帝主觀上並沒有意識到上述矛盾在將來有可能導致不幸的後果。

但是，從另一方面看來，矛盾確實在起着作用。衛太子與漢武帝比較，有不同的思想品格，有不同的統治政策。在武帝和太子並存的長時間裏，朝廷中自然存在着兩類官僚。一類是追隨武帝的開邊、興利、改制、用法之臣，他們是多數；一類是擁護「守文」的太子的所謂「寬厚長者」，他們是少數。[1] 武帝和太子既然各有一班為自己效力的臣僚，他們的關係就超越了宮廷生活中的父子關係和個人

1　閻步克有《漢武帝時「寬厚長者皆附太子」考》，《北京大學學報》1993 年第 3 期，請參看。

權勢關係，而具有朝廷中兩種相矛盾的政治勢力的性質。這兩種政治勢力的矛盾，在形勢變化的時候，有可能激化起來，表現為武帝與太子的不可兩立的抗爭。

上引《通鑒》記事寫清楚了武帝與太子衝突的兩種政見的性質，[1] 但是理當作為原始資料看待的《漢書》卻把這一衝突全部寫成爭寵、泄忿。《漢書・戾太子傳》說：「武帝末，衛皇后寵衰，江充用事，充與太子及衛氏有隙」，遂有巫蠱之獄導致衛皇后和衛太子之死云云。兩相比較，《通鑒》比較深刻，在史識上勝過《漢書》一籌。《通鑒》又認為元封以後武帝與太子疏遠，僅僅是由於衛青死，衛太子失去了可以憑依的強有力的外家，因而臣下競構太子的緣故。考慮到巫蠱之獄衛氏族滅的後果，此說不為無因；但僅僅如此而不究及武帝、太子政見的不同，似乎又離開了《通鑒》本來的觀點，離開了歷史的深度。

三　巫蠱之獄的政治意義

漢武帝與衛太子的公開衝突，爆發於征和二年，這就是巫蠱之獄。

漢武帝時，巫蠱作為一種迷信活動，在宮廷內外都很流行。武帝元光五年（前 130）廢陳皇后，張湯「治陳皇后巫蠱獄，深竟黨與」，[2]「相連及誅者三百餘人」。[3] 其時巫蠱之術一般是埋木偶於土中，咒詛祀禱，認為咒詛必定應在仇家。巫蠱之事易於被判定咒詛皇帝，

1　《通鑒》此條資料來源和可信性問題，請參看本文「餘論」。
2　《漢書・張湯傳》。
3　《漢書・外戚傳・陳皇后傳》。

大逆不道，所以在糾紛雜出的漢武帝時期屢次成為興動大獄的罪名。《漢書・西域傳》：「匈奴使巫埋羊牛所出諸道及水上以詛〔漢〕軍。」參以《匈奴傳》、《戾太子傳》、《江充傳》等胡巫參與巫蠱的資料，中外學人疑巫蠱之術或與匈奴習俗有關，不無道理。

大規模的巫蠱之獄發生在征和年間。其時公孫賀為丞相，賀子敬聲為太僕，父子被告使巫祀詛武帝，並於武帝經行馳道埋偶人。征和二年（前 91）正月，賀、敬聲俱死獄中。這時武帝臥病甘泉宮，水衡都尉江充建言巫蠱為祟，欲乘機陷害太子及皇后。武帝使江充為繡衣使者治巫蠱獄，江充率胡巫掘地求偶人，揚言得之於太子宮。太子使客詐為武帝詔捕斬江充，並發兵凡數萬眾以拒官軍。武帝命丞相劉屈氂與太子戰，並收衛皇后璽綬，衛皇后自殺。[1] 太子敗走湖縣（在今河南靈寶境），旋以被圍自經。太子死後，屢有人言江充之奸。征和三年，高廟寢郎田千秋「上急變訟太子冤」。[2] 武帝經受激烈震動後，有所感悟，謂曰：「父子之間，人所難言也。公獨明其不然，此高廟神靈使公教我。」因此立拜田千秋為大鴻臚，數月，以之代劉屈氂為丞相，並族滅江充之家。武帝還作思子宮，為歸來望思之台於湖，並對衛太子問題一步一步地進行昭雪。

據《漢書・江充傳》，江充曾為繡衣使者，「督三輔盜賊，禁察逾侈」。衛太子家使乘車馬行馳道中，江充以之屬吏，遂與太子有隙，恐太子得立對自己不利，乃引禍以陷太子。《傳》文說江充「奸訛」，[3]

1　褚補《史記・外戚世家・鉤弋夫人》謂：「諸為武帝生子者，無男女，其母無不譴死。」可見衛皇后之死為必然，只是時間遲早而已。漢武故實，北魏復行之。《魏書・皇后列傳》史臣曰：「鉤弋年稚子幼，漢武所以行權，魏世遂為常制，子貴母死。矯枉之義，不亦過哉！高祖（孝文帝）終革其失，良有以也。」

2　《漢書・車千秋傳》。

3　「奸訛」即奸偽。《日知錄》卷三二「訛」：「訛字古作譌，偽字古亦音訛。《詩・小雅》民之訛言，《箋》云：偽也，小人好詐偽……。《爾雅注》：世以妖言為訛。」

「由疏陷親」，可能都是事實。但是規模這樣大的直接針對皇室至親的巫蠱之獄，除了出於江充個人恩怨之外，是否還有其他更重要的原因呢？

洪邁《容齋續筆》卷二「巫蠱之禍」條曰：「漢世巫蠱之禍，雖起於江充，然事會之來，蓋有不可曉者。……木將腐，蠹實生之；物將壞，蟲實生之。是時帝春秋已高，忍而好殺，李陵所謂法令無常，大臣無罪夷滅者數十家。……禍之所被，以妻則衛皇后，以子則戾園（按：即衛太子），以兄子則屈氂，以女則諸邑、陽石公主，以婦則史良娣，以孫則史皇孫。骨肉之酷如此，豈復顧他人哉！且兩公主實衛后所生，太子未敗數月前皆已下獄誅死，則其母與兄豈有全理？固不待於江充之譖也。」洪邁的意思是說有武帝之朽，才有江充之譖，並一一舉出被殺之人，以說明武帝對「骨肉之酷」。洪邁這些話都是事實。但是我們從這裏看到另一問題，即被殺者中除劉屈氂以外，[1] 全部是衛氏家族人物，衛皇后及其子、女、媳、孫。衛皇后二女諸邑、陽石公主，征和二年四月死在公孫賀一案中，而公孫賀一案即是衛太子巫蠱之獄的前奏。衛皇后的血親被殺而洪邁未錄者，還有姊衛君孺和弟子衛伉，[2] 以及外孫曹宗。[3] 衛皇后其他戚串，死者更多。據《漢書・外戚傳》說：巫蠱獄興，「衛氏悉滅」。可以說，公孫賀之獄與衛太子之獄，都是針對衛氏而發的，其目的是為了更換後宮和更換繼嗣，而更換繼嗣是更為主要的目的。前面說過，江充興獄，意在太

1　劉屈氂，武帝庶兄中山靖王之子。關於他的死，下文另論。

2　衛君孺即公孫賀之妻。公孫賀本來由於妻為皇后姊而有寵於武帝。

3　據《史記・曹相國世家》及同書《高祖功臣侯年表》，曹參玄孫曹襄尚衛長公主，生子宗，「宗代侯，征和二年中，宗坐太子死，國除」。《漢書・曹參傳》則隱去死因，只謂曹襄「子宗嗣，有罪，完為城旦」；《漢書・高惠高后文功臣表》謂平陽侯宗，「征和二年坐與中人奸，闌入宮掖門，入財贖，完為城旦」。又，據《史記・外戚世家》及《索隱》，衛皇后生三女，諸邑、陽石以外，尚有衛長公主，即衛太子姊，當即曹襄所尚，曹宗之母。據《漢書・郊祀志》，曹襄死（在元鼎元年，前 116）後，武帝以長公主妻欒大，更名當利公主。

子。江充掘偶之時，太子少傅石德謂太子曰：「上疾在甘泉，皇后及家吏請問皆不報，上存亡未可知，而奸臣如此。太子將不念秦扶蘇事耶！」[1]江充和劉屈氂所行，客觀上都是在實現漢武帝改換繼嗣這一政治目的。石德點破「秦扶蘇事」，是洞悉當時政局底蘊之談。

洪邁所論漢武帝「骨肉之酷」，並非特指衛皇后和衛太子，所以把漢家宗室的劉屈氂也列在皇后、太子一起。其實，劉屈氂被殺屬於另一矛盾。劉屈氂與李廣利是兒女親家，李廣利女嫁劉屈氂子。李廣利妹即漢武帝李夫人。李夫人生子昌邑王髆。劉屈氂與衛太子死戰，意在除衛太子而以昌邑王髆代為太子。王夫之《讀通鑒論》卷三謂劉屈氂對衛太子「必出於死戰，此其心欲為昌邑王地耳！太子誅，而王以次受天下，路人知之矣。其要結李廣利，徇姻婭而樹庶孽，屈氂之慝，非一日之積矣」。衛太子既死，劉屈氂、李廣利相約早立昌邑王髆。但是此時漢武帝並未屬意諸庶子。由於這個原因，同時出於巨變之後的複雜感情，漢武帝以巫蠱咒詛罪名腰斬了劉屈氂，並收繫李廣利妻。其時李廣利已出征匈奴，聞訊後向匈奴投降。

事端突起、頭緒紛繁的巫蠱之獄導致改換繼嗣的後果，而改換繼嗣又同衛太子「仁恕溫謹」和「守文」的秉賦頗有關係。關於這一點，可以從巫蠱之獄中衛太子的對手江充那裏看到旁證。

《鹽鐵論・國疾》賢良曰：「建元之始，崇文修德，天下乂安。其後邪臣各以伎藝，虧亂至治，外障山海，內興諸利。楊可告緡，江充禁服，張大夫（湯）革令，杜周治獄，罰贖科適（謫），微細並行，不可勝載。……聖主覺焉，乃刑戮充等。」江充禁服，指的就是江充為使者禁察車服逾制之事，在賢良看來，這事遠遠不是一種

1 《漢書・戾太子傳》。

權宜督察的細小事故，而是與興利用法諸大事相當；而江充其人也不只是一個奸偽小人，而是與興利用法的張湯、杜周、楊可並列的重要政治人物。至於說「聖主刑戮充等」，似不準確。我們知道，張湯係自殺而死，杜周病死，楊可不知所終，而江充則是被衛太子殺死的。

《鹽鐵論・輕重》文學曰：「大夫君（按：指桑弘羊）以心計策國用，構諸侯，參以酒榷，〔東郭〕咸陽、孔僅增以鹽鐵，江充、楊可之（按：即楊可）等各以鋒銳，言利末之事析秋毫。」江充「言利末」，看來是指他允准逾侈的貴戚子弟入錢贖罪，因而有「各以秩次輸錢北軍，凡數十萬」之事。輸錢數目甚小，與楊可告緡所得財物數量無法相比，與東郭咸陽、孔僅、桑弘羊等理財之入也不相類。但江充畢竟被列入這些人的行列，說明他也是一個以「言利末」而具有政治影響的人物，至少當時人是這樣看的。

《鹽鐵論》中所見江充的地位如此，這使我們得以推知江充治巫蠱事帶有政爭的性質，並由此想到劉知幾提到的一個問題。《史通・品藻》謂「江充、息夫躬讒諂惑上，使禍延儲后，毒及忠良。論其奸凶，過於石顯遠矣。而〔班〕固敘之，不列佞幸」，認為這是史書品藻不當之例。在我看來，江充等人都有所謂「奸凶」事例屬實，但江充與蒯通、伍被、息夫躬同傳而皆未入《佞幸傳》，主要由於他們，特別是蒯、伍、江，都深深捲入了當時的政爭，與一代政治大事關係密切。這與《佞幸傳》中諸人進不由道，僅憑婉媚貴幸者，是有顯著區別的。班書立傳，於此處仍可說是以品彙相從，並無不類。班書《陳勝項籍傳》首載顏師古以此為例說：班書列傳「雖次時之先後，亦以事類相從，如江充、息夫躬與蒯通同傳……」之類是也。

前引《通鑒》之文說到「群臣寬厚長者皆附太子，而深酷用法者皆毀之。邪臣多黨與，故太子譽少而毀多」。江充充當了深酷用法臣僚的代表，秉承武帝意旨，憑藉黨與優勢，用非常手段摧毀以衛太子為代表的「守文」的政治勢力，這也許就是巫蠱之獄的實質。當然，這畢竟是兩千餘年前的事，今天研究起來，一來宮闈事祕，情節難詳；二來已知情節中兼有偶然，區分不易；三來漢武帝晚年多疑，其行事也不可全以常情判斷。所以要作出確鑿無疑的解釋，看來還有一些困難。

漢武帝時代網禁嚴密，法律被用來大量殺人，而皇權又高於法律，皇帝殺人無需法律根據。廷尉杜周之言曰：「三尺（按：指法律）安出哉？前主所是著為律，後主所是疏為令，當時為是，何古之法乎？」[1] 漢武帝甚至對大臣也任意宰割，丞相能免於屠戮者甚少。因此，公孫賀「引拜為丞相，不受印綬，頓首涕泣」，認為自己「從是殆矣」。他受拜後沒有多久，果然在巫蠱之獄中族滅。[2] 朝廷紛爭，幾乎都與屠殺相伴，巫蠱之獄就是一場大屠殺。征和四年輪台之詔頒行後，屠殺又被用來作為一種既是為衛太子昭雪，也是為轉變統治政策掃清道路的重要手段。請看以下諸例。

據《漢書・武帝紀》以及劉屈氂、金日磾等傳，侍中僕射馬何羅（按：即莽何羅）與江充善，巫蠱事件中馬何羅之弟馬通（按：即莽通）以擊衛太子力戰功，封重合侯。後元元年，即頒佈輪台詔的翌年，馬通兄弟謀逆被擒。據《漢書・景武昭宣元成功臣表》（下簡稱《功臣表》），馬通於後元二年腰斬。

---

1 《史記・杜周傳》。

2 《漢書・公孫賀傳》。

據《劉屈氂傳》及《百官公卿表》，大鴻臚商丘成以擊衛太子力戰功，封秺侯。據《功臣表》，後元二年商丘成坐於孝文廟醉歌，大不敬，自殺。

據《劉屈氂傳》，長安男子景建從馬通力戰，獲太子少傅石德，以功封德侯。據《功臣表》，景建於後元二年坐共馬通謀反腰斬。

據《戾太子傳》，太子被圍困，閉戶自經，山陽卒張富昌開戶，與李壽共得太子，以功封題侯。據《功臣表》，張富昌後元二年為人賊殺。[1]

據《戾太子傳》，太子自經，新安令史李壽以得太子功封邘侯。據《功臣表》，李壽征和三年坐送李廣利征匈奴出長安界誅。[2]

以上說到的馬通、商丘成、景建、張富昌、李壽，是巫蠱事件中以迫害衛太子得功封侯的全部五人，他們在漢武帝統治的最後三兩年內，又全部被殺或被逼自殺。其中李壽於征和三年伏誅，其餘的人都死於後元二年（據《功臣表》王先謙補注，商丘成、馬通、景建的死年均當在後元元年）。他們之死，史籍上記有不同的罪名，但集中起來看一看，就知道都是出於為衛太子昭雪，為轉變政策掃清道路的需要。

還有一個動向也是值得注意的，那就是昌邑王髆之死。昌邑王髆是武帝李夫人所生，巫蠱之獄後，李廣利、劉屈氂曾欲擁立他為太子而為武帝所拒。他恰好也死在後元元年，史籍不著死因。他的兒子昌邑王賀，就是昭帝死後一度被迎立為皇帝而旋被廢棄的人。

1　《漢書・戾太子傳》：太子自經，「山陽男子張富昌為卒，足蹋開戶，新安令史李壽趨抱解太子。……上既傷太子，乃下詔曰：『蓋行疑賞，所以申信也。其封李壽為邘侯，張富昌為題侯。』」顏師古注：「為其解救太子也。」《通鑒》意同師古。王先謙《補注》異於師古，認為二人皆欲生得太子而非欲解救太子。其時武帝雖有所感悟，傷太子之死，然無明詔赦之，不得不賞獲者之功，故有「疑賞所以申信」之語，否則上下文義皆不可通。按：王先謙說是，顏注及《通鑒》皆誤。

2　同前注。

昌邑王賀被廢棄後繼立的漢宣帝，恰恰又是衛太子之孫。這種種情節，估計不會是偶然的巧合，而是前述自元封以來事態發展的又一曲折。是否如此，由於材料不足，姑且存以待證。

政治上的大轉折有時不免反覆。武帝興利之臣的代表人物桑弘羊預武帝顧命，預示着轉變政策還可能出現麻煩。關於這個問題，將在本文第五部分再作研究。

四　輪台詔前西域開邊的背景

元封五年，大將軍衛青死。《漢書・武帝紀》是年謂「名臣文武欲盡，詔曰：『蓋有非常之功，必待非常之人。故馬或奔踶而致千里，士或有負俗之累而立功名。夫泛駕之馬，跅弛之士，亦在御之而已。其令州郡察吏民有茂才異等可為將相及使絕國者』」，云云。師古釋絕國為「絕遠之國，謂聲教之外」。在當時，聲教之外的絕遠之國，主要是指西域諸國大宛之屬。漢武帝既然意在西域以圖非常之功，所以放棄了改弦易轍的時機，繼續籌劃對西域的戰爭。兩年以後的太初元年，李廣利就師出大宛了。

大宛遠在葱嶺以西，與漢境迥不相接，為甚麼漢武帝要執意征伐大宛呢？

漢武帝伐大宛的戰爭，《史》、《漢》僅以求汗血馬來解釋，自然是不夠周全的。近人有一些新的見解，如余嘉錫先生提出改良馬政說，[1] 張維華先生提出求天馬以升天說，[2] 國外漢學家也頗有論述。近幾

1　《漢武帝伐大宛為改良馬政考》，見《余嘉錫論學雜著》上冊，中華書局，1963 年。

2　《漢武帝伐大宛與方士思想》，見張維華《漢史論集》，齊魯書社，1981 年。

年，史學界又陸續提出一些其他見解。所有這些，都從不同方面豐富了思考。對於伐大宛原因的問題，本文別無新解。只是認為漢向大宛一帶（而不是特指大宛一地）進軍之事，從漢武帝向西開邊的階段和步驟考察，是多年以來漢朝軍事戰略上步步行動的必然結果，而不只是漢武帝一時的物慾所致。

《漢書・武帝紀》元封元年封禪大典前夕，武帝詔曰：「南越、東甌咸服其辜，西蠻、北夷頗未輯睦。」事實上，漢與北夷即匈奴的戰爭雖然經常發生，但是決定性的戰役早已結束，漢處於絕對優勢地位。剩下的主要問題是與「西蠻」即西域諸國還沒有進行過足以決定雌雄的較量。打西域是箭在弦上，是必然的，問題只是在時機和地點的選擇而已。

張騫第一次通西域，到達大宛等地，但沒有也不可能導致漢對大宛的軍事行動，因為那時連河西走廊都還不在漢朝手裏，漢軍開赴西域，並非易事。以後經過幾次對匈奴的大戰役，漢得匈奴渾邪王、休屠王故地，陸續列置郡縣；又逼迫匈奴北徙，使漠南不再有匈奴王庭。元狩二年（前 121）或稍後，漢「築令居以西」，[1] 即從令居（今甘肅永登境）向西修築亭障。據《漢書・張騫傳》注引臣瓚曰，令居亭障西迄酒泉為止。得河西，列亭障至酒泉，才使漢朝在軍事上開通西域成為可能。

接着，張騫向漢武帝陳述經營西域方略，進一步提出招烏孫東歸敦煌、祁連故地，並主張與烏孫結和親以「斷匈奴右臂」。《漢書・張騫傳》張騫謂：「『既連烏孫，自其西大夏之屬，皆可招來而為外臣。』天子以為然。」這就是說，漢朝必須在西域取得烏孫這樣的

1 《史記・大宛列傳》。

立足點，才能招徠更西的「大夏之屬」，包括大宛在內。於是而有元狩四年（前 119）張騫第二次西域之行。

張騫第二次出使，到達烏孫，副使到達大宛等國。由於其時西域境內不存在足以對抗匈奴的漢朝軍事力量，烏孫不願在匈奴和漢朝這兩大勢力之間偏向漢朝，所以張騫於元鼎二年（前 115）無功而返。這種情況使漢朝明了，要使烏孫接受和親，還需要在河西走廊之西，即西域的東部，有一個足以支持西域諸國抗拒匈奴的據點。於是而有元封三年（前 108）的樓蘭之役。

樓蘭之役，是漢朝為保護西行使者而發動的一次戰役。其時使者相望於道，每年多至十餘輩。當道的樓蘭、姑師（車師）苦於供應，攻擊漢使，又屢為匈奴耳目。元封三年，趙破奴破樓蘭，漢使者王恢助破姑師。《漢書・西域傳・樓蘭》曰：漢破樓蘭、姑師以後，「因暴兵威以動烏孫、大宛之屬。……於是漢列亭障至玉門矣」。據《史記・大宛列傳》及《漢書・張騫傳》，玉門亭障始自酒泉，元封四年所築。前述元狩二年築令居以西亭障，其終點即在酒泉，至是又自酒泉西延至玉門。玉門指玉門都尉治所，在敦煌郡治之西。[1] 令居至酒泉再至玉門的亭障連以長城，這就是古稱的西塞。長城西延，漢兵威西漸，烏孫乃於元封六年接受和親。這是漢對西域用兵的第一階段。

漢朝至此並未止步，接着就有大宛之役。

烏孫和親後，漢朝沒有達到招徠「大夏之屬」以為外臣的目的。《張騫傳》謂「大宛以西皆自恃遠，尚驕恣，未可詘以禮，羈縻而使

1　關於玉門關與敦煌郡治相對位置及其變遷的問題，久有異說。此處從向達、馬雍先生之說。馬雍作《西漢時期的玉門關和敦煌郡的西境》一文（載《中國史研究》1981 年第 1 期），謂其時鹽澤以東均為敦煌郡境，頗有理據。法顯《佛國記》「修敦煌舊塞」，即當包括敦煌以西直到鹽澤地界障塞而言。

也」。因此，軍事上出現了向西再進一步的要求，大宛也就被選定為進攻的目標了。前引《漢書・武帝紀》元封五年詔求「跅弛之士」能「使絕國者」，所謂「絕國」，當包括烏孫、大宛、大夏之屬。

太初元年（前 104）李廣利伐大宛，是漢在西域用兵第二階段之始。太初三年，李廣利逼降大宛。由於漢軍已西移至大宛，漢的軍事亭障也因此得以自敦煌、玉門繼續向西延伸。《漢書・西域傳・序》說：「自敦煌西至鹽澤，往往起亭，而輪台、渠犁皆有田卒數百人，置使者校尉領護，以給使外國者。」《史記・大宛列傳》敘此於漢降大宛「歲餘」之後，當是天漢元年（前 100）的事。漢得河西走廊以後，約二十年中，亭障自令居西行，經酒泉、敦煌、玉門，至是又到達鹽澤，即今羅布泊地區。

這裏所說的鹽澤，或作鹽水。《史記・大宛列傳》：「敦煌、酒泉置都尉，西至鹽水，往往有亭。」陳夢家先生《漢武邊塞考略》，[1] 據此認為鹽水專指鹽澤以西流入鹽澤之水，約當今營盤以下的庫魯克河及營盤以上的孔雀河，而孔雀河的上段到達渠犁境，近於輪台。這說明敦煌以西的亭障沿鹽澤以北繼續西行，止於渠犁、輪台區域。[2] 斯坦因當年在鹽澤以西以至今庫車一帶發現延綿的烽台，同今甘肅境內漢代亭燧結構相同，但不像敦煌以東那樣有長城相連。這應當就是敦煌「西至鹽水」的亭障。由於亭障到達渠犁、輪台地區，渠犁、輪台地區置田卒才有可能。

《漢書・西域傳・大宛》：天漢以後，漢「發〔使〕十餘輩抵宛西諸國，求奇物，因風諭以伐宛之威」。漢使所至，不限於宛西諸國，

1　見陳夢家《漢簡綴述》（中華書局，1980 年）第 212—215 頁。

2　此處亭障所止的具體地點當在渠犁附近的連城，說詳下。

太始年間有至莎車者。《流沙墜簡》廩給類：「出粟一斗二升以食使莎車續相如上書良家子二人，八月癸卯（下缺）。」簡發現於羅布泊以東地。這是西域道中供給漢使廩食的紀錄。《漢書・景武昭宣元成功臣表》：「承父侯續相如，以使西域，發外王子弟誅斬扶樂王首，虜二千五百人，侯。……太始三年（前 94）五月封。」漢簡續相如不冠侯號，則其遣人上書當在太始三年五月受封之前。像續相如那樣深入西域南道西端的莎車，當是漢使乘太初年間「伐宛之威」以及天漢年間亭障沿鹽水西延之便，擴大了交通範圍的結果。

唐人司馬貞於《史記・大宛列傳・索隱・述贊》中說：「曠哉絕域，往往亭障。」在西漢勢力向西域推進的過程中，我們可以看到在絕域中列置亭障具有多麼重要的意義。亭障相連，構成防禦線，構成交通線，也構成供應線。亭障還為漢向更西的地方傳播政治、經濟、文化影響提供保障。可以說，沒有亭障，也就沒有漢在西域的經營。

綜上所述，漢朝向西域推進，大體的程序是，先是軍隊向西佔領據點，然後是：一，在據點的後方修築亭障；二，在據點的前方向更西的區域擴大聲威。[1] 元封三年征服樓蘭、姑師後，即遵循上述程序進行活動：一，元封四年自酒泉「列亭障至玉門」；二，「因暴兵威以動烏孫、大宛之屬」。太初三年降大宛後的活動，也是遵循這一程序：一，天漢元年「西至鹽水往往有亭」；二，「風諭〔宛西諸國〕以伐宛之威」。漢朝勢力向西發展經歷了兩個階段，即元封和太初；兩個步驟，即樓蘭之役和大宛之役。這是戰略形勢使然。第一步驟指向樓蘭、姑師，決定於地理條件。至於第二步驟，可以指向大宛，

1　漢朝經營河西，也是按此程序。先是得匈奴渾邪王、休屠王故地，然後是：一，在後方築長城自令居至酒泉；二，派使者向前方出兩關周旋西域。

也可以指向大夏，還可以指向近旁他國。漢武帝終於選定大宛為目標，其決定性的原因究竟是甚麼，如前所申述，本文存而不論。

征和四年輪台詔前，桑弘羊等人上奏，除了請求於渠犁、輪台設置屯田以外，還請求把鹽水亭障再向西方的烏孫延伸。按照上述漢軍西進程序，這意味着將要在更西的某個地方實現第三階段、第三步驟的戰爭。這就是輪台詔頒佈以前西域軍事形勢的背景。正是針對這種形勢，漢武帝下輪台詔，才消除了這場戰爭發生的可能性。

五　漢武帝完成向守文的轉變

前已論及，作為元狩、元鼎以來開邊、興利、改制、用法和擅賦的結果，元封四年（前 107）在關東出現了二百萬流民，引起了政局的動蕩。在此以後，「〔太初〕元年（前 104），貳師將軍征大宛，天下奉其役連年」，[1] 導致「海內虛耗」，[2]「天下騷動」。[3] 作為後果，出現了天漢二年（前 99）的農民大暴動。這次暴動遍及關東地區，大群數千人，攻城邑，殺二千石；小群數百人，掠鹵鄉里。關中「豪傑」受到影響，也多遠交關東。《史記・酷吏列傳》記載天漢暴動較詳，認為主要原因是酷吏專斷，「吏民益輕犯法，盜賊滋起」。《漢書・王訢傳》則認為連年征伐是天漢暴動的直接原因。大抵天漢暴動是元封流民驟現形勢的重演，不過規模更大，來勢更猛。地方官府不能禁止，漢武帝乃採取非常措施，由皇帝直接派員控制局勢。這些人衣繡衣，杖斧，持節及虎符，稱繡衣直指使者，發兵分部捕逐，斬首或至萬餘

1　《漢書・五行志》（中之下）。
2　《漢書・西域傳・渠犁》。
3　《漢書・李廣利傳》。

級，頗得渠帥，而散卒復聚阻山川。漢武帝於是作「沉命法」，督責二千石以下捕盜不滿品者，太守、刺史伏誅者多。其結果又出現上下相匿不報，暴動更夥。這無疑是西漢建立以來最大的一次來自下層的大震動。據《漢書・李陵傳》，「關東群盜妻子徙邊者隨軍為卒妻婦，大匿軍中」。她們自然會擴大農民暴動的影響。《酷吏傳》謂農民暴動延續數年猶未平息，《蕭望之傳》謂天漢四年之後猶是「奸邪橫暴，群盜並起」。這是對漢武帝的一次比元封四年更嚴重的警告，逼迫他思考所以改弦易轍之道。

漢武帝利用專制權威，孤注一擲，大發直指使者以鎮壓農民暴動，居然獲得成功。農民暴動既被壓平，轉變政策的問題也被擱置，幾年以後，還發生了導致改變繼嗣的巫蠱之獄。但是，釀成農民暴動的根本原因並未消除，農民暴動隨時有再起的可能，漢武帝不會不明白這個道理。劉屈氂、李廣利一案所見改變繼嗣引起的統治者內部糾紛，亦足以使漢武帝有所警覺。所以在田千秋「上急變訟太子冤」後，形勢又圍繞着為太子昭雪事而急轉直下，導致輪台詔的頒行。

《通鑒》征和四年（前 89）三月敍武帝之言曰：「朕即位以來，所為狂悖，使天下愁苦，不可追悔。自今事有傷害百姓、糜費天下者，悉罷之！」這是漢武帝「罪己」的開端。是年六月就有輪台之詔，見於《漢書・西域傳・渠犁》。詔中說到「深陳既往之悔」，徐松《漢書・西域傳・補注》以上引《通鑒》「不可追悔」之文注此，其意蓋指其為一事的重申。輪台之詔上承衛太子昭雪事，其直接起因，則是征和三年不利的軍事形勢。

征和三年，漢軍三路進攻匈奴。出軍五原的李廣利由於曾與劉屈氂謀立昌邑王髆事發，懼降匈奴。這是巫蠱之獄的餘波。其時衛太子既已昭雪，站在衛太子反面的人物，包括劉屈氂和李廣利，就成為餘波衝擊的對象。另一路漢軍由馬通（按：即莽通）率領，出酒泉，至天山，在西域活動。漢恐車師遮馬通軍，乃以匈奴降者開陵侯成娩率樓蘭等六國兵共破車師。馬通軍東歸，道死者數千人，武帝乃發酒泉驢、橐駝負食出玉門迎軍。另一路漢軍商丘成出西河，也無功而還。漢軍的不利，使調整防務成為必要，因而有征和四年搜粟都尉桑弘羊與丞相田千秋、御史大夫商丘成之奏。他們請求於輪台以東屯田，置校尉，由張掖、酒泉遣斥候屬校尉，有事因騎置以聞；並且列亭障以威西國，遣使者以安之，使他們不致於因漢軍不利而有所搖動。

漢軍失利雖於大局影響無多，漢武帝卻決心利用時機，改弦更張。他否定桑弘羊等的請求，並下詔曰：「今請遠田輪台，欲起亭燧，是擾勞天下，非所以優民也。今朕不忍聞！……當今務在禁苛暴，止擅賦，力本農，修馬復令以補缺，毋乏武備而已。」武帝由是不復出軍，並於征和四年六月封丞相田千秋為富民侯，[1] 以明休息，思富養民。這些就是輪台詔的主要內容。自從漢武帝對衛青說到以「亡秦之跡」為鑒以來，時間已過了大約二十年，矛盾積累更多，「亡秦之跡」的朕兆也更為顯著。過去漢武帝把轉向「守文」的歷史任務寄託給衛太子，現在卻不得不由自己來實現了。

關於輪台詔，有如下兩類問題值得推敲。一類是軍事方面的屯田、築亭障等問題。輪台詔似乎以否定屯田輪台之請為主要內容，史家敍及該詔者，往往首舉罷屯田事。但是實際上屯田既非重大擾勞，也非始置。輪台屯田，除了其地點適宜農墾的原因以外，還由

1　月份據《漢書・外戚恩澤侯表》。

於它處於抗拒匈奴的關鍵位置。從漢初到漢宣帝時，匈奴在西域的統治機構僮僕都尉一直設立在這一帶的焉耆、尉犁、危須之間。所以漢朝勢力一旦深入西域，就必須在這一帶置卒屯田，以求久駐固守。《史記・大宛列傳》:「侖頭（按：即輪台）有田卒數百人」，這當是太初、天漢間事，因為《史記》記事，不可能晚於天漢。《漢書・西域傳》亦謂「輪台、渠犁皆有田卒數百人」。《漢書・鄭吉傳》李廣利伐大宛後，「初置校尉屯田渠黎（犁）」。看來，輪台屯田很可能是武帝天漢已置田卒而未及屯墾，或雖屯墾而未久即止，其人數不過數百，規模是不大的。征和四年漢武帝否定桑弘羊等屯田之請以後不久，昭帝時霍光復「用桑弘羊前議，以扜彌太子賴丹為校尉，將軍田輪台，輪台與渠犁地皆相連也」。[1] 置卒屯田，是經營西域勢所必需，而罷屯田事於西漢所省不大，從「思富養民」的意義上說來並不如罷築亭障重要。

如前所述，西域亭障已沿鹽水修築，至於渠犁、輪台之間。《漢書・西域傳》載桑弘羊等奏，於設屯田事後有「稍築列亭連城而西，以威西國、輔烏孫為便」。連城，地名，在輪台以東，渠犁附近。《水經・河水注》:「敦薨之水自海西（按：海，指今新疆博斯騰湖）徑尉犁國，國治尉犁城。……又西出沙山鐵關谷，又西南流，徑連城別注，裂以為田。桑弘羊曰:『臣愚以為連城以西可遣屯田，[2] 以威西國』，即此處也。」桑弘羊等議列亭障而西，起自連城，係取烏孫方向。以情理度之，連城當即敦煌「西至鹽水，往往有亭」的亭障終點。回顧漢武帝時期向西建築亭障，元狩二年

1 《漢書・西域傳・渠犁》。

2 此段引文據楊守敬《水經注疏》（江蘇古籍出版社，1989 年）校正，相關解釋亦參《疏》文。又《漢書・西域傳》說的是「稍築列亭連城而西」，於屯田無涉，非謂「連城以西可遣屯田」。

（前 121）築令居以西至酒泉為第一次，元封四年（前 107）築酒泉至玉門為第二次，天漢元年（前 100）築敦煌、玉門至鹽水上游的連城為第三次。繼這些以後，桑弘羊等於征和四年（前 89）請築連城以西，是關於第四次西築亭障的建議，但是沒有實現。[1]

修築亭障，包括築成以後置卒戍守，雖然比置卒數百屯田更為煩費，但這兩者在漢武帝的西進方略中是相關的事，所以輪台詔中相並言之。後人只以罷屯田為輪台詔的主要內容，而忽略了罷築亭障具有更大的意義，是不盡符合實際情況的。

輪台詔的另一類值得推敲的問題是政治方面的。戍輪台、修亭障之請被否定，奏請者桑弘羊、田千秋、商丘成等同受「擾勞天下，非所以優民」的指責，但他們的結局卻各不相同。商丘成本以擊衛太子功封侯，遷御史大夫，在上奏的第二年即坐罪自殺死，已見前節。田千秋以訟太子冤之功原已得到晉升，累遷大鴻臚、丞相。武帝輪台詔在責其「擾勞」的同時申富民侯之封，似於褒獎中微寓諷刺。[2] 至於桑弘羊，他在武帝死前以搜粟都尉遷御史大夫，[3] 偕丞相田千秋，與同受遺詔輔政的霍光、金日磾、上官桀等並拜臥內。桑弘羊是漢武帝興利之臣的代表，他在漢朝轉變政策的時候有愆無功，到這時反而得到升遷，可能由於如下兩個原因：第一，他

1 張維華《中國長城建置考》上編（中華書局，1979 年），《漢邊塞》，謂桑弘羊等所請築者為鹽澤至渠犁一帶的亭障，這段亭障由於輪台詔下而未築，後來築成於昭、宣之時。此說似有未諦。鹽澤至渠犁一段亭障並非桑弘羊所請築者，而且已成於武帝天漢間。至於桑等所請築亭障，明言「連城而西」，其事被漢武帝否定，後來再未修築。張先生似乎忽略了鹽水和連城（地名）的地理位置，所以有上述判斷。

2 田千秋無才能術學，非事功之臣，他居然列名輪台屯戍之請，後人不解，多有評論。玆引一則，以備參考。宋李翌《猗覺寮雜記》卷下引《漢書・西域傳・渠犁》輪台詔文，論曰：「宏羊，不足道也。田千秋身為相，豈不知美意（按：美意指武帝優民之意）而奉承之，乃更以田輪台為請。蓋千秋以一妄男子，上書旬日取宰相，恐主意怠，故以用兵勸之，為固位計耳。前後為相者皆誅，獨千秋免，豈武帝悔殺相之多，如悔用兵耶？不然，〔千秋〕欲擾天下之罪，比諸公大矣。」

3 《漢書・百官公卿表》大司農條：「騪（搜）粟都尉，武帝軍官，不常置。」桑弘羊於太始元年自大司農貶為搜粟都尉，至是又得升擢。

與衛太子死事無直接關係；第二，他從十三歲為侍中（時在武帝即位之初）起，長期在武帝身邊，元封元年為治粟都尉，治績顯著，使「民不益賦而天下用饒」，[1] 所以霍光還需要他理財辦事。

這樣一來，在改弦易轍的昭帝一朝，在執政者中包括霍光、桑弘羊這樣兩類很不相同的臣僚，自然又孕育着以霍光為一方，以桑弘羊為另一方的新的矛盾。始元六年（前 81），舉行了包括鹽鐵問題在內的擴及全部國是問題的大辯論，[2] 其內容備見桓寬《鹽鐵論》一書。辯論中，受霍光支持而與桑弘羊對立的賢良文學處於優勢；但是居外廷首腦地位、「當軸處中」的丞相田千秋卻「括囊不言，容身而去」，[3] 實際是支持桑弘羊而反對霍光。霍光沒有取得肯定的勝利，矛盾仍然存在，而且還在繼續發展。鹽鐵之議的第二年，元鳳元年（前 80），出現了燕王旦、上官桀與蓋長公主等陰謀反叛事件，桑弘羊牽連被殺，罪名是「伐其功，欲為子弟得官，怨望霍光」。[4]「怨望霍光」當是桑弘羊致死的真正原因，從鹽鐵會議的辯論內容看來，可以肯定，這不僅是由於私怨，而且也是出於政見。此案以後，朝廷的矛盾得到解決，所謂昭宣中興的局面由此展開。至於田千秋，本來「無它材能術學，又無伐閱功勞」，還曾附合桑弘羊輪台屯田、西修亭障之請，所以他並不足以當政治上改弦易轍的重任，不是武、昭政局中的關鍵人物。田、桑關係甚多。桑弘羊死，其故吏侯史吳以匿桑弘羊子桑遷獲咎，田千秋婿少府徐仁議赦，田千秋亦屢為侯史吳言。霍光卒誅徐仁，但未究及田千秋。

---

1 《史記・平準書》。

2 參看張烈《評鹽鐵會議》，《歷史研究》1977 年第 6 期。

3 《鹽鐵論・雜論》。

4 《漢書・車千秋傳》。

也許我們還可以這樣估計：屯田和築亭障都不算大問題，而只是漢武帝用以引出「哀痛之詔」的由頭而已。元封年間就該出現的變革不能再延宕了。沒有桑弘羊、田千秋、商丘成等人奏請之事，漢武帝也要藉其他由頭來實現變革。所以與屯田、築亭障問題相比，輪台詔所涉及的歷史人物事跡可能更值得我們推敲。

論輪台詔的前因後果，涉及的歷史人物頗多，他們在紛紜政局中起着各自的作用，表現了歷史的複雜性。但是真正左右局勢的並不是他們，而是漢武帝自己。歷史動向向我們昭示，漢武帝作為早期的專制皇帝，實際上是在探索統治經驗，既要儘可能地發展秦始皇創建的專制主義中央集權的統一國家，又要力圖不蹈亡秦覆轍。在西漢國家大發展之後繼之以輪台罪己之詔，表明漢武帝的探索獲得了相當的成功。漢武帝罪己之詔雖然不能像所謂「禹湯罪己，其興也勃焉」那樣，臻漢室於鼎盛，畢竟挽回了將頹之局。不過，輪台詔能夠奏效，是由於它頒行於局勢有可挽回之際，而且有可挽回之方。崇禎罪己，詞旨可謂酷切，但是既非其時，又無其方，不足阻闖王的鋒鋭。所以漢武帝雖然提供了專制帝王收拾局面的先例，而直到有清之末為止的王朝歷史中，真能成功地效法漢武帝以「罪己」詔取得成效的皇帝，卻不多見。

六　餘論

論輪台之詔既竟，覺得古代史籍敍述漢武帝改弦易轍原委，比較翔實嚴謹的要算《資治通鑒》，因而再對這個問題從史料學和史學史的角度略作申述，作為本題的餘論。

司馬遷沒有見到漢武帝統治的全過程，《史記》記事不及輪台之詔。司馬遷除對武帝間有如借汲黯之口斥其「內多慾而外施仁義」[1]一類議論外，在政治上沒有總的評價。衛宏《漢舊儀》謂司馬遷作《景帝本紀》，極言其短及武帝過，武帝怒而削去，以至無傳。所以《史記》中關於漢武帝改弦易轍的問題，沒有保存太多的資料。《史記・太史公自序》曰:「漢興五世，隆在建元，外攘夷狄，內修法度，封禪，改正朔，易服色。作《今上本紀》。」《今上本紀》原貌雖不可知，可能止於改正朔、易服色而不及此後的大事，但司馬遷對太初以前漢武帝的評論，從這幾句話大體可以窺見。

班固《漢書》忽視了漢武帝改弦易轍這一重大歷史問題，只是在戾太子、江充、劉屈氂等傳中散記巫蠱之獄，在《西域傳》中記輪台之詔，而不著其聯繫，如是而已。而且這些事件，都沒有敍之於《武帝本紀》中。班固論漢武帝曰:「孝武初立，卓然罷黜百家，表章六經，遂疇咨海內，舉其俊茂，與之立功，……號令文章，煥焉可述。……如武帝之雄材大略，不改文、景之恭儉，以濟斯民，雖《詩》、《書》所稱，何有加焉。」師古謂班固之論，「美其雄材大略而非其不恭儉也」。班固生活在所謂漢室「中興」之世，又受儒家思想影響，所以對漢武帝頌揚甚力，而指責則含糊其辭。

唐代的司馬貞為褚補《史記・武帝本紀》作《索隱・述贊》曰:「孝武纂極，四海承平，志尚奢麗，尤敬神明。……疲耗中土，事彼邊兵，日不暇給，人無聊生。俯觀嬴政，幾欲齊衡。」針砭漢武帝之短而不及其功業，說漢武帝齊衡嬴政而不說其終免亡秦之覆，是司馬貞所論的片面處。與班固之論相比，這是又一極端。

《通鑒・漢紀》出劉攽之手，劉攽敍巫蠱問題，取材和編排最具

1 《史記・汲黯列傳》。

匠心。劉攽用大段文字，以「史終言之」的筆法，集中寫了衛太子始末、武帝與衛太子關係以及武帝告誡後世等內容。他的目的，顯然是突出「亡秦之跡」可鑒，突出改變統治政策的必要，並把它與衛太子的升降生死結合在一起。衛太子與漢武帝既有血屬關係，又有政治關係，情況錯綜複雜，其發展高潮是衛太子迫蹙致死。但高潮之後還有高潮，這就是緊接而來的為衛太子昭雪，並且由衛太子曾經諫阻過的征伐四夷問題導致輪台詔的頒佈，而衛太子問題也終於同轉變統治政策的問題一起解決。劉攽於敍事中把握歷史脈絡，把許多看起來是孤立無關的問題排比在一起，探索它們的關係，從中揭示出重大的歷史意義。我們甚至還可以說，此後霍光之輔佐昭帝，霍光與桑弘羊的矛盾在鹽鐵會議中之揭開，桑弘羊牽連而死於謀反大獄等事，以至昌邑王之旋立旋廢，衛太子之孫終於得以繼統為宣帝等等，也都可以聯繫起來觀察，都可以視為衛太子問題的餘波。劉攽在這個問題上所取史料大大超過了《史》、《漢》範圍，這些史料由於劉攽的引用和司馬光的認可，才得以流傳至今。

《通鑒》這段漢武帝懲「亡秦之跡」的文字去古已遠，現在查不清更原始的出處，因此出現了是否可信的問題。在我看來，《通鑒》資料取捨原則是無徵不信，有異則考明之，嚴謹而不苟且，這是古今史界所公認的。所以我相信這段文字必有可靠根據。年代去司馬光不遠的朱熹是相信《通鑒》這段話的。《朱子語類》卷一三五論漢武帝「天資高，志向大，足以有為」；並謂其「末年海內虛耗，去秦始皇無幾。……輪台之悔，亦是天資高，方如此。嘗因人言『太子仁柔不能用武』，答以『正欲其守成。若朕所為，是襲亡秦之跡』。可見他當時已自知其罪」。這顯然是朱熹引用《通鑒》此段文字，或是引用與《通鑒》此段文字同源的文字，用以與門人談論歷史。朱熹深諳司馬光的學識，也了解北宋時古籍存佚情況。他對於此段史料的鑒別，其權威性自然要大大超過今人。[1]

劉攽在政治上是反對開邊、興利諸端的。其《詠史》詩曰：「自古邊功緣底事？多因嬖幸欲封侯。不如直與黃金印，惜取沙場萬髑髏。」周密《齊東野語》卷一「詩用史論」條，謂劉攽此詩，「其意蓋指當時王韶、李憲輩耳。而其說則出於溫公論李廣利」云云。可見劉攽之詩正是以漢武故實為底襯，以古諷今；而其對漢武故實的看法，則來源於司馬光的思想。劉攽還有一首《寄王荊公》詩，曰：「青苗助役兩妨農，天下嗷嗷怨相公。惟有蝗蟲偏感德，又隨車騎過江東。」詩句偏激尖刻，在北宋黨爭條件下是無甚可取的。但是他以這樣的觀點來觀察漢代元封以後的政局和漢武帝的活動，突出他所說「亡秦之跡」的鑒誡，卻是切中漢代時弊，因而是有卓識的。

司馬光編《通鑒》，在這個問題的關鍵之處，理解劉攽的思想。司馬光說：「孝武窮奢極慾，繁刑重斂，內侈宮室，外事四夷，信惑神怪，巡遊無度，使百姓疲敝，起為盜賊。其所以異於秦始皇者，無幾矣。然秦以之亡，漢以之興者，孝武能尊先王之道，知所統守，受忠直之言，惡人欺蔽，好賢不倦，誅賞嚴明，晚而改過，顧託得人，此其所以有亡秦之失而免亡秦之禍乎！」[2] 司馬光處在積貧積弱的宋代，又長期與王安石相抗衡，所以對漢武帝多譴責其奢侈、繁刑、重斂、窮兵諸端而不讚其功業。他非常欣賞漢武帝「晚而改

1　朱熹讀史，主張正史為先，不偏廢《通鑒》。《朱子語類》（中華書局，1986年）卷一一「讀書法（下）」說：「看《通鑒》固好，然須看正史一部，卻看《通鑒》。」關於輪台詔事，他應是熟讀《史》、《漢》記載，然後特取《通鑒》之文加以論證。可見他對《通鑒》之文未因其不見正史而起疑心。司馬光（1019—1086）與朱熹（1130—1200）年歲相距不甚遠，《通鑒》對朱熹說來是近人之作，如果《通鑒》此文可疑，他是不會特別加以引用的。1985年《論輪台詔》甫刊出，曾有人質疑所引《通鑒》之文，所以我在《論輪台詔》一文收入《探微》時，在正文的「餘論」中加進一段考辨文字，現在又增此注以補充說明。

2　《資治通鑒》卷二二，武帝後元二年。

過，顧託得人」，因而免蹈亡秦覆轍，而這一點正是劉攽所着意強調的。

《通鑒》學的重要學者胡三省，注《通鑒》多發微之筆，但於此一案卻似乎缺乏特別見識。另一《通鑒》學的重要學者王夫之，在其《讀通鑒論》卷三中引敘漢武帝以亡秦為鑒之言曰：「武帝之能及此也，故昭帝、霍光承之，可以佈寬大之政而無改道之嫌。宋神宗唯不知此，而司馬君實被三年改政之譏……。」三年改政，說的是神宗死，哲宗立，司馬光入為門下侍郎，欲去王安石新政，而議者則以「三年無改於父之道」譏司馬光。[1] 王夫之意在說明，如果宋神宗晚年自己開始「改政」，頒佈一道像漢武帝那樣的「哀痛之詔」，司馬光就不會受到「三年改政」之譏了。我們知道，漢武帝輪台詔後昭帝、霍光的「改道」，同神宗死後司馬光等的「改政」，性質不一定相同，這裏不擬深究。但是誠如王夫之所說，有了漢武帝的輪台之詔，昭帝建立「守文」之局確實順利得多，雖有障礙亦不難克服。這就可見輪台詔對西漢政局轉折確具關鍵作用。

司馬光論漢武帝，着眼於漢武帝個人的思想認識；朱熹直謂漢武帝輪台之悔是由於他「天資高」。他們分析歷史問題，深度只能至此為止。今天看來，漢武帝以「亡秦之跡」為誡，終於在最後一兩年中實現轉變，還有其客觀原因，有其歷史條件。朱熹論史，懂得「大凡事前未有樣者，不易做」的道理。[2] 樣，有正面的樣，也有反面的樣。有了樣，事情就好做多了。這就是今人所說的歷史經驗、歷史

---

1 《論語・學而》：「三年無改於父之道，可謂孝矣。」「司馬君實被三年改政之譏」，意思是說司馬光輔哲宗改神宗之政，即子改父政，因而獲譏。但司馬光卻以太皇太后（神宗母）之名加以解釋，說這是「以母改子，非子改父」。事見《宋史・司馬光傳》。

2 《朱子語類》卷一三四。

借鑒。秦始皇「事前未有樣」，所以「不易做」。漢初有亡秦的歷史可以借鑒，有了樣，就好做得多。所以有文景輕徭薄賦，與民休息的政策，直到武帝初年還是這樣。後來當社會出現險象的時候，漢武帝自然而然地想到「亡秦之跡」。

意識形態的變化，同樣是漢武帝終於實現轉變的一個重要原因，這種變化也是借鑒亡秦而出現的。秦代統治思想是單純的沒有韌性的法家思想，反映在政治上則是有張無弛，不允許有任何轉折出現。漢初黃老思想流行，馬王堆漢墓帛書《經法・四度》說：「武刃而以文隨其後，則有成功矣。」刃，注家釋為滿。這句話的意思是，武功滿後，要有文治，才能說是成功的。《陸賈傳》所謂「馬上得之，寧可以馬上治乎」，也正是這個意思。漢初人物的政論文章，充斥着以秦為鑒的議論。武帝時期出現的以董仲舒為代表的新的儒家思想，主張以刑輔德，並且包含「更化」的內容，與法家思想相比，有很大的因時宜而變易的餘地。這種思想的出現，當然也有亡秦之鑒的歷史背景。所以，「內多慾而外施仁義」的漢武帝終於在現實面前轉向「守文」，也是可以從思想上加以解釋的。我們知道昭帝時的重臣除霍光以外要算張安世和杜延年，而他們分別是張湯、杜周之子。《漢書・杜周傳・贊》曰：「張湯、杜周並起文墨小吏，致位三公，列於酷吏，而俱有良子，德器自過⋯⋯。」張安世、杜延年以酷吏子而皆成為重要的「守文」之臣，也應當有時代的原因和思想的原因。

還須要說明一下，這並不是說漢武帝的轉變在意識形態上是由法入儒。漢宣帝兼用儒法，所謂「漢家自有制度，本以霸王道雜之」，[1] 這種制度，正是武帝時形成的。王道霸道之說，在漢人觀念中

1 《漢書・元帝紀》。

主要指用法的寬嚴、施政的緩急、賦斂的輕重而言，而不是先秦學說中嚴格意義的王道和霸道。《朱子語類》卷一三五說：「宣帝不識王伯（霸），只是把寬慈底便喚作王，嚴酷底便喚作伯（霸）。」《漢書》入於《循吏傳》的黃霸，字次公，漢武帝末年入仕，宣帝時為相，其人少學律令，喜為吏，而又用法寬和，力行教化。這就是宣帝所謂「霸王道雜之」的典型官僚。《夢溪筆談》卷一〇載殿臣對宋仁宗之問，曰：「臣嘗讀《前漢書》，黃霸字次公，蓋以霸次王也。」漢武帝末年隨着輪台之悔而出現的意識形態的變化，反映在吏治上就是以霸次王，霸王相雜。這個問題已離開了本文主旨，所以就不多論說了。

〔**後記**〕 本文第三部分附注中關於戾太子自經後張富昌足蹋開戶、李壽趨抱解太子一事，用王先謙說，以為張、李二人意在生得太子而非為解救太子，因而在詔封張、李分別為題侯、邘侯時有「疑賞所以申信」之語。茲檢荀悅《漢紀》卷一五，題侯作踶侯（《四部叢刊》本作蹋踶侯，蹋字衍），邘侯作抱侯。王念孫《讀書雜志》卷三據《漢紀》，謂踶通蹋，隸書抱與䘖（邘）形近，以此判定《漢書》表、傳訛踶為題，訛抱為邘，並謂踶與抱皆以解救太子得名。夏燮《校漢書八表》卷五以王念孫說為得。按：王念孫謂《漢書》表、傳字訛，甚有理據；但是作踶作抱，仍可釋為欲生得太子，非必釋為解救，至少武帝當時未能肯定踶、抱動機究竟是為了解救太子，還是為了生得太子以求功，否則疑賞申信之語就無從理解。武帝終於置張、李於迫蹙太子者諸人之列，故張、李未得免死。權衡各家解釋，仍覺王先謙之說於理為得，證據較強。文已排定，故贅後記如此。

—— 原刊《歷史研究》1984 年第 2 期

作者跋語

《論輪台詔》刊出後，讀到甘肅人民出版社《漢簡研究文集》，其中《玉門花海漢代烽燧遺址出土的簡牘》一文，首次發表1977年發現的棱形觚（編號77•J•H•S：1）的釋文和考證。該件文字，首謂「制詔皇太子：朕（朕）體不安，今將絕矣」；下囑嗣主「善禺（遇）百姓，賦斂以理，存賢近聖，必聚諝士」等等；接着説「胡侅（亥）自汜（圮），滅名絕紀，審察朕（朕）言，眾身毋久」（經與甘肅人民出版社1991年版《敦煌漢簡釋文》之圖版及釋文參校）。再下又是告誡之語，語氣消沉。這是一個戍卒手抄之件，抄寫不全，內容無疑是皇帝臨終遺詔。據該文考證，與觚同出木簡，有「元平元年（前74）七月庚子」記事，觚上遺詔，當是元平元年前後所抄。按：元平元年四月，昭帝死；六月，昌邑王即位，旋廢；七月，宣帝立。這些發生在長安的政治事件，邊陲戍所恐難及時獲悉，所以觚上遺詔的作者不一定是昭帝。事實上昭帝無子，也不可能有誡嗣主的遺詔。史籍所載漢帝臨終遺詔，昭帝以後無聞，昭帝以前只有武帝一人。武帝於後元二年（前87）二月乙丑立皇太子，即後來的昭帝，丙寅霍光等受遺詔輔少主，丁卯帝崩。其事距木簡所示的元平元年計有十三年餘。按理，此觚所抄殘缺遺詔，當為武帝命霍光等人輔少主時誡少主之文，其文字直到十餘年後尚為邊塞戍卒摹寫。上述考證，如果所據釋文與情節無大誤差，當屬可信。在我看來，遺詔反映的歷史背景，與《論輪台詔》文中勾勒的武帝晚年諸種情況是契合的。尤其是遺詔所説「胡亥自圮，滅名絕紀」，就是懲「亡秦之跡」，這與《通鑒》所錄武帝對衛青之言一致，也與武帝輪台之悔的思想一致。讀此遺詔，自覺《論輪台詔》文又多了一點印證。

秦漢魏晉南北朝人身依附關係的發展

一　中國封建社會人身依附關係的一般狀況

農民對地主的人身依附，是封建制度的必要條件。在封建制度下，地主的土地往往是分散給使用自己的工具、有自己的家庭經濟的眾多農民耕種。要把這樣的農民束縛在小塊土地上，使他們向地主提供地租和勞役，沒有適當的人身依附關係是不可能的。人身依附關係反映在封建社會的方方面面，其典型的形態存在於生產領域，存在於地主及其役使的農民之間。不過人身依附關係的始初形態也可能出現於更為古老的社會中，所以還不能把人身依附關係完全等同於封建關係。

封建社會中存在人身依附關係，中國和外國是一樣的；但是這種關係的表現形式、依附程度和發展道路，中國和外國又有很多不一樣的地方。在中國，人身依附關係初見於戰國，在秦和西漢時期趨於定型，東漢以後以豪強地主役使部曲、佃客的形式出現，持續了很長的時間。與歐洲中世紀依附農民的情況粗略比較，中國的部曲、佃客也是半自由的、終身的、世襲的，但所提供給主人的往往是實物地租而非勞役地租；他們一般說來不隨土地轉讓而可以隨主人遷徙；在很長的時間裏，他們的身份和地位並沒有法律規定。

在中國，人身依附關係的發展是緩慢的、長期的，而且不斷受到國家的干預。戰國時期，在古老的土地租佃關係中出現的人身依附關係，是鬆弛的、不典型的。依附者的直接目的是逃避國家賦役。那時，人們對於這種關係還沒有明確的認識，甚至還沒有賦予它一個合適的名稱。秦漢國家為了抑制這一自發生長的人身依附關係，使用了多種政治手段。依附關係往往是在戰亂中和國家力量衰弱的時候，才得以大規模地快速擴展。魏晉以後，衰弱的國家政權幾乎失去對自耕農的控制力量，不得不利用這種現成的關係來為自己謀利，因而出現了相當數量的國家依附農民。這自然又反過來影響民間人身依附關係的進一步擴展。

人身依附關係在國家法令中在某種程度上獲得承認，開始於魏晉；但是這種承認同時包含着限制的目的。法律上普遍地予以承認，只有在《唐律》中才能找到，這距離依附關係開始出現的戰國時期，已有一千年之久了。

秦漢魏晉，人身依附關係發展的趨勢，是依附性逐漸加強，南北朝時期還在繼續加強。這可說是中國史學界的共識。但是一般說來，甚至在魏晉南北朝，依附關係也沒有達到像歐洲中世紀領主—農奴典型形態那樣的緊密程度。依附程度越來越緊密，這並不是依附關係發展的普遍規律。過於緊密的依附關係並不利於勞動生產率的提高，從而也不利於地主的剝削。極而言之，達到極限的人身依附關係就是主奴關係，而主奴關係正是由於其勞動生產率的低下而不得不逐步被取代。所以對依附程度的某種直接或間接的限制，就成為社會的必需。中國封建社會中依附關係並不特別緊密，與專制國家的存在和一定水平的商品貨幣關係的存在密切相關。專制國家維持着較穩定的政治社會秩序，而一定程度的商品貨幣關係則制約着自然經濟的發展。這兩種因素的存在，構成限制依附關係的機制。中國封建社會中依附關係有時緊一些，有時鬆一些，其所以如此，也與上述兩個因素的變化有密切關係。

二　有土斯有民和有民斯有土

戰國至西漢初年，典型的人身依附關係的資料並不多見，但不甚典型的資料卻有一些。我們從這些不甚典型的資料中探尋其共性，並與稍後依附關係發展聯繫起來考察，大體上還能把依附關係開始發生的狀況辨認出來。

《韓非子・詭使》謂：「士卒之逃事狀匿，[1] 附託有威之門以避徭賦而上不得者萬數。」這是研究最早的依附關係的常用資料之一。《詭使》篇是韓非晚年之作，當反映戰國末期的情況。逃亡附託的人是士卒。《商君書・境內》：「軍爵，自一級已下至小夫，命曰校徒操士；[2] 公爵，自二級已上至不更，命曰卒。」《商君書》與《韓非子》說到的士、卒是一回事，大抵指爵級低或無爵的人。秦制，無爵者通稱士伍。較早出現的依附關係，似與軍伍有關。士卒逃亡以避徭賦，必然對所附託的「有威之門」負有一定義務，這是不言而喻的，雖然其詳不得而知。

睡虎地秦簡《封診式》黥妾爰書，[3] 謂某里五大夫的家吏公士某，奉五大夫之命縛其妾詣官，告以妾悍，請求黥妾。按：公士，一級，

1　「狀匿」，俞樾認為即「藏匿」，王先謙認為即「伏匿」，參王先慎《韓非子集解》（中華書局，2001 年）。

2　「士」原作「出」，俞樾校改。據蔣禮鴻《商君書錐指》（中華書局，1986 年）。

3　秦簡釋文，均據《睡虎地秦墓竹簡》（文物出版社，1978 年）。下引秦簡同此，不另注出處。

低爵；五大夫，九級，高爵。疑公士之為五大夫家吏者，就是士卒「附託有威之門」一類的實例。家吏的職掌從爰書中大體可見，士卒之附託者應當也差不多。秦簡及《史》、《漢》均有「舍人」，[1]《漢書・高帝紀》秦二世三年注師古曰：「舍人，親近左右之通稱也，後遂以為私屬官號。」舍人之於主人具有公私兩方面的關係，與家吏之於五大夫，當大體相似。不過根據現知資料，以上這類關係在那時還沒有被發現於生產過程中，還不能證明是典型的封建依附形態。

《漢書・食貨志》董仲舒謂秦民「或耕豪民之田，見稅什伍」。這是常用的認為秦代農業中已有人身依附關係的重要資料。「見稅什伍」是一種對分制的租佃制，不論有沒有依附關係，它都可能存在。但是「豪民」的出現卻具有時代意義。秦以前史籍似不見這種豪民。秦簡《法律答問》：「可（何）謂『衛（率）敖』？『衛（率）敖』當里典謂殹（也）。」《睡虎地秦墓竹簡》注釋謂衛（率）通帥，敖讀為豪，衛（率）敖即帥豪，而帥、豪同義。[2] 里典以帥豪為之。秦始皇諱正，此簡稱里典不稱里正，知為秦始皇時物。《公羊傳》宣公十五年注：「其有辯護伉健者為里正。」何休此注，反映的不僅是東漢情況。《魏書・食貨志》：鄰長、里長、黨長「取鄉人強謹者」。這些材料告訴我們，秦漢以降，鄉黨之長例以強健豪民為之。豪民以力雄張鄉里，他們與按對分制耕種其土地的人之間，自然不可能純粹是自由租佃關係而無其他強制和束縛。所以從「或耕豪民之田」的記載中可以推斷秦代農業中存在人身依附關係。上引《公羊傳》注文繫於「初稅

---

1 《周禮・地官》：「舍人，掌平宮中之政」；注：「政，謂用穀之政也」；疏：「謂平其給米之多少，不得特多特少也。」這是古制，與戰國秦漢之舍人不同。

2 《史記・韓長孺列傳・集解》引張晏曰：「豪，猶帥也。」

畝」之下，並謂里正受倍田，可見稱豪民者、居里正者，事實上都與土地、與農業生產有關係。「附託有威之門」的附託者以及家吏、舍人等的出現，大概也都是生產中人身依附現象在非生產領域的反映，而生產的與非生產的依附者都主要從低爵或無爵的自耕農轉化而來。還可以推斷，儘管最早出現的擁有依附者的人原是戰國時各國有高爵的貴族，但稍後的地主應當主要出自這些豪民。舊貴族要繼續獲得生命力，也必須成為豪民。

戰國以至漢初，人身依附關係是社會中新出現的事物，數量不多，還處在走向定型的過程中。所以它一直不為社會所重視，以至於在《秦律》中見不到直接反映。只是下列幾處關於匿戶、匿田的秦簡資料，似乎與依附關係的發展有些關係。

> 匿敖童，及占痒（癃）不審，典、老贖耐。百姓不當老，至老時不用請，敢為酢（詐）偽者，貲二甲；典、老弗告，貲各一甲；伍人，戶一盾，皆遷（遷）之。傅律。（《秦律雜抄》）

按：此數事主要指里典、伍老辦理傅籍不如法，登記廢疾不實，以及其他作偽者，當受罰。

> 可（何）謂「匿戶」及「敖童弗傅」？匿戶弗繇（徭）、使，弗令出戶賦之謂殹（也）。（《法律答問》）

按：此二事主要指里典、伍老作弊匿人及當傅而不傅，以避徭役、戶賦。

部佐匿者（諸）民田，者（諸）民弗智（知），當論不當？部佐為匿田，且可（何）為？已租者（諸）民，弗言，為匿田；未租，不論○○為匿田。（《法律答問》）

按：此謂部佐匿民田而民不知者，與民無涉。至於部佐責任，其已租者當屬部佐干沒，以匿田論；其未租者當指已匿而未至租期，不以匿田論。租指田租。匿田指干沒田租。

傅籍不實，匿戶匿田，往往牽涉徭使、戶賦、田租。這類現象，後代多屬豪強佔奪；《秦律》所見，亦不能排除豪強作弊的可能性。但從責罰主要不在民而在典、老、部佐看來，官府認為問題在於鄉官作弊。這表明豪強直接佔奪在那時還沒有成為重大問題，只要加強對鄉官的監督就行了。不過，鄉官大體都是豪強。

與出現人身依附關係大體同時，秦國施行了民數（戶籍）制度。《史記・秦始皇本紀》獻公十年（前 375）「為戶籍相伍」。《商君書・境內》：「四境之內，丈夫女子皆有名於上，生者著，死者削。」《史記・商君列傳》孝公六年（前 356）「令民為什伍，而相牧司連坐」。其時戶籍制度著民生卒，重在什伍相連，目的是為了「告奸」而不是其他。秦始皇時戶籍制度趨於完備。始皇十六年（前 231）「初令男子書年」，三十一年「使黔首自實田」（分見《秦始皇本紀》及《集解》）。戶籍記載了年紀、土地等內容，其作用就遠遠超過「告奸」，而成為官府控制人民的一項根本制度。據睡虎地秦簡，戶口遷徙要詣吏「更籍」；庶民與官府交涉，須具「名（姓名）、事（職事、爵級）、邑里（籍貫）」。這些項目應當都見於戶籍。

傅籍是戶籍制度的一部分。最晚到秦王政元年（前 246），在男子書年之制施行以前，就有了傅籍制度。《漢書・高帝紀》注師古釋「傅」，謂「著名籍，給公家徭役也」。《秦律》中有《傅律》，記有關傅籍事，《傅律》以外，還有一些秦簡記傅籍資料。男子傅籍之年，據秦簡《編年紀》是十五歲。[1]《漢書・景帝紀》「男子年二十始傅」。提高傅籍年齡，就是推遲服役，是文景之治的一項惠政。[2]《漢儀注》「民年二十三為正」，為正即傅籍為正卒。《漢書・高帝紀》注引如淳曰:「律，年二十三傅之疇官。」律，當為武帝時制定之律，知二十三始傅之制創於武帝時。或當時未及施行，所以有《鹽鐵論・未通》御史之言曰:「今陛下（按：指昭帝）哀憐百姓，寬力役之政，二十三始傅，[3]五十六而免，所以輔耆壯而息老艾也。」秦代傅籍不只是行之於良民，隸臣妾也在傅籍之列。睡虎地秦簡《倉律》謂及齡的「小隸臣妾以八月傅為大隸臣妾」，不過所傅的不是良民之籍。涉及戶籍變更的事大概都在每年八月辦理，所以東漢史籍所見算人也在八月。

戶籍制度是國家控制戶口人丁為編戶齊民，並據以徵發租賦兵徭的主要手段；也是國家阻止戶口人丁流入私門，從而抑制依附關係發展的主要手段。

國家力圖阻止戶口人丁流入私門，從當時的賦稅制度中也可得到消息。秦代賦稅，有田租，有口賦（戶賦），前者收穀，後者收錢。徵收數額，以漢制度之，後者比前者要重得多。徵收方法，田租當如漢制「以頃畝出稅」（《鹽鐵論・未通》），口賦（戶賦）則是按人頭

1　十五傅籍，係用高敏之說，見《雲夢秦簡初探》（增訂本），河南人民出版社，1981 年版，第 18 頁。

2　據張家山漢簡呂后二年律中的傅律，知傅籍年齡按本人及其父爵高低而有不同，大抵低爵及無爵者傅籍早，反之則晚，由 20 歲至 24 歲不等。已傅者，亦以其爵之高低而有不同待遇。例如「免老」（年高免徭役）一項，大夫（五級爵）以上須年 58 歲，公士（一級爵）65 歲，公卒（無爵）66 歲。見《張家山漢墓竹簡〔二四七號墓〕》，文物出版社，2001 年。

3　傅，原作賦，誤。

核實徵收。《史記・陳餘列傳》：秦「頭會箕斂，以供軍費」。「頭會」是由官吏清點人口，隨口計稅。「箕斂」，《史》、《漢》注均謂以箕斂穀，斂穀之說是不對的。《淮南子・氾論訓》作「頭會箕賦」；高誘注但謂「隨民口數責其稅」，不言稅穀還是稅錢，雖不武斷，但失之籠統。實際上，隨口而斂者皆斂錢。「頭會箕斂」是指隨人數斂錢的口賦（戶賦）。《淮南子・人間訓》也說：秦時「大夫箕會於衢」；高誘注：「箕會，以箕於衢會斂。」睡虎地秦簡《金布律》：「官府受錢者，千錢一畚，以丞、令印印。不盈千者，亦封印之。」箕斂就是「以畚受錢」。[1] 值得注意的是，此時的頭會箕斂似是人皆不免，還看不到有流入私門而僥倖求免的依附者的痕跡，可見人丁還是可以由國家有效控制的。

《通典・食貨典》論及秦代賦稅制度「捨地而稅人」。其實，地未嘗捨，只是重人而不重地，把控制人丁放在檢核頃畝之上，以期阻止人丁流入私門，抑制依附關係的發展，所以《通典》謂之稅人。

我們知道，古老的封君地位的取得，是以佔有土地為前提的。《漢書・地理志》：「古有分土，亡分民」，就是這個意思。《儀禮・喪服》：「君，至尊也。」鄭注：「天子、諸侯及卿大夫有地者皆曰君。」賈疏：「以其有地則有臣故也。」這裏的地指封地，包括耕地而不只是耕地。古老的觀念如此，但後來出現了變化。作為封地，司馬遷在《秦楚之際月表》序中根據變化了的情況，已經提出「安在無土不王」的疑問，這就是說，無封土亦可自王。[2]《文獻通考》卷二六五：「古分土而無分民，自漢始分民。」王侯分民以家計，有其民則有其

1 參吳樹平《雲夢秦簡所反映的秦代社會階級狀況》，載《雲夢秦簡研究》，中華書局，1981 年。

2 《癸巳存稿》（商務印書館，1957 年）卷七「無土不王」條駁《史記・秦楚之際月表・序・集解》引《白虎通》「聖人無土不王」之說曰：「遷云『安在』，蓋指《始皇本紀》云『置諸侯不便，天下初定，又復立國，是樹兵也』。」按：「安在無土不王」是反問之詞，俞正燮說是。

封土。但具有政治意義的封土不是本文的着眼點。作為本文着眼點的耕地，從秦漢魏晉人身依附關係發展看來，可以是有土斯有民，也可以是有民斯有土，而後者比前者要顯著，魏晉南北朝更是如此。依附農民並不是絕對地附着於某一塊土地上，他們可以脫離某一塊土地而跟隨主人遷徙，在另外一個地方重新獲得土地。東漢魏晉時這種例子很多。這個時期，不論是國家還是私人，其封建權力的大小與其說決定於控制土地的多少，不如說決定於掌握人丁的數量。從這個意義說來，上舉《儀禮》賈疏「有地則有臣」，實際上又成為「有臣則有地」了。

綜上所論中國古史上的人身依附關係，歸納認識如下：

第一，早期人身依附關係似與軍伍直接有關；

第二，早期依附者是從無爵或低爵的自耕農轉化而來；

第三，豪民是生產領域中的地主，是憑藉政權出現的；鄉官大抵都是豪民；

第四，早期的戶籍制度只是為了「告奸」，後來演化為官府控制人丁的最基本的憑藉，是抑制依附關係發展的重要手段；

第五，古老的封君制度是以封土為前提，有分土，無分民，有地者皆曰君。秦漢以來，「有土斯有民」的觀念逐漸與「有民斯有土」的現象同時存在，後者有時比前者更為顯著，主要原因就在於人身依附關係的不斷發展。

三　豪傑役使：宗族和賓客

漢武帝以後至東漢之末，是人身依附關係顯著發展階段。西漢時期依附關係發展的主要形式，按當時習用的術語，是「豪傑役使」。

《史記・酷吏列傳》：寧成「貰貸買陂田千餘頃，假貧民，役使數千家」。《漢書・黃霸傳》：黃霸，「淮陽陽夏人也，以豪傑役使徙雲陽」；師古曰：「身為豪傑而役使鄉里人也。」《漢書・陳湯傳》：「關東富人益眾，多規良田，役使貧民。」《漢書・鮑宣傳》：民有七亡，「……豪強大姓蠶食無厭，四亡也」。《漢書・王莽傳》（上）：「豪民侵陵，分田劫假。」

豪傑、豪民，過去只是偶見於歷史，漢武帝以後成長為新的一代地主，即豪強地主。他們以土地假民耕種，使之成為自己的依附農民。他們以暴力強制農民，因而有「劫假」之稱。他們一般都是宗族強大，武斷鄉曲。為了抑制豪強地主，漢朝政府採取了許多政治手段，主要是用酷吏、設刺史、徙豪強大族。

酷吏起於景、武之際。據《史》、《漢》酷吏諸傳：郅都為濟南守，滅豪猾之家瞷氏首惡；中尉寧成效法郅都，「宗室豪傑皆人人惴恐」；張湯為御史大夫，「鉏豪強併兼之家」。此外還有義縱族滅河內之豪穰氏之屬；王溫舒捕殺河內豪猾；趙廣漢殺京兆、潁川豪傑大姓，等等。不過有的酷吏本身就是豪強，如寧成。所以用酷吏打擊豪強，只能收到有限的效果。

刺史始設於武帝元封五年（前 106），以六條問事，其中第一條是督察郡國「強宗豪右田宅逾制，以強陵弱，以眾暴寡」（《漢書・百官公卿表》注引《漢官典職儀》）。刺史的作用，一般也只是限於一地一時。

西漢打擊豪強地主較為有效的辦法，是以實陵邑的名義遷徙豪強，稱為徙陵。徙陵之制，秦始皇徙三萬家麗邑（以驪山墓所在地置邑）一事已開其端。漢高祖徙齊楚大族昭、屈、景、懷、田五姓於關中以實長陵，與利田宅，徙者十餘萬口。《續漢書・五行志》（三）

注引杜林疏，謂此次遷徙之後，關東「邑里無營利之家，野澤無兼併之民，萬里之統，海內賴安」，徙陵居然起了這樣大的作用。遷徙關東六國舊族成功，為控制新成長的豪強地主提供了一個有效的辦法。《漢書・地理志》（下）謂「後世世徙吏二千石、高貲富人及豪傑併兼之家於諸陵，蓋亦以強幹弱枝，非獨為奉山園也」。《後漢書・班固傳》載《西都賦》曰：「三選七遷，充奉陵邑，蓋以強幹弱枝，隆上都而觀萬國。」所謂三選，謂上引《地理志》三種應徙之民；所謂七遷，謂自高祖至宣帝凡徙民七次。豪傑併兼之家往往都是大族。《後漢書・鄭弘傳》注引謝承《後漢書》：漢武帝「徙強宗大姓不得族居」。這也是打擊豪傑併兼之家。徙陵制度繼續了一百多年，起了強幹弱枝作用，同時也抑制了依附關係的發展。

漢元帝時，陳湯請求繼續徙陵。他說：「天下民不徙諸陵三十餘歲矣，關東富人益眾，多規良田，役使貧民。可徙初陵，以強京師，衰弱諸侯，又使中家以下得均貧富。」元帝曾用陳湯之議徙陵。《漢書・五行志》（上）：元帝「起昌陵，作者數萬人，徙郡國吏民五千餘戶以奉陵邑。作治五年不成，乃罷昌陵，還徙家。」《元帝紀》永光四年（前40）詔曰：徙陵之事「令百姓遠棄先祖墳墓，破業失產，親戚別離，人懷思慕之心，家有不安之意。是以東垂被虛耗之害，關中有無聊之民，非久長之策也。……今所為初陵者，勿置縣邑，使天下咸安土樂業，亡有動搖之心」。《成帝紀》亦謂：「罷昌陵及故陵勿徙吏民，令天下毋有動搖之心。」為了使強大的豪傑併兼之家不致對西漢產生「動搖之心」而罷徙陵，說明國家威力已不足以遷徙他們。從此，國家對依附關係的發展，失去了一種比較有效的控制手段，依附關係的發展也就顯著地加快了。

依附關係的主要形式除了役使宗族以外，還有招納流亡，即《鹽鐵論・未通》所說的「逋流」。這兩種依附者，在東漢分別稱為「宗族」、「賓客」，而在西漢時還沒有普遍使用這兩個名稱。依附農民是一種中間性身份，依附關係輕者與自耕農差別不大，重者則近於奴僮。漢代法律中只有庶民（良民）、奴婢之分，而沒有居於兩者之間的依附民的概念。所以奴婢放免者即為庶民。《漢書・霍光傳》有「免奴」一詞，免者居然佩綬居官。師古注：「免奴謂免放為良人者。」像東晉時期那種「免奴為客」之事，在漢史中還難找到。《漢書・王莽傳》（中）說：「漢氏減輕田租，三十而稅一，常有更賦，罷癃咸出。而豪民侵陵，分田劫假，厥名三十稅一，實什稅五也。」這裏把三十稅一和分田（什稅五）並提，是說國家取於民者是三十稅一（按：還有口賦、更賦等），而由於豪民居間剝削，農民所納實際上是十分之五。顯然，國家並沒有在觀念上把後者即依附農民和前者即自耕農民嚴格區分開來。分田劫假的依附農民還被等同於編戶齊民，至少從名義上說他們還有繳納田租、口賦和更賦的義務。

武帝以來，自發發展的依附關係開始滲進國家與農民之間。太僕、水衡、少府、大農諸官紛紛以公田出假，官收假稅。《鹽鐵論・園池》文學議及此事曰：「今縣官（猶言天子、官府）之多張苑囿，公田池澤，公家有鄣假之名而利歸權家。……公田轉假，桑榆菜果不殖，地力不盡，愚以為非。先帝之開苑囿池籞，可賦歸之於民，縣官租稅而已。假稅殊名，其實一也。」假，這裏指公田出租。官府假田之入不多，從「公家有鄣假之名」一語可以看出。國家機關實際上不可能把大片國有土地分割成小塊以假細民，可能不得不招人轉假。轉假者向國家交納少量的假稅，而向真正的假田農民坐取什伍之利，這就是「利歸權家」。至於文學所說的假和稅，前者是「公田轉假」之假，後者是「縣官租稅」之稅，兩者名目不同，性質不同，所以說「假稅殊名」；而同量的土地，國家郭假之入和租稅之入，數量卻差別不大，所以又說「其實一也」。因此文學認為不如把出假的公田一律賦予細民，官收租稅，這樣對上對下都有好處。

假民公田往往是以惠政的形式出現，官家不可能收取較高的假稅以為地租；出假的公田不一定是已墾的熟地，只有輕稅才能招徠農民。因此，假田者如果沒有轉假者居間的話，也還不能說是屬於國家的典型的依附農民。而轉假者與假田者之間，由於土地屬於國有，也難於形成典型的依附關係。所以這還只是依附關係的一種滲透而已。不過依附關係既然已經影響到了官家，那就免不了要對官家繼續發生作用，國家依附農民總有一天會出現。

假稅的稅率究竟是多少，不見正式記載。成書於西漢以至東漢和帝時的《九章算術》，其卷六《均輸》有題曰：「今有假田，初假之歲三畝一錢，明年四畝一錢，後年五畝一錢，凡三歲，得〔錢〕一百，問田幾何？」答曰：「一頃二十七畝四十七分畝之三十。」算術命題中涉及的社會經濟材料，應當是大體反映而不一定完全符合當時的實際。題中一頃二十餘畝的田數，與小農一戶所耕之數看來出入不大。假稅甚低也當是事實，但是低到如此程度而且還逐年遞減，卻很費解。

西漢邊塞屯田，自然會在其中產生依附關係。屯田起文帝時而盛於武、昭、宣之世。居延漢簡有「右第二長官二處田六十五畝，租廿六石」（303·7，《居延漢簡甲乙編》甲1585號）以及其他取租簡文，但都未表明依附關係的具體狀況。以理度之，屯田卒定期更代，徙民之屯田者亦受邊境軍事形勢影響，要形成穩定的依附關係是頗為困難的。

西漢時期依附關係究竟發展到了甚麼程度，還沒有足夠的確鑿材料把它說清楚。我們知道漢武帝時流民問題非常嚴重，元封四年（前 107）達二百萬口，無名數者四十萬。公卿議欲謫徙四十萬無名數者於邊，武帝反對，認為這樣勢必導致「搖蕩百姓」的結果。[1] 流民大規模出現，說明小自耕農經濟面臨困境，難於維持；而「豪傑役使」這種生產體系，由於種種原因，還沒有足夠成熟，暫時還不能以同樣的速度和規模吸收面臨困境的農民，因此沒有淪為依附者的那些破產農民就只有流亡異鄉。官府採取賦民公田、假民公田、減免租稅等手段，可以招引一部分農民歸農，更多的則是沿着一條古老的途徑淪為奴婢。所以西漢末年奴婢問題與土地問題就成為突出的社會問題，因而有師丹關於限田限奴婢的建議與孔光、何武的具體方案，有王莽關於「王田」、「私屬」的空想改革措施。光武帝建立東漢以後，也連續發佈釋放奴婢和禁殺傷、炙灼奴婢的法令。

奴婢問題朝野矚目，喧騰一時，但畢竟只能看作暫時的逆轉。它遮掩了依附關係這一社會現象的實際狀況，可是真正影響社會歷史進程的卻正是這一現象而不是其他。而且也正是在兩漢之際，依附關係向深度和廣度發展，具有前所未有的速度和規模。至於土地問題，這本來是封建社會中經常存在的社會問題。西漢末年，它主要表現為自耕農被迫離開自己貧瘠的小塊土地，這固然是由於西漢統治腐敗所直接、間接引起的，也是由於依附關係發展誘使無計農民去尋求這一出路。對於這個問題，只靠賦田、假田無法解決。貧民甘於遊食，「雖賜之田，猶賤賣以賈」，[2] 賈販不成，最後只得遁入豪

1 《漢書・石奮傳》附《石慶傳》。

2 《漢書・貢禹傳》。

強之門。經過兩漢動亂之際依附關係進一步發展以後，流民問題反而緩和下來，土地問題不再具有西漢末年那種突出的性質，至少東漢前期情況如此。這正是流民在相當程度上被安頓在依附關係這種社會秩序之中的緣故。

四　度田事件所見的人身依附關係

東漢建武年間發生的度田事件，是國家干預依附關係的一件大事。東漢田莊發達，是度田事件以後國家與豪強妥協的標誌。田莊佃客、部曲，是此時依附關係存在的一般形態。

《後漢書・光武紀》（下）建武十五年（39）「六月……詔下州郡檢核墾田頃畝及戶口年紀，又考實二千石長吏阿枉不平者。冬十一月甲戌，大司徒歐陽歙下獄死」。同書同紀建武十六年「秋九月，河南尹張伋及諸郡守十餘人，坐度田不實，皆下獄死」。注引《東觀記》曰：「刺史太守多為詐巧，不務實核。苟以度田為名，聚人田中，並度廬屋里落，聚人遮道啼呼。」同書《劉隆傳》：「是時，天下墾田多不以實，又戶口年紀互有增減。十五年，詔下州郡檢核其事，而刺史太守多不平均，或優饒豪右，侵刻羸弱，百姓嗟怨，遮道號呼……。」這就是東漢初年的所謂度田事件。

度田事件是直接由於墾田不實所引起的。據《劉隆傳》，陳留吏牘有書，說到「潁川、弘農可問，河南、南陽不可問」。據說，這是由於「河南帝城多近臣，南陽帝鄉多近親，田宅逾制，不可為準」，所以陳留計吏筆之於牘，留心打聽潁川、弘農墾田情況而避免與河南、南陽相比。以墾田不實獲咎的，頗有其人。《後漢書・儒林・牟長傳》：長為河內太守，「坐墾田不實免」，事在建武初年。同書《儒林・歐陽歙傳》：歙由汝南太守徵「為大司徒，坐在汝南贓罪千餘萬，發覺下獄」，死。歐陽歙由汝南應詔入洛，在建武十五年正月，而度田之詔在是年六月，所以他在汝南不預度田之事，但定罪則在推動度田之時。[1] 歙家族八世傳歐陽《尚書》，為世名儒，歙下獄後諸生謁闕求哀者千餘人，甚至有遠道自繫請代歙死者。歐陽歙竟不得免死於尊崇儒學的光武之世，足見光武不惜興動大獄以推動度田。光武帝之重視度田，於此可見。

由於度田獲咎的劉隆、張伋二人，恰好一為出自帝鄉的宗室功臣，一為出守帝都的河南尹，這證明陳留吏牘所書不誣。《劉隆傳》隆為南郡太守，建武十六年「坐徵下獄，其疇輩十餘人皆死。帝以隆功臣，特免為庶人」。所云「疇輩」，當包括張伋等人。劉隆與張伋下獄同案，但隆傳只說「坐徵下獄」，除坐在南郡度田不實外，是否還有在鄉「田宅逾制」一類罪名，今已無考。

據《光武帝紀》及《劉隆傳》，度田之詔除要求檢核墾田頃畝以外，還要檢核戶口年紀。所以度田之時聚人田中，聚者遮道啼呼，以至於釀成強烈反抗。可以認為，度田的首要任務並不在於丈量土地，而在於檢核人丁，這在正常情況下稱為「案比」。度田和案比，是密切相關的兩件事。案比實際上就是秦代的「頭會」，隋唐的「貌閱」。丈量土地不易，檢核人丁更難。在依附關係迅速發展，而國家力量非常衰弱之時強力推行案比，遇到激烈反抗是必然的。

前已論及，西漢自宣帝以後已不可能採取有效措施以控制依附關係的發展。王莽曾經遷徙過個別強宗。《抱朴子・自敍》謂葛氏先

1 《通鑒》建武十五年十一月謂歐陽歙坐前為汝南太守度田不實下獄，是不準確的。《後漢書・光武帝紀》錄此事時，上連度田詔及考實二千石，下有翌年張伋等坐度田不實死，《通鑒》大概由此致誤，斷定歙之死亦由於度田不實。

人與翟義一同起兵反莽，莽以葛氏「宗強，慮終有變」，乃徙之於琅邪，東漢初年葛氏自徙丹陽。徙葛氏是王莽對降將的赦後處置，是個別案例，與西漢徙陵不可同觀。

兩漢之際，以依附農民為主體的大族私兵興起。劉秀徇河北，大族多領私兵相隨；[1] 京兆、南陽，亦有大族聚私兵以待劉秀。[2] 對於不附劉秀的豪強地主武裝，劉秀則以兵威相臨。建武初年，桓譚鑒於光武帝處置豪強武裝未盡權謀，上疏說：「伏觀陛下用兵，諸所降下，既無重賞以相恩誘，或至虜掠奪其財物。是以兵長渠率各生狐疑，黨輩連結，歲月不解。」他請求光武帝「輕爵重賞」，以相要結，光武帝沒有採用。[3]《續漢書・五行志》（三）載杜林於建武八年上疏，認為各地豪強武裝都是「草創兵長，卒無德能，直以擾亂乘時，擅權作威。……小民負縣官不過身死，負兵家滅門殄世」。[4] 這就是說，乘時興起的豪強武裝，在各自的範圍內其權威甚至高過天子。光武帝後來以度田之名檢核丁口，引起暴亂，其歷史背景就是如此。東觀史臣謂刺史太守「多為詐巧，不務實核」；范書謂其「優饒豪右，侵刻羸弱」，始有聚民田中之事，應當都是真情。不過挑動暴亂、反對度田的，主要還是豪右自身。關於這一點，史籍卻未曾點破。

《光武帝紀》（下）載建武十六年九月於張伋等下獄死之後緊接着說：「郡國大姓及兵長、群盜處處並起，攻劫在所，害殺長吏。郡縣

1　參《後漢書》劉植、耿純等傳。

2　參《後漢書》樊宏、第五倫、馮魴等傳。

3　《後漢書・桓譚傳》。譚上此疏在宋弘為大司空時，當在建武六年或稍前。

4　可參考比較《漢書・酷吏・嚴延年傳》：漢宣帝時涿郡大姓猖獗，「自郡吏以下皆畏避之，莫敢與牾，咸曰：『寧負二千石，無負豪大家。』」東漢小民，「負縣官（這往往指皇帝）不過身死，負兵家滅門殄世」之語，顯示東漢「兵家」比之西漢「豪大家」，勢力之大，統治之酷，大有過之。

追討，到則解散，去復屯結，青、徐、幽、冀四州尤甚。」這就是豪右以武力反抗度田之證。《紀》又曰：「冬十月，遣使者下郡國，聽群盜自相糾擿，五人共斬一人者，除其罪。吏雖逗留回避故縱者，皆勿問，聽以禽討為效。其牧守令長坐界內盜賊而不收捕者，又以畏懦捐城委守者，皆不以為負，但取獲賊多少為殿最，唯蔽匿者乃罪之。於是更相追捕，賊並解散。徙其魁帥於它郡，賦田受廩，使安生業。自是牛馬放牧，邑門不閉。」

從上述記事可以看到，暴亂來勢猛烈，區域廣大；魁帥是大姓兵長，他們各據鄉土，聞風聚散，而不是大規模地匯集在一起；東漢官吏則望而生畏，逗留回避故縱，甚至捐城委守，不願與之交鋒。光武帝對待辦法，不是大軍進剿，而是原赦守令並分化暴亂者；最後的處置也不是只靠屠殺，而是徙其魁帥，賦田授廩，力求安撫。這一系列不同尋常的情況，說明暴亂具有特點，不同一般。它是戰亂年代郡國大姓以依附農民為基礎所形成的豪強武裝與封建國家的一次重大較量。我們知道，如《漢書・高帝紀》所說，在秦漢之際的戰亂中，一般地主曾經「相聚保山澤」，漢高祖只須用「復故爵田宅」的詔令，就可以使他們「各歸其縣」；即令是六國貴族和以後新起的豪傑併兼之家，也曾順從地接受大規模遷徙的處置。與建武年間經過一場如此激烈的鬥爭政府才能與兵長渠帥求得妥協的情況相比，依附關係的發展，豪強勢力的強大，已經進入了一個新階段，不是很清楚嗎！

《廿二史札記》「兩帝捕盜法不同」條，謂漢武平「盜賊」，以誅戮為威而「盜賊」不止；光武平「盜賊」，則徙其魁帥，賦田受廩，得安生業。趙翼從歷史經驗立論，認為法愈嚴而盜愈多，法稍疏而盜易散，「此亦前事之師也」。按：光武初擊關中之時，命馮異取諸大姓豪強營壘，亦以平定安集而勿多事屠戮為言，同於度田平亂而異於武帝捕盜之法。不過趙翼所未詳者，武帝時「盜賊」主要是烏合的流民，沒有固定的屯集之所，渠帥出於其間，野火難戢；光武時「盜賊」類多郡國大姓為首，在所屯集而少流動，兵眾依附大姓兵長而構成較固定的內部組織。所以制其魁帥就能撫其部眾。不過，這種制和撫都不能消滅其作為一種社會力量的存在，而且是以承認其存在為前提，求得暫時妥協而已。

《漢書・刑法志》班固論西漢刑獄而及於東漢之初，曰：「自建武永平，民亦新免兵革之禍，人有樂生之慮（王先謙補注謂慮字為意字之訛），與高惠之間同。而政在抑強扶弱，朝無威福之臣，邑無豪傑之俠。以口率計，斷獄少於成哀之間十八，可謂清矣。」班固所言，正是度田引起的這場動亂平息以後的社會情況。這是他自己親歷的時代，所說當然可信。不過所謂「政在抑強扶弱」，只不過是暫時抑制了豪強力量過猛的發展。與高惠時代相比，歷史畢竟已推進了二百多年，昔日能以招引奏效者，而今必待武力較量後始能求其妥協。這是封建的人身依附關係在廣度上和深度上發展所引起的社會政治反應。

妥協的結果，國家與豪強之間重新出現了相對的平衡。案比戶口作為一項統一的制度，形式上是沿襲下來了，實際上難於持續施行。豪強地主仍然保持着自己的依附農民，保持着自己的私家武裝，當時分別稱之為佃客和部曲。不過部曲在那時不再以公開的形式而是以隱蔽的形式存在，與度田以前畢竟不完全一樣。

案比，就是案戶比民。案比的資料，東漢常見。《呂氏春秋・仲秋紀》高注：「今之八月比戶，賜高年鳩杖粉粢是也。」《續漢書・禮儀志》(中):「仲秋之月,縣道皆案戶比民。年始七十者,授之以王杖,餔之糜粥。」[1]《周禮・小司徒》賈疏:「漢時八月案比而造籍書。」《後漢書・安帝紀》元初四年注:「《東觀記》曰:『方今八月案比之時。』謂案驗戶口,次比之也。」《後漢書・皇后紀・序》:「漢法常因八月算人。」八月案比之制或淵源於秦法八月傳籍。案比時聚民點驗,對一般民戶可以實行。《後漢書・江革傳》:建武末年革在鄉里,「每至歲時,縣當案比,革以母老,不欲搖動,自在轅中輓車,不用牛馬,由是鄉里稱之曰江巨孝」。李賢於此處解釋案比曰:「案驗以比之,猶今貌閱也。」案比之制延至三國,遠在交州,猶有遺存。《三國志・吳書・薛綜傳》謂交州「八月引戶,人民集會」,男女於時自相婚配。這當是利用案比作為聚會時機,相沿成習。不過大姓豪族及其部曲、佃客,則不會接受案比,因為接受案比,意味着接受按人丁承擔官府徭賦的義務,而避徭賦正是農民尋求庇護、豪強遂其併兼的主要原因和目的。

每一戶淪為佃客的農民,一般說來,當如崔寔《政論》[2]所說,有一個父子妻孥「奴事富人」,「歷代為虜」,終於喪失自由的較長過程。一旦成為佃客,就有義務隨主人奔逐東西,如馬援役屬賓客,先在金城郡的苑川,後在長安上林苑;[3]汝南范滂之父「將人客於九江,田種畜牧」。[4]耕種所得,一般是如《水經・河水注》所說,主人「與田戶

1 《張家山漢墓竹簡〔二四七號墓〕》呂后二年傳律,按爵之高下稟給鬻米月一石,大夫(五級爵)以上年90給米,以下遞增年歲,至無爵者95始給。又按爵之高下受鳩杖,大夫以上年70受,以下遞增年歲,至無爵者75始受。

2 《通典》卷一引。

3 《後漢書・馬援傳》,《水經・河水注》。

4 《風俗通》卷五。

（佃客）中分」，如馬援在苑川屯田之比。大族地主田莊廣闊，世代經營。田莊有「兵弩器械」，[1] 蘭錡內設。[2] 宅院就是堡壘，築有各種防禦設施。部曲數量很大。袁宏《後漢紀》靈帝光和元年會稽朱儁曾簡募家兵赴交州作戰，數達二千。崔寔《四民月令》有田莊私兵活動的記載：每年二月「順陽習射，以備不虞」；三月「繕修門戶，警設守備，以禦春飢草竊之寇」；八月「上角弓弩，繕治檠正（按：檠為正弓器械），縛徽弦，遂以習射」；九月「繕五兵，習戰射，以備寒凍窮厄之寇」。[3] 據此可知，田莊二月、八月習射，三月、九月設警，目的是防備本地農民在青黃不接和寒凍將臨之時生事搶糧。田莊依附農民有事為部曲，無事為佃客，實際上是亦兵亦農。這是東漢一朝依附關係的主要形式。田莊武裝是隱蔽的，並帶有季節性，而不像度田以前的私兵那樣公開割據，歲月不解；他們主要被用於綏靖地方，在一般情況下與官府相安無事，而不像度田以前的私兵那樣被用來與官府對抗。不過，在特定條件下，豪強部曲也可以轉化為政治上的割據勢力，東漢末年就是如此。

部曲、佃客與其主人的人身依附關係，一般說來其程度雖不甚緊密，但卻相當穩固。這主要是由於多數部曲、佃客與其主人還有宗族紐帶相連。《四民月令》記載，田莊主人在不同的季節，按不同的親疏關係「振贍窮乏」，「存問九族」，「講好和禮」。據《後漢書・樊宏傳》，樊重在田莊裏也是「振贍宗族，恩加鄉閭」。宗族紐帶加強了主人對部曲、佃客的束縛力，所以主人對之十分重視。東漢以來族葬之制盛行，據考古資料，河北無極甄氏族墓上起兩漢之際，下

1　《水經・比水注》引《續漢書》。

2　參楊泓：《武庫和蘭錡》，《文物》1982 年第 2 期。

3　《四民月令》文字及標點，依石聲漢《四民月令校注》，中華書局，1965 年。

迄北魏，延綿五百年；陝西潼關的弘農楊氏族墓，自楊震以下歷數代之久；安徽亳縣曹氏族墓，埋葬曹操先輩多人。宗族勢力的發展，使厚葬習俗盛行，墓室瘞藏豐厚，裝飾講究。士大夫重視民間氏族源流的考察和記錄。王符《潛夫論》有《志氏姓》篇；應劭《風俗通》有《姓氏》篇，內容與先秦的《帝系姓》、《世本》等專記帝王諸侯大夫譜系者有所不同，多有兩漢時形成壯大起來的宗族。由此可見，東漢時期依附關係正是依託宗族勢力而迅速發展的。當然，田莊中也有非本族的部曲、佃客，當時習稱賓客，多是流亡農民被招納者，其數量比宗族要少。

五　封建依附關係的法律反映之一
——三國賦役制度的變化

三國時期，依附關係愈趨成熟，而且迅速向南方擴展。與依附關係發展相適應，賦稅制度出現了重大變化。屯田、賜客現象與這一變化有重要關係。漢魏之際動亂不已，形勢瞬息變化。擁有宗族、賓客的大族地主受到衝擊，不安其居。曹丕《典論・自敘》說：當時「名豪大俠，富室強宗，飄揚雲會，萬里相赴」；又說擁兵的人「大者連郡國，中者嬰城邑，小者聚阡陌」。他們之中，有許多就是率領宗族、賓客離開本鄉的大族地主。大族地主中也有人沒有部曲家兵，在武力競逐方面無能為力，不得不避難他方，其中有的甚至變易姓名，[1] 通財合族，[2] 以求自存。據《三國志・魏書・管寧傳》注引《傳

1　《三國志・魏書》曹休傳、邢顒傳。

2　《三國志・魏書・趙儼傳》。

子》，管寧著《氏姓論》，就是為了「原本世系」，以正「妄變氏族」的時弊。實力和際遇的不同，使大族地主出現起伏升降，大族的田莊也在轉換主人。《水經・淯水注》：新野有樊氏陂，「陂東西十里，南北五里，俗謂之凡亭陂，陂東有樊氏故宅。樊氏既滅，庾氏取其陂。故諺曰：『陂汪汪，下田良，樊子失業庾公昌。』」按：樊氏為光武外家，新野庾氏之興，樊氏之衰，就在漢魏之際。

大族地主雖隨實力和際遇而有升沉，但是依附關係卻日趨成熟，棄業流亡的百姓，更多地被迫成為佃客、部曲。「田無常主，民無常居」，既反映了世事的動亂，也反映了小自耕農棄業流亡而淪為依附農民的情景。國家無法掌握日益減少的頃畝和丁口，無力像東漢那樣試一試度田，因而租賦兵徭取給無所。這種情況，迫使國家改變租賦制度。新的租賦制度既要適應依附關係發展的既成事實，又要有助於維持自耕農民的數量使之不致進一步減少。這樣就出現了《三國志・魏書・太祖紀》建安九年（204）注引《魏書》所載以曹操令頒佈的租調制。租調制規定：「收田租畝四升，戶出絹二匹、綿二斤而已，它不得擅興發。」這是中國古代賦稅制度史上的重大改革，是封建國家向依附關係讓步在賦稅制度上的重要步驟。

漢代田租三十稅一是按頃畝出稅，不是按實際產量計其三十分之一而取之，這在前面已經說到了。即令是在名籍所載地畝人丁比較準確的西漢時代，官府徵收田租也無法核實每畝產量。所以三十稅一的田租，在實際徵收時需要以一個定額為準。《九章算術・衰分》有題曰：「今有田一畝，收粟六升太半升。今有田一頃二十六畝一百五十九步，問收粟幾何？」答曰：「八斛四斗四升一十二分升之五。」此題內容，當即一畝收粟六又三分之二升以為田租，按田租三十稅一計算，則每畝產量恰為二斛，與漢代畝產數量大體相符。[1] 這又可以反證田租三十稅一確實是定額徵收。至於每畝定額多少，在西漢時恐怕是因地而異，難於有全國一致的規定。

漢代田租分成徵收，係沿襲上古所謂貢、助、徹的什一稅而來。漢高祖輕田租，十五稅一，以示惠民。景帝時令民半租，三十稅一，遂成定制。建安時，仲長統建議恢復什一之稅，他估計：「今通肥磽之率，計稼穡之入，令畝收三斛，斛取一斗，未為甚多。」[2] 他所說的什一分成，實際上也是定額，即每畝三斗。曹操則參照兩漢田租徵收的實際數量，廢除名義上的三十稅一的分成比例，徑以每畝四升作為全國一致的定額徵收。由於亂世生產破壞和秩序紊亂，國家對自耕農民戶口地畝更難核實，所以定額只得偏低，否則更無法徵收到手。每畝四升，與上引《九章算術》畝收六升又太半升的田租率比較接近。

田租之制，兩晉續有變化。西晉戶調式中的課田，其性質相當於田租。課田之數不論實際上田之有無、多少，一律按一夫五十畝計稅，共收田租四斛，每畝合田租八升，高出曹魏時一倍。課田的辦法，是計丁夫而不度田，有丁夫就得負擔田租；而且丁夫多少也難於核實，只好每戶按一丁納租。從《初學記》卷二七所引《晉故事》中所見情況，就是如此。這是過去稅制中所未見的。東晉制度又有變化。《晉書・食貨志》東晉成帝咸和五年（330）「始度百姓田，取十分之一，率畝稅米三升」。這是否定西晉課田收租辦法，恢復漢朝度田分成而又折衷於一個定額的制度，不過改三十稅一為十稅一，

1 裘錫圭亦有此說，見《漢簡零拾》，《文史》第十二輯。

2 《後漢書・仲長統傳》。

改納粟為納米。所以《晉書・成帝紀》記此事，直書「初稅田，畝三升」，而不提及十分之一這一沒有實際意義的租率。至於成帝度田，即核實土地數量，究竟能做到甚麼程度，那就很難說了。《食貨志》又說：「孝武太元二年（377）除度田收租之制，王公以下口稅三斛，唯蠲在役之身。」這樣基本上又回到西晉課田之制，計丁夫而不度田，只是不再使用課田的名稱。

田租制度曹魏計畝，西晉計丁，東晉咸和計畝，太元計丁，其中有時夾雜着使用課田的名稱和什一的租率，實際上是漢制、晉制交錯，變來變去，莫衷一是。這反映官府既無法核實地畝，更無法核實人丁，只是窮則思變，隨國力之所及，能徵收多少就徵收多少。這個時期其所以不能產生一種穩定可行的田租制度，根本原因還是豪強佔奪力量太大，使國家總是處在困難境地，找不到一種能夠穩定持久的辦法。

曹魏戶調制度更有特殊之處，是依附關係發展的直接產物。戶調從口賦（戶賦）演變而來。秦代「頭會箕斂」雖有實效，但很暴戾，要有強大的國家力量才能使之持續實行。西漢後期國力衰微，口賦、田租、更賦，再加上賦外之役，特別是遠戍遠役，使自耕農很難生存。他們寧願依附豪強，用什五之稅和自己的一部分人身自由去換取避役的好處。東漢時期，此種情況甚於西漢。建安年間，曹魏要想從根本上挽回局面，繼續實行以逐個清點人頭為根據的口賦制度，是毫無可能的，因此才不得不改行不論人頭多少，但以戶數為準的戶調制度，並把戶調綿絹數量維持在不算很高的水平。這樣，國家可能較易掌握人戶，並從中得到一些好處。但從法理上說，這無異宣告不追究已被隱匿的丁口，只求控制現有人戶，使之不致繼續流入私門。

曹操立法的初衷，並不是為了替豪強謀利。租調之令，是直接針對袁紹父子統治下「豪強擅恣，親戚兼併，下民貧弱，代出租賦」的現象而發的。令文規定租調之外「它不得擅興發，……無令強民有所隱藏而弱民兼賦」。所以《三國志・魏書・武帝紀》又載「重豪強兼併之法，百姓喜悅」。租調制施行前，長社令楊沛撾殺曹操從弟曹洪賓客在界而徵調不如法者，曹操以沛為能。租調制施行後，菅長司馬芝發郡主簿劉節賓客為兵而節藏之，芝乃以劉節代賓客服役。這些事例，說明事實上存在的依附關係，到此時還不是法律上的存在。如果長吏敢於執法，還是可以徵發豪強名下的依附農民。不過，事實終歸比法律更有權威，司馬芝、楊沛的故事，只是作為特例存留在史籍中，並不能據此說明官府對私家的宗族、賓客真正擁有並能實現控制的權力。

有時，歷史上會出現帝王們向經濟條件發號施令的事情，而且還可以在一定時期內和一定程度上奏效。但是從長遠看來，其結果往往是適得其反，帝王們不得不向經濟條件投降。曹操所行屯田制和士家制，恰好能說明這種情況。

曹魏屯田，形式上襲漢代之舊，但與漢代屯田和假田相比，內容已制度化、典型化了。屯田客是典型的國家佃客，所納地租，用官牛的於對分制以外另加牛租一成。[1] 有一種屯田民，不計地畝的產量，向官家「計牛輸穀」，或者說「僦牛輸穀」。這是一種屯田納租的

---

1 《漢書・昭帝紀》元鳳三年詔「……三年以前所振貸，非丞相御史所請，邊郡受牛者勿收責」。注引應劭曰：「武帝始開三邊，徙民屯田，皆與犁牛。後丞相御史復間有所請。今敕自上所賜與，勿收責，丞相所請，乃令其顧稅耳。」這是規定邊郡屯田給牛何者收責、何者不收責的詔令。但給牛收責是否即地租的一部分，並不清楚。又，居延大灣所出漢簡有「牛籍」簿，還有大量有關田卒及耕牛簡和有名的屯田取租簡，知大灣是屯田機構所在地，其耕牛即為屯田所用，參看沈元：《居延漢簡牛籍校釋》，《考古》1962 年第 8 期。居延屯田用公牛當有代價，而這些資料卻沒有顯示耕牛在地租中佔甚麼地位。但是大體說來，《昭帝紀》及漢簡所載，可以視為曹魏時牛租的淵源。

輔助形式，是以其時人丁不足和耕牛稀少而得以存在的。以這種形式納租的屯田客，一直到魏末，他們還以「租牛客戶」的名稱存在於社會中。士家即兵家，身份同於屯田客，是國家的部曲。屯田制和士家制，就是官府用豪強徵斂方式剝削佃客、用私人部曲方式組織國家軍隊的制度。它們的出現以民間依附關係高度發展為前提。民間的依附關係既然影響而且被大規模地移植到官府，官府再要阻滯這種關係就更為困難了。《晉書・外戚・王恂傳》:「魏氏給公卿以下租牛客戶數各有差，自後小人憚役，多樂為之，貴勢之門動有百數。」連入塞的匈奴人，也有許多成為私家佃客。西晉初年也有賜客。魏晉朝廷給客(賜客)予私家，以詔令為之，這是私家依附農民得到詔令承認之始，只不過這種詔令還不是普遍承認私家依附農民的合法地位。詔令以外的，就是法律以外的。至於法律是否追究，那是另一問題。

江左地區，情況基本相同。江左在官豪族「統家部曲」，[1] 宅院中「蘭錡內設」，[2] 這在當時是公開的而非隱蔽的。吳國有賜客之制，與魏末賜租牛客戶性質相近。吳國賜客復免國家徭賦，又稱復客。個別功臣的部曲、佃客，包括賜客和非賜客，一律復除。如《三國志・吳書・周瑜傳》，瑜死，孫權「著令曰:『故將軍周瑜、程普，其有人客皆不得問。』」周、程兩個家族的依附農民，不論多少，又不論何種形式，國家都無條件地全部予以承認。這種法令在吳國也只此一見，雖然一般說來，官府對於私家人客事實上早就過問不了。孫吳世襲領兵之制，既是世領其兵以事征戰，更是世領其兵以服私役。所以

1 《三國志・吳書・顧雍傳》注引《文士傳》所錄殷巨事跡。

2 《文選》卷五左思:《吳都賦》。

將門子弟幼弱不堪征戰者亦得繼統父兄之兵。《呂蒙傳》記載成當等三將死，呂蒙認為三將子弟雖小，不可廢兵，可見兵之於將，有私屬性質。《世說新語・政事》：會稽賀劭作吳郡，「至諸屯邸，[1] 檢校諸顧、陸役使官兵及藏逋亡，悉以事言上，罪者甚眾。陸抗時為江陵都督，故下，請孫晧，然後得釋」。賀劭檢校而顧、陸得罪，這是法律的權威；陸抗下請而罪者得釋，這是習慣的力量。習慣的力量來源於官兵執私役的事實，法律無從禁止。

在蜀國，南中戰後官府以所獲民之強者補兵，弱者為「家部曲」，[2] 這同魏、吳賜客性質一樣。

綜括言之，魏國的租調制是依附關係向深度和廣度發展在稅制方面的表現。官府保有相當數量的依附農民以備役使，說明存在於民間的人身依附關係已被國家接受，納入國家秩序之中。官府既可賜客，對民間的依附關係就更沒有長久地視之為非法的理由。法令和法律既然開始屈服於實際，那就勢必繼續向實際屈服下去，不過其速度仍將是緩慢的。

六　封建依附關係的法律反映之二
——兩晉南北朝依附戶的法律地位

兩晉南北朝時期，人身依附關係繼續發展，許多方面的人際關係，都帶有人身依附的性質，依附戶數量大增。依附戶，包括民間的和國家的依附戶，依其服役種類或服役條件的不同而名目繁多，

1　江左的屯邸是一種經濟組織，孫吳時已是如此。參看唐長孺《南朝的屯、邸、別墅及山澤佔領》，見《山居存稿》，中華書局，1989 年。

2　《華陽國志・南中志》。

不勝枚舉。近人研究此問題者較多，成果顯著，無庸贅述。這裏只就最一般形態的民間依附戶與國家的關係略加分析，以見依附戶的法律地位。

西晉建國，本來是「詔禁募客」的。[1] 但是給客風氣既開，私募遂無從禁止。中山王司馬睦於咸寧三年（277）遣使「募徙國內八縣受逋逃、私佔及變易姓名、詐冒復除者」，達七百餘戶之多。朝廷貶睦為縣侯，不久又復爵為高陽王。私募禁止不了，太康元年（280）班行戶調式時就不能不考慮允許募客的問題。所以戶調式規定官吏得按品級蔭親屬，「多者及九族，少者三世」，雖宗室亦如之；蔭衣食客多者三人，少者一人；蔭佃客多者十五戶，[2] 少者一戶。這是中國古代第一次具有全國意義的承認私家依附農民的法令，其法律意義比三國時特詔賜客前進了一大步。可是，承認的另一面仍然是限制。承認官吏佔客而不及於一般地主佔客，是一重限制。官吏蔭親屬數量寬，蔭佃客數量嚴，被蔭的親屬又不一定完全等同於佃客，也是一重限制。承認佃客而不及於部曲，[3] 又是一重限制。至於被蔭者是否還在名義上保留對國家的某些義務，是否有名籍可稽，也沒有明文規定。

東晉品官佔客之制直接承襲西晉而來而有增益。據《隋書・食貨志》，都下人為王公貴人佃客者，皆無課役，乃定第一、二品佃客四十戶，降至九品五戶，數量較西晉放寬，但數量規定本身就寓有

---

1 《晉書・高陽王睦傳》。

2 《晉書・食貨志》原作五十戶，以西晉蔭客數各個官品的差次以及西晉蔭客數與東晉給客數各個相應官品的差次比較，作十五戶近實。

3 西晉不見允許保有部曲家兵的事例。《晉書・李雄載記》李雄稱帝，「加范長生為天地太師，封西山侯，復其部曲不預軍徵，租稅一入其家」。按：李雄稱帝之前，已宣佈「除晉法」，所以「復部曲」不是晉制。范長生所在的地方於晉為邊裔，其人其事又有宗教背景，更不同於一般情況。

保持限制之意。《南齊書・州郡志》南兗州條:「時百姓遭難,流移此境,流民多庇大姓以為客。元帝太興四年(321),詔以流民失籍,使條名上有司,為給客制度,而江北荒殘,不可檢實。」由此可知給客之令班於太興四年,限於流民失籍為佃客者而不及其他,地域只限都下及揚州的江南諸郡。但是明確規定所給佃客對國家皆無課役,而對主人則「量分」佃穀,這是西晉令文所沒有的。量分即兩分,亦即對分。又規定客注家籍,即附籍於主人,表示他們既不同於擔負課役的編戶齊民,也不同於無籍可稽的隱丁漏口,這也是西晉令文所無。給客制度既然起於流民失籍者條其名上有司,則立法用意即在於使之有名可稽。這又是既反映國家對依附關係承認程度的進一步放寬,也反映國家對這種關係保留一定限制權力的潛在意願。至於此制的執行情況如何,制度以外的佃客的地位如何,似難考實。

與給客同年,《晉書・元帝紀》詔「免中州良人遭難為揚州諸郡僮客者,以備徵役」。這是以詔令放免私家僮客而徵發之。發僮,當即《晉書・王敦傳》永昌元年(322)王敦請誅劉隗疏中所謂「免良人奴,自為惠澤」之事。良人奴不是指良人之奴,而是指良人為奴者;發以為兵,當即「兵家」之兵,其身份同於客。發客,亦當發以為「兵家」,例同《刁協傳》「取將吏客使轉運」及《司馬元顯傳》發「免奴為客者」為兵。晉元帝在同一年發僮客為兵與施行給客制度,當是相關連的二事,即,國家以給客為名,檢核僮客,條名上有司,然後於給客數額之外悉發為兵。如果是這樣,那末給客制度就是晉元帝抑制士族的一種手段,而這種手段也是對人身依附關係發展進程的一種干預。上舉王敦疏中責備劉隗「復依舊名,普取出客,從來久遠,經涉年載,或死亡滅絕,或自贖得免,或見放遣,或父兄時事身所不及,有所不得,輒罪本主」。據此可知,給客以前,佃客並非全部失籍；其未失籍即仍有「舊名」(指名數、戶籍)者，不論年代遠近，變化如何，在給客時統統予以核實，因此有王敦所說「百姓哀憤，怨聲盈路」。給客制度只行之於都下及揚州江南諸郡，所以王敦疏中又說:「臣前求迎諸將妻息，聖恩聽許，而隗絕之，使三軍之士莫不怨憤。」王敦居於上游，不在揚州，看來他此舉目的之一，就在於規避揚州都下給客制度的檢核；而所謂百姓哀憤，主要還是反映王氏及諸士族的不滿。從這裏看來，王敦之叛的導火線，還有經濟方面的因素在內。劉隗、刁協之敗，使給客制度沒有產生抑制士族的實際效果。此後東晉屢次實行土斷，作用也頗有限。

南朝制度更為混亂，大族地主的佃客、部曲沒有定限。《梁書・張孝秀傳》載張孝秀驅使部曲數百人，為他耕種土地數十頃。可見這時，連部曲和佃客的區別也不復存在了。

在北方，十六國時期，如《晉書・慕容德載記》所說:「百姓因秦晉之弊，迭相蔭冒，或百室合戶，或千丁共籍。」這就是北魏實行宗主督護制的歷史背景。《魏書・李沖傳》:「舊無三長，唯立宗主督護，所以民多隱冒，五十、三十家方為一戶。」《魏書・食貨志》:「魏初不立三長，故民多蔭附。蔭附者皆無官役，豪強徵斂，倍於公賦。」因此出現了三長制和均田制。均田制是一個十分複雜的歷史問題，其核心是以授田的辦法吸引豪強所佔的苞蔭戶，也就是《魏書・李安世傳》所說「一齊民於編戶」。均田制的意圖既在於消除苞蔭戶，所以均田令中也就沒有苞蔭戶亦即依附農民的法律地位。從這個角度看來，均田制可以說是專制國家對民間盛行的封建依附關係的最後一輪大規模的全國性的干預。以均田制形式出現的這一輪全國性干預，因朝代改易，在二百多年歷史中出現過多次，一般都是見效於始初，終歸於泡滅。依附關係既然已經熟透，其本質是排斥依附關係的均田制度勢必難以為繼。均田制的廢棄，也就是這種干預的失敗。均田制的實行和廢棄，反映了封建社會從魏晉到隋唐的過渡。這個過渡的重要歷史內容之一就是，一方面「百室合戶、千丁共籍」那樣的大族逐漸衰落，另一方面封建政權也終於普遍承認依附關係發展的現狀，在這樣的前提下另求所以圖治之道。此後專制國家對社會經濟進程還要進行別的干預，但是時過境遷，其內容和方式與前此就不同了。

七　封建國家對人身依附關係的保障和抑制

秦漢魏晉時期人身依附關係的發展，是一個內容豐富而複雜的歷史過程，本文只是探討了依附關係在政權的限制下不斷發展這樣一個側面。在封建國家中，掌握各級統治權力的官員，一般說來都是擁有依附農民的地主。甚至具體管理戶籍以防止丁口流入私門的鄉里之長，也多以豪強地主充當。國家維持着一種秩序，便於地主階級沿着權力的階梯上升，進入統治群體，並獲得政治經濟利益。照理說，封建政權應當用法令和法律來保障地主擴充佃客、部曲，但是它卻對此加以抑制。這是甚麼原因呢？

具有階級性質的國家，也具有超乎階級之上、超乎社會之上的表象。要把國家的一切活動都直接與具體的階級利益聯繫起來加以解釋，本來是不容易的，也是不必要的。國家又是一個具有相對獨立性的實體，它需要保障自己得以存在的物質條件，這不一定與每一個地主的眼前利益完全相符。但是獲得這些條件，國家可以強大一些，而從強大國家得到好處的，首先就是地主階級。封建朝廷中被認為是忠誠的、正統的官僚以及在當時是先進的思想家，確實是這樣考慮問題的。他們要求有一個強大的國家，一個穩定的王朝，來保護地主階級整體的長遠的利益。儘管在這種政治條件下，他們自身的利益不免會受到一些約束。

封建政權得以維持的先決的物質條件，是維持賦稅兵徭的來源，因此需要控制人丁。而地主階級的發展，正是要從國家編戶齊民中不斷地分割人丁。這樣，矛盾就產生了。如果分割人口的過程是一個漸進過程，那末矛盾的發展還不至驟然破壞相對平衡的局面，不至引起政治動亂。否則平衡破壞，矛盾激化，封建政權就會由於地主階級內部的利益之爭而呈現險象，加劇經常存在的階級矛盾。

如果這裏所說的國家是分封制的國家，皇帝和諸侯各有各的領地、人丁、賦稅、軍隊，而皇帝只要依靠諸侯貢獻和其他封建義務，就可以維持其權威有限的共主地位，如果是這樣，上述的矛盾也許會是另外一種情況。但是，秦漢以來在中國出現的是一個統一的中央集權的專制國家，它只有獲得全國範圍的租賦徭役，才能維持足以統治全國的官僚機構和軍隊，進行各種活動。而這些都要靠在全國範圍內控制人丁。因此，官府同私家爭奪對人丁的控制權，就成為國家抑制依附關係的發展速度和規模的主要內容。依附關係的發展是一個客觀的社會經濟進程，國家能夠影響它、抑制它（這實際上是國家的調節功能），卻不能消滅它。從全局和全過程說來，國家總是要逐步地屈從於經濟條件。在統一的中央集權的專制的古代中國，這是一個在矛盾中發展的歷程，因而不得不是一個遲緩的漫長的曲折的歷程。

國家問題是一個複雜而深刻的理論問題，限於水平，在這裏不可能作出準確而圓滿的解釋。我只是想得到這樣的一種認識，即中國封建社會的長期性的重要原因之一，是依附關係發展遲緩，而這主要是由於專制國家的干預。人們通常把中國封建社會的長期性歸結為封建社會後期資本主義萌芽受到專制政權的阻滯，這在事實上和理論上無疑都是正確的。但是這只能說明明代萬曆以後大約三百年的歷史現象，而不能解釋封建社會全過程的長期性問題。所以我認為，除此之外，在人身依附關係開始出現的階段，專制政權的干預所導致的依附關係發展遲緩，延續時間過長，也是影響中國封建社會的長期性的諸多原因之一。人身依附關係從它的早期形態發展到成熟形態，從法令排斥、限制到法令容忍、保障，經歷了數百年以至上千年的歷程。我們知道，秦漢以來國家與豪強爭奪勞動人手、秦漢政權打擊豪強等等，都是史學界公認的事實，不是新的問題。本文所論封建國家抑制依附關係發展的問題，實際上不過是把上述諸問題連串起來觀察的結果而已。

—— 原刊《中國史研究》1983 年第 3 期

漢魏之際的青徐豪霸 *

東漢初平、興平年間，北方各地地主武裝紛起。掌握這種武裝的人，有的是世家大族，有的是大小豪霸；有的自號將軍牧守爭奪地盤，有的依違於兩大之間以觀形勢。以臧霸為代表的青徐地區的豪霸勢力，是其中重要的一支。這支勢力在漢魏之際的歷史中若隱若現，二十餘年裏不時地起着作用，影響當時的政局。曹操死，駐屯洛陽的青州兵和作為臧霸別軍的徐州兵發生騷亂，鳴鼓擅去，這是青徐勢力可能乘時而動的一個信號。曹丕代漢，不動聲色地調遣力量，採取措施，以圖謹慎而又果斷地解決這一問題。黃初年間，魏國發動了兩次攻吳的廣陵之役，在廣陵之役的掩護下，曹丕終於以武力徹底消滅了這支魏國東部的地方勢力。

青徐豪霸，史無明文。本文綴合零散資料，敷演成篇，意在探索青徐豪霸勢力的始終，曹丕與他們之間矛盾的演變，以及與之相關的廣陵之役的地理背景、歷史背景和客觀作用等問題，為研究漢魏之際的社會政治形勢提供參考。

---

* 本文稱「青徐豪霸」，主要由於其代表人物臧霸歸曹操後，操「割青徐二州委之於霸」，開啟了以後的活動。兗州為青徐二州腹地，也是臧霸勢力所在地境，青徐與兗，難分畛域。臧霸，泰山華縣人，曹魏泰山屬兗州，霸為兗州人；但華縣晉屬徐州琅邪郡，又可作徐州人。本文所謂「青徐豪霸」，以地境言，實際上涵蓋了兗州。

一　建安年間青徐豪霸的活動

據《三國志・魏書・武帝紀》和同書《陶謙傳》、《臧霸傳》等資料，我們知道初平、興平年間以至建安初年，青州和徐州一帶出現了兩種地方勢力，一為舉行起義的青徐黃巾，一為以臧霸為代表的鎮壓黃巾的青徐豪霸。關於青州黃巾，其活動情況和初平三年（192）之末曹操收其眾三十萬為青州兵的事，都是大家所熟知的，本文不多論述。關於徐州黃巾，《陶謙傳》注引《吳書》說：「妖寇類眾，殊不畏死，父兄殲殪，子弟群起，治屯連兵，至今為患。」這就是說，徐州黃巾同青州黃巾一樣，人數眾多，作戰勇敢，舉家相隨，所在屯聚。徐州黃巾後來下落如何呢？我們看不到明確的記載。《臧霸傳》說：「〔徐州〕黃巾起，霸從〔徐州刺史〕陶謙擊破之，……遂收兵於徐州，與孫觀、吳敦、尹禮等並聚眾，霸為帥，屯於開陽（今山東臨沂北）。」據《武帝紀》，這批豪霸之中還有昌豨。臧霸等人所收之兵，所聚之眾，以時間、地域和其他情況論，應當就是被擊破的徐州黃巾，所聚兵眾應當就是徐州兵，其事同曹操擊破青州黃巾並收以為青州兵相類似。這個階段，各地黃巾起義幾乎都是倏然而起，倏然而落。當他們被擊敗離散後，歸田者固然有之，由於兵荒馬亂而歸田不成者，數量更多。這些人往往被迫接受收編，青州兵是一例，徐州兵也是一例。離散和接受收編是違背起義農民意願的，他們力圖避免。《陶謙傳》注引《吳書》載詔曰：徐州百姓，「兵連眾結，鋒鏑佈野，恐一朝解散，夕見繫虜。是以阻兵屯據，欲止而不敢散也」。但當時階級力量的對比，使他們無法避免被擊敗和被收編的命運。魏晉士家之多，與這種情況當有關係。

臧霸，泰山華縣人，出身於較低的社會階層，[1] 與其時的世家大族不同。他們活動不離鄉土，同曹操一類志在天下者也不一樣。陶謙死後，臧霸等人無力獨樹旗幟，只有周旋於較大勢力之間以圖生存。他們於建安三年先助呂布，旋降曹操。曹操以臧霸為琅邪相，吳敦為利城太守，孫觀為北海太守，孫康為城陽太守。其中孫觀、孫康兄弟所處的北海、城陽二郡屬青州，餘屬徐州。《武帝紀》建安三年「分琅邪、東海、北海為城陽、利城、昌慮郡」以處降將。東莞郡蓋亦此時分置。[2]

臧霸在青徐豪霸中地位比較特殊。他既同諸豪霸一樣為青徐守相之一，又居諸豪霸之上總攬青徐。《臧霸傳》謂曹操「割青徐二州委之於霸」，《武帝紀》亦謂「遂割青徐二州附於海以委焉」。所謂割青徐二州委霸，語意含混，只能理解為一種權宜處置。這種權宜處置，從臧霸說來，表明他在此二州具有強大的潛在影響，不這樣就不足以安定地方；從曹操說來，則表明他故作姿態，以求在擾攘之際暫時維持現狀，穩定東方。這並非曹操真正授臧霸以二州的軍事政治實權，與黃初以後魏國委署都督諸州軍事領刺史者的正式職任是大不相同的。[3]

青徐豪霸名義上是奉職天子，實際上則處於半獨立狀態，其中的昌豨（昌霸）或降或叛，反覆無常，曹操屢加討伐，這就是《後出

1 臧霸之父為縣獄吏，霸與父亡命東海。其餘諸人出身不詳，以其行事考之，似多出於較低的社會階層。參看《三國志・魏書・臧霸傳》及注。

2 見洪亮吉《補三國疆域志》。《水經・沂水注》謂：「魏文帝黃初中，立為東莞郡」，疑誤。

3 《三國志・魏書・文聘傳》注引孫盛謂「臧霸少有孝烈之稱」，故曹操利用他的名望，委以方面之任。這也是臧霸起家的一個條件。不過臧霸得勢，其基礎還在於他在青徐的實力。所謂「孝烈之稱」，蓋謂臧霸之父被收，霸將客奪取，遂與亡命之事。

師表》中所謂「五攻昌霸不下」的事。[1] 其餘諸人，包括臧霸、孫觀，雖然未脫地方色彩，但畢竟與昌豨不同。他們服從曹操指揮，清定海岱，建有軍功。建安五年（200）曹操與袁紹相拒官渡之時，曹操處境困難，臧霸沒有因時取利以圖曹操，而是繼續支持曹操，「數以精兵入青州，故太祖得專事紹，不以東方為念」。官渡戰後，臧霸、孫觀及其他將領還紛紛遣子弟家屬詣鄴，表示向曹操效忠。

青徐豪霸的地方色彩，首先表現於在曹操營壘中自成系統。他們原來為守相都不離青徐，後來遷官仍多帶青徐州郡。臧霸建安十一年為徐州刺史，孫觀建安十四年為青州刺史，[2] 甚至霸子艾、觀子毓，也俱至青州刺史。他們行軍作戰，往往限於青徐及相鄰地區。昌豨叛變，也局促在東海郡內。所以青徐豪霸儘管得以戰功封侯，但由於自成派系，地位特殊，與其他諸將相比，始終是曹操的一種異己勢力。

青徐豪霸所據地境，越淮南而得與江東為鄰。建安十三年孫權遷治京口，青徐豪霸勢力也浸潤至於長江。《三國志・蜀書・先主傳》注引《江表傳》，赤壁之戰前夕，劉備在樊口，邏吏入報下游孫權援軍將至，劉備問：「何以知之非青徐軍邪？」這個時候，臧霸不但被曹操以青徐見委，而且已就徐州刺史之任，青徐水軍得入江巡

1　昌豨（昌霸）作為泰山諸屯帥之一，其行事頗與臧霸等人不同，須要另作交待。昌豨事跡，散見於《三國志・魏書》曹操、臧霸、夏侯淵、張遼、于禁、呂虔以及《蜀書》劉備、諸葛亮諸傳中。建安三年他與臧霸等同降曹操。四年劉備在下邳叛曹，昌豨在東海響應，郡縣多與昌豨通。其時曹操有事於官渡，頗受牽制。官渡戰後，曹操遣夏侯淵、張遼率軍圍困昌豨數月，張遼入昌豨營說降昌豨，曹操不按自己所定「圍而後降者不赦」的軍令處置，竟命昌豨還東海，這顯然是顧及昌豨影響的緣故。曹操平冀州後，建安十一年昌豨又叛，夏侯淵、于禁併力擊之，降其十餘屯。于禁亦泰山人，與昌豨有舊，昌豨詣于禁降，于禁按軍令殺昌豨，曹操未責其專擅，益重于禁。臧霸參與此役討平昌豨，又預征伐濟南黃巾餘部徐和有功，始受徐州刺史之職。《後出師表》說曹操「五攻昌霸不下」，似昌豨反覆情節比上述已知者還要複雜，但其地域似始終在東海，未入它郡。

2　臧霸、孫觀除刺史年份，據萬斯同《三國漢季方鎮年表》。

行至於樊口，可見長江下游之利，青徐豪霸已得與孫權共有。《三國志・吳書・張紘傳》注引《獻帝春秋》載孫權答劉備問，謂已將自京口移駐秣陵而不擬移駐蕪湖，他說：「吾欲圖徐州，宜近下也。」孫權之意，蓋欲蠶食青徐地面，至少欲堵塞青徐豪霸勢力，使之不得久駐長江。赤壁戰後，劉備曾表請孫權行車騎將軍領徐州牧。這只是一種政治姿態，孫權並不曾在徐州取得穩定立足之地。但是孫權一徐州，臧霸一徐州，兩徐州南北相對，不能不形成矛盾。孫權用孫韶固守京口，窺伺北方，青徐汝沛頗來歸附，也說明他是不曾忘懷青徐的。《三國志・吳書・呂蒙傳》呂蒙取關羽之前，孫權尚有與呂蒙商及取徐州之事，呂蒙以為不如取荊州為得。青徐水師游弋至於長江樊口，以及孫權久有染指青徐之意，此與數年之後孫權收納徐州利城降人唐咨以及曹丕兩度兵臨廣陵等事，似乎有一脈相承的關係。下文所考釋的利城兵變及廣陵之役諸問題，實際上有這樣一種不容忽視的歷史背景。

二　曹操死後的洛陽騷動

由青州黃巾改編的青州兵，雖然隨曹操轉戰四方，仍始終保持着原來的建制名號，處於相對獨立狀態。《三國志・魏書・于禁傳》載，曹操征張繡失敗，于禁亂中尋覓曹操，「道見十餘人被創裸走。禁問其故，曰：『為青州兵所劫。』初，黃巾降，號青州兵，太祖寬之，故敢因緣為略。禁怒，令其眾曰：『青州兵同屬曹公，而還為賊乎！』乃討之，數之以罪。青州兵遽走詣太祖自訴……。」這時，青州兵降曹已四五年，而他們仍然保持獨特的地位，行動上與其他曹兵迥然不同，只有曹操本人尚能約束他們。

由被征服的黃巾組成的青州兵，與其主要成分為被收編的徐州黃巾的臧霸等軍，性質和地位都很相似。不同的是青州兵已離青州地面，在曹操的直接控制下四出作戰，獨立活動的可能性較少；而臧霸等軍則仍舊盤踞徐州，並部分地兼有青州，不受曹操的隨意調遣，更有獨立活動餘地。曹操生前，這兩部分軍隊尚能接受駕馭，未出大的問題；曹操死，矛盾便立即爆發了。

《三國志・魏書・臧霸傳》注引《魏略》:「建安二十四年(219)，霸遣別軍在洛。會太祖崩，霸所部(按：即徐州兵)及青州兵以為天下將亂，皆鳴鼓擅去。」鳴鼓之事，注家無解釋。《漢書・周亞夫傳》，亞夫受命平吳楚七國之亂，趙涉於灞上遮說亞夫曰:「將軍何不從此右去，走藍田，出武關，抵雒陽，間不過差一二日，直入武庫，擊鳴鼓。諸侯聞之，以為將軍自天而下也。」周亞夫在洛陽鳴鼓，意在昭告諸侯，擴大影響；青徐兵在洛陽鳴鼓，目的當亦同此。青徐兵共起騷動，歷代注家皆以偶然事件視之，未詳其歷史原委。其實這兩支軍隊同為地方勢力，都淵源於黃巾，境況相似，在曹操死、時局變化時也就採取共同進退的態度，並企圖影響其他軍隊。所以，這件事不同於一般的軍中鼓噪，而是青徐地方勢力在漢魏易代之際的一次重大干擾，造成了嚴重的政治混亂。曹丕應變是否得宜，對局勢將有重大影響。

《三國志・魏書・賈逵傳》:「太祖崩洛陽，逵典喪事」；注引《魏略》:「時太子(曹丕)在鄴，鄢陵侯(曹彰)未到，[1] 士民頗苦勞役，又

---

1 《三國志・魏書・任城王彰傳》：彰有軍功，「行越騎將軍，留長安。太祖至洛陽，得疾，驛召彰，未至，太祖崩。」注引《魏略》:「彰至，謂臨菑侯植曰:『先王召我者，欲立汝也。』植曰:『不可，不見袁氏兄弟乎？』」據此可知，其時太子曹丕地位尚不穩固，繼嗣還有改易的可能。《晉書・宗室・安平獻王孚傳》，司馬孚為魏王太子中庶子，「時群臣初聞帝(按：指曹操)崩，相聚號哭，無復行列。孚厲聲於朝曰:『今大行晏駕，天下震動，當早拜嗣君，以鎮海內，而但哭耶？』」這也證明其時嗣君未定，人心惶恐。這種情況，使徐州兵、青州兵擅去所造成的動蕩局面更加嚴重。

有疾癘，於是軍中騷動。群寮恐天下有變，欲不發喪。逵建議為不可祕，乃發哀，令內外皆入臨，臨訖各安敘不得動。而青州軍擅擊鼓相引去。眾人以為宜禁止之，不從者討之。逵以為方大喪在殯，嗣王未立，宜因而撫之。乃為作長檄告所在給其廩食。」又同書《徐宣傳》:「太祖崩洛陽，群臣入殿中發哀。或言易諸城守，用譙沛人。宣厲聲曰:『今者遠近一統，人懷效節，何必譙沛而沮宿衛者心？』文帝聞曰:『所謂社稷之臣也。』」顯然，曹丕的應變方略，是撫而不討，以俟異日。

根據這些資料和前文所考，我們對於當時的形勢，可以作出大體的估計。曹操晚年，洛陽具有首都地位，[1] 配備有相當的文武官員。洛陽駐軍有青州兵，有臧霸別軍即徐州兵，都具有地區色彩。除此以外，很可能還有具有其他州郡背景的軍隊。軍中苦於勞役和疾疫，本來不很穩定。曹操死，洛陽感到極大的震動，人們擔心出現不測，害怕天下再亂起來。《晉書・宣帝紀》所說「魏武薨於洛陽，朝野危懼」，即是指此。正在這時，青徐兵公然鳴鼓告眾，擅離洛陽。這是形同叛逆的大事，它觸發了緊張的形勢，使分崩的危險驟然出現。怎麼辦呢？朝臣有兩種主張。一部分人主張祕不發喪，討伐擅去的青徐軍隊，並用主要是曹姓諸將的譙沛人以替換某些不可靠的城守。另一部分人，包括賈逵和徐宣，則比較持重，主張安撫，反對討伐。徐宣是廣陵海西人，地處淮北，本人又曾「避亂江東」，明了周圍形勢。他知道突出的問題在於青徐。既然擅去的軍隊是青徐兵，那末改易城守用譙沛人，首先就意味着撤換青徐州郡的軍政官員，剝奪

1 《十七史商榷》卷四十「許、鄴、洛三都」條駁《魏略》五都說非是，直謂「真為都者，許、鄴、洛三處耳」。王氏謂建安九年曹操滅袁氏後已自許遷都於鄴，建安末年又自鄴遷都於洛，但史書於遷都事未加醒眼之筆。

青徐豪霸的兵權；而討伐亂軍，更無異於直接向青徐豪霸挑戰。這樣，除了可能擴大事態，導致青徐地區以及其他地區的激烈衝突以外，還可能在洛陽駐軍中引起連鎖反應，釀成中樞的更大動亂。這就是徐宣所擔心的「沮宿衛者心」的含義所在。這種情況，曹丕當然是心中有數的。他此時的對策，是先繼承王位，掌握要害，安定局面，然後再從長計議，尋求解決問題的辦法。曹丕褒獎徐宣為持重的「社稷之臣」，並不意味他相信徐宣所說「遠近一統，人懷效節」的話是真實的，也不是說對洛陽騷動可以不予處置。他只是格於形勢，不得不鎮之以靜，暫時撫而不討，以屈求伸，以等待時機，再作計較。這樣，洛陽騷動才沒有釀成更大的暴亂，局面終於被曹丕控制住了。

三　臧霸奪兵事件

宋元之際的郝經據陳壽《三國志》撰《續後漢書》，其卷三五《臧霸傳》於臧霸所部與青州兵「鳴鼓擅去」之下，有「丕外雖尊寵霸，而心常疑之」之語。此語不見於今本陳壽書，或郝經錄自陳壽書舊本，[1] 或郝經所下己見。其中所說曹丕懷疑臧霸，是符合歷史實際的。出於這種懷疑，曹丕在公元 220 年延康、黃初之際的幾個月中，於積極籌備登基的同時，也冷靜地觀察形勢，籌劃對策，為制服臧霸而進行部署。

臧霸於建安十一年為徐州刺史，其後十餘年中，本傳不載遷官。曹丕即魏王位在延康元年一月，《臧霸傳》謂其時，霸「遷鎮

1　《四庫全書總目提要》史部別史類謂：「〔郝〕經所見乃陳《志》舊本，其中字句與今本往往異同。」

東將軍，進爵武安鄉侯，都督青州諸軍事」。這或許是曹丕企圖利用臧霸的名望，去緩和由於青、徐兵擅歸在青州造成的影響，本意並非正式賦臧霸以青州兵權。是年夏，曹植上《求祭先王表》，謂「先王喜食鰒魚（按：即鮑魚），前已表徐州臧霸送鰒魚二百，足自供事。」[1] 可見臧霸此時還在徐州，並未移駐青州。是年十月《魏公卿上尊號奏》，臧霸仍以「使持節行都督督軍徐州刺史鎮東將軍武安鄉侯」列名其中，[2] 而沒有「都督青州諸軍事」的職銜。臧霸「都督青州」之授，看來並未成為事實。也可能是臧霸處此混亂時刻，深知自己境況，因而不願輕易轉移據地，以免授人以可乘之機。或許《傳》中「都督青州」是「都督徐州」之誤，即臧霸以徐州刺史加帶本州都督，亦未可知。總之，在曹丕繼統、百官晉位之時，列名勸進的臧霸並未得到好處，實際上是受冷落的。這是問題的一個方面。

問題的另一方面，是曹休軍職的調動。其時，曹休是曹氏宗親中最有權勢的人物之一。《曹休傳》：休為中領軍，「文帝即王位，為領軍將軍。……（四月，夏侯惇死），以休為鎮南將軍假節都督諸軍事」。《魏公卿上尊號奏》，曹休以「使持節行都督督軍領揚州刺史征東將軍安陽鄉侯」列名，時在是年十月。《臧霸傳》注引《魏略》：「文帝即位（按：此指即帝位），以曹休都督青徐」，時在十月或稍後。曹休一年之中四次遷官。第一次，由中領軍轉領軍將軍，任務相同而位望轉重，當務之急是整頓宿衛，以圖儘快消除青徐兵鳴鼓擅去所引起的政治混亂。第二次，遷鎮南將軍，當是代夏侯惇處理前一年

1　《太平御覽》卷九三八，參同書卷五二六。

2　《隸釋》卷一九。按：據《上尊號奏》，確知延康時但有「都督督軍某州刺史」的職稱，至於「都督某州諸軍事某州刺史」之稱，則黃初以後始用。《三國志》用此稱謂，於延康、黃初未加區別。

襄樊之戰的善後問題。第三次，遷征東將軍領揚州刺史，自是料理東南方面對吳國的軍務，或許還為了截斷青徐與江東的軍事聯繫。曹休先後所任，都是當時有軍國大事亟待處理的關鍵位置。當曹丕着手排斥臧霸在青徐地區的軍事存在的時候，又一次起用擁有權威的曹休「都督青徐」，這是本年內曹休的第四次調動。曹休獲青、徐都督職任，得以把臧霸及其他青徐豪霸置於自己的監督之下，並進一步籌劃把臧霸從青徐擠走。這樣，曹丕未折一兵，就在青徐地區初步實現了「易諸城守，用譙沛人」這樣一個重大措施，在同青徐豪霸勢力的鬥爭中，贏得了重要的一步。

下一步的措施，是正式剝奪臧霸兵權。

《三國志・魏書・文帝紀》延康元年六月「庚午，遂南征」。同書《滿寵傳》：文帝即魏王位後，「大軍南征，到精湖（按：即津湖），寵率諸軍在前，與賊（按：指孫吳軍）隔水相對……」。津湖在中瀆水域，今江蘇高郵境。這是曹丕時魏軍進入中瀆水域的首見記載。

曹丕對孫吳用兵，可以理解為易代之際為了預防外部干擾而採取的警戒措施。但是根據當時軍事對壘的實際情況，警戒孫吳主要應當在巢湖方面和江漢方面，而不應當在中瀆水域。此次南征循中瀆水，並不當孫吳軍鋒。而且作為對孫吳的警戒措施，一上將足當其任，無需甫即王位、萬機待理的曹丕親自赴軍。所以我疑其實際目的，主要不在警戒孫吳，而在探測青徐虛實。是年十月，乃有以曹休為征東將軍領揚州刺史以及稍後「都督青徐」之命，這當是曹丕親眼探察中瀆水域以後所佈的一着棋子。

黃初三年（222），吳、蜀夷陵之戰結束不久，曹丕以孫權不遣質子為辭，三路攻吳。西路曹真軍遠臨江漢，目的是隔斷吳、蜀之間可能出現的新的結盟，並威脅吳國新都武昌。中路曹仁軍出濡須，即《後出師表》所謂曹操「四越巢湖不成」之處。西路軍和中路軍所臨之地，都是魏、吳軍隊長期膠着的戰場，這次魏國進軍，都無戰果。

值得注意的是東路魏軍。曹休、張遼、臧霸率領的東路軍，在歷陽江邊的洞浦破吳水師。曹休使臧霸以輕舟五百、敢死萬人，襲擊長江南岸的徐陵。[1] 曹休、張遼則循江而下，徑至海陵、江都。這是魏、吳之間的新戰場。是役，曹休以征東大將軍假黃鉞，督張遼等及諸州郡二十餘軍。崔豹《古今注》:「賜黃鉞則斬持節將」;《宋書・百官志》:「假黃鉞則專戮節將，非人臣常器。」[2] 而據《臧霸傳》，臧霸已於曹操末年拜揚威將軍，假節，也就是說，已成為節將。元帥在軍中要能有效控制臧霸，甚至有權誅戮臧霸，必須像曹休那樣先假黃鉞才行。所以，從曹休權位之重，可以看出他對部將臧霸等具有充分的控制力量。

黃初三年之役，東路魏軍對吳有一定的威脅。吳國山越不寧，江邊守兵多撤向內地，下游江防空虛。而曹休、臧霸等人也確有渡江作戰的意圖。《三國志・魏書・董昭傳》:「曹休臨江，在洞浦口，自表『願將銳卒，虎步江南，因敵取資，事必克捷。若其無臣，[3] 不須為念』。帝恐休便渡江，驛馬詔止。時昭侍側，因曰:『竊見陛下有憂色，獨以休濟江故乎？今者渡江，人情所難，就休有此志，勢不獨行，當須諸將。臧霸等既富且貴，無復它望，但欲終其天年，保守祿祚而已，何肯乘危自投死地，以求僥倖？苟霸等不進，休意自

1　徐陵，《初學記》卷六，《元和郡縣圖志》卷二五，均謂即京口，今鎮江。《通鑒》咸寧五年胡注、謝鍾英《補三國疆域志補注》謂此徐陵在洞浦對岸。

2　《晉書・職官志》略同。黃初三年曹真以都督中外諸軍事，亦假節鉞，見《曹真傳》。

3　梁章鉅《三國志旁證》卷一三謂「無臣」當作「無成」。

沮。臣恐陛下雖有敕渡之詔，猶必沉吟，未便從命也。』」按：曹休祖父曾為吳郡太守，休十餘歲時奉母至吳避難，於吳地有歷史關係，這或許是他自願渡江的一個原因。但是據《三國志・魏書・臧霸傳》注引《魏略》，曹休渡江之請實際上創議於臧霸。《魏略》曰：「文帝即位，以曹休都督青徐。霸謂休曰：『國家（按：猶言天子，指曹丕）未肯聽霸耳。若假霸步騎萬人，必能橫行江表。』休言之於帝」，云云。顯然，《董昭傳》所說曹休表請渡江之事，正是循臧霸的要求而提出的；曹休上表所言，當即援用臧霸之意。未幾，曹休、臧霸在洞浦口破吳水軍，曹丕認為吳國有隙可乘，欲求僥倖，才由「驛馬詔止」改為「詔敕諸軍促渡」。[1] 東路軍中張遼在病，別無大將，渡江之任，自然落到首創其議的臧霸身上。臧霸也就在此時以輕舟襲擊徐陵，其所領敢死，正好是他最初所請萬人之數。臧霸的青徐兵本以步騎為主，但是據前引《三國志・蜀書・先主傳》，青徐兵別有水軍，而且曾在長江下游航行。曹休等也在這時乘流急進，到了海陵、江都。魏軍過江既起於臧霸臨時之議和曹丕僥倖之詔，並非既定的作戰方略，也無充分的過江作戰準備，所以淺嘗輒止，沒有深入吳境。曹休、臧霸大軍北歸（時張遼已病死江都），當是自江都沿中瀆水運行，而這恰恰就是兩年以前延康元年六月曹丕南征所採取的路線（至津湖而止），也就是兩年以後曹丕廣陵之役的行軍路線。

臧霸的動向更是值得注意。以「無復它望，但欲終其天年，保守祿祚而已」的臧霸，在不被曹丕信任並被擠出青徐的情況下，貿然提出「人情所難」的南渡請求，這當如何解釋？周壽昌讀書得間，從「若

1 《三國志・魏書・董昭傳》。

其無臣，不須為念」二句文字，揣度曹休此言「尚有曲折」，[1] 但未深究曲折是甚麼。[2] 在我看來，曲折確實存在，不過不在曹休本人而在臧霸，在臧霸與曹丕之間。「無臣」二句，或許就是曹休轉述臧霸請求曹休准其渡江的原話。臧霸所說曹丕「未肯聽霸」一語，更透露出臧霸與曹丕之間確有曲折的消息。這是矛盾發展的新的一步。

臧霸雖然離開了青徐，但手中還有軍隊，所以從整體看來，問題並未解決。臧霸渡江之事發生以後，據《臧霸傳》注引《魏略》：「帝疑霸軍前擅去（按：指青徐軍在洛陽鳴鼓擅去之事），今意壯乃爾，遂東巡，因霸來朝而奪其兵。」臧霸被剝奪兵權，本傳隱晦其詞，只是說「徵為執金吾，位特進」。[3]《文帝紀》：黃初四年八月「辛未，校獵於滎陽，遂東巡，論征孫權功，諸將以下進爵增戶各有差」。奪兵之事，當發生於此時。從此以後，臧霸棲身洛陽，備位充數而已，再沒有別的作為了。

臧霸兵權被剝奪，曹丕取得了進一步的勝利。但是青徐諸將還沒有悉數離開舊地，也沒有悉數奪兵，因此還有矛盾，還有鬥爭。與廣陵之役相始終的青徐動亂，就是這一鬥爭的表現。

至於臧霸個人對曹氏政權的態度，前引董昭評論他「既富且貴，無復它望」，是合乎實際的。臧霸降曹後數十年中，未見恃兵專恣或其他過誤。鳴鼓擅去者為臧霸所遣別軍，非必臧霸授意。渡江之請，也不見有非分跡象。曹丕以其「意壯」而奪其兵，不過是一種藉口而

---

1 周壽昌《三國志注證遺》卷二，不同意梁章鉅「無臣」當作「無成」之説，並謂「此表必尚有曲折」。

2 按周壽昌此段文字如下：「《董昭傳》『無臣』，梁氏《旁證》謂作『無成』，恐不然。時休假鉞專征，自矜必捷，若果無成，當任敗師之罪，安得云『不須為念』乎？休此表必尚有曲折，此摘其略數語，故意不甚顯。大約言臣若死於敵，不須以臣為念。觀下『帝恐休便渡江』，昭窺帝憂色，有『何肯乘危自投死地』，『休意自沮』之勸也。」見《二十五史三編》第 4 分冊第 897 頁，岳麓書社，1994 年。

3 萬斯同《魏方鎮年表》謂，霸以都督青州軍事徵為執金吾，不確。臧霸未嘗至青州，而曹休已於兩年前都督青徐，均見前考。又，執金吾在兩漢為宿衛重臣，入魏後轉冗散，魏史籍中不見執金吾參預重大軍政活動資料。

已。真正的原因，還是如前引郝經《續後漢書》所說，曹丕本來懷疑臧霸有擁兵自重的可能，而洛陽騷動更使曹丕看到隱患，所以對臧霸更不信任。這就是臧霸所說「國家未肯聽霸」一語的實際內容。臧霸入朝後歷文帝、明帝兩代，雖無權柄而禮遇有加。《宋書・禮志》（三）：魏明帝太和四年（230）八月，「東巡，過繁昌，使執金吾臧霸行太尉事，以特牛祠受禪壇」，以紀念文帝「受禪」，並表彰臧霸等群臣擁戴文帝的功績。臧霸死後，於正始四年（243）八月享受殊禮，受祀於太祖曹操廟庭。

魏國大將遭疑忌而被驟奪兵權之事，臧霸之前還有朱靈，附記於此以作為理解臧霸奪兵一事的參考。曹操奪朱靈兵，曹丕奪臧霸兵，性質和手段都相近似，可以說後者是效法前者。朱靈，清河人，以袁紹部將歸於曹操，在初平、興平之際，比臧霸降曹要早。朱靈為曹操擊袁術、征馬超、破氐帥，二十餘年中累著戰功，但仍然不被曹操信任。《三國志・魏書・于禁傳》:「太祖嘗恨朱靈，欲奪其營。以禁有威重，遣禁將數十騎賫令書，徑詣靈營奪其軍。靈及其部眾莫敢動。乃以靈為禁部下督，眾皆震服。」其事約在建安二十四年七月。據《三國志・魏書・趙儼傳》，曹操遣于禁助曹仁攻關羽於樊，以趙儼為都督護軍，護于禁、張遼、朱靈等七軍。趙一清謂其後張遼等徙屯而兵屬于禁以守襄陽，[1] 于禁奪朱靈營事即發生在此時。以後朱靈雖不得獨領大軍，但並未離部伍，《三國志・魏書・滿寵傳》明帝太和二年（228）尚有朱靈助曹仁於合肥地區作戰之事可證。這與臧霸奪兵後以執金吾名義歸棲洛陽有所不同，可能是由於臧霸牽涉地方勢力，情況更為複雜之故。朱靈在奪兵後的第二年即延康

1　趙一清《稿本三國志注補・魏志・于禁傳》，書目文獻出版社，1991 年。

元年，仍以「使持節後將軍華鄉侯」名義，與臧霸等人一起列名於《魏公卿上尊號奏》中；明帝正始四年，朱靈與臧霸同以功臣受祀於武帝曹操廟庭。這說明朱、臧二人在魏國的地位，生前死後都是相近的。于禁是為曹操誅鋤異己的能手，建安二年曾有立營壘欲討青州兵之事，十一年不請而斬叛而復降的徐州豪霸昌豨，二十四年又奪朱靈兵。他本人由於曾投降關羽事而慚恚致死。在曹丕奪臧霸兵和進一步解決青徐豪霸問題時，史傳中見不到一個于禁那樣快刀斬麻的人物。

青徐勢力不只是臧霸一個人的問題，不可能像于禁奪朱靈兵那樣一次加以解決。青徐豪霸集團的存在，影響魏國政權的穩固和北方的統一。曹丕對青徐豪霸的進攻勢必還得進行下去，問題只是在於用甚麼方式進行。不過，臧霸既然交出了兵權，青徐豪霸群龍無首，曹丕要徹底消滅他們就不會是太困難的事了。

四　利城兵變與廣陵之役

黃初五年、六年（224、225），曹丕親自督師遠征，連續兩次發動廣陵戰役。這兩次戰役都沒有與吳軍交鋒。在戰役過程中，據《三國志・魏書・文帝紀》記載，有一些異常事態值得注意。

黃初五年，「七月，行東，巡幸許昌宮。八月，為水軍，親御龍舟，循蔡、潁，浮淮，幸壽春。……九月，遂至廣陵，**赦青徐二州，改易諸將守**。……十二月，……行，還許昌宮」。按：這裏提到的廣陵，據《三國志・魏書・劉曄傳》，是指徐州所屬的廣陵泗口，鄰近魏廣陵郡城淮陰，而非濱江的廣陵故城。曹丕於此時此地頒佈赦青徐二州以及改易青徐二州將守之令，史籍未著其原委。曹丕辦完這些事情以後，始由泗口至廣陵故城，臨江。[1]

黃初六年，「三月，……帝為舟師東征。五月，……幸譙。……六月，利城郡兵蔡方等以郡反，殺太守徐質。遣屯騎校尉任福、步兵校尉段昭，與青州刺史討平之。其見脅略及亡命者皆赦其罪。……八月，帝遂以舟師自譙循渦入淮，從陸道幸徐。……十月，行，幸廣陵故城，臨江觀兵，戎卒十餘萬，旌旗數百里。……十二月，行，自譙過梁。……七年，春正月，……行，還洛陽宮。」[2] 據此可知，曹丕此次東征，至譙，延宕近半年，當是由於處理利城兵變的緣故。在循渦入淮的途中，曹丕離船，由陸道至徐（縣治今江蘇泗洪境），駐留一二月，也當與兵變之事有關。《水經・泗水注》在敘述泗水流經魏陽時說：「陸機《行思賦》曰：『行魏陽之枉渚。』故無魏陽，疑即泗陽縣故城也。……蓋魏文帝幸廣陵所由，或因變之，未詳也。」從行軍路線考察，曹丕此行當是從淮上「陸道幸徐」後，繼續深入徐州郡縣，進入泗水流域，在那裏有所活動，然後乘泗南行，經魏陽入淮，再至廣陵故城。清人焦循《邗記》卷二論及「陸道幸徐」事，謂「徐地在泗州、臨淮之間，蓋由泗州陸行至廣陵」。焦循所云廣陵，當指魏廣陵郡城淮陰。由此繼續前行至長江北岸的廣陵故城，艦隊必循中瀆。

夷陵戰後的魏吳戰爭，據《三國志・吳書・孫權傳》說是由於孫吳勢壯，外託事魏而誠心不款，魏徵任子而任子不至，是以衝突難

1　《三國志・吳書・孫權傳》吳黃武三年（即魏黃初五年）「九月，魏文帝出廣陵，望大江，曰：『彼有人焉，未可圖也。』乃還。」吳將徐盛此時於石頭至江乘作疑城，佈列戰艦。《徐盛傳》注引《魏氏春秋》：「文帝歎曰：『魏雖有武騎千群，無所用也。』」

2　《三國志・吳書・孫權傳》注引《吳錄》：是役，「帝見波濤洶湧，歎曰：『嗟乎！固天所以隔南北也！』」

免。這當是一般的原因。但是除此之外，還有一些特殊情況值得我們探討。

兩次廣陵之役，與曹丕用兵相始終，《三國志·魏書·文帝紀》參差地記載着青徐地區動亂和曹丕處理動亂事宜的資料。這些資料文字簡略，不詳首尾，裴松之漏注，《通鑑》不錄，後代史家無解，盧弼亦未有發明。但是聯繫到青徐地區的歷史狀況和臧霸奪兵事件，考慮到青徐豪霸與孫吳往來的可能，我推測廣陵之役並非真正的攻吳軍事行動，攻吳只是興師動眾的一個藉口，處置青徐動亂問題才是曹丕關注所在。

事情應當是這樣的：黃初四年曹丕剝奪臧霸兵權後，臧霸故土青徐地區出現不寧，而且規模不小。所以曹丕於翌年東征途次，在徐州所屬廣陵泗口頒令赦青徐參與動亂的人，以圖平息事端。與此同時，曹丕乘機改易青徐將守，亦即正式解除吳敦、尹禮、孫康或他們的後任、部屬的兵權（此時孫觀確知已在濡須戰死），以期徹底解決青徐豪霸問題。這就是試圖徹底實現五年前洛陽騷動時有人提及的「易諸城守，用譙沛人」的方略。但是矛盾未得解決，反而進一步激化，以至發生了有更大聲勢和規模的利城兵變。利城兵變可以說是洛陽騷動的繼續和擴大，是對前一年曹丕「改易〔青徐〕諸將守」的直接反抗。曹丕以屯騎、步兵兩校尉的宿衛兵和青州刺史兵平叛，又在譙、徐地區親自處理平叛事宜，並赦免所謂「其見脅略及亡命者」。從曹丕的一系列處置看來，利城兵變的確不是一件可以等閒視之的草竊行動。兵變既經削平，歷時二十餘年的有複雜歷史背景的青徐豪霸控制一方的問題，也就最後解決了。

利城兵變是地方事件，持續時間不長，所以不為史家注意。有的著作順便提及，認為是農民起義性質。近時出版的《魏晉南北朝農民戰爭史料彙編》，認為利城兵變反映了階級鬥爭而沒有直接說它是農民起義。從本文所引資料看來，它不是階級矛盾，而是統治階級內部矛盾的直接產物。兵變中的士卒自然是受曹魏政權剝削壓迫的，甚至於還可以說很可能有相當大一批士卒是當年的徐州黃巾或其後代，但這不是考察利城兵變性質的根據。

宿衛兵和青州刺史兵鎮壓利城兵變的具體情況，史籍無徵。可稽考的是徐州刺史呂虔的活動。《三國志・魏書・呂虔傳》：虔「討利城叛賊，斬獲有功」。《晉書・王祥傳》：祥，琅邪人，「徐州刺史呂虔檄為別駕，……委以州事。時寇盜充斥，祥率勵兵士，頻討破之，州界清靜，政化大行。時人歌之曰：『海沂之康，實賴王祥；邦國不空，別駕之功。』」錢大昕《廿二史考異》卷二一謂《王祥傳》所指的「寇盜」即《呂虔傳》的「利城叛賊」，是正確的。呂虔主要是利用琅邪大族王氏的家族勢力和社會影響，來對抗青徐豪霸勢力；王祥則利用這次軍事活動，以提高自己家族的聲望。《北堂書鈔》卷七三引王隱《晉書》，謂王祥「以州之股肱，糾合義眾」，可證王祥有宗族鄉黨勢力可以憑藉。在這次軍事行動之後，王祥的地位逐漸上升。這是琅邪王氏家族發展史上重要的一步。

青州的平定，則有賴於王淩和王基。《三國志・魏書・王淩傳》：淩為青州刺史，「是時海濱乘喪亂之後，法度未整。淩佈政施教，賞善罰惡，甚有綱紀」。同書《王基傳》：基，青州東萊人，「黃初中察孝廉，除郎中。是時青土初定，刺史王淩特表請基為別駕。……淩流稱青土，蓋亦由基協和之輔也。」青州動亂規模似乎比徐州小，其起始和弭平也較徐州為早，所以曹丕得以用弭平青州動亂的青州刺史兵，平徐州利城之叛，而王淩也得以隨從曹丕參加廣陵之役。王淩用王基，同呂虔用王祥一樣，也是以本地人來「協和」

地方豪霸，克服他們的影響。只是王基「起自寒門」，[1] 不具備王祥那樣的族望。

同蔡方一起組織利城兵變的，還有唐咨。《三國志・魏書・諸葛誕傳》附《唐咨傳》:「唐咨，本利城人，黃初中，利城郡反，殺太守徐箕（按:《文帝紀》作徐質），推唐咨為主。文帝遣諸軍討破之，咨走入海，遂亡至吳，官至左將軍。」唐咨在吳，一直帶兵作戰，其事跡屢見於《三國志・吳書》諸傳中。按照當時的士家制度和吳國世襲領兵制度，唐咨所領可能多是徐州舊兵。魏甘露三年（258），諸葛誕在淮南叛敗前夕，唐咨受吳國派遣，助誕守壽春，被魏俘獲，時距唐咨降吳已三十三年。魏國以唐咨為安遠將軍，用以招徠降將。《三國志・魏書・鍾會傳》載《移蜀將吏士民檄》，還以唐咨為例，引誘蜀將投降。

唐咨入吳，與當時徐淮地區的軍事情況和地理條件很有關係。徐淮於魏為邊荒棄地，於吳則是江防前沿。據《三國志・吳書・孫韶傳》，韶自孫權之初以來，數十年為邊將，鎮守京口，「常以警疆埸、遠斥候為務，先知動靜而為之備，……青徐汝沛，頗來歸附。〔魏〕淮南濱江屯候，皆撤兵遠徙，徐泗江淮之地，不居者各數百里。」孫韶鎮京口，以扼守瓜洲津渡為目的，並對徐泗江淮魏軍進行警戒和策反。魏國「青徐諸屯要害遠近，人馬眾寡，魏將帥姓名，〔孫韶〕盡具識之」。可以說，孫韶在京口的主要任務就是觀察青徐地面的軍事形勢，窺伺青徐豪霸的動靜。廣陵之役，孫韶隔岸靜觀，於曹丕北撤之時遣兵過江夜襲。利城兵起，青徐動蕩，孫韶邊候間諜，自然是南北往還，緊張活動，促成唐咨入吳。利城在今江蘇贛

1 《太平御覽》卷九五引虞預《晉書》。按：王基私淑鄭玄，《晉書・劉聰載記》李弘謂基為「當世大儒」。《金石萃編》卷二四有王基斷碑，錢大昕跋稱基為「東土名士」。

榆縣境，近海，這也是唐咨便於從海上南逃的有利條件。所以唐咨南奔吳國，並非偶然。

曹丕連續發動廣陵之役，其動機是值得研究的。夷陵戰後，孫吳勢壯，事魏誠心不款，矛盾可以理解，但魏國並無取道廣陵大動干戈的必要。《三國志・魏書・文帝紀》注引《魏書》，謂曹丕著《太宗論》，慕漢文帝為政「有大人之量」，並謂「三年之中（按：當指黃初三年）以孫權不服，復班《太宗論》於天下，明示不願征伐」。《三國志・魏書・王朗傳》注引《魏書》載曹丕詔三公曰：「窮兵黷武，古有成戒。況連年水旱，士民損耗，而功作倍於前，勞役兼於昔，進不滅賊，退不和民……。」詔中還有「迷而知反，失道不遠；過而能改，謂之不過」等語。此詔頒行年月，由於史料牴牾，尚難確定，但無疑是針對廣陵諸役而言，其內容和語氣都是罪己。詔謂「退不和民」，暗示國人有反抗之舉。曹丕於表示自己意在「和民」，不願征伐，並譴責窮兵黷武的同時，卻連續發動廣陵諸役，這種情況令人費解。

曹丕既然銳意攻吳，而在黃初五、六年之役中卻又不尋求戰機，以決勝負。《三國志・魏書・文帝紀》注引《魏略》載六年出師前夕之詔曰：「吾今當征賊，欲守之積年……。吾欲去江數里，築宮室，往來其中，見賊可擊之形，便出奇兵擊之，若或未可，則當舒六軍以遊獵，饗賜軍士。」這樣的軍事行動非常奇特，不像赴敵，不像屯駐，也不像蒐狩。它勢必曠日持久，勞而無功。實際上，曹丕在廣陵諸役中並沒有「築宮室」，「守之積年」，只是率領游軍，迢迢千里，絡繹道途，逡巡高岸而已。他未作任何渡江或溯流的嘗試，未對孫吳有甚麼觸動。這種情況也是令人費解的。

如果把發動廣陵之役同解決青徐豪霸問題聯繫起來考察，事情就可以看出一些眉目。廣陵耀兵，「戎卒十餘萬，旌旗數百里」，於江淮地區來而復往，這十分可能是對青徐豪霸的強力警戒行動。廣陵耀兵不足以威懾孫吳，但足以威懾青徐豪霸。廣陵諸役掩蔽着青徐地區的鬥爭，居主要地位的不是軍事戰鬥而是政治謀略，所以從征廣陵者多謀臣，如陳群、賈逵、董昭、蔣濟等是。所以我推測，黃初五、六年曹丕發動廣陵諸役，是以解決青徐問題為主要目的。

作出這一推測，還有如下幾點理由：第一，建安年間，淮南地區的魏國居民驚走北徙，江北幾乎空無人煙（見《蔣濟傳》），這對於魏國大規模用兵廣陵的行動非常不利。第二，廣陵江面寬闊，很難強渡（詳下），曹丕不會輕易在這裏發動大規模的渡江作戰。第三，此時吳國都城在武昌，即令魏軍於廣陵過江成功，雖然可以威脅孫吳腹地，卻由於遠離吳國當時的統治中心，無助於一舉解決魏、吳相持的問題，而且易受吳軍來自三吳和來自長江上流的夾擊，截斷歸路。魏軍於廣陵渡江作戰既少可能，又無必要，而曹丕卻不憚煩勞，一再逞兵。黃初五年，龍舟漂泊長江南岸，曹丕險遭不測（見《鮑勛傳》、《徐宣傳》），但他並不卻步，第二年又率軍臨江。這種種情況，使人覺得曹丕窮兵黷武，連續發動大規模的廣陵戰役，是另有不得已的原因，這原因就是青徐問題。

如果此說成立，那末延康元年魏軍南征到達津湖地區，黃初三年曹休統率魏國東路軍到達廣陵並循中瀆水北歸，都不是偶然的，而是與解決青徐地區問題有關的先期部署。在這一部署中不能讓臧霸率兵參與，這又促成黃初四年剝奪臧霸兵權之事發生。至於前引「和民」之詔，則可以理解為曹丕發兵之前瓦解青徐叛兵的一種策略手段。這樣，費解的問題似乎都可以說清楚了。

利城兵變的平息，標誌着青徐問題的最終解決，利城郡名也從此不見於歷史。《讀史方輿紀要》和《補三國疆域志》均謂此郡廢於曹魏時，當是曹丕趁平亂之機，撤消了此郡建制。從此以後，終三國之世，曹魏就不再有進軍廣陵的活動了。

五　廣陵之役與中瀆水道問題

廣陵之役得以進行，有賴於中瀆水道的修治。所以本文還要就中瀆水道問題，也就是廣陵之役的地理背景問題，進行探索。

魏軍從中原出發進攻孫吳江南地區，一般說來，或由潁水入淮，順流至壽春；或由渦水入淮，溯流至壽春。壽春以南，則傍芍陂，沿淝水，轉入巢湖，以求越湖入江，進逼建康。這是曹操時魏、吳主要戰場所在，也是整個魏、吳相持階段的主要戰場所在。

黃初五年、六年的兩次廣陵之役，魏國的進軍路線，則是由潁水或渦水入淮後，順流東下，過泗口（泗水入淮處），至淮陰，然後循中瀆水南行，至長江北岸的廣陵故城。廣陵故城是西漢廣陵國以及建安以前東漢廣陵郡治所在（建安初年廣陵郡一度移治射陽），淮陰則是魏廣陵郡治所在。中瀆水流經這兩地之間，溝通淮水與長江。

中瀆水古名邗溝。《左傳》哀公九年：「吳城邗，溝通江淮。」杜預注謂「通糧道也」。《水經・淮水注》：「昔吳將伐齊，北霸中國，自廣陵城（按：指廣陵故城）東南築邗城，城下掘深溝，謂之韓江，亦曰邗溟溝。」這說明江淮之間的水道早已溝通，而廣陵為吳會經江淮與中原交通所經之地。此後，邗溝之名演變為溝通江淮的大水道的名稱，相當於以後的中瀆水，不僅指廣陵城下一段人工河道。《漢書・溝洫志》所謂「東方則通溝江淮之間」，[1] 即是指此。西漢吳王濞

1　《史記・河渠書》：「東方則通鴻溝江淮之間」，鴻字衍。

據廣陵，築有吳城。景帝時吳楚七國叛亂，吳王濞於此處發難北進。周亞夫在平亂戰爭中不救梁國之危，而用輕騎奔襲泗口（西漢時的泗口在今江蘇洪澤縣境）以斷吳王濞糧道。[1] 吳王濞失敗後，又於此處渡江南奔，被東越人斬於廣陵對岸的丹徒。這種種情況，說明西漢時由吳入中原仍舊取道廣陵，也說明其時中瀆水道仍舊可通。據杜預《左傳》哀公九年注及酈道元《水經・淮水注》之說，中瀆水道並非徑直南北行，而是自高郵以北折向東北，穿過博芝湖、射陽湖，然後又折向西北，於淮陰以東的末口入淮。這一水道南高北下，兩側區域地勢低窪，遍佈湖泊沼澤。兩岸不設堤防，水盛時所在漫溢，水枯時以至乾涸。水道及其穿行的湖泊一般都很淺，不能常年順利通航。七國之亂以後到東漢時期，中瀆水道情況不見於歷史記載，大概是湮塞不通或通而不暢。

黃初六年之役，據《三國志・魏書・蔣濟傳》，濟上表謂廣陵「水道難通，又上《三州論》以諷帝，帝不從」。《水經・淮水注》：「永和中，患湖道多風，陳敏因穿樊梁湖北口，下注津湖徑渡，渡十二里方達北口，直至夾邪。興寧中，復以津湖多風，又自湖之南口，沿東岸二十里穿渠入北口。自後行者不復由湖。故蔣濟《三州論》曰『淮湖紆遠，水陸異路，山陽不通，[2] 陳敏穿溝，更鑿馬瀨，百里渡湖』者也。」所謂「水陸異路」，是指陸路可徑直南北行，行程較近；而水路則須繞道東面諸湖，故云「紆遠」。[3] 陳敏穿溝和開鑿馬瀨（即白馬

---

1 《續漢書・地理志》：廣陵郡東陽縣，「故屬臨淮，有長洲澤，吳王濞太倉在此」。東陽偏西，不在當時中瀆水道上，而接近當時的泗口，疑即周亞夫所攻之處。焦循《邗記》卷一，於東陽地望另有說，不備錄。

2 此山陽當即《蔣濟傳》文帝所謂山陽池，《通鑒》作山陽湖，在津湖附近，不是郡縣之名。據《宋書・州郡志》，山陽郡及其治所山陽縣，均置於東晉義熙中。但《晉書》庾冰、桓溫等傳於義熙以前已屢見山陽之名，而且所指並非池、湖。此問題尚待考證。

3 江淮之間交通，水陸都可通行，至少西漢時已是如此。《漢書・枚乘傳》載乘諫吳王濞書，謂「轉粟西鄉（向），陸行不絕，水行滿河」。枚乘是淮陰人，所說交通情況當是根據本人見聞。

湖）以來，中瀆水道不再繞行博芝湖、射陽湖，而是從廣陵經高郵徑北，穿樊梁湖、津湖、白馬湖入淮，這樣就使水道較直，接近陸道，「水陸異路」的情況得以改變，大大縮短了航程。蔣濟是平阿人，平阿在今安徽懷遠境，瀕臨淮河。他久仕揚州，「常有超越江湖，吞吳會之志」。[1] 他熟悉這裏的地理和交通，所說淮湖一帶情況，當是比較準確可信的。

蔣濟《三州論》，即《三洲論》。《詩・小雅・鼓鐘》：「淮有三洲。」《傳》：「三洲，淮上也。」《初學記》卷六「三洲」，正是引《詩》、《傳》為注。按《說文》：「水中可居者曰州。」洲字後出，州是洲的本字，所以《三州論》就是《三洲論》。郝經《續後漢書》所據陳《志》宋元舊本，其中的《蔣濟傳》，《三州論》已作《三洲論》。《三洲論》的主旨，是論證淮上至廣陵水道不易通行。《水經注》今本舛誤特多，其所徵引的《三洲論》文字，除年號訛誤外，[2] 還誤出西晉末年陳敏之名。嚴可均輯《全魏文》，於《三洲論》只輯得「淮湖紆遠，水陸異路」二句八字，以下四句十六字捨去不錄，當亦以魏人蔣濟之論中出現晉人陳敏之名為不可通。

清人劉文淇《揚州水道記》卷一引《水經・淮水注》，「陳敏穿溝」作「陳登穿溝」，自注謂「此據《水經注》舊本」。楊守敬《水經注疏》亦引據劉說。劉文淇所據「舊本」，情況不明，但考之史實，作陳敏不對，作陳登則近情理。[3]

---

1 《三國志・魏書・蔣濟傳》文帝語。

2 永和為東漢順帝、東晉穆帝以及後秦姚泓、北涼沮渠牧犍年號，興寧為東晉哀帝年號。這兩個年號，與《水經注》這段文字的內容在年代上均不相當，無從是正。

3 近年刊行的有關出版物，對這個問題的處理是不一致的。例如中華地圖學社出版的《中國歷史地圖集》，三國、西晉諸圖，所繪中瀆水道向東繞行，東晉之圖則改為南北直行，顯然符合「陳敏穿溝」之說；《辭海》「邗溝」條則符合「陳登穿溝」之說。

據《三國志・魏書・陳登傳》及注引《先賢行狀》，陳登，徐州下邳人，建安初年，「州牧陶謙表登為典農校尉，乃巡土田之宜，盡鑿溉之利，粳稻豐積。奉使到許，太祖以登為廣陵太守」。《太平寰宇記》卷一二三，謂陳登於江都縣西開陂，百姓敬而愛之，因名愛敬陂，亦號陳登塘。《讀史方輿紀要》卷二三謂，陳公塘（當即陳登塘）周回九十里，為利甚溥。同書卷二二還說淮安有陳登築堰防淮遺跡。陳登於水利事業建樹甚多，遍及中瀆水域的南段和北段，因此說他主持穿溝開鑿馬瀨以通中瀆水，是合理的推測。據《三國志・吳書・孫策傳》注引《江表傳》，其時廣陵太守駐射陽，即今淮安，接近中瀆水入淮之處，為江淮之間的交通要衝。由射陽南北行，都須循中瀆水。而且陳登「在廣陵有威名」，「甚得江淮間歡心，於是有吞滅江南之志」，曾以印綬招誘江南烏程山越嚴白虎餘黨，並曾於建安五年與孫吳軍在射陽附近的匡琦城作戰。[1] 陳登的志向和經歷，說明他穿溝以改變「淮湖紆遠」狀況是可能的，而且對於他的政治、軍事活動來說也是必要的。他一改中瀆水道為正北方向的「津湖徑渡」，再改為傍湖穿渠而行，並鑿通白馬湖的水道，直達當時的廣陵郡治射陽，即後來的山陽，現在的淮安。至於這兩次改道全是陳登所為呢，還是另有別人繼續完成，這個問題靠現有史料可能是無法判定了。《陳登傳》注引《先賢行狀》稱陳登遷東城太守後，「孫權遂跨有江外。太祖每臨大江而歎，恨不早用陳元龍（按：陳登，字元龍）計，而令封豕養其爪牙」。曹操思念陳登之切，益見陳登籌劃滅吳之功，而穿溝以通中瀆水道，正是出廣陵故城渡江攻吳的必要準備。這樣，二十多年之後，曹丕才有了這條可供利用的攻吳道路，比舊有的紆

1 在匡琦作戰的孫吳軍隊，係張昭所統。《三國志・吳書・張昭傳》注引《吳書》:「權征合肥，命昭別討匡琦。」

遠湖道方便得多。滿寵南臨津湖，當是企圖循改道後的中瀆水進攻吳軍；而曹休、臧霸從廣陵北歸，更為爾後廣陵之役沿中瀆水的行軍路線，作了實地探測。

改道後的中瀆水，在三國兩晉時期發揮了頗大的政治、經濟和軍事效用。吳太平元年（256），呂據、唐咨等軍自江都入淮泗以伐魏，曾利用過這條水道。西晉末年陳敏出為廣陵度支及廣陵相，漕運江南米穀以濟中州，也利用了這條水道。或許是陳敏在利用中有所修治，[1]才造成了《水經・淮水注》中的錯亂。晉代祖逖、桓溫、劉裕等人從江南經略中原，都曾由此道北出。謝靈運《撰征賦》:「發津潭（津湖）而迥邁，逗白馬以憩舲，貫射陽而望邗溝，[2]濟通淮而薄甬城。」[3]這裏說的，就是義熙十二年（416）他自己受命勞劉裕北伐軍時循中瀆水入淮的經過。

但是，新的中瀆水以及與之相連的淮水、泗水，作為水道都是不穩定的。它們受季節和雨水等條件的限制，水量有盈有縮，航行時通時阻，所以蔣濟說廣陵「水道難通」。《水經・泗水注》:「泗水冬春淺澀，常排沙通道，是以行者多從此溪（按：指丁溪水），即陸機《行思賦》所云『乘丁水之捷岸，排泗川之積沙』者也。」曹丕沿泗水經魏陽至廣陵，當亦循此而行。

在盈縮不定的中瀆水道中，大規模的艦隊通行更為困難。《三國志・魏書・蔣濟傳》：黃初六年冬「車駕幸廣陵，……戰船數千皆滯不得行」。戰船滯留之處在津湖附近。當時有人建議留兵屯田。蔣濟

1　陳敏有在丹陽郡開練湖水利的記錄，見《元和郡縣圖志》卷二五。

2　劉文淇《揚州水道記》據「貫射陽而望邗溝」，認為中瀆水至白馬湖後又向東流入射陽湖，再折向西北入淮。其所附之圖，與楊守敬《水經注圖》所繪於白馬湖徑北入淮者不同。

3　《宋書・謝靈運傳》。賦題疑有誤字。甬城當作角城。《水經・淮水注》:「淮泗之會，即角城也。」楊守敬《水經注疏》有說。

認為其地東近大湖，北近淮水，水盛時易受吳軍襲擊，[1] 水枯時又難通航，不是安屯之所。曹丕先擬燒船退兵，後來決定以船付蔣濟處置。蔣濟鑿地引水聚船，才使散在數百里中的船艦得以節次入淮。

曹丕廣陵之役，如果其戰略目的是大規模渡江攻吳的話，那末其目的是無法實現的。這還不止是中瀆水道通行不易的緣故。由廣陵渡江，也不容易，軍事強渡更加困難。那時，長江口以北的海岸線在今海岸線內側數十公里處，約當今如皋、東台、鹽城、阜寧一線。廣陵故城及其對岸的丹徒，都瀕臨喇叭狀的海口，海潮澎湃，足以駭人。枚乘《七發》:「八月之望，……觀濤乎廣陵之曲江」，[2] 所描敍的，就是這種情況。瓜洲津渡，是有名的畏途。《元和郡縣圖志》(闕卷佚文)淮南道揚州:「大江西北自六合縣界流入，……南對丹徒之京口，舊闊四十餘里，今闊十八里。」《讀史方輿紀要》卷二三:「初，自廣陵揚子鎮濟江，江面闊，相距四十餘里。唐立伊婁埭，江闊猶二十餘里。宋時瓜洲渡口猶十八里。今(按:當明末清初)瓜洲渡至京口不過七八里。」曹丕面對這四十里的浩浩長江，望而生畏，才有「天隔南北」的慨歎。[3] 環濟《吳紀》、張勃《吳錄》均載有步騭表陳魏人欲於荊州以布囊盛土塞江之說。《吳紀》載孫權云:「每讀〔步騭〕此表，令人連日失笑。此江自天地以來，寧有可塞者乎！」[4] 步騭

1 吳軍襲擊之例，如前引建安五年孫吳軍與陳登軍戰於射陽附近的匡琦城；黃初六年之役曹丕撤軍時，孫韶以輕兵過江襲擊；青龍二年，孫韶率兵由中瀆水入淮。又，吳軍亦得由海道入淮，溯流西上。《三國志・魏書・傅嘏傳》，嘉平中，吳將諸葛恪揚言欲向青徐，嘏謂:「不過遣偏師小將素習水軍者乘海溯流，示動青徐，恪自併兵來向淮南耳。」

2 見《文選》卷三四。

3 後來祖逖中流擊楫，也是在這水天一色，風急浪高的茫茫海口，險惡的自然條件，使他「有如大江」的誓言更顯得激昂悲壯。事見《晉書・祖逖傳》。

4 《三國志・吳書・步騭傳》及《初學記》卷六引。

上表略晚，但所反映長江難渡情形，以時間言，黃初年間不會有甚麼不同；以地域言，瓜洲渡當甚於荊州諸渡。[1] 所以曹丕以後，魏軍南侵再也不出廣陵。後數十年西晉滅吳之役，沒有以主力出廣陵、京口。何攀向羊祜建議進軍，本有由海道至京口一路，[2] 後來也未見施行。這個階段，廣陵渡江和海道攻吳，風險大，意義小，最多只能起牽制作用，滅吳主要還得依靠上游水師。

瓜洲如此難渡，曹丕從這裏大規模攻吳是不可能的。但是青徐問題終於在此役中解決了。所以中瀆水域的幾次行軍有它的歷史作用，並不完全是徒勞的。

隋文帝開皇七年開通中瀆水舊道，名曰山陽瀆，《隋書・文帝紀》謂「以通漕運」，《通鑒》胡注謂「開而深廣之，將以伐陳也」。開皇九年滅陳之役，隋軍一支出東海以攻南沙（今江蘇常熟境）；賀若弼所統重兵則自廣陵強渡，一舉成功。賀若弼強渡成功，除了說明北強南弱的軍事力量對比外，還說明由於地理的變遷和技術的改進，瓜洲渡江的困難程度已同昔日有所不同。不過情況並沒有根本改變，南北作戰經由瓜洲渡江者始終不多。《讀史方輿紀要》卷二五據南宋陸游《入蜀記》採石江面比瓜洲為狹之言曰：「古來江南有事，從採石渡者十之九，從京口渡者十之一，蓋以江面狹於瓜洲也。」

---

1 長江古稱天險，但其長難衛，是弱點。《文選》卷四二阮瑀《為曹公作書與孫權》，曰：「……若恃水戰，臨江塞要，欲令王師終不得渡，亦未必也。夫水戰千里，情巧萬端，……江河雖廣，其長難衛也。」這是指長江中下游而言。陸機《辨亡論》陸遜喻長江為長蛇，指上游而言，亦其長難衛之意。塞江之説，三國議者甚多。《三國志・吳書・孫奐傳》注引《江表傳》：孫權欲自武昌還都建業，令百官議上游防禦之策，「諸將或陳宜立柵夏口，或言宜重設鐵鎖者，權皆以為非計」。《辨亡論》謂「蜀之初亡，朝臣異謀，或欲積石以險其流，或欲機械以禦其變。」《晉書・吾彥傳》吾彥為吳國建平太守，王濬樓船下益州時，「彥乃輒為鐵鎖橫斷江路」，以滯晉師。

2 《華陽國志・後賢志》。

六　餘論

歷代評論曹丕，都是重其文學成就而輕其政治作用。這樣評論基本上是對的。在政治方面，曹丕作為魏國第一代皇帝，可得而言的，除了捉弄舊君，刻薄骨肉以及設立九品官人法以外，就只有幾次戰役了。而這幾次戰役，史籍均語焉不詳。所以史臣如陳壽之褒揚，郝經之貶抑，對曹丕說來都是不得要領的浮泛之詞。究竟這個開國皇帝，在政治上還有沒有甚麼可以稱說的事情呢？為了回答這個問題，讓我們稍作追敍。

董卓之亂以後，曹操在戰勝世家大族，逐步統一北方的過程中，多次碰到過地方豪霸造成的障礙，有時情況非常嚴重。官渡之戰時，曹操後方動亂，特別是豫州郡縣豪霸作梗，幾乎使曹操陷於失敗。其時在徐州滋擾掣肘的，就是昌豨。臧霸採取了不同於昌豨的立場，不但不背離曹操，而且還替曹操看守青徐，牽制袁紹。甚至曹操消滅昌豨，臧霸也率軍助曹操。所以當別處的豪霸武裝陸續被消滅時，臧霸卻保住了青徐地盤。

以臧霸為代表的青徐豪霸，對曹操說來，既是一個助力，又是一個隱患。曹操在世時沒有機會顧及東方，只有把這個隱患作為歷史遺產，留給曹丕處理。恰好在曹操去世、曹丕將要繼承王位時，臧霸別軍和青州兵發生騷動，使曹丕強烈地意識到存在於他和青徐豪霸之間的矛盾的尖銳性，並且使他回憶起官渡之戰時風風雨雨的各種情形。曹丕汲取歷史教訓，力求在漢魏易代之際不至於再出現官渡之戰時那種分崩離析的危險，因而不得不小心謹慎而又堅決果斷地來處理這個棘手的問題。

曹丕即帝位前後的幾次詔令，使我們得以隱約窺見他在這方面的一些心機。《三國志・魏書・李通傳》載延康元年詔曰:「昔袁紹之難，自許、蔡以南，人懷異心。通秉義不顧，使攜貳率服，朕甚嘉之。」為了酬答李通在那一段困難時期的功勛，曹丕為通子基、緒遷授官位。《三國志・魏書・文帝紀》注引《魏書》載黃初二年詔曰:「潁川，先帝所由起兵征伐也。官渡之役，四方瓦解，遠近顧望。而此郡守義，丁壯荷戈，老弱負糧……。」因此，詔免潁川郡田租一年。曹丕一方面褒獎和優撫抗拒豫州豪霸勢力有功的臣民，一方面則步步為營地着手處置尚存的青徐豪霸勢力。從這個對比中，我們不難了解曹丕連頒這種詔令的實際意義。

曹丕在廣陵之役中最終解決了青徐豪霸盤踞一方的問題，增進了魏國的穩定，鞏固了北方的統一，可以說是他在位七年中的一件可以稱說而又被人們忽略了的政治大事。

劉知幾在《史通・探賾》篇中，評論曹丕「臨戎不武」。這當然是指廣陵之役中曹丕的表現而言，這個評論從現象看似有理由。《三國志・魏書・文帝紀》引曹丕《典論・自序》，說他自己「生於中平之際，長於戎旅之間」，從小好弓馬，習武事。他數十年中隨曹操四出作戰，見多識廣，即位後，按理說應當在軍事上有所表現。可是事實卻不然。他在廣陵諸役貽人以「臨戎不武」之譏，跟他的戎旅經歷完全不相稱。這一點也有助於說明，發動廣陵諸役從軍事上是說不通的，只有從當時政治形勢着眼，才能得到解釋。

廣陵之役解決了青徐問題，使東方歸於一統，魏國國勢更加強大起來。《三國志・吳書・胡綜傳》載胡綜所作偽託魏國將軍吳質降文三條，事約在吳黃龍元年(229)。其第二條為吳質建議吳國北攻魏國:「今若內兵淮泗，據有下邳，……青徐二州不敢撤守，許洛餘兵眾不滿萬，誰能來與陛下爭者?」胡綜根據實際情況偽造此文，其中說及魏國駐青徐之軍處於魏國朝廷控制之下，已看不到昔日青徐豪霸割據一方的痕跡了。青龍二年（234），吳將孫韶等率卒萬人，由廣陵循中瀆水至淮陰。其時孫權攻合肥，陸遜入沔水，有全面進攻魏國之勢。但是魏國青徐地方安堵如常，未受孫韶牽動，孫韶旋即退走。《宋書・樂志》（三）載魏明帝曹叡《善哉行》曰：「我徂我征，伐彼蠻虜。練師簡卒，爰正其旅。……游弗淹旬，遂屆揚土。奔寇震懼，莫敢當禦。……虎臣列將，怫鬱免怒。淮泗肅清，奮揚微所。運德曜威，惟鎮惟撫，反旆言歸，告入皇祖。」曹叡東巡揚土，只有青龍二年一次，最遠到達壽春，《善哉行》當即詠讚此事。其中「淮泗肅清」等語，正是孫韶滋擾而青徐不動這種情況的說明，而這種情況又只有在青徐豪霸勢力被消滅以後才能出現。

——原刊《歷史研究》1983 年第 3 期

關於曹操的幾個問題

這篇文章要討論的，只限於作為歷史人物的曹操，不涉及他的藝術形象問題。我覺得應當這樣來看曹操：第一，主要看他比他的先輩和同輩多做了哪些好事，而不是看他做了哪些別人都做過的壞事；第二，主要看他所作所為的客觀作用，而不是看主觀動機。

曹操打過黃巾，而且不只一次。屠殺兵民的事更多，但要作具體分析。有的顯然是被誇大了的，例如殺戮徐州人民的事就是這樣。有的限於史料，一時還辨別不清，例如坑袁紹降卒的事，《獻帝起居注》載曹操自己的奏書，說斬首七萬餘級，這出自曹操之口，有虛報邀功之嫌。因為破「賊」文書以一為十，是當時的慣例，見《國淵傳》。但也有些是確鑿不移的，例如屠城的事。他屠過中原的城市，也屠過烏桓佔領的柳城。繆襲《魏鼓吹十二曲》有《克官渡》篇，讚揚「屠城破邑，神武遂章」；還有《屠柳城》的專篇，均見《宋書・樂志》。這些都無須為曹操粉飾辯解。不管怎樣，這類壞事有好多同輩人都做過，差別不過是五十步百步而已。而曹操統一北方的事業，以及與統一有關的許多活動，卻是同輩人沒有做過的好事。雖然曹操是抱着他自己的企圖來做這些事的，但是這些事情的客觀作用，卻超過了他的主觀意願。論述曹操，應當從這些方面着眼。

曹操是一個「好皇帝」，但是任何皇帝都不可能不壓迫人民，這是鐵的事實。在剝削階級統治的社會中，歷史的前進，總是由人民群眾付出沉重的代價，忍受程度不同的痛苦換來的。

我不打算對曹操問題作全面的分析，只就曹操統一北方的作用，曹操超過同輩人的一些地方以及曹操的思想等幾個方面，談一談我的看法。

一　走統一的路

統一是秦、漢以來中國歷史的必由之路。曹操完成了中國北部的統一，並且在相當程度上鞏固了統一，這是曹操在歷史上最值得肯定的地方。統一北方是他一生事業中的一根經線，曹操其他的進步活動，都可以同這根經線相聯繫。這是第一。

曹操是在分裂傾向嚴重的情況下統一北方的，這就增加了統一事業的艱苦性，因而曹操的歷史作用也就顯得更為重大。這是第二。

曹操統一了北方，也即是最大限度地完成了當時統一的歷史使命。一口氣把南方也統一起來，當然更好。但是在曹操的年代要做到全國統一，客觀上的困難，是難以克服的。這是第三。

現在就按這三層意思，依次加以分析。

統一使豪強之間破壞性的火併戰爭大大減少，使人民少受死亡流徙的痛苦，使生產多少得到一點保障。統一也使保衛邊疆成為可能。統一是件好事，這本來是不成問題的，但是有的學者不這樣看。他們認為，只有封建社會末期才會產生消滅封建世界的政治割據的要求，而在三國時候自然經濟完全佔統治地位，在這種情況下，如果說曹操所進行的統一戰爭是完全肯定的話，不是和當時社會發展的特定階段不相符合嗎？這種見解我不同意。要論曹操的統一好不好，只有拿統一以前的社會狀況來比較。那時大的割據者連州跨郡，小的縱橫鄉聚，沒有一天寧靜的時候，也沒有多少人能夠進行生產。割據者誰也沒有長久之計，「飢則寇略，飽則棄餘，瓦解流離，無敵自破」。這難道是符合「社會發展特定階段」的正常現象嗎？人民群眾和沒有完全喪失理性的統治者，都是渴望統一的。這裏面並沒有多少高深的道理。要是沒有曹操，別人也會來搞統一。

三國時代是否非有一個長期的幾十個勢力彼此角逐的分裂局面不可呢？當事實上已經出現了局部統一之後，我們是否還應當說，最好等到封建社會末期資本主義出現的時候再去統一呢？

在古代中國，在秦漢以來的國家中，封建割據的分裂傾向和事實上存在的統一，是一個矛盾的統一體。我們並不否認，在封建割據傾向強烈，政治上無力維持統一的時候，統一帝國是會瓦解的。但是我們也不能否認，就是在這樣的時候，使分裂局面在某種程度上受到抑制的可能性，也還存在。三國時候，北方自然經濟傾向的增長，遠沒有達到一州一郡，甚至一縣一鄉可以關起大門來獨立生存的程度。這時候，統一的歷史已經存在過四百年，統一仍然是全社會一致的強烈願望，統一逐步實現，是完全合乎常規的。誰都知道客觀規律不可逾越，但是這裏絲毫也不是說，能夠突破某些客觀限制的時候也不要去突破它。如果這樣，人就只配稱作客觀條件的奴隸。而如果有人竟然戰勝了客觀條件，我們還要用「規律」的名義去貶斥他，這豈不是更不應該嗎？

曹操畢竟把北方統一了。統一給中國歷史帶來了好處。這裏並沒有同社會發展不相符合的地方。要說有甚麼不符合，也只是不符合人們腦子裏的某些抽象概念而已。

當然，注意到曹操時代分裂傾向的嚴重性，也還是必要的。因為這樣可以更清楚地了解統一的艱難，可以更恰當地估計曹操統一北方的歷史意義。

曹操進行統一活動，比起同輩人來條件最不利。「濁流」的身世很難洗刷乾淨。士大夫對濁流的歧視，對人民群眾有很大的影響。曹操既要戰勝武裝的敵人，又要戰勝強烈的輿論，這兩方面是互為影響的。

曹操挾天子定許以後，並沒有立即得勢。那時袁紹勸他殺楊彪、孔融，他不敢殺；敵將被俘不屈，他不敢懲罰；打敗了豪強武裝，他不敢兼併他們，反把他們署為郡縣。對自己的下屬，只賞功而不罰罪。為甚麼呢？因為他的轄區內外，到處都還是割據勢力，他自己還處在風雨飄搖狀態之中。

官渡之戰時，曹操兵少糧絀，處境很困難，這是大家都知道的。但是曹操最大的困難並不在這裏。建安四年，袁紹已陳兵官渡，曹操派到徐州去的劉備也叛變了。這一來，整個豫州到處騷動。許、蔡以南的郡縣都降袁紹。許下官員和軍中將領多同袁紹通信息。徐州東海的豪強昌豨和附近郡縣，連兵數萬叛變了。關中諸將中立觀望，首鼠兩端。田豐說袁紹，劉備說劉表，勸他們乘虛襲許。孫策也密治兵，作襲許的部署。特別嚴重的是人民群眾多向北流徙，汝南的黃巾餘眾也在袁紹的鼓動下反對曹操。甚至曹操的衛士徐他，也在官渡戰營中謀殺曹操。沒有叛變的郡縣，不敢向人民徵收戶調綿絹。情況真是千鈞一髮。在這個時候，曹操手裏只有兩張可用的牌，一張是官渡前線數量不多的軍隊，一張是沒有叛變的一批名士和豪強。曹操打算調還軍隊，鎮壓後方，但又怕一潰不可止，以至於全軍瓦解。於是他只好退而求其次，讓豪強臧霸帶着自己的精兵回到青、徐，幫同鎮撫東方；同時派名士何夔作譙郡的城父令，陳群作酇令，譙郡其他各縣也都用名士鎮撫。他想保住自己的家鄉老巢，讓情況穩一穩再說。

為甚麼忽然間會形成這種分崩離析的局面呢？第一，敵人軍力強，號召力大。第二，曹操轄區內州郡有兵，豪強大族有兵，他們仍舊是半公開的割據者。分裂傾向積重難返，一有機會就要出亂子。

官渡之戰，曹操就是在這種艱苦的條件下取得勝利的。他把許下、軍中人給袁紹的書信一起燒掉，不予追究，是不得已的事情，不能只當作曹操的權術看待。

官渡戰後，曹操又戰勝了袁譚、袁尚，取得了鄴城，統一了中國北部。

曹操揚眉吐氣，挺起胸膛來了。「整齊風俗」，「惟才是舉」，「重豪強兼併之法」，擴充屯田，殺孔融、楊脩、魏諷，等等，這些措施，一件一件付諸實行了。賞功而不罰罪的作法改變了，代之以「諸將出征，敗軍者抵罪，失利者免官爵」。擁有強大的宗族、部曲、賓客的人，像李典、臧霸、孫觀、田疇等，都紛紛把子弟、徒屬送到鄴城居住，向曹操表示忠誠不貳。州郡的兵馬，大概也罷掉了一些。曹操完成了這些事情，北方的統一，才在相當的程度上得到鞏固。

這些事都不是容易辦到的！

這裏還要談一下曹操打烏桓的問題。打烏桓的事，緊接着打袁氏兄弟、打高幹之後，那時曹操的軍隊已經十分疲憊了。曹操左右，除了郭嘉以外，沒有一個同意打烏桓的。曹操為甚麼堅持非打不可呢？是烏桓的威脅最嚴重嗎？不，烏桓對曹操的威脅絕對沒有劉表嚴重，打烏桓可能得到的好處，也絕對不能同打劉表相比。曹操打烏桓，最主要的原因，在於烏桓是幽、冀割據勢力的後盾。張純依靠烏桓的力量，為害多年；公孫瓚據地稱雄，也使用了烏桓、鮮卑的力量；袁紹更不用說，袁尚、袁熙戰敗，也跑到烏桓中去了。不把烏桓打垮，對幽、冀的統治就不能鞏固，北方重新分裂的可能性就要大得多。因此對於曹操打烏桓這件事，應當首先看作是鞏固北方統一的必不可少的措施。至於解除了邊患，救回了被擄的人民，這些只能看作曹操打烏桓的次要作用。

為甚麼說曹操統一了北方，他主要的歷史使命也就完成了呢？為甚麼不能要求他把南方也統一起來呢？

要回答這一問題，還得看看北方內部另一面的情況，同時也還得看看南方的情況。

細心查閱一下史料，就會感覺到，北方統一的程度還是大有問題的。臧霸、孫觀這些青、徐豪霸，終曹操之世，幾乎是父死子繼地壟斷了青、徐二州刺史的職位，盤踞在他們的老巢。曹操死時，臧霸在洛陽的一支軍隊，還擅自敲起鼓來，回到家鄉去了。連曹操帶了二十多年的青州兵，也同臧霸軍一起走了。這是一件形同叛逆的大事，可是朝廷不但不敢阻攔他們，反而檄告沿途郡縣，為他們準備糧食。那時，甚至還有人主張把守土的官員一律換成可靠的譙沛人，以防公開割據的重現。文帝一即位，就立即派宗室重臣曹休都督青、徐，去鎮壓東方的豪霸。臧霸的兵，也直到這時候才被奪走。

當北方內部還是這種狀態的時候，有沒有足夠的力量去統一南方呢？我想是沒有的。這不是說北方沒有打贏對南方一次戰役（例如赤壁之戰）的可能性。一次戰役的勝敗，還有偶然的因素在內，不能說是注定了的。問題在於北方政權靠一次戰役的勝利就想把廣大的南方比較穩定地統治起來，這看起來沒有可能，何況事實上北方並沒有打贏赤壁之戰呢？

從軍事力量來看，曹操能動員的軍隊，無論如何不會超過三四十萬人。用三四十萬人去對付長江以南的全部地區，從巴蜀到海，從荊、揚到交、廣，在三國時候是不行的，因為南方也有豪強大族的割據。控制山越和控制荊、益地區的「蠻夷」，對於北來的軍隊也是困難萬端的。當然，曹操可能從南方得到軍隊。可是要考慮到，遼闊的北方也還需要軍隊據守。

從經濟力量來說，曹操時經濟恢復只能說剛剛開始，這也說明沒有統一南方的希望。要統一，就得等待時日，等待物質條件的成熟。

這樣分析問題，並沒有低估魏、蜀、吳各自爭取全中國統一的努力。蜀國是以繼漢自居的。魏、吳開國，分別以黃初、黃龍紀年，而黃正是五德終始學說中代漢的顏色。這說明魏、蜀、吳都不願作偏安的霸主，都想作劉姓皇帝那樣一統的君王。曹操當然不用說了。諸葛亮抱定「漢賊不兩立，王業不偏安」的志向，北伐中原，「死而後已」。孫權也不是不想統一北方。赤壁戰後他的打算，是讓周瑜帶着精兵搶先平定巴蜀，先統一南方，然後由襄樊進擊許、洛，去做中原的正統皇帝。直到嘉禾元年，孫權還由於沒有統一北方，很不自在，不願意備郊祀之禮。他說：「郊祀當於土中，今非其所，如何施此？」吳、蜀雖然沒有統一北方的希望，但是它們在各自的範圍內削平了較小的割據勢力，鞏固了內部的統一，這也就為南北統一準備了條件。

這裏有兩個問題，須要說明一下。一個是，雖然事實上北方歸根結柢遠遠強於南方，最具有統一中國的條件，但是在沒有統一以前，卻不能把統一當作曹魏獨有的權利。如果說吳、蜀只能俯首投降，反抗魏的進攻就是違背統一，那還成甚麼三國呢？魏、蜀、吳各自的努力，不斷地向人們宣告，南北是不能長久分離的。這也許可以算是三國交兵的一項積極意義吧。另一個問題是，南北沒有立即統一，不能說完全沒有經濟原因。如果那時北方和南方在經濟上不可分離，和北方內部各個州郡不可分離的程度完全一樣，那麼三國的人民和統治者絕不能忍受幾十年的分裂，無論如何也要爭取更早的統一。

經過幾十年的相持，南北的統一終歸實現了。飲水思源，沒有曹操統一北方，恢復和發展北方的社會經濟，南北的統一是根本談不到的。

在說到曹操的功績時，我們也不能低估黃巾軍的鬥爭對歷史前進的推動作用。曹操是站在黃巾起義的對立面的。但是黃巾起義打擊了豪強地主，特別是掃蕩了許多縱橫縣邑鄉聚的割據勢力，這卻為曹操統一北方掃清了道路。黃巾的衝擊，也逼使曹操去注意引起農民起義的社會原因，採取一些恢復農業生產的措施，使農民獲得生產和生活條件，獲得提供兵徭租賦的條件，從而也使統一的局面得以穩定下來。還應當說明，曹操恢復農業生產的措施得以實現，也與起義農民打擊了和掃蕩了豪強地主勢力，有着密切的關係。曹操並不是農民很滿意的統治者，所以在他統治之時，還發生過不少次地區性的農民起義。這些鬥爭不能不逼使曹操遵守自己定立的制度，不過分損害農民。

我們知道曹操從黃巾那裏奪得了許多耕牛、農具，所以許下屯田才得以實行。這說明起義農民是一邊戰鬥，一邊生產的。他們既然都帶着自己的家庭，又有耕牛、農具，所以只要戰鬥不很緊張，就可以生產，而且也必須生產。他們進行戰鬥，一方面是為了擺脫官家和豪強地主的剝削壓迫，另一方面也是為了武裝保衛自己，使生產得以進行，不受侵犯。豪強許褚的堡壁被汝南黃巾包圍時，許褚用耕牛交換黃巾的糧食，作為緩兵之計。這也證明黃巾擁有較多的糧食，而且還需要耕牛繼續進行生產。有的學者把黃巾同那些不事生產的、「走一路吃一路」的、「有奶便是娘」的、「烏合之眾」的地主武裝看成一樣，我想這是不公允的。

二　勝人一籌

曹操所走的道路，是坎坷不平的。路要走得通，除了靠方向明確以外，還必須有披荊斬棘的本事。曹操是有本事的人，他奮鬥了三十多年，不論鬥智鬥力，吃過他的虧的人非常多。他佔據的地盤是正朔所在的中原，名分上又高人一等，別人鬥他不過，只有用辱罵來壯膽泄憤。最通常的是罵他奸詐，罵他殘酷。後代的歷史家，也就用這些材料來否定他。但是事實是否定不了的。別說千秋萬世之後有人替他翻案，替他恢復名譽，就是在當時，他的對手為了要戰勝他，也不能不對他作一些正確的估量。

曹、袁的十勝十敗，或者四勝四敗，是曹操部屬的評論，有面諛的嫌疑，姑且不談。孫權評曹操，應當不會有溢美之詞。《三國志・吳書・諸葛瑾傳》載孫權的話說：「操之所行，其惟殺伐小為過差，及離間人骨肉，以為酷耳。至於御將，自古少有，比之於操，萬不及也。」比，何焯校改為丕，指曹丕，是。萬不及曹操的人豈止曹丕？劉備比曹操，自歎不如。陳壽評劉備，也說他「機權幹略，不逮魏武」。拿帶兵御將來說，青州兵剛到曹操手上時，不願意為他死戰，濮陽之役臨陣奔逃，弄得曹操差點兒被燒死。可是就是這一支兵，後來成了曹操南征北戰的主力，不曾背離。為甚麼呢？因為曹操善於掌握他們，他們也願意為曹操出死力。而曹操一死，他們不願受別人的統馭，又立即散伙了。

曹操不但能用將士的死力，而且還善於採擇他們的智謀，傾聽他們的意見。荀彧、荀攸在官渡之戰前後的幾次諫議，最足以說明這一點。

建安五年秋，官渡接戰，曹軍不利，曹操想要退守許下，先保老巢。曹操的想法，看起來好像不是全無理由。他同荀彧商量。荀彧用楚、漢滎陽之戰作比，說明「先退者勢屈」的道理，勸阻了退兵之計。其實，那時曹軍形勢，比劉邦在滎陽時要糟得多。首先，劉邦有一個比較安全的後方，而曹操卻沒有。要是曹軍一退，豫州郡縣交攻於內，袁紹、劉表夾擊於外，將士膽戰心驚，離心離德，這豈不是全盤瓦解嗎？

曹操打贏了官渡一仗後，袁紹勢力並沒有立即被消滅，曹操內部的困難也還沒有解決多少。建安六年，曹操覺得打袁紹沒有把握，想先南征劉表，討點便宜。荀彧又諫止了。兩年以後，袁譚、袁尚爭奪冀州，袁譚向曹操求援。曹操又想乘這個時候丟下北方，討伐劉表。這次出面諫阻的是荀攸。荀攸說：劉表沒有大志，先放着不打沒有關係。袁氏兄弟仍舊地廣兵強，他們一旦和睦相處，力量匯合，問題就嚴重了。所以應當抓住機會，用計擊破袁氏兄弟。機會難得，千萬不要錯過。曹操經過思考，又一次聽從了勸告，幫助袁譚打敗了袁尚，接着又打敗了袁譚，平定了冀州。

我們不妨設想一下，曹操如果丟下河北不管，去打劉表，恐怕是敗多勝少。因為他在統一了北方以後，還不能打贏赤壁之戰，那麼在河北敵人還強大的時候，自然更難有獲勝的希望。打敗了，南北來個夾擊，後果不用說了。就算打勝了，孫權、劉備這些人還不把他拖在江漢的泥淖中，叫他進退兩難嗎？如果這樣，他自然也談不上集中力量平定河北，統一北方了。北方不統一，混戰再打十年二十年，會是個甚麼局面呢？說到這裏，能夠不佩服荀彧、荀攸的眼光和曹操從善如流的度量嗎？

這幾次事情，不能說是曹操一時的失算。曹操在這七八年中，對袁氏作戰老是徘徊猶豫，缺乏信心。我們不應當迷信曹操的武略，要求他一輩子不作錯誤的判斷。問題在於他能夠在謀臣的幫助下糾正錯誤，這一點是別人不容易辦到的。袁紹並不是沒有謀士。沮授、田豐都是很不錯的人物。可是袁紹「有才而不能用，聞善而不能納」，以至於落得一敗塗地。劉備虛懷納諫，很有名氣，可是猇亭戰時卻一意孤行，弄得全軍覆沒。拿這些人來比較，曹操了不起的地方更可以看出來了。

曹操事後看清了那幾年戰略上的道理。他對漢獻帝褒獎荀彧說：「向使臣退於官渡，紹必鼓行而前，有傾覆之形，無克捷之勢。若後南征，委棄兗、豫，利既難要，將失本據。彧之二策，以亡為存，以禍為福，謀殊功異，臣所不及也。」這裏又可以看出曹操不掠美、不奪功的品德。

曹操周圍的武將、謀臣和文士都非常多，他們對於曹操的文治武功都作過貢獻。曹操也善於利用他們的所長，給了他們發揮才能的機會，所以早年逃到南方去的士人，都成批地回到了北方。至於曹操「知人善察」，「惟才是舉」，那更是他政治思想中人所共知的優秀的東西，這裏無須論述。

曹操也同歷史上的一些大人物如嬴政、劉邦一樣，有不少權變機詐、刁鑽忌刻的事，這裏也不多說。

曹操以「覽申商之法術」稱著，關於去浮華、清吏治、抑豪強，曹操的作法也是既有膽識，又合時機。這一方面，袁紹同他又是鮮明的對比。諸葛亮倒是可以同他比擬。但是小小的蜀國，同中原的複雜情況有很大的不同，所以他們兩人嚴法治的後果，也不能同日而語。至於孫氏統治吳國，法紀不立，諸將世襲領兵成為定制，豪強大族的勢力事實上約制不了。另一方面，孫權淫威獨擅，臣下欲言不能。這些情況，我們從孫權時的暨豔一案中可以看得出來。

吳郡青年暨豔為選曹尚書，看到郎署官員不稱職的太多，上章奏彈，把不稱職的人貶降官位，把「居位貪鄙，志節污卑」的罰充軍吏，送到營府裏去。暨豔的活動觸怒了東吳大族，受到他們的攻擊。陸瑁對暨豔說：「今王業始建，將一大統，此乃漢高棄瑕錄用之時也。若令善惡異流，貴汝、潁月旦之評，誠可以厲俗明教，然恐未易行也。」陸瑁的老兄陸遜也曾用同樣的理由警告過他。朱據更說，如果把那些貪污的人貶黜，當心自己獲罪。（以上分見《三國志・吳書》孫權、張溫、陸瑁、陸遜、朱據等傳及注）

暨豔不過是個敢於同不稱職守、貪贓枉法的大族官僚作鬥爭的寒族青年而已。諸葛亮評論暨豔的同道張溫，說溫「其人於清濁太明，善惡太分」，大概暨豔同張溫差不多吧。不過張溫是吳中大姓，暨豔卻無此社會地位。孫權不但不支持暨豔來整飭吏治，反而逼得他自殺而死，並且還羅致他人，包括張溫在內。暨豔無聲無息地死去了。北宋猶存的《暨豔集》，後來也失傳了。除了《吳書》中偶有寥寥數言涉及他以外，就只有《太平御覽》中還保留了他幾句文章而已。他死了之後，同時人敢怒而不敢言，在孫權的淫威之下，只得趕快洗刷同他的關係。吳國言路不通，越來越甚。赤烏元年孫權誅滅校事呂壹以後，思問政於諸葛瑾、步騭、朱然、呂岱，都以不掌民事為言，推之於陸遜、潘璋，陸遜、潘璋也危怖不安，不敢說話。這與曹操納諫，適成對比。

三　叛逆思想

正當萬事俱全，只等登極的時候，曹操忽然間對臣下說道：「若天命在吾，吾為周文王矣。」看來他說的是真心話，並非暗示臣下再勸一次駕，三讓然後正位。這是可怪的事。說怪不怪，曹操就是這樣一個人，他是名教的叛徒，但又擺不脫名教的束縛。

前面說過，曹操的濁流身世給他帶來了不少痛苦。他年青時，自知「本非岩穴知名之士，恐為海內人之所見凡愚」，所以居官兢兢業業，只圖博個好名聲，討士大夫的歡喜。那時他自然不敢造反。後來董卓把他逼跑了，他因禍得福，得到了廁身於「飄揚雲會」的「名豪大俠、富室強族」之間的機會。他的志氣大起來了，力量也強起來了。他深知人言可畏，也深知所謂「激濁揚清」的名士同那些與他角逐的割據者有着千絲萬縷的關係。他為了向人示威，殺了陳留邊讓，但是一看反應很壞，也只得暫時收斂一下，等機會再說。

他的勢力越大，叛逆思想也越強烈。「惟才是舉」，「破浮華交會之徒」，這當然是違反名教傳統的。看起來，他似乎決心要跟傳統的名教決裂。

曹操的這種膽識，是完全應當受到推崇的。他敢說，而且還突破了時代的限制，作了別人不敢作的事。他這一着，不但滅了敵人的威風，長了自己的志氣，而且對於劃除東漢以來政治上的積弊，起了重大作用。

但是他是否完全突破了名教的束縛，完全站到名教的反面了呢？那也不是。

他並沒有否定德行的標準。他說的是「治平尚德行，有事賞功能」。他固然需要「不仁不孝而有治國用兵之術」的人，把這些人從鄉議禁錮之中救出身來，這同漢武帝元封五年招致「有負俗之累而立功名」的「跅弛之士」，倒是有點相像。同時，他也需要「至德之人放在民間」者。他認為「有行」和「進取」很難兩全。如果又有行，又進取，那麼對他說來應當是最合適的人了。不過這種人如果不能繼續為他立功，甚至成了他前進的障礙，那還是要殺的。

曹操的言行中，有許多矛盾的現象。他對孝的看法就是這樣。他的別駕東平大姓畢諶，因母妻被張邈擄去，叛歸張邈。曹操捉住了畢諶，別人都為畢諶擔心。曹操卻說：「夫人孝於其親者，豈不亦忠於君乎！吾所求也。」曹操在這裏把孝看作德行的根本，表現了儒家的正統思想。殺孔融，是曹操同名教作鬥爭的一件大事。曹操給孔融定的罪名之一，是「違天反道，敗倫亂理」。這是指孔融詆毀孝道而說的。請看，曹操在這裏豈不是以衛道者自居嗎？曹操是「明古學」的，當然懂得孝道的作用。雖然如此，曹操還是聲稱要提拔不仁不孝的能士。

曹操哪能不想做皇帝呢？但是他怕背千古罵名，不敢做皇帝。用司馬光的話說，就是「豈其志之不欲哉？猶畏名義而自抑也」。他自己既不敢做皇帝，可是又使他的兒子非做皇帝不可。曹操稱道天命，也很有意思。他自己本來不信天命，可是怕別人因此說他有「不遜之志」。因此在《明志令》中他就把這個問題反復解釋，想表明自己的志向是清白的。他的解釋委婉曲折，欲蓋彌彰。孫權向他稱說天命，勸他做皇帝。他一方面把孫權書信宣露於外，讓大家知道；

一方面又說：「此兒欲踞吾著爐火上耶？」到了臨終之時，身後大事的安排，不能再含糊其詞了。曹操要說話，還是只有捧出自己畢生不信的「天命」來，曹丕的皇位也就這樣定下來了。曹操的表演，臣屬都明白。公卿上尊號於曹丕時說，曹丕如不趕快正位，則「武王（曹操）必不悅於高陵之玄宮矣」。曹丕一上台，來一個「九品官人」，再來一個「儒雅並用」，那些以「功能」見用於曹操的人，只有「冗散里巷」（參《三國志・魏書・賈逵傳》附《楊沛傳》）。時代好像到了「尚德行」的「治平」之世，一切又回歸於始了。

事實上曹操也只能這樣。能完成的功業完成了，權柄抓穩了，異己鋤盡了，叛逆者成為正統了。剩下的事，除了保住萬世一系，福祿永長以外，還有甚麼可做的呢？這對於一般的權利覬覦者說來，正好躊躇滿志，趾高氣揚；而對於「壯心未已」的英雄說來，就不免有點淒涼之感了。曹操的忸怩作態，原因就在這裏。

「月明星稀，烏鵲南飛，繞樹三匝，何枝可依！」如果這隻繞樹而飛的烏鵲就是曹操自己，那麼可以說，他終歸會飛進時代的羅網裏去的。

曹操畢竟是時代的產兒，他歸根結柢不能不受時代意識的支配。不管道路多麼曲折，他總是要走到封建帝王的老路上來的。這當然不足為曹操病，因為曹操除了這一面之外，還有過突破時代限制的一面。

細細琢磨曹操的思想性格，我感到曹操確實是個戲劇性很強的人。他可以是叱咤風雲的英雄，可以是反抗傳統的叛逆，可以是文采風流的才士，也可以是權詐忌刻的奸臣。但是不論他以甚麼姿態出現，都有一種內心的深刻矛盾籠罩着他，他的各種活動，都有這種矛盾鬥爭的痕跡。

藝術家如果從這種矛盾中來觀察曹操，也許可以塑造出一個更生動的曹操形象來。這，只能算是一種願望，在這裏姑妄言之。

——原刊 1959 年 4 月 9 日《光明日報》，
收錄於 1960 年三聯書店《曹操論集》。

作者跋語

此文寫於 1958 年曹操問題全國性大討論之時，帶有明顯的論辯味道，是收入本文集最早的一篇文章。這篇應急的淺顯之作其所以被收進來，是由於我後來所寫的有關文章，在觀點上與此文有很多的承襲關係。此文開頭處指出，只限於討論作為歷史人物的曹操，這是表示不同意把作為藝術形象的曹操也用同歷史人物研究一樣的尺度來裁剪。要尊重歷史，也要尊重藝術。當然，歷史人物與其藝術形象是相關連的，要完全分開也未必能做到。所以文章末尾我又説到曹操是個戲劇性很強的、多方面的、充滿內心矛盾的人物，盼望藝術家把握這種特點來塑造曹操，而不要把問題簡單化，歸之為曹操究竟該是白色臉譜，還是紅色臉譜。後來我有了一種更明確的看法，即有些在民間有巨大影響的古代歷史人物，其功過和地位，應與其歷史地塑造成型的藝術形象區別開來，兩者都屬文化遺產，可以並存。歷史學家如果不是精通藝術，就不必越俎代庖，把舞台上曹操的臉譜任意改掉。至於此文中從曹操詩句引申出「飛進時代的羅網」、「走到封建帝王的老路上來」的話，實際上是我所認為曹操終歸要向儒學世家大族轉化這一意見的朦朧表達，而這正是十七年以後所寫、收錄在本文集中的《曹袁之爭與世家大族》一文的主旨所在。本文集涉及諸葛亮的藝術形象和歷史內容的文章，也是按上述原則來處理的。此外，本文集中討論臧霸問題的文章，其基本資料和基本見解是在寫作此文時注意到的，並形成了「青徐豪霸」一詞。關於暨豔案的文章，也在此文中開了個頭，有所醞釀。不過把臧霸、暨豔問題寫成單篇文章發表，已是此文二十多年甚至三十多年以後的事了。

曹袁之爭與世家大族

王鳴盛《十七史商榷》卷四〇「弱者勝」條說：「兩敵相爭，弱者勝：越滅吳，韓魏滅智伯，樂毅勝齊，劉滅項，曹滅袁。」「弱者勝」不是普遍規律。弱者之所以勝，強者之所以敗，每一事例都有其所以勝、其所以敗的具體原因，王氏並未究及。《魏書》四七《盧淵傳》孝文帝答盧淵諫表，曰：「曹操勝袁，蓋由德業內舉，……定非弊卒之力強，十萬之眾寡也。」孝文帝理解曹袁勝敗，涉及社會政治深度。在我看來，曹操「德業內舉」，關鍵在於他對當時極具影響的世家大族這一社會階層有較清醒的認識，採取了適度而又有效的彈性政策之故。

一

曹操和袁紹是在同樣的歷史條件下登上政治舞台的。

崇尚儒學的東漢統治者維護大地主的利益，大地主勢力膨脹，所謂世家大族迅速形成。他們宗族強大，土地和依附農民眾多，稱霸一方。他們世代高官厚祿，還壟斷輿論以保障自己的子弟沿着察舉、徵辟道路進入官場。他們以某種儒家經典作為「家學」，廣收門生，藉以擴大和加強自己的社會影響。他們還擁有私人武裝（家兵），以保護自己，實行鎮壓職能。

為了爭奪權力和財富，外戚、宦官和以世家大族為主體的官僚士大夫，三者之間又鬥爭又勾結，大鬧了幾十年。世家大族及其政治代表在這個過程中歸根到底起着主導作用，但他們無力解決矛盾。地主階級內部的衝突給農民帶來災難。只有掀起大規模農民戰爭把東漢政權摧毀，把附着在東漢政權上面的蠹蟲沖洗一番，才能為社會前進開闢道路。

黃巾起義打擊了世家大族，從根本上動搖了東漢政權。但是由於分散的起義軍被地主武裝阻隔和被官軍鎮壓，東漢政權暫時保存了自己的軀殼，得以苟延殘喘。歷史沒有按直線發展，而是在曲折的道路上逡巡。

幸存的東漢統治者彈冠相慶，誤把東漢政權的彌留之際當作好時光。他們各派互相砍殺，比過去更厲害。螳螂捕蟬，黃雀在後，當世家大族的代表袁紹等人勾結外戚，盡殺宦官的時候，他們又被自己召來的董卓趕跑了。

在這種條件下出現的袁紹和曹操，具有鎮壓農民起義的共同立場，早期所走的道路頗有相近的地方。

袁紹出身顯貴，孟氏《易》是祖傳的家學。他頗有沽名釣譽的本領，在濮陽長的任內博得了一點「清名」。他「折節下士」，交遊廣闊，而又自命不凡，「不應辟命」。這是世族子弟觀察風向、待機而行的一種慣用手腕。大宦官趙忠對袁紹起了疑心，說：「袁本初坐作聲價，不應呼召，而養死士，不知此兒欲何所為乎？」[1] 果然沒有多久，由於黃巾起義而暫停下來的官僚士大夫同宦官的鬥爭，就由這個貴公子而兼名士的袁紹重新挑起。

---

1 《三國志・魏書・袁紹傳》注引《英雄記》。以下見於此《傳》及注以及《後漢書・袁紹傳》及注的引文，一般不注出處。

而曹操呢，祖先沒有給他留下一個「清白」的身世，一切都得靠自己去爭取。雖然個別有地位的人給他加過「名士」的桂冠，但是「贅閹遺醜」實際上是難於擠進名士行列的。他努力向官僚士大夫靠攏，而同宦官勢力疏遠。他上書皇帝，替被宦官殺掉的官僚名士陳蕃、竇武鳴冤。他的志向是「欲為一郡守，好作政教以建立名譽，使世士明知之」。[1] 他自述幼年「孤苦」，「既無三徙教，不聞過庭語」，[2] 受孔孟熏陶較少，更沒有袁紹那樣的家學淵源。不過他還是被認為「明古學」，而這一點正是他能在朝廷做官的一個重要條件。

曹操還同袁紹一樣「好為遊俠」，[3] 兩人結成了朋友。

為甚麼曹操和袁紹沒有早早分手呢？枯木朽株一樣的東漢政權完全喪失了自我調整的能力，處在無可挽救狀態。雖然地主階級的個別思想家發出過一點清醒的呼聲，可是要像他們那樣在保存東漢政權的條件下走出一條刷新政治的道路，是根本辦不到的。黃巾起義揭開了社會矛盾的大蓋子，但這個蓋子馬上又被捂住。所以還要等待，要等到東漢朝廷無法自存的一天。那時候，也只有到那時候，對症的醫方才能開得出來，曹袁分野才能明朗。

這並不是說早年的曹操和袁紹就沒有甚麼分歧，只是說分歧沒有達到對立的程度。曹操居官行法不避豪強，[4] 又在濟南「禁斷淫祀」，[5] 袁紹都沒做過。袁紹殺宦官，召董卓，曹操認為魯莽，表示反

---

1 《三國志・魏書・武帝紀》注引《魏武故事》。以下見於此《紀》及注的引文，不注出處。

2 曹操詩《善哉行》。「三徙教」，指孟母三遷，這裏指母教；「過庭語」，典出《論語・季氏》，這裏指父教。

3 《世說新語・假譎》。

4 曹操這時敢於打擊的豪強，一般都是與宦官外戚有關的人，還不是正牌的世家大族。

5 淫祀指不在祭典的祭祀。濟南到處祭城陽王劉章（漢高祖之孫，初封朱虛侯），搞迎神賽會，曹操予以禁止。《司馬芝傳》說，魏明帝時曹洪的乳母和臨汾公主的侍者迷信無澗神（無澗，山名，在洛陽附近。陳寅恪謂無澗神即無間神，佛教之地獄神，音譯阿鼻），被河南尹司馬芝下獄。這也是禁淫祀。《王朗傳》注引《王朗家傳》：「會稽舊祀秦始皇，刻木為像，與夏禹同廟。〔會稽太守〕朗到官，以為無德之君，不應見祀，於是除之。」這說明三國時民間還祭祀秦始皇，而王朗把它當作淫祀加以禁止。

對。曹操比較有深謀遠慮，不安於東漢統治的現狀，這就決定了曹袁分歧勢必進一步擴大。

董卓入京，東漢政權的軀殼徹底破碎。地主割據武裝好像從地底下湧出來的一樣。他們有的是聞名的世家大族，有的是大小土豪；有的打起州郡的旗號，有的聚族自保以觀形勢。他們「大者連郡國，中者嬰城邑，小者聚阡陌」，[1] 名曰討董卓，實際上是搶地盤。他們一夥又一夥，「飢則寇略，飽則棄餘，瓦解流離，無敵自破」。鬥爭形勢錯綜複雜，但世家大族仍然是舉足輕重的力量。

局面如何收拾？地主階級中各種不同的人物，都要回答這個問題。袁紹和曹操逐步地作出不同的回答。這一對過去的朋友，日益接近分道揚鑣的時候了。

二

袁曹樹兵的目的，都是要重建地主階級的統治，以代替瓦解了的東漢政權。但是地主階級的營壘並不總是統一的，固定的。他們所要建立的統治，在政治上可以是走東漢老路，也可以是有所更張；可以是讓世家大族牽着走，也可以是牽着世家大族走。袁紹依靠世家大族，走東漢的老路，不能突破限制，有所更新。

袁紹成為討伐董卓的盟主，說明世家大族是把賭注押在袁紹身上的。袁紹也遵循世家大族的願望，吸收了大批儒生，還想方設法把當時首屈一指的大儒鄭玄弄到手裏，行軍作戰也把他帶着走。袁氏家族都是孔孟之徒。當袁紹的兒子袁譚、袁尚火併不休時，審配

---

1 《三國志・魏書・文帝紀》注引《典論》。

勸說袁尚，劉表勸說袁譚，都說要「克己復禮」。[1] 袁紹標榜儒學，無非是用它為自己的政治野心服務，顯示自己是東漢衣缽的當然繼承者。

袁紹家族是伴隨着東漢政權逐漸形成和發展的，它也和東漢政權一樣，早已走向腐朽。這個家族的成員「競為驕奢」，而且由於受到掌權宦官的保護，其驕奢程度甚至沒有別的世家大族可與比擬。[2] 袁紹橫行冀州的時候，河北「袁族富強，公子寬放」。[3] 在袁紹鄉里豫州汝南，袁族和他們的門生賓客霸據汝南郡的各縣，修造壁壘，「擁兵拒守」，達幾萬人的規模。[4] 袁氏門生故吏遍於天下，是袁紹不費氣力就佔據廣大地盤的重要原因。被迫向袁紹讓出地盤的那個冀州牧韓馥，就是袁氏的一個故吏，而取得冀州，是袁氏政治發展的重要一步。

袁紹按東漢成規，徵辟本州本郡的大族做掾屬。被「委以腹心之任」、替他守護鄴城的審配，是鄴城所在地魏郡的一個「族大兵強」的重要人物，後來曹操攻佔鄴城，「籍沒審配等家財物貲以萬數」。[5] 王脩說「袁氏政寬，在職勢者多蓄聚」，[6] 郭嘉說袁氏「以寬濟寬」，[7] 都表明袁紹左右是一個腐朽的大地主集團。

袁紹當道，人民苦難無窮。袁紹直接統治的冀州，大族賦稅要貧苦農民破產代納。袁譚在青州，軍隊「草竊市井」，「虜掠田野」，為了抓丁，竟至「放兵捕索，如獵鳥獸」。一個萬戶的縣邑，有戶籍

1 分見《三國志・魏書・袁紹傳》注引《漢晉春秋》及《魏氏春秋》。

2 《後漢書・袁安傳》附《袁閎傳》。又，《後漢書・楊震傳》注引華嶠《漢後書》：「東京楊氏、袁氏累世宰相，為漢名族。然袁氏車馬衣服極為奢僭，能守家風為世所貴，不及楊氏也。」

3 《三國志・魏書・崔琰傳》。

4 《三國志・魏書・滿寵傳》。

5 《三國志・魏書・王脩傳》。

6 《三國志・魏書・王脩傳》。

7 《三國志・魏書・郭嘉傳》注引《傅子》。

的不滿數百，其餘的不是被大族佔奪，就是四散逃亡。

袁紹自誇「公族子弟，生長京輦，頗聞俎豆，不習干戈」。董卓入洛，只有三千人，而袁紹卻倉皇出逃。後來他身為盟主，只盤算如何擁兵自重，如何在各路盟軍間挖牆腳，要他指揮作戰，他既不會，也不敢。他說要「南據河，北阻燕代，兼戎狄之眾，南向以爭天下」，但卻沒有可能實現。當時中國北方不可能由袁紹統一，就好像不可能恢復東漢的統一一樣。

袁紹口頭上說甚麼「同獎王室，翼戴天子」，實際上是想找個沒有名分的劉姓傀儡過渡一下，通過天命符瑞的把戲，相機取而代之，輕而易舉地把東漢政權承襲過來。

袁紹的無能和他迫不及待地要當皇帝的政治野心，使他失掉不少本來是寄希望於他的世家大族的支持。這就是荀彧要從袁紹那裏轉投曹操，而楊彪、孔融這類人物也跑到許下去了的原因。當然，楊彪、孔融並非看中了曹操，而是想靠攏漢獻帝。他們絲毫沒有改變世家大族的立場。

歷史現象真是紛繁複雜。我們看，頭等的世家大族楊彪、孔融進入了曹操的翅膀底下，代表世家大族政治利益的袁紹則要求曹操殺掉他們，而曹操反而以「公義」的名義保全了他們的性命。[1] 這種現象，說明世家大族並不是完全一致，也說明在曹操和袁紹的營壘中，都是你中有我，我中有你。

世家大族內部的矛盾，提供了一個缺口，便利了曹操戰勝袁紹。不過曹操要比較明確地意識到這一點並加以利用，那還需要一個實踐過程。

1　曹操後來殺孔融，殺楊脩，那是另一個階段的具體條件下的鬥爭，當別論。

三

曹操起兵，在同輩人中條件很不利。他的對手，總是拿他的身世來貶損他，諷刺他，攻擊他，影響輿論，甚至影響人民群眾。讀一讀曹操寫的《明志令》，就知道他起兵後還沒有破除對世家大族的迷信，字裏行間隱寓着自卑。跟他同時起兵的人，多是「眾各數萬」，旗鼓響亮，唯獨他幾經坎坷，在別人的幫助下才湊成五千人的隊伍。他說本來是可以多搞一些兵的，「然常自損，不欲多之。所以然者，兵多意盛，與強敵爭，倘更為禍始」。首戰滎陽，這支小隊伍幾乎全軍覆沒。他跑到揚州重新募兵，也由於「本志有限」，只搞了三四千人，而且一夜之間突然叛散，剩下幾百人而已。這個階段，他兢兢業業地廁身於「飄揚雲會」的「名豪大俠，富室強族」之間，還不敢獨樹一幟，也沒有甚麼獨特的政治主張。但是在各路盟軍畏敵如虎的時候，只有曹操敢於同董卓打，打了敗仗也不灰心，表現得頗有生氣。

曹操本來是沒有地盤的。他靠鎮壓黑山起義軍，取得東郡太守的名號和地盤；靠鎮壓青州黃巾，上升為兗州牧，並掌握了黃巾三十萬眾。然而對於世家大族，他還沒有挺起腰桿來。

兗州之戰和官渡之戰，是決定曹操勝利的兩大戰役。關於這兩大戰役的軍事活動方面，《三國志・魏書・武帝紀》有較多記載，無須置論。這裏只就兩大戰役的政治方面，即曹操與世家大族的鬥爭，試作分析。先談兗州之戰，下一節再談官渡之戰。

興平元年（194），曹操用兵徐州。呂布趁機奪取曹操的根據地兗州。兗州郡縣紛紛倒戈，甚至曹操身邊的「督將大吏」都參預了這次事變的策劃。沒過多少時間，整個兗州形勢大變，只剩下鄄城、范、東阿三縣還在曹軍手裏。曹操回師，想拼死奪回濮陽，可是他率領的青州軍並不力戰，他本人在濮陽城裏也被燒傷。曹操遇到極大的困難，困難迫使他對形勢重新估計。

為甚麼突然出現這種逆轉？回答是陳宮、張邈叛迎呂布。但陳張二人與曹操關係較深，為甚麼會突然叛變？兩個人叛變，又為甚麼會使整個兗州易手？真正的原因是曹操殺了曾做過九江太守的邊讓，得罪了世家大族。我們知道，陳宮、張邈、邊讓都是兗州名士，都與世家大族深有關係。

邊讓這個人，與孔融齊名，是一個「心通性達，口辯詞長，非禮不動，非禮不言」的儒生。孔融把他推薦給曹操，[1] 他「恃才氣不屈曹操，多輕侮之言」，[2] 曹操殺了他。兔死狐悲，物傷其類，兗州士大夫從邊讓事件中深感悲哀和恐懼，於是「士林憤痛，人怨天怒，一夫奮臂，舉州同聲」，以致使曹操「躬破於徐方，地奪於呂布」。[3] 顯然，這不是個別人興風作浪，而是站在邊讓一起的兗州世家大族向曹操發動了突然襲擊。曹操面臨着一場始料所不及的激烈鬥爭。

當曹操被呂布打得精疲力竭，失地少糧的時候，袁紹又伸出了手。他要求曹操把家屬送到鄴城去住，目的是把他們當作人質，扣押在自己手裏。曹操剩下的只有三座孤城，力量單薄，因此臨事而懼，產生了動搖。程昱力陳不能屈居袁下的道理，曹操才堅定信心。他頂住袁紹的政治壓力，發揮自己的軍事才能，削平叛亂，收復兗州，贏得了這一場與世家大族鬥爭的勝利。

---

1 《太平御覽》卷六九一引《邊讓別傳》。

2 關於邊讓事跡以及他與曹操的關係，見《後漢書》邊讓、孔融、謝甄、袁紹等傳。《三國志》有關紀傳略同。

3 《後漢書・袁紹傳》載陳琳為袁紹作《檄州郡文》。按：曹操殺邊讓，《通鑒》繫於興平元年，並説兗州之變原因在此，是對的。《後漢書・邊讓傳》説是在建安中，顯然有誤。躬破於徐方，指曹操東征陶謙吃了敗仗。

兗州的艱苦鬥爭使曹操認識到要鞏固自己的陣地，戰勝對手，統一北方，必須敢於打擊那些不願意同自己合作的世家大族，不怕與袁紹決裂。

這裏，需要談一談漢獻帝的問題。本來，東漢政權經過農民起義的打擊以後，幸存的漢天子已成為一個微不足道的人物，誰取代他都可以。問題在於，在那麼多軍閥虎視眈眈，各不相下的條件下，取而代之只能擴大紛爭，阻礙統一。這不止是封建倫常問題，曹操看得明白，一向是慎重從事的。他反對過王芬廢立的密謀，反對過袁紹擬立劉虞的事。袁術僭號而不正式稱帝，據說是由於「曹公尚在」，有所不敢。後來袁術讓袁紹稱帝，袁紹「陰然之」而未行，恐怕主要也是由於這個原因。既然覬覦帝位的野心家大有人在，那末曹操掌握住現成的皇帝以制止他們的輕舉妄動，並利用他的名分以促進統一，這不能不說是策略上的妙用。曹操說「設使國家無有孤，不知當幾人稱帝，幾人稱王」，看來這並不是誇張之詞。《呂布傳》注引《英雄記》，早就記有呂布所說「郡郡作帝，縣縣自王」的話。

沮授建議袁紹「迎大駕於長安」，比毛玠建議曹操「奉天子以令不臣」還早一年，但是袁紹怕天子在身邊對自己不方便，沒有答應。後來沮授又提出把天子從河東弄到鄴城來的主張，仍然被袁紹拒絕了。等到天子到了曹操手裏，袁紹才嚷着要曹操把天子帶到鄄城去，企圖就近控制，曹操當然不予理睬。官渡之戰前夕，袁紹要實現當皇帝的夢想，叫人陳說天命，部下都不附和。袁紹稱帝不敢，挾帝不成，政治上更加被動。

恩格斯對中世紀歷史提出過一個有名的分析：在「普遍的混亂狀態中，王權是進步的因素」（《馬克思恩格斯全集》第 21 卷第 453

頁）。這裏當指王權能促進穩定，促進統一。在曹袁鬥爭的具體條件下，衛護王權的是曹操而不是袁紹。漢獻帝本人無法獨立地起作用。只有漢獻帝加上曹操，才能促進穩定和統一。不能說誰掌握了漢獻帝誰就可以實現統一。假使漢獻帝落到袁紹手裏，袁紹照樣統一不了，正像董卓不能靠挾持漢獻帝而實現統一一樣。值得注意的是，代表世家大族的漢獻帝竟被世家大族的袁紹拋棄了，曹操卻擁抱着漢獻帝去打敗世家大族，並通過一系列的步驟，完成王權從劉姓向曹姓的過渡。這真是一個歷史的諷刺！

曹操的思想和政策，一般都帶有打擊大族的特點。曹操不信天命，起了剝奪世家大族的精神武器的作用。曹操經常稱道孫武、孫臏、商鞅、韓非、秦皇、漢武等人，是為了給世家大族所尊奉的儒家聖賢樹立對立面。屯田制具有同大地主爭奪土地和勞動人手的意義。破格用人主要是針對東漢選士只「論族姓閥閱」，[1] 針對壟斷選舉的名士清議。關中監賣食鹽，是為了換得耕牛農具以招懷流民，削弱關中諸將。以後曹操搞租調制，也是與「重豪強兼併之法」相伴頒行的。曹操的政策打擊了世家大族，得利的是地主階級中的較低階層，客觀上對人民也有點好處。

四

建安五年（200）的官渡之戰，袁紹一方本來在軍事上佔絕對優勢。除了地廣兵強糧足以外，他還有號召力大這一政治優勢，隨時可以調動兗豫大族，聯絡曹操東面南面的割據勢力，拉曹操的後腿。

1　《意林》載仲長統《昌言》。

袁紹自以為穩操勝算，萬無一失，所以臨戰前夕，居然命令兵士每人攜帶三尺繩，等着活捉曹操。

對於曹操說來，官渡之戰既是一場打垮袁紹主力的軍事鬥爭，更是一場戰勝世家大族影響的政治鬥爭。

曹操「以十分居一之眾，畫地而守之，扼其喉而不得進」，[1] 爭取了半年的時間，作了相當的軍事部署。但是不利的情況還是接二連三地發生。曹操派劉備去徐州擊袁術，劉備佔領徐州後卻倒戈相向。勢力很大的東海豪強昌豨也聯絡郡縣，附和劉備。劉備擁兵數萬，與袁紹勾通，成為東翼大敵。許、蔡以南郡縣倒向袁紹，連許下官員和軍中將領，也紛紛與袁紹通消息。關中諸將中立觀望，首鼠兩端。同袁紹輕兵襲許之謀相呼應，江東的孫策也想乘機突襲，劫持獻帝。漢水流域的劉表答應援助袁紹，他雖然沒有出動軍隊，但是卻想方設法策反曹操的地方官員。恰恰這個時候，許下又發生了以車騎將軍董承為首的圖謀政變巨案。曹操的一個衛士也在官渡兵營中謀殺曹操。事實表明，袁紹憑藉自己在地主階級中的優勢地位，動員一切可以動員的力量，企圖一舉摧垮曹操。「四方瓦解，遠近顧望」，[2] 風風雨雨，黑雲壓城。形勢真是千鈞一髮。特別嚴重的是，相當一部分人民群眾，在袁紹的影響下向北流徙，甚至汝南黃巾餘眾也響應袁紹，反對曹操。仍保留在曹操手中的少數幾個郡（主要是譙郡和潁川郡），長吏不敢向人民徵收租調綿絹。曹操甚至作過撤軍保衛許都的打算，荀彧用楚漢滎陽之戰對比，說明「先退者勢屈」的道理，才堅定了曹操的決心。

---

1 《三國志・魏書・荀彧傳》。

2 《三國志・魏書・文帝紀》注引《魏書》載黃初二年詔。

為甚麼忽然間又出現分崩離析的情況呢？第一，曹操轄區內郡縣有兵，大族有兵，他們本來就是半公開的割據勢力；第二，袁紹支配了大族的政治動向，他們不倒向曹操而倒向袁紹。

但是局面畢竟比兗州之戰時有了很大的不同，經過兗州之戰的曹操也更能判斷情況，指揮若定。他軍事手段和政治手段雙管齊下，交替使用，迅速鎮壓了以董承為首的政變集團，又利用袁紹多疑少斷的弱點，從官渡前線抽身，親征劉備，打垮了袁紹的一些同盟軍，爭取了駐在南陽的張繡。他充分利用能為己用而又有社會影響的人物，把他們派到各地：派投降過來不久的青徐豪強臧霸到徐州去，以穩定東方局勢；用鍾繇、衛覬鎮撫關中，籠絡諸將；把一批名士派到他的故鄉譙郡作縣令，以抗拒袁紹的影響。這樣，曹操就逐漸控制了混亂局勢，為官渡前線後發制人、出奇制勝的戰術創造了條件。

官渡之戰，不論是從消滅袁紹主力的意義說來，還是從控制轄區內割據勢力的意義說來，都是曹操對世家大族的決定性勝利。

官渡戰後幾年，形勢如風掃殘雲。袁紹死了，袁紹諸子勢力被消滅了，作為袁氏割據後盾的烏桓被制服了，關中問題解決了，北方統一實現了。歷史終於證明，以世家大族為其社會基礎的袁紹失去了優勢，失去了政權；敢於蔑視和打擊世家大族的曹操得到了優勢，得到了政權。

恩格斯說過：「沒有哪一次巨大的歷史災難不是以歷史的進步為補償的。」（《馬克思恩格斯全集》第 39 卷第 149 頁）漢末的軍閥大混戰的確是一場「巨大的歷史災難」，而作為補償的，則是由於消滅了袁氏勢力而使曹操得以在四分五裂狀態下逐步完成半個中國的統一。曹操在官渡戰後搞「整齊風俗」，「重豪強兼併之法」，「惟才是舉」，擴充屯田，禁止厚葬等等，都是繼續針對世家大族及其政治代表而採取的有力措施，都是「歷史的進步」。

完成了這些措施以後，曹操也進入了自己的暮年。但是他沒有遲暮之感，沒有在安樂的銅雀台裏停息下來。他一生的最後幾年，大部分仍然用於帶兵征戰。一個叫劉廙的勸說曹操，要他仿照周文王的辦法修德徠遠，而不要到處奔波。他回答說：「今欲使吾坐行西伯之德，恐非其人也。」[1] 曹操不肯做皇帝而又讓兒子非做皇帝不可，這一點是與周文王相似的。然而劉廙把周文王打扮成坐待其成的人而要曹操照着做，這就未免太不了解曹操的性格了。

五

曹袁勝敗原因，歷代評論甚多，曹操生前，就有楊阜、賈詡、荀彧、郭嘉等人比較系統的分析。郭嘉論曹操十勝、袁紹十敗，認為袁紹憑藉「世資」（即家族傳統勢力），標榜禮治，繼承東漢的腐敗政治，「以寬濟寬」，不可能不敗；曹操依靠一大批實幹的人才，提倡法治，力排東漢腐敗風氣，對世家大族「糾之以猛」，必然獲勝。這實際上說明了曹袁之爭在思想上是儒法之爭，其焦點是對待世家大族的態度。

曹袁之爭是地主階級內部兩個階層、兩種勢力之爭，這種鬥爭，在一定條件下激化為外部對抗。但是一般說來，這兩個階層、兩種勢力，又可以依一定條件互相滲透，甚至互相轉化。袁紹營壘，本來不乏有才能的人，隨着鬥爭的發展，其中不少人先後轉入曹操一

1 《三國志・魏書・劉廙傳》。

邊，著名的人物如郭嘉、荀彧、崔琰等都是這樣。曹操「惟才是舉」，「拔出細微」，但是經常在曹操身邊出謀劃策的，除了郭嘉等少數人以外，更多的卻是出身世家大族的名士之流。這看來是矛盾的現象，但歷史的實際就是這樣。曹操只是打擊世家大族中那些在政治上反對自己的人，而對他們之中其餘的人，則是兼容並蓄，使他們各盡其能，為自己效力。

曹操以知人善用著稱，反對他的人往往也不能抹煞這一點。例如南宋的洪邁咒罵他「為漢鬼蜮，君子所不道」，卻又列舉了十個例子，證明他「知人善任使，實後世之所難」。[1] 雖然這樣，曹操陣容也在不斷分化。為曹操效力的人，他們忠實的程度，效力的多少，時間的久暫，以及受到曹操信任的大小，也各不相同。大體說來，有以下幾種情況。

郭嘉「有負俗之譏」，[2] 名士陳群屢次在曹操面前說他「不治行檢」。[3] 但曹操不聽，使郭嘉得以出謀劃策，發揮才能。敢於推行法治、打擊大族的基層「事功之臣」，如許令滿寵、鄴令楊沛、菅長司馬芝、魏郡太守王脩等，都得到曹操的讚許和支持。他們一般出身於地主階級的較低階層。

相反，像楊彪、孔融、許攸、禰衡這類人物，本來是出身世家大族或追隨世家大族的名士，是袁紹的社會基礎。他們在曹操身邊總是「恃舊不虔」，[4] 起破壞作用。所以時機一到，曹操或殺或罰或逐，以剝奪他們的影響。

---

1 《容齋隨筆》卷十二《曹操用人》。

2 《三國志・魏書・荀彧傳》注引《荀彧別傳》。

3 《三國志・魏書・郭嘉傳》。

4 《三國志・魏書・崔琰傳》。

介於這兩類之間的，情況也不盡相同。崔琰本是鄭玄的學生，是個頗有見識的人。他身為大族名士但沒有別的名士那種浮華氣習，所以能替曹操辦事。不過大族意識和儒家思想，在他身上還時有表現。曹操打下鄴城，需要整頓兵馬，以利再戰，崔琰卻譏刺曹操不是「仁聲先路」，而是「校計甲兵」。曹操稱魏王，崔琰心懷不滿，在給人的書信中「傲世怨謗」，「意指不遜」，遂被賜死。荀彧為曹操籌劃軍策，出了不少好主意，並推薦了一批有用的人才，包括出身卑微的戲志才、郭嘉在內。荀彧功勞很大，又知道謙虛自守。但荀彧也有矛盾。在對待東漢朝廷和漢獻帝的問題上，他自覺不自覺地保留着大族名士的感情。他勸迎天子，更多地是為了「乃心王室」而不是着眼於壯大曹操勢力。後來在加九錫的問題上，荀彧思想抵觸，矛盾爆發，在憂鬱中仰藥而死。荀彧一生主要跟隨曹操，但是他深層的一些思想感情，又使他終於避免不了悲劇的命運。李贄評論荀彧說：「世間道學，好騎兩頭馬，喜踹兩腳船，……卒之俱不能得而反以兩失也，豈獨荀令君然哉！」[1] 荀彧的矛盾，李贄看到了。至於李贄目荀彧為道學而貶損之，這是李贄的偏執處。

還有一些人，如陳群、何夔，本來就是以名士的資格為曹操所用的。[2] 何夔是袁氏親戚，生活特別奢侈。[3] 他對曹操選士「未詳其本」，「時忘道德」，很表不滿，提出選士要「慎德」與「興功」並重，而且要「核之鄉閭」，意即恢復漢代的鄉舉里選。這顯然是對曹操惟才是舉的用人路線的否定。值得注意的是，曹操居然表示讚賞這個意見。

---

1 《藏書》卷二五。

2 《三國志・魏書・何夔傳》注引《魏書》：「自劉備叛後，東南多變。太祖以陳群為酇令，夔為城父令，諸縣皆用名士以鎮撫之，其後吏民稍定。」何夔還在長廣太守任內為曹操平息了多起豪強武裝叛亂。

3 何夔的奢侈，在曹操的掾屬中是罕見的。西晉以奢侈著名的何曾，就是他的兒子。何曾的子孫也都奢侈。

建安二十二年（217），曹操最後一次頒佈舉賢令，基本上還是惟才是舉的思想，但是把「至德之人放在民間」者與「不仁不孝而有治國用兵之術」者相提並論，這實際上就是幾年前何夔提出的那個「慎德」與「興功」的雙重標準。其實早在建安八年，曹操就說到「治平尚德行，有事賞功能」。那時是「有事」的時候，強調的是「賞功能」。後來，能辦到的「事」辦完了，日子好像逐漸到了「治平」之世，因此「慎德」（即「尚德行」）就自然而然地提上日程了。至於陳群，著名的「九品官人之法」，就是他在曹操剛死、曹丕還沒有做皇帝的那幾個月裏提出來的，內容與上述何夔建議很有關係。大家知道，正是這個九品官人之法，後來導致了上品無寒門，下品無勢族的結果。

從曹操同何夔、陳群的關係中，我們隱約地覺察到曹操晚年政治上向世家大族轉化的動向。

世家大族作為一種社會成分在我國封建社會的某一階段出現，是封建經濟發展的結果，是歷史的必然。三國時期，世家大族正在生長，遠沒有走完自己的路程。世家大族把儘可能多的財富和權力集中到自己手裏，按家族血統一代一代地向下傳。他們的經濟、政治地位決定他們帶有保守性。不抑制和打擊他們，社會就不能前進。曹操同他們進行了勝利的鬥爭。但是一個一個勝仗打完了，一批一批對手消滅了，曹操發現長江和秦嶺鎖住了自己前進的腳步，而世家大族又悄悄地來到自己的身邊。時代的和階級的限制終歸是無法超越的。「君主們……從來不能向經濟條件發號施令。」（《馬克思恩格斯全集》第4卷第121頁）這並非曹操個人高低的問題。歸根結柢，不是曹操創造歷史，而是歷史創造曹操。

——原刊《歷史研究》1974年第1期

作者跋語

本文寫成於1974年秋間，意在解釋曹袁關係。文章最後落在儒法之爭上，在當時不得不如此。不過，這是一篇早有醞釀的歷史論文，見解本有來歷。曹袁之爭的性質，在社會地位上被視為兩個階層之爭，在意識形態上被視為儒法之爭，這一認識最早是受到陳寅恪先生《書世說新語文學類鍾會撰四本論始畢條後》一文的啟示。陳先生謂「東漢之季，其士大夫宗經義，而閹宦則尚文辭；士大夫貴仁孝，而閹宦則重智術」，並謂前者代表是袁紹，後者代表是曹操。我們知道，袁紹四世三公，出於孟氏《易》世家；曹操則覽申、商之法術，該韓、白之奇策。所以分別定他們為儒為法，是說得過去的。陳先生《崔浩與寇謙之》一文，發揮了前文的觀點，論及官渡之戰的意義，曰：「此戰實亦決定東漢中晚以後掌握政權儒士與閹宦兩大社會階級之勝負升降也。東漢儒家大族之潛勢力極大，雖一時暫屈服於法家寒族之曹魏政權，然百足之蟲，死而不僵，故必伺隙而動，以恢復其舊有之地位。」陳先生的前一篇文章，我在寫作時是讀過的；後一篇則在較晚讀到。陳先生的見解，那時不便公開徵引，所以未加說明，只在一處注文中引證了陳先生關於無澗神的考證，以示尊重陳先生的學說。對於這一史學問題，我在此文中所增添的內容，一是在曹操早期事跡中把他與士家大族之爭作了勾勒，例如論證兗州之戰就其基本性質說是與官渡之戰一脈相承的；二是兩個社會階層的人物，在曹操和袁紹陣營中彼此滲透，曹操如果不重用出自世家大族的名士，就不能使自己的勢力壯大起來；三是曹操晚年政治上出現向世家大族轉化的傾向，在意識形態上說就是回歸於儒，這在他消滅了一切可以由他消滅的政治對手，只等着摘取皇冠的時候，是必然要出現的。所以儒家大族欲恢復其舊有的地位，不必等到日後河內司馬氏之興起。第三點意見在當時有點異端味道，因而受到懷疑。可是我確信歷史就是如此。「治平尚德行，有事賞功能」，曹操自己就是這樣說的。現在時過多年，再讀此文，自覺基本資料、基本觀點都還站得住。只是書生寫史，理當悃愊無華，所以選入本文集時，在保存框架、不動筋骨的原則下，對之作了刪削。儒法鬥爭字樣保留了一處，以存舊貌，但不渲染。此觀點雖受陳寅恪先生啟示，但是陳先生將他對曹袁之爭性質的觀點延伸至大半個世紀以後，用以解釋魏晉易代之際的歷史現象，我對此則期期以為未必。這一層意思，我在《論東晉門閥政治》中作了說明，讀者可以參看。

《隆中對》再認識

一　從歷史驗證中認識《隆中對》

《朱子語類》卷一三五：「嘗欲寫出蕭何、韓信初見高祖時一段，鄧禹初見光武時一段，武侯初見先主時一段，將這數段語及王朴《平邊策》編為一卷」，云云。

按朱熹對弟子所說諸人的各段文字，分別指：一，蕭何、韓信在漢中時請劉邦收巴蜀、出三秦，與項羽逐鹿中原之事；二，鄧禹於更始時追劉秀於鄴，進說「立高祖之業」之事；三，王朴對周世宗陳用兵之略及諸國興亡次第，云淮南（南唐）可最先取，并（北漢）必最後亡，其後北宋平定四方，多如朴言之事；以及四，諸葛亮以《隆中對》為劉備畫策之事。此諸人都被看作是以數言定天下大計，影響一代歷史的政治家。朱熹欲輯錄其言論以廣流傳，目的當是表彰他們對時局發展的洞察力和預見性，以及他們言論的歷史作用。

朱熹所說從句式看來，似乎主要着眼於王朴《平邊策》在宋朝的應驗，也就是說，重在論本朝之事。但是比較諸人言論，就其完整、細緻，並且琅琅可讀，為後世廣泛稱道而言，無疑應以諸葛亮的《隆中對》為最。

上述諸人以數言干時主而均有應驗，是由於他們都有已知的基本條件作為根據，經過分析，推測未知條件，從而估計形勢變化趨勢，以判斷歷史的歸宿。已知條件有充分不充分的差別，未知條件及其變化又都要受諸多因素包括一些偶然的不可預測的因素的支配。這些都會影響上列諸人言論的應驗程度。而且，他們的判斷還有籠統與細緻之分，籠統判斷應驗較易，細緻判斷應驗較難。諸葛亮作《隆中對》，未知條件較多，局勢不太明朗，而所作出的判斷如此具體，應驗如此顯著，這正是《隆中對》千古傳誦的價值所在。唯其如此，《隆中對》包含未得應驗之處，也就無法避免。我們應當加以分析，使驗與未驗，驗多驗少，都能得到歷史的說明，從而使人們便於理解。

後人評論諸葛亮及其《隆中對》，由於種種原因，往往出現溢美和回護之詞。《隆中對》中睿智的判斷，有時被賦予先驗的色彩；瑜中之瑕，甚至也被認為是美玉的本色。這樣就在思想上神化了諸葛亮，增加了理解的混亂。一般說來，脫掉諸葛亮的八卦袍、擯棄其呼風喚雨的本領，即令是古代的歷史學家也是不難做到的；而要客觀地評價《隆中對》的長短並分析其原因，無論在古代或現代，都不免遇到阻力。陳壽在《三國志》中對於作為歷史人物的諸葛亮曾作了破格的處理，寄以極高的崇敬之情；只是由於在其傳末說到他「奇謀為短」，「應變將略非其所長」，就引起後代史家無窮非議，有識如劉知幾，也在《史通》中入之於「曲筆」。據我所知，至今還有史家不直陳壽所論。這不能不說是一種值得注意的傾向。

根據確鑿的歷史材料來檢驗《隆中對》，確定諸葛亮的認識來源，實踐應驗以及得失原因，這樣的研究近年已多起來。這比起對《隆中對》一味讚揚，一味辯解，要有益得多。憑證據，究形勢，驗效果，論得失，探緣由，這種科學的研究無損於諸葛亮的歷史形象，只會使我們能夠更準確地理解《隆中對》，更準確地理解諸葛亮的貢獻。

對於諸葛亮，包括其《隆中對》，在作歷史評價時應當與其已被千年塑造成型的象徵智慧與忠貞的藝術形象區別開來。我認為，諸葛亮的藝術形象也跟諸葛亮本人的歷史貢獻一樣，同屬民族文化遺產，應當珍惜，即令它並不是或者並不完全是歷史的真實，也應當如此。藝術形象畢竟是藝術創造，沒有必要從歷史科學的角度一一加以檢驗和改造，從而破壞它的藝術價值。藝術形象也可能有加工和改造的必要，但這未必是歷史學家的事。歷史學家無須干預諸葛亮藝術形象的創造和再創造，就像無須對《三國演義》情節進行考訂修改，使之符合可靠的史籍一樣。所以我認為，讓作為藝術形象的諸葛亮和作為歷史人物的諸葛亮兩者並存，也許更為適宜。曹操可以是叱咤風雲的英雄和文采風流的文士，也可以是權變機詐的奸臣。在京劇舞台上把曹操打扮成道德完美、理想高尚的英雄，已證明是不成功的；把舞台上諸葛亮的言行舉止改變成一板一眼、毫不誇張的歷史人物，也未必好。反過來說，在歷史研究中也不應該賦予諸葛亮過多的戲劇色彩。歷史學家在描述諸葛亮和論證《隆中對》時，最好還是使用歷史的方法和歷史的語言，避免以「智慧的化身」、「忠貞的楷模」、「天才的預見」一類習用的讚語來代替具體的歷史分析和實事求是的論述。如果我們要求《隆中對》字字珠璣，應驗如神而沒有任何錯誤，那就是無視認識的規律，也是苛求於古人了。

二　《隆中對》方略和諸葛亮在實施中的作用

《隆中對》的提出，在建安十二年（207），即赤壁之戰的前一年。它無疑是提供給劉備的一個基本正確的政治選擇。以後歷史的發展，在相當程度上證明了《隆中對》的正確性。

《隆中對》堅實的事實基礎如下：

一，曹操已牢固地據有北方，居挾天子以令不臣之勢，必須承認這種現狀，不可與之爭鋒，也無從與之妥協。

二，曹操即將憑藉其優勢力量，向南方用兵，而南方長江流域地境則分陳着揚（孫權）、荊（劉表）、益（劉璋）三股獨立存在、彼此尚無聯繫的力量。這三股力量，尤其是荊、揚力量，如何因應時局，調整步驟，共抗曹兵，是形勢發展的關鍵所在，須要能動地加以處理。處理得當，形勢發展會有利於抗曹陣營，劉備也會贏得存在和壯大的機會。

根據對形勢的基本估計，諸葛亮向劉備提出三個方面的對策作為近期目標：

一，取劉表。這是可行的一着，但劉備不敢。劉表據荊州已歷二十餘年，雖然無甚作為，但是在平常情況下還可以保境安民。劉備是驚弓之鳥，羈旅寄寓，在荊州無根無柢。只憑數千之眾，欲吞併劉表而無灼手之虞，需要相當的幹略膽識才行，而這正是劉備所缺乏的。據《三國志・蜀書・先主傳》及注，當北方曹兵猝至之時，劉備自新野急奔襄陽，其時劉表已死，諸葛亮說劉備攻劉表之子劉琮以據荊州，劉備以「不忍」相答。後人論及此事，大抵以政治信義推崇劉備。但是徵諸前此劉備朝秦暮楚、反覆無常的個人歷史，可知恪守政治信義並非劉備的特點。赤壁戰後劉備拒絕孫瑜水軍假道攻蜀，說：「汝欲取蜀，吾當被髮入山，不失信於天下也。」但是沒過幾年，劉備乘受劉璋之邀的機會而覆劉璋之師，何曾顧及政治信義？所以劉備所謂不忍取荊州，只能用不敢來解釋。只是到了赤壁戰後劉備成為勝利者的一員，荊州的一部分才自然而然地落入劉備之手。

二，取劉璋。劉璋偏處西南，無礙大局，尤其是於當前抗曹沒有直接作用，劉備決無溯流千里，越峽逾巴，冒險取蜀的可能與必要。但《隆中對》認為，這是劉備植根所在，應當相機取之。

三，承認孫吳力量的存在並與之結盟。孫劉結盟，主動權並不在諸葛亮、劉備而在魯肅、孫權之手。此時孫權正從太湖背後的閉鎖狀態中走出來，從京口凝視着長江上游的烽煙。他知道如果曹軍得以久據荊州，下一個將要受害的地方就該是江東了。實際上，在赤壁之戰的同時或稍後，曹操與孫權的巢湖之戰就已開始。孫權只有兩種選擇，降曹或抗曹。即令降曹，也得保住江東基業，這又必須能戰才行；不能戰，降曹後遲早必被吃掉。不論是降是戰，當務之急都是支援承受曹軍主力壓迫的劉備。朱熹論及此問題時說：「孔明之請救，知其不得不救。孫權之救備，須著救也。不如此，便當迎操矣。此亦非好相識，勢使然也。」[1] 孫劉結盟，是一方求救，一方不得不救，於雙方都需要，都有利。至於雙方衝突的可能性，此時尚未出現。

《隆中對》近期方略，大概如此。

《隆中對》遠期方略，是關於入蜀、治蜀和自秦川、宛洛北伐等事。近期方略與遠期方略合而觀之，《隆中對》似乎是一個進取的開拓的方略。這個方略能夠實行到甚麼程度，一靠客觀條件，二靠劉備有堅定的追求。但是此時的劉備，胸中並沒有裝着《隆中對》。他是一個不具有明確戰略思想的隨波逐流的人。雖然這樣，歷史大體還是順着《隆中對》的方向步步發展，這證明《隆中對》大體上符合客觀條件，具有無形的力量。

---

1 《朱子語類》卷一三六。

劉備對諸葛亮，始而有魚水之喻，終而有白帝託孤之詞，而諸葛亮後來也是鞠躬盡瘁以輔劉禪。這些情況，使歷代史家多認為劉備最賞識《隆中對》，並始終不渝地為實現《隆中對》而奮鬥，戎機大政悉以《隆中對》為依據，委諸葛亮行事。其實，情況並非都是如此。

劉備一生，與曹操角逐，不是對手；與孫權角逐，也無優勢。當時人對劉備評價，有譽有毀，但是毀多譽少，毀實譽虛。《先主傳》注引《傅子》載曹操丞相掾趙戩之言曰：劉備「拙於用兵，每戰必敗」;《陸遜傳》亦謂劉備「前後行軍，多敗少成」。劉備一生的敗戰記錄，是人所共知的。只是到赤壁戰後，劉備才恢復了一支可觀的武力，被陸遜視為疆界「強敵」。但是夷陵一戰，正是這個陸遜，使其疆界「強敵」全軍覆沒。

比軍事才能的估價更為重要的，是劉備的政治聲譽問題。《先主傳》注引《魏書》載呂布諸將曰:「備數反覆難養。」這是建安初年的事，劉備聲譽已是如此。以後劉備又幾經反覆，才在荊州劉表處暫獲棲身之所，而劉表也同樣地「疑其心，陰禦之」。赤壁戰後，劉備據有荊州江南四郡，這本是荊州境內落後之區。《魯肅傳》注引《江表傳》：周瑜上孫權箋，還說「劉備寄寓，有似養虎」。以後劉備助劉璋而又叛劉璋，也是如此。我無意偏重以道義原則衡量劉備。道義原則不是認識和評價《隆中對》的主要標準。《隆中對》中雖有道義說教之詞，它本身立論，卻主要是以利害而不是以道義為出發點。但是道義影響政治聲譽，在當時還是起作用的。

劉備的優勢，似乎在於《隆中對》中說到的「帝室之胄」的身份。這只是相對於曹操挾持漢獻帝一事而言。但是漢室之衰已是無可挽回。何況漢獻帝的法統既然還存在，劉備就不能置之不顧而另外有所標榜。所以帝胄身份並無助於劉備的成功。至於對長江流域的劉表、劉璋而言，劉備連這點名義上的優勢也談不上，因為三劉恰恰都是西漢景帝的疏裔，都是帝冑；而且劉表、劉璋，論家世和個人仕履，顯然都比劉備要強得多；論擁有的潛力，也遠在劉備之上。而且稍前幾年還有一個「帝室之冑」劉繇，曾經被安置在揚州牧的位置上。劉繇、劉表、劉璋，東漢的揚、荊、益三大州的州牧，都是受命於漢帝，名份上劉備與他們也是未可同日而語。劉備終於併吞劉表父子及劉璋勢力，不是憑帝冑身份，而是憑他自己闖蕩半生的權詐，憑他的對手的愚昧和暗弱可欺。

此外，用人也被看作是劉備所長，傅幹、陳壽均有讚辭，分見《先主傳》及注。後人以此頌揚劉備者亦復不少，大抵是據劉、關、張的關係和拔諸葛亮於草廬等事而言。趙翼說，三國之主皆能用人，而且各有特點，劉備用人的特點是「以性情相契」。[1] 但劉備「以性情相契」而結合的人物，在蜀國建立前後的期間內多已凋零。劉備用人，在魏、蜀、吳三國形成鼎立的過程中並無優勢可言，這可以在各國人物傳記的比較中得到清楚的說明。如果不以三國之主相比而以均為帝冑的三劉相比，劉備也是得人最少。以後治蜀的人才，主要是劉備死後諸葛亮分化劉璋舊部，或排抑，或吸收，使新隨劉備入蜀居於少數地位的人，與原劉璋舊部居於多數地位的人，即當時所謂「新舊」，所謂「客主」者，逐漸熔融，才形成蜀國的文武臣僚。關於「新舊」關係、「客主」關係問題，我在《李嚴興廢與諸葛用人》一文中有所探討，可供參考。

劉備於危難之際託孤於諸葛亮，並說若劉禪不才，「君可自取」。古人論此，多讚其君臣相得之切，並取魚水之喻相印證；亦有人認

1 《廿二史札記》卷六「三國之主用人各不同」條。

為這只是對諸葛亮的「猜疑語」。這些說法都是揣度心性，難於斷言。在我看來，以前述「新舊」、「客主」的道理加以分析，似乎可以說得略為客觀一些。其時蜀漢新建，基礎不穩，夷陵之敗，更生搖動。諸葛亮與李嚴並受遺詔輔政，亮正嚴副，而這二人恰好就是「新舊」各自一方，或者說「客主」各自一方的代表人物，論潛在勢力，李嚴一方決不弱於諸葛亮一方。所以，劉備傾覆劉璋而顛倒了的新舊、客主之間的主從關係，由於劉備之死而被再顛倒過來，不是沒有可能。這當是劉備死前最關注的問題。要防止這種情況的出現，新立的幼主是無能為力的，唯一可以付託的人只有諸葛亮。所以我認為劉備作此遺言，正是為了在李嚴面前鞏固諸葛亮的地位，預防舊人另有圖謀。這是劉備一生中少有的有遠見的策略之舉。這一策略之舉，自然是以對諸葛亮的信任為前提，但卻又不止是個人信任問題。

據《李嚴傳》注引《諸葛亮集》，李嚴後來曾經勸說諸葛亮受九錫，進爵稱王，這當然是非常之事。諸葛亮答書，說自己「誤用於先帝，位極人臣，祿賜百億。今討賊未效，知己未答，而方寵齊晉，坐自貴大，非其義也。若滅魏斬叡（按：指魏明帝曹叡），帝還故居，與諸子並升，雖十命可受，況於九耶？」這裏，「知己未答」的「知己」，「諸子並升」的「諸子」，自然首先是指同受顧命的李嚴。對於九錫之勸，諸葛亮可信是無動於衷。可是他並未義正詞嚴地指斥其非人臣所宜言。他不避僭越之嫌，委婉作答，其中「十命可受」雖屬假定之詞，卻是人臣大忌。後世史家不得其解，只好武斷地說這未必出自以謙恭稱著的諸葛亮之口。[1] 可是是誰杜撰此語，為甚麼要如此杜撰，還是無從解釋。如果考慮到劉備託孤時「君可自

1　何焯《義門讀書記》卷二七：「孔明恭遜，十命之語未必出自其口。」

取」之言的歷史背景，在李嚴、諸葛亮之間出現九錫、十命之類的話，我認為是比較容易理解的。劉備既然鄭重其事地囑咐諸葛亮權衡形勢，必要時可以取代劉禪，諸葛亮就不宜在李嚴的試探面前過分拘泥於君臣名分。諸葛亮答李嚴語軟中有硬，硬中有軟，這才是其實質所在，是諸葛亮聰明練達的地方。諸葛亮治蜀，總是不忘以先帝付託為言，史家也總是讚美他忠烈溢於言表。但是揆之上述，似乎不無歷史的隱曲夾雜於諸葛亮的言詞之中，蛛絲馬跡依稀可辨。[1]

總之，自從草廬作對以後以至劉備死前，劉備並未以《隆中對》的方略為念，孜孜以求其實現，當然也沒有把諸葛亮放在運籌帷幄的貼身位置上，大事向他諮詢。劉備死後，諸葛亮得其託孤之言，始獲特殊地位。此後治蜀、北伐諸事，諸葛亮才得以按照《隆中對》的謀劃，擇其可行者逐步推行。也許可以這樣認為，劉備死後，諸葛亮始得真正盡其才用。

劉備死前，諸葛亮長時間內並不在劉備身邊，戎機大政，並無諸葛亮參贊其間的事實。決計入蜀和叛攻劉璋，是法正、龐統之謀。龐統、法正死，劉備出峽之戰的錯誤決策就再也沒有人可以強行諫阻。《義門讀書記》卷二七何焯據諸葛亮曾於荊州「督零陵、桂陽、長沙三郡，調其租賦以充軍實」之事，以及入益州後「常鎮守成都，足食足兵」之事，遂謂「當先主時但寄以蕭何之任」。「但寄」，猶言僅寄，只寄，是指寄任無多，這在一定程度上是正確的判斷。但是蕭何在關中，得以「發蹤指示」，「便宜行事」，救劉邦乏絕，劉邦雖屢蹶猶得屢興，終於戰勝強大對手。所以蕭何於漢初論功為最，位次第一。而在劉備死前，諸葛亮徒有《隆中對》籌劃之名而實際表現

1　此問題我在《蜀史四題》之四的《劉備託孤語》中有補充和修正之處，請參看。

無多。他在荊不得預入蜀之謀，在蜀不得參出峽之議，這些關鍵之事不論正確與否，都與他無干係。以之與蕭何「發蹤指示」、「便宜行事」之任比較，是頗不相稱的。

三　魯肅與諸葛亮

《隆中對》的構思，時局是主要的根據。在漢末動亂紛紜、引人思索的年代，除了諸葛亮以外，其他有識之士，按照各自的處境及其視野所及，也在觀察時局動向，探測發展前景，考慮自己的出處。在《隆中對》之前，東吳的魯肅已對時局作過類似的分析，向孫權提出相應的策略建議。

據《魯肅傳》，魯肅於建安五年（200）初見孫權時密謂孫權曰：今天子已在曹操之手，孫權欲為桓、文已不可能。「肅竊料之，漢室不可復興，曹操不可卒除，為將軍計，唯有鼎足江東，以觀天下之釁。規模如此，亦自無嫌。何者？北方誠多務也，因其多務，剿除黃祖，進伐劉表，竟長江所極據而有之。然後建號帝王，以圖天下，此高帝之業也。」魯肅認定曹操勢力在北方已經鞏固，孫權發展餘地只有南方，從而建議孫權分步以圖進取。第一步，鼎足江東，穩固根本；第二步，據揚取荊，窺探上游；第三步，併益州而盡長江所極，形成南北對峙；第四步，徐圖天下以成帝業。這裏，第一步自無問題，第四步只是渺茫遠景，皆可不論；第二、第三兩步則是眼下急迫的追求，是孫權發展的關鍵所在。

以魯肅之議與《隆中對》比較，雖有差別，基本構思卻是相同。《隆中對》主張劉孫結盟，這是由於曹兵有壓境之虞而提出來的，此種形勢在建安五年魯肅發議時尚未出現。而當數年後曹兵南下，劉備成為荊州尚存的抗曹力量之時，魯肅立即建議聯劉抗曹。這實際上是因時而發的對建安五年密議定策的一項重要補充。魯肅銜命，不失時機地追劉備及於當陽，勸與併力。所以孫劉結盟，《隆中對》雖有議在先，但實際行動的倡始者畢竟還是魯肅。後來諸葛亮隨魯肅見孫權，連橫之略即告形成。薛國中先生《諸葛亮與隆中對》一文，[1] 論及魯肅之議，有些意見我是贊同的。

陳壽於魯肅、諸葛亮二傳，均著其結盟之功，這本來是符合歷史實際的公正史筆。裴松之於此以為陳壽記事舛互。[2] 盧弼《集解》於《魯肅傳》引或曰：「肅雖語亮，亮非因肅始解此也。權聞肅謀，參之於亮，始決也。雖若相襲，實各成說也。」在我看來，陳壽史文並無不當的舛互；「或曰」所謂「實各成說」，見解是比較客觀的。我引證這些，主要目的不在於抑揚古人，只是為了說明在相同或相似的歷史條件下可能產生相同或相似的對時局的認識。魯肅與諸葛亮的見解都比較準確地反映了客觀實際，都具有歷史意義。

以上這些，是就魯肅與諸葛亮的認識而言。至於劉備，直到他在曹軍追逐之下狼狽逃竄之時，還不曾想到應當積極抵抗，當然更談不上聯孫抗曹的事。《先主傳》注引《江表傳》：魯肅於當陽追及劉備，「問備曰：『豫州今欲何至？』備曰：『與蒼梧太守吳臣（按：吳臣當作吳巨）有舊，欲往投之。』」吳巨，長沙人，劉表用之以守蒼梧。《薛綜傳》說他是輕悍「武夫」，可見其人並無聲望志略。劉備逃奔蒼梧之事，尚有它證。《魯肅傳》注引《吳書》：建安二十年（215）

1　載《江漢論壇》1980 年第 1 期。

2　《三國志・吳書・魯肅傳》注：「臣松之案：劉備與權併力，共拒中國，皆肅之本謀。又語諸葛亮曰：『我，子瑜（按：諸葛瑾字子瑜）友也。』則亮已亟聞肅言矣。而蜀書亮傳云：『亮以連橫之略說權，權乃大喜』，如似此計始出於亮。若二國史官各記所聞，競欲稱揚本國容美，各取其功。今此二書同出一人，而舛互若此，非載述之體也。」

魯肅為分荊州事與關羽會於益陽，肅謂昔年見劉備於當陽長阪，其時「豫州之眾不當一校，計窮慮極，志勢摧弱，圖欲遠竄，望不及此（按：指據有荊州土地之事）」。《通鑒》胡注：遠竄，「謂欲投吳巨也」。這些資料清楚地說明，曹軍的追逐使劉備逃生不暇，何能顧及聯孫抗曹？何能顧及如《隆中對》所謀劃的對天下的經略？就此而論，孫劉聯合的促成，赤壁之戰的勝利，魯肅的實際作用大於諸葛亮，是可以斷言的。諸葛亮雖發論於前，但劉備並沒有給他實現計劃的機會。在這個問題上如果對古人真要有所抑揚的話，應當抑揚的並不是諸葛亮和魯肅，而是劉備和孫權。

魯肅密議中所謂「鼎足江東」，後世史家也有疑惑。《通鑒》錄此密議，徑改「鼎足江東」作「保守江東」。盧弼引何焯曰：「此時何緣便知為鼎足乎？亦事後傅會之詞。」又引或曰：「是時先主無尺土，何云鼎足？」諸家疑及「鼎足」之說，實際上是囿於成見，認為非劉備、諸葛亮不能談鼎足，因此疑及魯肅之議的可信性。這也是史家迷信諸葛亮的反映。

其實魯肅之議中的鼎足，並非預指以後出現的魏、蜀、吳的三分，而是指揚州孫權、荊州劉表和北方曹操這三種力量並存的局面。其時劉備還未向南逃奔，自然不是魯肅指晝天下大勢時所當涉及的人物。劉璋僻處一隅，亦無能插手大局的爭衡。所以劉備與劉璋都未得入於魯肅所謂鼎足之列。《諸葛亮傳》載亮隨魯肅東下，見孫權於柴桑，談及孫劉共抗曹軍之事，曰：「操軍破必北還，如此則荊、吳之勢強，鼎足之形成矣。」胡三省謂「荊，謂備；吳，謂權。鼎足之形，謂三分天下也」。諸葛亮所說的鼎足，與魯肅所說的鼎足，正好是一個意思，只不過把魯肅當年所指的劉表換成劉備而已，地點還是荊州。又《龐統傳》注引《九州春秋》，龐統說劉備曰：「荊州荒殘，人物殫盡，東有吳孫，北有曹氏，鼎足之計，難以得志。」這也是以曹、孫及荊州勢力鼎足而言。以後魏、蜀、吳三國鼎足，正是此時鼎足形勢發展的結果。諸人只承認《隆中對》所畫的鼎足而不承認早於《隆中對》的魯肅所畫的鼎足，不能不說是對三國歷史認識的一種偏見。

魯肅、諸葛亮二論，一先一後，局勢明朗程度不同，意見的細緻性、條理性和準確性確有差異。但就此二論在當時被人主重視的程度及求其實現的實際意義而言，魯肅之論較《隆中對》似有過之。《三國志・吳書・呂範傳》注引《江表傳》，孫權比魯肅於「開初議之端」的東漢鄧禹，曰：「孤始與一語便及大計，與禹相似。」《呂蒙傳》孫權與陸遜論及魯肅，亦以之與鄧禹相比，曰：「公瑾昔要子敬來東，致達於孤，孤與宴語，便及大略帝王之業，此一快也。」孫權對魯肅的這些評價，比劉備對諸葛亮的所謂魚水之喻，要具體得多，實在得多。特別是孫權使魯肅得以按部推行其議，這是諸葛亮未能得之於劉備的。劉備死前，諸葛亮未得處於主動狀態，作為不大。由於諸葛亮有後來治蜀的事跡流傳，魯肅則早亡而未得竟其志向，所以魯肅被諸葛亮的重名掩蓋，魯肅之論也就遠不如《隆中對》受後人重視。朱熹欲裒輯歷史上以數言定天下大計之論，也沒有想到魯肅的密議。

魯肅之議，赤壁戰後實現了第一步並部分地實現了第二步，襄樊戰後完全實現了第二步。在第二步未全實現，即魯肅未死、荊州由孫劉分據之時，孫吳已着手實行魯肅之議中的第三步，即奪取益州，以求盡長江所極據而有之。

《三國志・吳書・甘寧傳》：赤壁戰前，甘寧勸孫權取江夏黃祖，進圖劉表、劉璋。他說：「一破祖軍，鼓行而西，西據楚關（按：

即扞關，在湖北長陽以西），大勢彌廣，即可漸規巴蜀。」甘寧所作建議，實即前此魯肅密議計劃的一部分。赤壁戰後，周瑜領南郡太守，據《周瑜傳》：「瑜乃詣京（按：即京城，後稱京口）見權曰：『……乞與奮威（按：奮威將軍孫瑜，時為丹陽太守，屯兵牛渚）俱進取蜀，得蜀而併張魯，因留奮威固守其地，好與馬超結援。瑜還與將軍據襄陽以蹙操，北方可圖也。』權許之。瑜還江陵為行裝，而道於巴丘病卒。」值得注意的是，周瑜所議以孫瑜據漢中北結馬超，自與孫權據襄陽以蹙曹操，這又與《隆中對》秦川、宛洛二策相同。《魯肅傳》注引《江表傳》載周瑜病困時與孫權箋，曰「自效戎行，規定巴蜀，次取襄陽」，說的就是周瑜在京城與孫權所定計劃，而計劃所據，就是魯肅初見孫權之議。

依據赤壁戰後荊州的形勢，即令周瑜不死，孫吳進軍巴蜀，成功的可能性也是微乎其微的。因為此時橫亙於江東與巴蜀之間的已不是可以予取予奪的劉表，而是由於赤壁之戰的勝利而強大起來的劉備。此時的劉備，既不再有南投蒼梧的必要，也還沒有率先入蜀的可能。他的目的是鞏固荊州已據地盤，徐圖發展。《先主傳》注引《獻帝春秋》：「孫權欲與備共取蜀，遣使報備曰：『米賊張魯居王巴漢，為曹操耳目，規圖益州。劉璋不武，不能自守。若操得蜀，則荊州危矣。今欲先取劉璋，進討張魯，首尾相連，一統吳楚，雖有十操，無所憂也。』備欲自圖蜀，拒答不聽。」這裏所謂「欲與備共取蜀」，一望而知是脅迫之詞。孫權雖然不甚看重劉備在荊州的軍事存在，但欲使劉備屈從，勢必通過一場戰爭才有可能。所謂劉備「欲自圖蜀」之說，也無史料可證。核以後來劉備有劉璋之邀約而尚猶豫不決的情況，此說實難成立。接着，孫瑜水師進至夏口，劉備不聽過，並使關羽屯江陵，張飛屯秭歸，諸葛亮駐南郡（按：《通鑒》建安二十年胡注謂此為孫吳所置江南之南郡，即晉以後之南平郡），而劉備自駐孱陵，層層設防以備吳軍。荊州主簿殷觀預料有此部署，「吳必不敢越我而獨取蜀」。周瑜既死，孫權未敢啟釁，乃召孫瑜還，圖蜀事罷。

從以上情節可見，魯肅密議與諸葛亮《隆中對》，實質部分大體相同，都是有識之士分析時代條件及其發展趨勢的產物。認識這一點，有助於按其實際價值來評估《隆中對》，有助於抹去諸葛亮臉上過重的油彩。魯肅、諸葛亮二議，在許多方面都經得起歷史的驗證。同樣，《隆中對》中未驗的部分，魯肅之議中也有。只是由於他們二人各自的環境和所據的條件並非全同，所以得失也不完全一樣。例如據荊取蜀，肅、亮二論都有，但就其應驗而言，取蜀之事於肅論為失者，於亮論為得；而穩據荊州之事於肅論為得者，於亮論則為失。本文以下兩節，即將對《隆中對》入蜀和據荊二策，分別加以探討。

四　巴蜀偏霸之業

劉璋迎劉備入蜀，張松創其議，法正為行人，其事眾所周知，無須贅敘。《法正傳》載諸葛亮之言曰：「主公之在公安也，北畏曹公之強，東憚孫權之逼，近則懼孫夫人生變於肘腋之下。當斯之時，進退狼跋。法孝直為之輔翼，令翻然翱翔，不可復制」，云云。諸葛亮以入蜀首功歸之法正，深加讚賞，而絲毫沒有說到自己起過甚麼作用，也未提及自己早在《隆中對》中首倡的入蜀之議與後來劉備入蜀之行是否有關。入蜀本是劉備在困境中求生存的唯一出路。他之未敢主動攻蜀，照理說所慮在於進無必勝之勢，退為孫權所乘。劉備有法正之邀，前一方面的顧慮不復存在了，可是他仍然躊躇不前。《龐統傳》注引《九州春秋》，龐統說劉備曰：「荊州荒殘，人物殫盡，東有吳孫，北有曹氏，鼎足之計，難以得志。今益州國富民強，……可權借以定大事。」《通鑒》繫法正之邀劉備和龐統之說劉備為一過程，先有法正之說，「備疑未決」，龐統乃言於備云云。這就是說，法正建說，龐統決疑，而諸葛亮本人則未曾參預議論，沒有起甚麼作用。

儘管如此，歷史地分析這一問題，入蜀事成畢竟是諸葛亮《隆中對》主要的應驗之一。有入蜀的成功始有三國鼎立，始有諸葛亮治蜀業績，始有西南腹地的開發，始有巴地與蜀地更緊密的聯繫，始有長江上游與中下游之間的豁然貫通。這些都是極重大的歷史成果。如果說劉備在荊州佔有地盤是《隆中對》開拓性設想第一步的實現，那麼進據益州就是《隆中對》開拓性設想第二步的實現。客觀進程就是這樣。

但是諸葛亮可能沒有想到，進入益州以後，《隆中對》的進取就達到了極限，此後的任務，只是如何保據守成而不是如何進一步開拓。

以成都為中心的蜀國，為地理、財力、人力、軍力等條件所限，是難圖境外發展的。當年劉焉入蜀，據《三國志・蜀書・劉焉傳》，本來就是為了「避世亂」而求「保州自守」。范曄於《後漢書・劉焉傳》後論曰：「劉焉睹時方艱，先求後亡之所，庶乎見幾而作。」蜀中的保據者憑藉劍閣、漢中之守，夔門、扞關之險，閉門自帝，經營有當，可以小康。至於境外之爭，就要看其時的外部條件如何了。當秦嶺以北、扞關以東有強敵扼守時，益州保據者欲逾嶺、出關以求競逐，是十分困難的。即令無強敵扼喉，欲求秦嶺南北、三峽內外的兼守，也是困難得很。劉備入益州後，本來是應當認識到這一點，認識到他自己只有善保邊境、經營益州的事情可做。《隆中對》中自宛洛、秦川北伐之事，如果不是書生議政，紙上談兵，就只能是虛張聲勢，以進為退。如果是後者，還不失為一種策略；如果是前者，那就要誤事更多。劉備出峽，全軍覆滅；諸葛北伐，積年無成，在當時蜀國的條件下，結果只能如此。

入蜀之後只能成保據之業而不能再有進取，歷代評論者注意及此的並不乏人。只是他們觀察問題的角度彼此不盡相同，有的承認歷史條件起着決定作用，有的則一味責備諸葛亮無能。宋代理學家評論諸葛亮，說他於道不純，於理未盡，因而不能有成。這種評論偏於抽象，可不置論。從歷史條件立論的有如下一些。不過這些議論也多把劉備進退諸事一概歸之於諸葛亮，這是與事實不符的，我們也只好從大處着眼，無從一一分辨。

據《魏書・毛脩之傳》，晚於諸葛亮二百餘年的崔浩，駁斥毛脩之入蜀所聞陳壽評諸葛亮事，曰：「承祚之評亮，乃有故義過美之譽。……夫亮之相劉備，……君臣相得，魚水為喻，而不能與曹氏爭天下，委棄荊州，退入巴蜀，誘奪劉璋，偽連孫氏，守窮崎嶇之地，僭號邊夷之間，此策之下者，可與趙他（佗）為偶。而以為管蕭之亞匹，不亦過乎？」[1] 崔浩關於劉備避曹氏、奪劉璋、連孫權之是非得失以及認為入蜀是下策諸事，皆非新見，可以不論。他的實質性的結論是，一旦入蜀，就只能與秦漢之際割據一隅的趙佗為偶而不能再有其他作為，這一點認識是符合實情的。諸葛亮與趙

---

1 《魏書》四三《毛脩之傳》載崔浩語以劉備比擬趙佗，此蓋魏人較普遍的觀念。《魏書》九五《五胡傳・序》論及「僭劉盜名於岷蜀」，亦比之於「尉他（趙佗）定黃屋之尊，子陽（公孫述）成綰璽之貴」，蓋亦「偷名竊位，脅息一隅」云耳。拓跋自認代漢為帝，正朔紀年自庚子（220）始，不承認蜀漢劉備的正統地位，崔浩、魏收都持這一觀點。

佗，人的素質迥然有別，但保據的性質卻是相同。迷信諸葛亮的張澍，在其《諸葛忠武侯文集・序》中斥崔浩之說為「纖生」之「莠言」，只能說明張澍本人之迂和千古相傳歷史偏見影響之深遠。

《齊東野語》卷一「三蘇不取孔明」條引蘇氏父子之說，其中有蘇洵之言曰：「古之取天下者，常先圖所守。諸葛孔明棄荊州取西蜀，吾知其無能為也。」此點與崔浩以趙佗為喻，意義相似。蘇洵還和崔浩一樣，不以為棄荊州入西蜀，在當時條件下是不得不如此的，因而對諸葛亮也是取責備態度，這就是苛求於劉備、諸葛亮了。

歷史決定了劉備是一個奔竄求存的角色，歷史只給了諸葛亮一個小國寡民的政治舞台。不論個人的素質與才能如何，諸葛亮能起的作用總是要受歷史條件的支配。他的《隆中對》睿智非凡，但畢竟也只能是歷史條件的產物。

古人意識到這一點並作出比較完善的評價的，要算王夫之。《讀通鑒論》卷九論諸葛亮資益州形勢以為制勝之略，曰：「蜀漢之保有宗社者數十年在此，而卒不能與曹氏爭中原者亦在此。」又曰：「當先主飄零屢挫、託足無地之日，據益州以為資，可也；從此而畫宛洛、秦川之兩策，不可也。陳壽曰『將略非其所長』，豈盡誣乎？」王夫之以劉備託足無地而不得不入蜀，既入蜀則不足以言宛洛、秦川兩策，這兩層說明都是符合歷史實際的。諸葛亮本人隨着形勢變化和地域遷徙，對北伐路線的考慮必然有所改變。《隆中對》中北伐的宛洛、秦川二策，在《出師表》中不再出現，他力求實行的只剩下奮力秦川一策，而且還只能迂回進行。王夫之所說「從此（按：指據有益州之後）而畫宛洛、秦川之兩策」，也是不準確的。

如前所論，入蜀是劉備唯一退路，入蜀後只能成偏霸而無興復漢室之可言。雖然如此，比起逃奔蒼梧，這畢竟是較好的選擇。不過，強敵環伺，入蜀亦應圖強，因而有諸葛亮不計成敗利鈍，驅民北伐之舉。歷來對此的評論，大抵以歎息為主。詩人詠此不乏名句。在我看來，杜甫的「出師未捷身先死，長使英雄淚滿襟」句，缺乏歷史內涵，比起溫庭筠的「下國臥龍空寤主，中原得鹿不由人」來，識見上要差一些。當然，這些畢竟都是文學語言，不必過於從史識上去推敲。《鄧艾傳》注引《袁子》論蜀北伐事，曰：「小國之慮，在於時立功以自存。」《華陽國志・後主志》亦作如是判斷，曰：「以弱為強，猶可自保。」這種歷史的估量，比起英雄不遂其志的慨歎，比起王業不得偏安的議論，都要實際得多。《後出師表》曰：「不伐賊，王業亦亡，惟坐待亡，孰與伐之？」這不論是諸葛亮本人之言，還是時人託為諸葛亮之言，都說明王業云云不過是諸葛亮欲求立功自存的一種自飾之詞而已。以其時蜀魏形勢度之，以攻為守者或有可守，坐守待人之攻者守亦不能。清人劉獻廷直謂諸葛亮北伐不過是「以攻為守」，「不如此，欲求三分，不可得也」。[1] 這個說法我認為是有歷史見識的。如果認為連這種估計也委屈了諸葛亮的話，那就必須說諸葛亮北伐之師與劉備當年出峽之師一樣，都只能一概視之為《孫子》所謂的「縻軍」了。

五　跨有荊益之失

諸家評論入蜀，多有一個共同前提，即以棄荊州而不守，沒有完成《隆中對》中「跨有荊益」之業為失策，因而寄以惋惜之情。他們似乎並不懷疑跨有荊益的正確性和可能性。

1　《廣陽雜記》卷一，叢書集成本。

荊州本是四戰之地，赤壁戰後糾紛迭起。後來孫劉妥協，劉備所得不過長江以南、湘水以西郡縣，這並非荊州的發達之區，不能憑以抗拒孫吳用揚州為資而隨時可能發動的攻擊。劉備主力入蜀後，孫權不會長久容忍留在荊州的劉備勢力，劉備也難於長久維持在荊州的軍事存在，這是很清楚的事。關羽攻樊，不過是自啟釁端，給孫權以可乘之機，加速了劉備據荊力量的覆滅。所以，問題不在於劉備之棄荊州，而在於荊州之不得不棄。這種荊益不可兼得的情況，估計劉備有所覺察，但又不能心甘情願地接受。

關羽自圍樊以至敗死，首尾半年。其時劉備得漢中而王之，並控制了沔水以通襄樊。孟達在上庸，劉封受劉備之命自沔水下統孟達之軍。關羽急時，連呼劉封、孟達支援，而劉封、孟達竟託詞不承關羽之命。關羽敗死，孟達降魏，劉備賜劉封死，以正其不救關羽之罪，但這只是一種姿態而已，我疑此中另有隱情，容當別論。[1] 在荊州形勢緊張的半年中，劉備並未主動發兵自沔援荊，也未遣軍自長江順流策應。看來劉備雖未必忘懷荊州，但又無法分兵以固荊州之守。所以他態度曖昧，猶豫多時，對關羽之死是負有責任的。至於諸葛亮，沒有資料證明他曾受到劉備諮詢，對此沒有關係。

夷陵之戰，是劉備重圖跨有荊益的一次嘗試。劉備對這次戰爭的部署和指揮意圖，令人難解。戰爭開始，蜀軍盡出三峽，佔領巫、秭歸，至於夷道猇亭，武陵蠻夷聞風歸降。形勢於蜀是頗為有利的。蜀自出軍至覆敗，整整一年；兵屯峽口，亦歷七八月之久。蜀軍連兵立屯，作固守狀，並未試圖強攻。《三國志・魏書・文帝

1　參《蜀史四題》之二《劉封與孟達》。

紀》魏文帝靜觀夷陵戰局，謂群臣曰：「備不曉兵。豈有七百里營可以拒敵者乎？」陸機《辨亡論》論蜀吳郊境形勢說：「重山積險，陸無長轂之徑；川厄流迅，水有驚波之艱。雖有銳師百萬，啟行不過千夫；舳艫千里，前驅不過百艦。故劉氏之伐，陸公喻之長蛇，其勢然也。」魏文之譏，陸遜之喻，的確說明了蜀軍的致命弱點。克服弱點的方法，只有以高屋建瓴之勢，乘流急進，變弱點為強點，才有可能破吳軍峽外之守。但是劉備慮不及此，而是持續地作長蛇狀的靜態屯駐，置自身於被動防禦地位，以致意沮兵疲，一朝覆沒。

盧弼於《陸遜傳》集解中引錢振鍠之論曰：劉備「非致死之軍，直畏死不敢進也」。又謂「此豈報仇雪恨之師哉？正孫子所謂縻軍，非忿兵也」。按《孫子・謀攻》：「不知軍之不可以進而謂之進，不知軍之不可以退而謂之退，是謂縻軍。」注引李筌曰：「縻，絆也。不知進退者軍必敗，如絆驥足無馳驟也。」錢氏觀察入微，認為劉備之師乃孫子所謂縻軍，是有見地的。錢氏還分析：「長江上流建瓴之勢，舫船載卒，不費汗馬之勞。先主有上流之勢而不用，捨船就步，吾不得其說也。」

《漢書・魏相傳》：「爭恨小敵，不忍憤怒者，謂之忿兵。」劉備雪恨動機，誠或有之。《三國志・魏書・劉曄傳》就劉備、關羽的關係為言，認為不如此則「於終始之分不足」。但是蜀吳實力對比究竟如何，對於如《諸葛瑾傳》所議大局小局的關係是否全無考慮，據蜀而圖長期固荊是否可能，這些都是不可等閒視之的蜀國安危所繫的現實問題，劉備不能不籌謀在先。在我看來，正是這些複雜的問題，使劉備既不能戰，又不得不戰，因而陷入一種矛盾之中。表現在指揮上，既作傾國出兵的姿態，又不敢順流以求決戰，終於使忿兵成為麋軍。錢振鍠甚至推測：「順流而下，將逆流而返，軍若不利，將不善其歸也。」這種認為劉備預籌退路的推測，看來不無道理。《黃權傳》權諫阻劉備伐吳，已有「水軍順流，進易退難」之語。不過，即令劉備籌謀在先，仍然不得免於「不善其歸」的厄運。劉備的矛盾，竟然如此解決。

夷陵之戰，史家論之者多，詩人也有詠歎之作。杜甫《八陣圖》詩有「遺恨失吞吳」的名句，歷代論詩者揣摩諸葛亮心態和杜甫立意，作過許多不同的解釋。杜詩仇注歸納為四：一，以不能滅吳為恨，此舊說；二，以劉備征吳為恨，此蘇軾說；三，謂諸葛亮不能制劉備東行而自以為恨，此朱鶴齡說；四，以不能用陣法而致喪師為恨，此劉逴說。吳小如《略論杜詩的用事》一文，[1] 以朱鶴齡說為得，蘇軾說亦近是。我同意該文這一觀點。不過我認為這主要是參考歷史事實而對諸葛亮心態的揣度，至於是否符合詩聖杜甫之意，那就難說了。

劉備出兵，諫阻者多，諸葛亮是否在諫阻者之列，史無明文。但是反過來說，諸葛亮無促成出兵之嫌，是可以肯定的。《法正傳》記諸葛亮事後之言曰：「法孝直若在，則能制主上令不東行，就復東行，必不傾危矣。」由此窺知，諸葛亮對此戰不以為然，如果不是無由諫阻，必是諫阻無成。還可以進一步推論，諸葛亮於關羽敗死後已認識到守荊之不可能，放棄了《隆中對》中跨有荊益的設想。所以他不但不同意出峽之戰，而且在數年以後孫權正號之時，立即派遣

1 《北京大學學報》1979 年第 6 期。

陳震往賀，並相約剖分天下諸州。這樣，蜀之與吳，就儼然以西帝、東帝相待，而所謂王業不偏安也就成為具文了。

近讀傅克輝《論〈隆中對〉的成功和失誤》一文，[1] 於其以跨有荊益為失的論點，我有同感，只是想作一點補充。我認為跨有荊益之失，主要不是失在草廬對策之時，而是失在孫吳已成為荊州支配力量之後。

諸葛亮作《隆中對》時，曹兵有壓境之虞，孫吳又出太湖之側，為劉備計，只有取代劉表、劉璋，才有出路。在這種形勢下，《隆中對》提出了跨有荊益的主張，而對這一主張的可行性並沒有作深入細緻的考慮。這當然是一個失誤。但是若因時論事，《隆中對》的這一失誤是可以理解的，它也並未造成眼前的損失。其時劉備、諸葛亮身在荊州，斷不容提出拋棄可能據而有之的荊州於不顧而侈談入益之事。所以跨荊州益州而有之的主張就自然而然地被提出來了。據荊是當務之急，據益則是遠景。以後的形勢一變於赤壁戰後孫權勢力入荊，再變於劉備主力入蜀，三變於關羽失荊州之守。到了此時，跨有荊益之不可能才明顯地暴露出來。所以我認為跨荊之失主要不是失在諸葛亮早先曾作此議，而是失在劉備無視已經明朗化了的形勢而固執此議。至於此後，諸葛亮既不曾贊同劉備出峽攻荊，也未在他自己執政時繼續從事跨荊之戰。諸葛亮避免了兩面作戰的被動局面，可謂失之東隅，收之桑榆。上舉傅文在此問題上也說到諸葛亮畢竟是高明的，我認為是公允的評論。

1 《文史哲》1986 年第 3 期。

六　跨有荊益的認識來源

諸葛亮在《隆中對》中提出跨有荊益的主張，除因當前形勢未顯，不得不作如此設想以外，還有歷史原因。我以為百餘年前公孫述據益出荊的歷史事實，給諸葛亮跨有荊益之議提供了認識上的根據。

東漢光武帝建武元年至十二年（25—36），公孫述在成都建號立國，史稱其時「蜀土清宴」。《後漢書・公孫述傳》載李熊說公孫述稱帝，有言曰：蜀地「北據漢中，杜褒斜之險；東守巴郡，拒扞關之口。……東下漢水以窺秦地，南順江流以震荊揚」。李熊所設想的割據境界，含荊州西境，與《隆中對》所說跨有荊益大體相當。後來公孫述所遣將軍任滿果然從江州東下，至於三峽以外的扞關。建武六年，將軍田戎、任滿又曾「出江關，下臨沮、夷陵間，招其故眾，因欲取荊州諸郡，竟不能克」，云云。按：臨沮、夷陵在今當陽、宜昌，已經深入荊州。所以跨有荊益，公孫述時並非全不可能。所謂「招其故眾，因欲取荊州諸郡」之語，係指田戎初起於夷陵，轉戰郡縣，因有故眾在臨沮、夷陵以及荊州其他郡縣。這種情況，與劉備先在荊州活動後來雖離荊州而在荊州尚具一定影響相似。

《華陽國志・公孫述志》：「荊邯說述曰：『……不東出荊門，北陵關隴，與之進取，則王業不全，子孫不久安也。』述悅之，乃出軍荊門、陳倉，欲震蕩秦、楚。」此事《後漢書・公孫述傳》記載，於時地均較準確翔實。《後漢書》曰：建武七年騎都尉荊邯說公孫述，宜及光武尚有事於山東、天下未平之際，「發國內精兵，令田戎據江陵，臨江南之會，倚巫山之固，築壘堅守，傳檄吳楚，長沙以南必隨風而靡。令延岑出漢中，定三輔，天水、隴西拱手自服」，云云。《後漢書》謂公孫述本擬如荊邯所請出兵，後遂止，此點與《華陽國志》異。《後漢書》又載建武九年，「遣田戎及大司徒任滿、南郡太守程汎將兵下江關，破虜將軍馮駿等，[1] 拔巫及夷陵、夷道，因據荊門」，十一年始敗退。由此可見，公孫述於益州立國，荊州西境在其勢力範圍之中，雖未長期駐兵，但隨時可以發兵佔領。說公孫述曾經跨有荊益，是可以的。

上引常璩《華陽國志》及范曄《後漢書》成書在後，都是諸葛亮作《隆中對》時所不見。但據《後漢書・班固傳》及《史通・古今正史》，知公孫述事跡已著於東漢時的《東觀漢記》，佈流於世。諸葛亮草廬作對，指畫天下大勢及於蜀中之時，昔年公孫述據益跨荊的歷史，自然是他所知道而浮現於腦中的。所以我認為公孫述的事跡，正是諸葛亮跨有荊益之議的認識來源。而且公孫述諸將北上秦川之議以及所謂不進取則「王業不全」之語，《隆中對》與之符合，以後諸葛亮連年北伐事也與之符合，或許它們之間同樣有某種思想認識上的關聯。

公孫述失敗了，後人未曾以之入於僭越叛逆之列，亦未曾責其跨有荊益以及北上秦川為非計。公孫述有白帝之稱，其所遺留的白帝城之名至東漢沿而未改，劉備入蜀時此城仍舊名。《三國志・吳書・孫權傳》注引《魏略》載魏文帝曹丕詔答孫權關於夷陵之戰諸事，以劉備比之於公孫述。其詔曰：「昔吳漢先燒荊門，後發夷陵，而子陽（按：公孫述字子陽）無所逃其死。……今討此虜（按：指劉備），正似其事。」《三國志・魏書・明帝紀》太和二年注引《魏

1　據《後漢書・岑彭傳》，「破虜將軍馮駿」當作「破威虜將軍馮駿」，是。破是動詞。

略》，明帝露佈天下並班告益州曰：諸葛亮「懷李熊愚勇之志，不思荊邯度德之戒」，云云。「李熊愚勇」，謂李熊說公孫述稱帝及出兵事；「荊邯度德」，或指荊邯於請發兵出荊門、關隴之前，尚有「以為宜與漢和親，不者……」云云之句。觀此可知，諸葛亮的對手魏明帝曹叡也是以二百年中益州前後兩個割據勢力為對比而述己意的。《三國志・吳書・諸葛恪傳》記恪曾著論諭眾，曰：「每覽荊邯說公孫述以進取之圖，近見家叔父（按：指諸葛亮）表陳與賊（按：指曹魏）爭競之計，未嘗不喟然歎息也。」諸葛亮「表」，胡三省、李慈銘均認為當即《後出師表》。荊邯「進取之圖」，兼指東路、北路；而諸葛亮「爭競之計」只是指北上秦川一事，與荊邯之說有所不同。雖然如此，亦可見三國時人認為荊邯對公孫述所畫之策，同諸葛亮對蜀主所畫之策，彼此有所聯繫，有可比較。這些都是《隆中對》中跨有荊益之議有荊邯說公孫述之議為其認識來源的旁證。

三國以後，文士吟詠蜀事，也多有以公孫述事與劉備父子及諸葛亮事相聯繫者。《吳都賦》以或問之語，謂益州之地「公孫國之而破，諸葛家之而滅」，以公孫、諸葛並言。這是由蔑視其地而連及其人，不是左思對公孫、諸葛個人的褒貶。《蜀都賦》曰：「公孫躍馬而稱帝，劉宗下輦而自王。」所謂「自王」，是左思對劉備的微詞，義同「私署」。左思在晉帝魏，自然不承認劉備的法統地位。與此相對，左思對公孫述形象的描繪，比劉備要高，這就可見左思褒貶所在了。《後漢書・公孫述傳》范曄之論，同崔浩之喻劉備一樣，比公孫述於趙佗，責其徒以地勢高深險遠自安；但又謂其「謝臣屬，審興廢之命，與夫泥首銜玉者，異日談也」。泥首，指孫皓降晉事。銜玉，即銜璧，古者君王敗降，銜璧面縛，示國亡當死。此指劉禪輿櫬自縛詣降事。公孫述寧死不降光武，是他在當時及後世博得讚賞的主要原因。相比之下，三國時孫晧泥首以降王浚，劉禪自縛乘騾以詣鄧艾，孫、劉事業都以後人屈降告終，與公孫述之壯烈，不可同日而語。

杜甫在成都所吟《閣夜》一詩，有句曰：「臥龍躍馬終黃土，人事音書漫寂寥」，注家謂其有歎賢愚同盡之意。按：杜甫賢諸葛亮，證以他的《蜀相》、《古柏行》、《詠懷古跡》諸詩，是沒有疑問的；但以公孫述為愚，似尚無據。所以我們寧可認為「臥龍躍馬」句為歎此二人處境相似，又皆無成；至於二人之間，還看不出杜甫有軒輊之意。南宋陸游對公孫述的態度卻與杜甫不相同。陸游生活在一個屈辱的時代，對於降與戰的差別，感覺特別敏銳。乾道六年（1170），他有夔州通判之任，在其《入瞿唐登白帝廟》一詩中借題發揮，曰：「參差層巔屋，邦人祀公孫。力戰死社稷，宜享廟貌尊。」其時白帝廟猶有白帝公孫述的塑像，供邦人歲時祭祀。陸游從公孫述連想到死於此地的劉備，從公孫述的寧死不屈連想到劉禪的自縛出降。所以詩中又有特別稱讚「躍馬壯」，斥責「乘騾昏」之句。[1]

在諸葛亮的時代，有魏文帝以吳漢征討公孫述為喻，有魏明帝以李熊、荊邯之言為喻，有諸葛恪論荊邯說公孫述以進取之圖為喻；在諸葛亮以後各代，有如此多的詩人文士讚揚公孫述而以劉氏為襯托。這許多事實也能幫助我們理解，諸葛亮作《隆中對》時，把公孫述的事業作為背景，與劉備未來的事業聯繫起來設想，是完全可能

1　《劍南詩稿》卷二，見《陸放翁全集》，中國書店影印，1986 年。

的。跨有荊益就是這些設想中的一個部分，而且是重要部分。[1]

但是諸葛亮作《隆中對》時沒有考慮也不可能考慮到如下一個事實：當公孫述時，荊州西境並無東漢強兵經常把守，所以公孫述軍出峽入峽頗為自由，不受阻礙；而當劉備入蜀和關羽敗死後，孫吳大軍已把三峽東出的大門嚴嚴實實地封鎖起來，不容蜀軍出入，這同公孫述時大不相同。何況由於地形地勢的原因，即令在公孫述時，也無法長久駐軍於荊州，把荊州西境牢固地控制在手。嚴格說來，公孫述雖有田戎在荊州多故眾之便，也未能真正跨有荊益。劉備在荊，當然也可能得到某種助力，但荊州總的形勢已經大異於公孫述時。公孫述未能真正辦到的跨有荊益的事，諸葛亮要辦到，就更不可能了。

——原刊《歷史研究》1989 年第 5 期

1 本文「跨有荊益之失」一節，把劉備夷陵之戰的跨有荊益與前此《隆中對》「跨有荊益」之策，未在地理上和時間上加以區別，是不準確的。在「《隆中對》方略和諸葛亮在實施中的作用」一節中，也是誤把「溯流千里，越峽逾巴」視為劉備必取的惟一的入蜀道路，而沒有考慮還有沿漢水一途。這是前人對「跨有荊益」一語共同的誤識。稍後我認識到《隆中對》「跨有荊益」的設想應指自荊州襄陽所見漢水溯流以至於益州漢中郡的荊益之地，而非指三峽東西兩面的荊益之地，曾有《〈隆中對〉「跨有荊益」解》之文作出新解（見《周一良先生八十生日紀念論文集》，中國社會科學出版社，1993 年），並以此為基礎改寫為《東三郡與蜀魏歷史》，收入本書，請參看。

李嚴興廢與諸葛用人

諸葛用人問題，從其內涵諸方面說來，本無剩義可言。本文擬在用人問題的具體情節以外，根據蜀國統治集團組成狀況及其變化，探索諸葛用人背景，從另外的角度重新認識這一問題。在我看來，李嚴這個除了略起反襯作用以外從不為史家注目的人物，其顯隱興廢是理解諸葛用人背景的關鍵。循此線索進行研究，蜀史中的某些問題似乎可以得到新解。

一　新和舊、客和主的分野

建安十七年（212）劉備舉兵葭萌以襲劉璋之時，力量甚為單薄，如劉璋益州從事鄭度所說：「兵不滿萬，士眾未附，野穀是資，軍無輜重。」[1] 後來劉備得到諸葛亮從荊州溯流入蜀之援，力量仍很有限。劉璋集團軍力較強，弱點是統領無方，缺乏內聚力，不足以抗衡劉備。在一年多的時間裏，經過涪城、綿竹、雒城幾次戰役，劉璋之軍不斷潰敗，陸續向劉備求降。劉備控制益州全境以後，其統治人物中由劉璋部屬歸降者佔有很大比重，這些人越來越顯著地起着舉足輕重的作用。

1　《三國志・蜀書・法正傳》。

劉璋部屬，本是在劉焉、劉璋父子戰勝益州在官地主的二十多年中逐漸形成的一個鬆散集團。起先，劉焉欲「避世難」，[1] 於中平五年（188）入蜀，為益州牧。當時支持他的，除了陸續入益州的以南陽、三輔人為主的「東州人」及其他外來人以外，還有兩種益州勢力。一為原仕洛陽、後隨劉焉回籍的益州官僚，如侍中廣漢董扶、太倉令巴西趙韙；[2] 一為仕於益州的本籍豪強，如領有家兵的益州從事賈龍。董扶「明圖讖」，以「益州分野有天子氣」說劉焉。賈龍戰勝了益州黃巾，但力量有限，不能自立，當劉焉入蜀時他選吏卒出迎。這些事實，說明益州地主雖然力圖影響益州政局，可是他們還沒有強大到足以據地自保，並抗衡外來勢力的地步。因此，上述益州在官地主，不論是前者還是後者，都力圖借重具有劉漢宗室身份的劉焉，以求達到保據益州，不受或少受中原戰亂影響的目的。在這個基礎上，劉焉同益州在官地主之間，暫時形成了相互利用、相互依存的關係。

但是，劉焉是外來勢力，他同益州在官地主之間有明顯的利益不一致，衝突是遲早要出現的。初平二年（191），劉焉「託他事殺州中豪強王咸、李權等十餘人，以立威刑」，[3] 引起犍為太守蜀郡任岐和校尉蜀郡賈龍（即前選吏卒出迎劉焉的州從事賈龍）起兵叛亂。劉焉用以壓平叛亂的，是東州士和青羌兵。

興平元年（194）劉焉死，焉二子璋、瑁在蜀，「州大吏趙韙等貪璋溫仁，共上璋為益州刺史」。州大吏趙韙，就是隨焉入蜀的原太倉

1 《三國志・蜀書・劉二牧傳》。以下見於此傳及《華陽國志・劉二牧志》的引文，一般都不出注。

2 趙為巴西安漢大姓，見《華陽國志・巴志》。同志另有安漢趙穎，穎為韙之誤字。

3 《三國志・蜀書・劉二牧傳》注引《益部耆舊雜記》謂李權為臨邛長，《華陽國志・劉二牧志》謂王咸為巴郡太守。

令巴西趙韙，這時他的權勢達到足以選立劉璋、左右政局的地步。也有一些不服劉璋的益州將吏東走荊州，其中的甘寧以後成為東吳大將。建安五年（200），趙韙「因民怨謀叛，……陰結州中大姓，與俱起兵，還擊璋，蜀郡、廣漢、犍為皆應韙」。這是益州在官地主最大的一次叛亂。由於東州士殊死戰，成都得以保全，而趙韙卒為其部將龐樂、李異所殺。以後雖然還有如「州中諸將龐樂、李異等皆恃功驕豪，欲有外意」的事，[1] 但是益州在官地主大規模叛亂卻不再見於史籍了。[2] 不斷由三輔、南陽及荊州它郡流入的外來士人與餘下的益州在官地主聯合一起，形成一支比較穩定的力量，支持劉璋，使劉璋在益州的統治得以維持一個時期。劉備進攻劉璋，這支力量又陸續背棄劉璋，倒向劉備。

劉璋邀劉備入蜀之初，這兩個營壘之間就自然地形成「客主」之分，有時又稱為「新人」和「舊人」之分。最早說及這種關係的，是劉璋的主簿黃權。黃權諫劉璋勿迎劉備入蜀，否則客主難於相容，「若客有泰山之安，則主有累卵之危」。[3] 顯然，這是就客主兩方的軍事營壘而言。劉備圍攻劉璋於雒城時，法正在劉備軍中，致箋劉璋，勸他勿以「客主之勢」自恃。[4] 這裏說的客主仍是指對壘的兩軍，與黃權之意一樣。

1 龐樂，《三國志》及《華陽國志》均作龐羲，誤。龐羲為河南人，不得稱之為「州中諸將」；他地位高，亦不得在諸將之列。而龐樂、李異二將共殺趙韙有功，故此處「恃功驕豪」的「州中諸將」必為龐樂、李異。又，吳有將軍李異，疑即此蜀將之降吳者。

2 《華陽國志・蜀志》及《三國志・蜀書・李嚴傳》所載郪縣世掌部曲的高、馬家高勝、馬泰（一作馬秦）的叛亂，屬於土豪問題；《三國志・蜀書・後主傳》等所載益州郡大姓雍闓叛亂等事，又涉及民族問題，均與本文所說益州在官地主有所不同，當別論。

3 《三國志・蜀書・黃權傳》。

4 《三國志・蜀書・法正傳》。

劉備征服劉璋，劉璋部屬全體進入劉備陣營以後，客和主、新和舊合流，其分野實際還存在，不過不再是軍事上兩個營壘的區分，而是政治上兩個派別的區分。《諸葛亮傳》注引法正諫亮之言曰：「今君假借威力，跨據一州，初有其國，未垂惠撫。且客主之義，[1] 宜相降下，……」云云。這說及一體之中存在着主和客、或者說舊和新這兩部分人，構成蜀政中的一大問題，須得劉備、諸葛亮細心協調，妥善處理。在當時矛盾還不顯著的情況下，兩部分人的區分並不十分整齊，政治態度也不完全一致。同是劉璋舊屬，有些人在政治上公開反對劉備，例如來敏、李邈、劉巴等；多數人則不公開反對，等待形勢的變化發展。

劉備初領益州牧時，據《先主傳》云：「諸葛亮為股肱，法正為謀主，關羽、張飛、馬超為爪牙，許靖、麋竺、簡雍為賓友。」這裏除法正、許靖、馬超以外，都是新入蜀的劉備部屬，即所謂「新人」。他們在蜀國官員中人數較少，卻是蜀中統治者的主體。劉備對舊人中類型不同的各種人物，也作了精心考慮。法正引劉備入蜀，其地位同於劉備部屬。許靖以名高為法正薦於劉備，與劉璋本來沒有多少關係。馬超在蜀更無根柢，可以不論。《先主傳》：「及董和、黃權、李嚴等，本璋之所授用也。吳壹、費觀等，又璋之婚親也。彭羕，又璋之所排擯也。劉巴者，宿昔之所忌恨也。皆處之顯任，盡其器能，有志之士，無不競勸。」《通鑒》於此下還綴有「益州之人是以大和」。這是一次重要的政治安排。劉備通過設官分職，力圖使各種

1 「客主之義」，《通鑒》建安十九年胡注：「以亮等初至為客，益州人士則主也。」這與上引黃權、法正之說是一致的。

人，主要是劉璋舊屬，同新人一起，各得其所，彼此相安。其中屬於「璋之所授用」的董和、李嚴二人更被重視，在劉備政權中處於特別地位，具有特殊作用。

《董和傳》，和由荊入益，仕劉璋，建安十九年（214）「先主定蜀，徵和為掌軍中郎將，與軍師將軍諸葛亮並署左將軍、大司馬府事」。左將軍、大司馬府，劉備軍府。董和作為劉璋舊屬的代表，被物色來與諸葛亮並署軍府，這是一種具有象徵意義的安排，從政治方面表示對舊人的尊重。董和居官忠恪謙恭，諸葛亮謂其「參署七年，事有不至，至於十反，來相啟告」。建興元年（223）劉備死，其時董和當已卒官，於是李嚴就被選來代替董和，成為蜀國政權中劉璋部屬亦即所謂舊人的代表，與諸葛亮一起受遺詔輔幼主。李嚴所得到的這種禮遇，又大大地超過董和。何焯謂董和與諸葛亮並署左將軍、大司馬府事，李嚴與諸葛亮並受付託之任，「皆所以慰蜀士大夫之心」，[1] 這一見解是精當的。何焯所說的「蜀士大夫」並非專指益州籍貫的士大夫，而是泛指劉璋舊屬，包括益州籍的也包括外來的益州官吏，而且外來的居多數。

劉備死後，諸葛亮繼承了這一既成局面，維持與李嚴的和諧關係，保持新人與舊人的平衡。[2] 但是，形勢在發展，利害有衝突，新人舊人的矛盾日益滋長。敵視舊人者嫉妒李嚴，不服新人者攻擊諸葛亮。新人舊人矛盾明朗化，幾年之後遂演化為諸葛亮與李嚴的公開衝突。

---

1 《義門讀書記》卷二七。

2 諸葛亮早已留意用蜀中舊人以協調新舊關係，在委署太守時也很明顯。《楊洪傳》謂犍為太守李嚴辟犍為楊洪為功曹，嚴未去（去字據《通鑒》，意謂去官，本傳誤作至）犍為而洪已為蜀郡太守；蜀郡太守楊洪舉有才策功幹的門下書佐蜀郡何祗為郡吏，洪尚在郡而祗已為廣漢太守。「是以西土咸服諸葛亮能盡時人之器用也」。何祗，蜀郡人，見《張嶷傳》。

二　李嚴的特殊地位

《李嚴傳》：嚴，南陽人，少為郡吏，以才幹見稱，歷事劉表、劉璋、劉備。劉備死前，李嚴以犍為太守徵拜尚書令，受遺詔副諸葛亮輔政，以中都護統內外軍事，留鎮永安。建興五年（227）諸葛亮出軍漢中，李嚴當知後事，嚴遂移鎮江州（巴郡治所，今重慶市），留護軍陳到為都督，駐守永安，統屬於嚴。

在當時形勢下，李嚴以都護屯江州，實際上是總攬蜀國東部軍政，與成都分陝而治。[1]《呂凱傳》益州郡大姓雍闓叛亂，李嚴以都護名義「與闓書六紙，解喻利害」。《華陽國志・南中志》則謂「從事蜀郡常頎行部南入，以都護李嚴書曉諭闓」云云。常頎當為益州從事，益州從事行部入南中，不宣丞相、益州牧諸葛亮的教令，而以都護李嚴書曉諭，可見李嚴職任之重。

何焯在前舉《義門讀書記》中論李嚴「所以並當大任」之因，有些是比較準確的。他說：「既蜀土故臣，宜加獎慰；……荊土歸操，嚴獨西歸，似有志操；理民治戎，幹略亦優，是故取之。」李嚴初入蜀，為成都令。成都是益州首邑，大姓縱橫，李嚴得居此任，看來是得到劉璋器重。他以劉璋護軍而降劉備，於璋敗備勝起了重大作用。他受任為犍為太守，壓平郪縣土豪高、馬家，又助平越西夷王高定，於劉備有軍功。這些經歷使李嚴於舊人、新人中都具有受信任、被尊重的地位。他在郡有興業將軍（後加輔漢將軍）軍號，握有相當的軍事實力。《先主傳》建安二十四年劉備得漢中地，「遣劉封、孟達、李平等攻申耽於上庸」。按：李嚴改名李平晚在建興八年（230），

1　分陝而治，也是相對言之。其時統屬於李嚴的永安都督陳到，是隨劉備入蜀，「名位常亞趙雲」的「新人」，見楊戲《季漢輔臣贊》、《華陽國志・巴志》。陳到駐守永安，對李嚴不能不是一種重大的牽制力量。

所以歷來注家不信此李平即李嚴，但我認為不能排除陳壽此處用李平之名記李嚴事的可能性。建安二十四年（219）秋，李嚴以興業將軍列名上劉備為漢中王表中。值得注意的是《三國志・蜀書・先主傳》所載同年「黃龍見武陽赤水，九日乃去」一事，這是劉備稱帝的重要輿論準備。二十五年太傅許靖等上言，歷數其時上書稱符瑞圖讖者已八百餘人，特別稱述黃龍見赤水事，因為據他說，「龍者君之象也」。武陽為犍為郡治，犍為太守李嚴為此立廟作碑。《隸續》卷一六著錄此碑，稱《黃龍甘露碑》，凡二，其一碑側有太守李嚴之名，題名中有司徒臣某。另一碑有建安二十六年字，蓋劉備沿用漢獻帝年號，以示繼漢。蜀有司徒始自章武元年，即碑上所作的建安二十六年，是年以許靖為司徒，則前一碑有司徒名號者亦立在此年。這件事顯示了李嚴對劉備特別效忠。劉備日後看重李嚴，與此當有關係。

李嚴後來以尚書令受遺詔輔政，為中都護統內外軍事。李嚴何以得驟居此職，陳壽未作交待，它書亦無說明。據知前此孫吳曾以周瑜為中護軍，與長史張昭共掌眾事。李嚴中都護之任略當孫吳之周瑜，而顧名思義，中都護統內外軍事的職任更重於中護軍，近於魏晉常見之都督中外諸軍事，例為武力權臣所居。我疑李嚴素有實力，他奉詔來永安，或有率所領兵以守峽道任務，成為夷陵傾敗以後蜀國安危所賴的重鎮，因而有中都護統內外軍事的任寄。後來諸葛亮北伐時調李嚴離永安、江州，欲得其兵以鎮漢中，李嚴「窮難縱橫，無有來意」，就是由於有此背景。

李嚴輔政以後，處境有些特殊，與諸葛亮的關係也頗為微妙。李嚴不得入成都，只是居永安為外鎮，實際上無法起到劉備原來許諾於他的輔政作用，中都護統內外軍事也成為具文。他退而求其次，力圖在江州擴大實力，鞏固分陝之勢。《華陽國志・巴志》：李嚴在江州「更城大城，周回十六里，欲穿城後山，自汶江通水入巴江，使城為州（按：州即洲），求以五都（按：當作郡）置巴州。丞相諸葛亮不許」。[1]《水經・江水注》略同。《李嚴傳》則直謂李嚴「求以五郡為巴州刺史」。《華陽國志・後主志》還說李嚴欲效法魏國陳群、司馬懿所為，要求開府，以與其時開府、領益州牧的諸葛亮等列。種種跡象表明，李嚴是想使巴、蜀「分陝」的局面合法化，長期化，與諸葛亮分庭抗禮，這當然是諸葛亮所不能容許的。諸葛亮與李嚴的矛盾在醞釀中，不知哪一天將要爆發。

李嚴擁有實力和地位，自視甚高，一貫表現與諸葛亮相頡頏的態度。據《李嚴傳》，嚴致書於由蜀降魏的孟達曰：「吾與孔明俱受寄託（按：指受遺詔輔政），憂深責重，思得良伴。」諸葛亮亦有書與孟達曰：「部分如流，趨捨罔滯，正方（按：李嚴字正方）性也」，史謂「其見貴重如此」。按：諸葛亮致書孟達，是以執政地位，在北伐出師之前引孟達為外援，這是可以理解的。但李嚴以都護屯駐江州而與孟達為境外之交，炫耀自己與諸葛亮相伯仲的地位，那就是另一回事了。李嚴還勸說諸葛亮受九錫，晉爵為王，動機何在，值得琢磨。諸葛亮覆書謂「若滅魏斬叡（魏明帝曹叡），帝還故居，與諸子並升，雖十命可受，況於九耶！」亮以「並升」為詞以尊李嚴，可以想見他委屈求全於李嚴的用心。

諸葛亮通過委重李嚴以表示對舊人的尊崇，暫時緩和了舊人新人的矛盾，但並不能消除這種矛盾。最先挑起矛盾的是廖立。廖立，

---

1 《元和郡縣圖志》卷三三渝州巴縣條：「先主（按：當作後主）令都督李嚴鎮此，又鑿南山，欲會汶涪二水，使城在孤洲上。會嚴被徵，不卒其事，鑿處猶存。」《華陽國志》「使城為州」，「州」乃「洲」之本字。《華陽國志校注》（巴蜀書社，1984 年）卷一《巴志》謂汶涪二水即長江與嘉陵江，李嚴蓋欲自今浮圖關鑿通二江，使全城如島。

武陵人，是劉備在荊州所用的重要人物之一，深受諸葛亮器重。《廖立傳》：亮謂「龐統、廖立，楚之良材，當贊興世業者也」。劉備死，廖立為五校之一的長水校尉，並沒有被安排在足以「贊興世業」的更高位置上。他「本意自謂才名宜為諸葛亮之貳，而更遊散在李嚴等下，常懷怏怏」。李嚴郡吏出身，長於文法而短於學術。廖立「公言國家不任賢達而任俗吏」，所指當包括李嚴在內，主要就是李嚴本人。廖立發難，新人舊人一時關係趨於緊張。諸葛亮表上後主，說廖立「坐自貴大，臧否群士，……誹謗先帝，疵毀眾臣」。亮表還說：「陛下即位之後，普增職號，立隨比為將軍，面語臣曰：『我何宜在諸將軍中？不表我為卿，上（按：此字疑誤）當在五校。』臣答：『將軍者隨大比耳。至於卿者，正方亦未為卿也。且宜處五校。』自是之後，怏怏懷恨。」廖立被廢徙汶山為庶民，導火線在於坐自貴大，不服李嚴。

從舊人方面爆發矛盾，始於來敏。來敏，義陽人，東漢功臣來歙之後，司空來豔之子，出自「荊楚名族」。來敏仕劉璋，為璋姻親，在舊人中頗有地位。《來敏傳》注引《諸葛亮集》亮下教曰：「昔成都初定，議者以為來敏亂群。先帝以新定之際，故遂含容，無所禮用。後劉子初（按：即劉巴）選以為太子家令，先帝不悅而不忍拒也。」《宋書・王微傳》：「諸葛孔明云：『來敏亂群，過於孔文舉。』」後主即位，來敏為虎賁中郎將領宿衛兵。劉巴本是劉備「宿昔之所忌恨」的人，來敏既於成都初定之時即為劉巴所援引，其對待劉備的態度可知。「亂群」是諸葛亮處置官吏時習用之詞，表廢廖立，曾說「羊之亂群，猶能為害」云云。[1]「亂群」之語，蓋指在群僚中製造事端，

1　《三國志・蜀書・劉巴傳》劉備斥責劉巴，也說過「孤欲定天下而子初專亂之」。

特別是導致新人舊人糾紛。諸葛亮在籌劃北伐、安頓後方時，對於東宮舊人、掌領宿衛而好「亂群」的來敏，是不會不作處置的。所以，諸葛亮請來敏為軍祭酒、輔軍將軍，使他離開後主，隨同自己北伐；而在所上《出師表》中推薦董允為侍中領虎賁中郎將，統宿衛兵，以代來敏。這件事，引起了來敏的激烈反應。諸葛亮教謂：「將軍來敏對上官顯言：『新人有何功德，而奪我榮資與之耶？諸人共憎我，何故如是？』敏年老狂悖，生此怨言。」來敏所稱「新人」，即指董允。董允是董和之子，董和雖是劉璋舊屬，但與諸葛亮長期共署左將軍府事，「終始好合」(《董和傳》)，在政治上與新人一體。董允年少，劉備時始起家為東宮官屬，與劉璋沒有甚麼關係。這也許就是來敏不認為董允是劉璋舊屬而認為他是「新人」的緣故。來敏以「語言不節，舉動違常」，屢被廢黜，又以其耆宿學士，東宮舊臣，屢廢屢起，但也只是職在閒散，沒有大用。這種處置似乎是留有更大的餘地，與對廖立有所不同。

諸葛亮廢徙廖立，左遷來敏，目的是懲罰和防備發難鬧事的人，以求維持平衡和安定。但這還不是最終解決新人舊人矛盾問題的辦法。最終的辦法已經在諸葛亮思考之中，要等待有利的時機才能實現。

三　諸葛亮廢黜李嚴的原因及其結果

建興八年(230)，關中魏軍有三路進攻漢中的態勢。諸葛亮藉此理由，命李嚴將二萬人赴漢中，並以嚴子李豐為江州都督，典嚴後事。李嚴抗命不欲北行，築江州大城，求置巴州為刺史，並求開府諸事，已見前述。諸葛亮表廢李嚴時追敘這一段事情說：「臣當北出

（按：指建興八年出師防備魏軍之事），欲得平（按：李嚴改名李平）兵以鎮漢中。平窮難縱橫，無有來意。」亮以李豐為江州都督典嚴後事，「隆崇其遇，以取一時之務」，完全是作為促使李嚴北上，也就是調虎離山的條件而安排的。李嚴既然不得不離開長期盤據的江州，那末，諸葛亮進一步解決李嚴問題，就只是早晚的事情了。

建興九年，李嚴為祁山蜀軍催督運事。諸葛亮廢李嚴，假藉了一個難於置信的口實。據《李嚴傳》，李嚴之表現為：一，喻後主指，運糧不繼，呼亮軍還；二，又詰亮糧足何以還軍；三，並表上後主謂亮軍退蓋以誘敵。亮以嚴反覆如此，乃出嚴前後手筆為證，表徙嚴於梓潼為民。《李嚴傳》注引諸葛亮公文上尚書，謂嚴「橫造無端」；《季漢輔臣贊》據亮所言，亦謂嚴「造此異端」。但是這裏所說的李嚴舉動畢竟過於乖謬，不符常情，絲毫不像一個素來「以才幹稱」、「有能名」、被譽為「部分如流，趨捨罔滯」，在蜀國地居分陝的人所當為，頗疑其間另有文章。廢徙李嚴，是解決新人舊人之爭的關鍵，是當時的一件政治大事。陳壽所上《諸葛氏集》二十四篇十餘萬言，其中有《廢李平第十七》一篇，可見關於此事的文書資料是不少的。陳壽、常璩書中所載廢李嚴事，當是據《諸葛氏集》資料寫成。但是今存這些，看來都是諸葛亮之詞，沒有李嚴一面的資料，歷史真象究竟如何，已無從考定了。

李嚴被廢徙，也有他個人的原因。《季漢輔臣贊》注謂：「都護李嚴性自矜高」。[1]《太平御覽》卷四九六引《江表傳》：「諸葛亮表都

1 楊戲《季漢輔臣贊》贊費觀，注：「都護李嚴性自矜高。護軍輔匡等年位與嚴相次而嚴不與親褻。觀年少嚴二十餘歲，而與嚴通狎如時輩云。」又，贊輔匡，注：「輔元弼，名匡，襄陽人也，隨先主入蜀。益州既定，為巴郡（按：《華陽國志・巴志》作巴東）太守。」按：費觀，江夏鄳人，劉璋母為觀之族姑，璋又以女妻觀，建安十八年參李嚴軍，拒劉備於綿竹，與嚴俱降。上舉李嚴親費觀而不親輔匡，恰恰就是親劉璋舊人而不親劉備新人，似乎其「性自矜高」中也自有偏向在。

護李嚴，嚴少為郡職吏，用性深克，苟利其身。鄉里為嚴諺曰：『難可狎，李鱗甲。』」這個材料，是陳震向諸葛亮提供的。陳震是劉備舊屬，隨劉備由荊入益，與李嚴的人事背景不同。《陳震傳》載諸葛亮與蔣琬、董允書，謂「孝起（按：陳震字孝起）前臨至吳，為吾說正方腹中有鱗甲，鄉黨以為不可近（按：陳震與李嚴均南陽人，故知鄉黨所論如此。震使吳在建興七年，早於李嚴被廢二年）。吾以為鱗甲者但不當犯之耳，不圖復有蘇、張之事出於不意」。由此可見，李嚴人多巧詐，桀驁不馴，難於共事，而且還有「蘇、張之事出於不意」，更是激化矛盾的導火線。

李嚴所為「蘇、張之事」，具體情節沒有記載。《通鑒》太和五年（231）胡注曰：「謂蘇秦、張儀捭闔其說以反覆諸侯之間，今李平復為之。」這一解釋，可以與《諸葛亮傳》注引諸葛亮《正議》所說「二三子多逞蘇、張詭靡之說」的用語相印證，[1] 應當可信。李嚴所行「蘇、張之事」，當指其縱橫捭闔於舊人新人之間，肆其詭靡之說，挑起新舊不和，所以諸葛亮要假藉理由加以消除。諸葛亮與李嚴的矛盾由於涉及新人舊人問題，關係重大，不便獨自處理，所以諸葛亮表廢李嚴，聯署者包括舊人新人在內，竟有二十餘人之多。

解決了李嚴問題，同時也就解決了江州地區的問題。李嚴駐永安時，江州入舊人之手。[2] 費觀為巴郡太守、江州都督，而費觀是劉

1　諸葛亮此處所用「蘇、張之事」，係貶意無疑。但三國時人亦有用為褒義者。《吳志・呂蒙傳》孫權讚揚魯肅，謂「其決計策意出張、蘇遠矣」。又《周瑜傳》注引《江表傳》周瑜語蔣幹，亦有「假使蘇、張更生，酈叟復出」云云，亦無貶意。

2　蜀漢之初，巴郡太守人選的改易，顯示舊人、新人在巴郡力量的消長。《華陽國志・劉先主志》：建安十九年（214）劉備入成都，列署官守，「費觀為巴郡太守」，此為蜀漢巴郡首任太守。費觀為舊人，疑本為劉璋署置，劉備暫仍其舊。《楊戲傳》載《季漢輔臣贊・贊輔匡》，注曰：「益州既定，為巴郡太守。」此為第二任。輔匡為新人，當是劉備旋以輔匡代費觀，巴郡入新人之手。同傳載《季漢輔臣贊・贊費觀》，注曰：「既定益州，拜為裨將軍，後為巴郡太守、江州都督。」此為第三任。當是李嚴為中都護駐永安，巴郡為永安後方，費觀遂復任巴郡太守。此後巴郡都由李嚴、李豐掌握，直到李嚴廢徙。

璋的女婿，李嚴的參軍。費觀以後是李嚴，李嚴以後是李豐。李嚴被廢徙後，諸葛亮立即「奪平子豐兵，以為從事中郎，與長史蔣琬共知居府事」，見《華陽國志・後主志》。這樣，江州的軍政權就轉移到諸葛亮掌握中了。《李嚴傳》記載亮與豐教，說到「若都護（按：指李嚴）思負一意，君（按：指李豐）與公琰（按：蔣琬字公琰）推心從事者，否可復通，逝可復還也」。這本是諸葛亮對李嚴的一個姿態，李嚴於徙所信以為真，「冀亮當自補復」。但是李嚴的希望並未實現。

廖立以不服李嚴被廢，而李嚴又以不服諸葛被廢。在這看來是兩不相涉的孤立事件中，卻包含蜀國歷史上的一段公案，貫串於其間的是新人舊人問題。史家每每把這兩件事作為諸葛亮執法公平的重要佐證而並提。習鑿齒論及這兩件事，謂亮如水如鏡，至平至明，「可謂能用刑矣」，見《李嚴傳》注引。《三國志》以廖立、李嚴同傳，陳壽並謂其「招禍取咎，無不自己」，以此作為二人同傳的理由之一，從歷史的表面看來，這自然是可以的。但是廖立、李嚴招禍，導源於新人舊人之爭；諸葛執法，也是要表現持平態度於新舊兩造之間，這一歷史深層的聯繫，陳壽似乎沒有予以注意。

李嚴被廢徙後，舊人中敢於繼續公開反抗的，據知只有李邈一人。李邈，廣漢郪人，劉璋牛鞞長。成都初定，李邈正旦行酒，面責劉備「取鄙州甚為不宜」。有司將殺邈，諸葛亮為請得免。亮死，邈疏上後主，謂「亮身杖強兵，狼顧虎視。『五大不在邊』，[1] 臣常危之。今亮隕沒，蓋宗族得全，西戎靜息，大小為慶」。後主下李邈獄，誅

1　「五大不在邊」，《左傳》昭公十一年申無宇對楚王之言。《疏》引賈逵云：「五大，謂太子、母弟、貴寵公子、公孫、累世正卿。」五大，還有它說。《正義》謂「專盛過節則不居邊城」，得「不在邊」之義。

之。[1] 李邈被殺事，是新舊矛盾的餘波。大體說來，新舊矛盾以嚴廢亮死而告結束。緊接着出現的是魏延、楊儀爭權，釀成砍殺的重大事件，而魏延、楊儀都是劉備陣容的人，屬於新人之列，他們的矛盾，不再屬新舊之爭。

四　鞏固新人地位、協調新舊關係是諸葛亮用人的核心問題

諸葛亮以法治蜀，是他受到後人推崇的一個重要方面。以法治蜀，主要表現在用人上。《諸葛亮傳》陳壽《上諸葛氏集表》，謂亮輔幼主時「科教嚴明，賞罰必信，無惡不懲，無善不顯。至於吏不容奸，人懷自勵」。陳壽又評「諸葛亮之為相國也，……盡忠益時者雖仇必賞，犯法怠慢者雖親必罰」。《張裔傳》裔謂亮「賞不遺遠，罰不阿近，爵不可以無功取，刑不可以貴勢免」。這些資料都是世所習知，論諸葛亮者常加引用的。亂世創業君臣，執名實刑賞以馭天下，強調循名責實，信賞必罰，以立威權。名實刑賞，是他們鞏固團結的重要手段。可以說，這是東漢末年群雄爭競以來具有時代特點的現象。諸葛亮以法治蜀，也是如此。

世亂紛爭，不得人者不得勢，這是當時人所共知的道理。所以三國之主皆以善用人著稱。《廿二史札記》「三國之主用人各不同」條曰：「人才莫盛於三國，亦惟三國之主各能用人，……而其用人亦各有不同者。」趙翼所言三國用人特點，偏重於手段和情意，即「曹操以權術相馭，劉備以性情相契，孫氏兄弟以意氣相投」。趙翼所見

1　《華陽國志・先賢士女總贊》廣漢士女。《季漢輔臣贊》贊李邵，注引《華陽國志》載李邈事，文字略異。

是一個方面。我們從魏、蜀、吳各自的歷史條件分析，還可以看到其他方面的特點。這就是，曹操在創業階段對抗大族，反對單純遵循世家大族的道德標準，而以「惟才是舉」取人。在這方面，曹操獲得了成功。孫權在建安年間，力圖把他父兄所依以起家的淮泗文武，同他自己後來所依靠的江東大族的利益協調一致，使這兩種力量共同支持孫吳政權。在這方面，孫權也是成功的。劉備入蜀後，遇到的情況同曹操、孫權有所不同。劉備在益州完全是外來人，而且是後到的外來人。先來的外來人把後到的外來人視為客，視為新人，同他們畫開距離。這樣，諸葛亮當政後，其用人策略首先就是要鞏固新人地位，穩定舊人，協調新舊關係以求安定，並進一步消滅新舊界線。在這方面，諸葛亮同樣獲得了成功。這就是諸葛亮用人的核心所在，是他以法治蜀的一項重要內容。

三國情況各不相同，益州有很大的地方特點。以諸葛亮和曹操相比，他們在用人方面碰到過一些相同現象，其後果卻不盡一致。魏國是大局面，蜀國是小局面。同樣是清議之風，魏國有強大的、深具影響的大族階層鼓煽其間，蜀國則沒有，所以魏國軒然大波迭起，蜀國只有小風小浪。「來敏亂群，過於孔文舉」，這只能視為諸葛亮的忿激之言。實際上孔融在魏的地位和作用，不是區區來敏所可比擬的。而且孔融影響遍及南北，並不局限於魏國境內。許靖也是一個南北知名的人物。許靖在蜀，如同在北方一樣，喜好臧否人倫。他見到王商，稱之曰:「設使商生於華夏，雖王景興（王朗）無以加也。」(《許靖傳》注引《益州耆舊傳》)他見到張裔，又說裔「幹理敏捷，是中夏鍾元常（鍾繇）之倫也」(《張裔傳》)。但是蜀國畢竟不是中原，許靖在激揚清濁、進退人物方面，絲毫發揮不了當年汝南「月旦評」的作用。來敏、許靖能夠把中原的清議風尚帶到益州來，但是他們卻無法帶來中原的社會條件。所以來敏亂群問題雖然有重要意義，但並未在蜀政中構成一件大事，諸葛亮處理起來遊刃有餘，因而也鮮為後世史家注意。

《諸葛亮傳》注引《蜀記》諸葛亮答法正之言曰：「劉璋暗弱，自焉以來有累世之恩，文法羈縻，互相承奉，德政不舉，威刑不肅，蜀土人士專權自恣，君臣之道漸以陵替。」諸葛亮認為，「累世之恩」造成了劉璋部屬這樣一個利益集團，而過度的寬縱又破壞了劉璋與他們之間實際上的君臣關係。劉備、諸葛亮接納了這個集團，也接受了他們所帶來的這一份頹風弊政的遺產。這種頹風弊政，又使新人舊人關係容易失去控制，處於緊張狀態。面對此情，諸葛亮知道像劉璋那樣專靠恩澤來維持是不行的，必須「威之以法，法行則知恩；限之以爵，爵加則知榮。榮恩並濟，上下有節，為治之要，於斯而著」。前引諸葛亮以法治蜀的世所習知的資料，可以看作是對這段話的具體說明。諸葛亮以法治蜀，核心內容是不論親疏遠近，刑賞一統於法，力求「用心平而勸戒明」。而所謂親疏遠近，其主要尺度，實際上就是新人舊人——臣僚以新舊為分。新人舊人有了共同的刑賞準則，差別日漸泯滅，蜀國統治才能鞏固。諸葛亮對於影響安定、滋生事端的人物十分留意，因而有廢徙廖立、罷黜來敏之舉，而廖立為新人，來敏為舊人，這自然是為了保持新舊平衡的緣故。

根據以上分析，我們可以認為，歷史上備受讚譽的諸葛亮以法治蜀，主要表現在用人方面；用人問題的關鍵所在，是消除親疏遠近差別以安新舊人心。舊人中足為代表的是李嚴，所以李嚴成為諸葛亮表現其用人策略的主要對象，而李嚴的興廢，大體上也就是諸葛亮以法治蜀的始終。

蜀國統治者中的矛盾，並不是只此一端。以廖立為例，他所攻擊的主要是李嚴，但也觸及劉備、關羽，所以諸葛亮說他「誹謗先帝，疵毀眾臣」。對滋生事端的人，也並非一概嚴懲，如李邈面責劉備而諸葛亮為請免罪。新人舊人的地位也可能發生變化，如董和本來是舊人的主要代表，而他的兒子董允實際上卻被視為新人。舊人中有些地位尊貴、影響較大的人，雖然不滿諸葛，但畢竟能超然於新舊鬥爭之外，避開了糾紛。如《劉巴傳》：劉巴「自以歸附非素，懼見猜嫌，恭默守靜，退無私交，非公事不言」，卒全其高士之名而獲令終。

諸葛亮以法治蜀，並非完全真正一統於法，無懈可擊。《法正傳》法正為蜀郡太守，「外統都畿，內為謀主，一餐之德，睚眥之怨，無不報復，擅殺毀傷己者數人。或謂諸葛亮曰：『法正於蜀郡太縱橫，將軍宜啟主公抑其威福。』」亮答，列舉法正引劉備入蜀大功，曰：「如何禁止法正使不得行其意耶？」自然，這種威刑不肅的情況出現在創業之始，是權以濟事，畢竟不是常情。而且對法正這樣特殊人物，這是政治問題，不是法律問題。嚴格說來，李嚴興廢也是政治問題，不是法律問題。用人與用法，畢竟不是一回事。《夢溪筆談》卷二五：「范文正常言，史稱諸葛亮能用度外人。用人者莫不欲盡天下之才，常患近己之好惡而不自知也。能用度外人，然後能周大事。」《顏氏家訓・音辭》：「人心有所去取，去取謂之好惡。」所謂「近己之好惡」，即指以己之好惡而定去取。這種師心自用的枉法行為，可信諸葛亮是沒有的。不過所謂「度外」，可以是理度以外，更可以是法度以外。所以要諸葛亮在用人方面完全體現出用法精神，使兩者完全一致，也是不可能的。

諸葛亮在思想流派方面是儒是法，論者非一，本文不置論。諸葛亮以法治蜀，主要不是出發於他個人的某種思想理論信念，而是着眼於蜀國歷史背景和社會政治的實際需要，這是本文立論的主旨所在。

成都武侯祠有清人趙藩所撰著名對聯，其下聯曰：「不審勢則寬嚴皆誤，後人治蜀要深思。」所謂「審勢」，不知趙藩所指。但就諸葛亮用法的背景而言，「審勢」首先應當着眼於解決新舊之爭，這大概是諸葛亮掌握寬嚴標準的關鍵所在，可以與本文內容印證。

—— 原刊《中華學術論文集》，中華書局，1981 年。

諸葛亮《與兄瑾論白帝兵書》辨誤

中華書局1960年出版的《諸葛亮集》，於卷一中收有諸葛亮「與兄瑾書」九件，其中一件題為《與兄瑾論白帝兵書》，文曰：

兄嫌白帝兵非精練。到所督，則先帝帳下白毦，西方上兵也。嫌其少也，當復部分江州兵以廣益之。

這件書札出於《太平御覽》卷三四一。今據中華書局影宋本《太平御覽》復校，文內「先帝」作「先主」，「嫌其少也」作「嫌其少者」，題作《諸葛亮與瑾書》。

諸葛亮寫給諸葛瑾的書札，魏晉之際有不少存世。陳壽上《諸葛氏集》，所列二十四篇目錄中有《與諸葛瑾書第十五》一篇，不悉件數多少。明人張溥所編《百三家集》中的《諸葛丞相集》，收有諸葛亮「與兄瑾書」九件，其中之一即此件書札。清人嚴可均輯《全三國文》，清人張伯行輯《諸葛武侯文集》，清人張澍編《諸葛忠武侯文集》，都因襲《百三家集》，收入諸葛亮「與兄瑾書」九件。中華書局的《諸葛亮集》，係根據張澍所編上述《文集》點校而成，所收「與兄瑾書」也是九件，一仍張澍之舊。由此可見，從北宋李昉等編纂《太平御覽》開始，經過明張溥，清嚴可均、張澍，直到現在，一千年來，這一書札都被認為是諸葛亮致諸葛瑾書，似乎沒有人提出過異議。

至於李昉以《諸葛亮與瑾書》為這件書札的題目，是否還有所本，今天已無考了。

核之史實，這件書札有明顯的可疑之處。

這件書札，作書人沒問題是諸葛亮，受書人則決不可能是諸葛瑾。亮兄瑾仕吳，與蜀國關係較多。他的兒子諸葛喬，一度出繼亮後，隨亮在成都和漢中。這個時期，瑾、亮書札往還當然是很方便的。但是問題在於，瑾、亮分別為吳、蜀重臣，各在一國，郊境有防，他們在往來書札中，有所干礙的話是不能說的，這一點，不論諸葛亮還是諸葛瑾，都不會不明白。據《三國志・吳書・諸葛瑾傳》，諸葛瑾建安二十年為孫權使蜀時，「與其弟亮俱公會相見，退無私面」。後來諸葛瑾為吳南郡太守駐公安時，與蜀為與國，相交以磊落聞，深得孫權信賴，亮、瑾於書札往還中決不會言及郊境軍事祕密。既然如此，諸葛瑾何得於與亮書中妄論蜀國軍務，對白帝蜀兵既嫌其不精，又嫌其少？諸葛亮又何得因瑾之言，而暴露「部分江州兵以廣益之」這種軍事祕密？蜀國白帝之守，主要是為了備吳，而吳將諸葛瑾居然越俎代庖，給蜀相諸葛亮指點白帝兵守事宜，這樣的事難道是可能的嗎？

《太平御覽》稱此信為《諸葛亮與兄瑾書》，直觀的根據是書之首句尊稱受書人為兄，而諸葛亮又確有不少與其兄瑾的書信曾經長期存世，因而誤以其所尊稱之兄即諸葛瑾。在《諸葛亮集》中，編者又以其所議為白帝兵事，因而進一步誤標此書為諸葛亮《與兄瑾論白帝兵書》。既然此書不可能涉及諸葛瑾，不是致諸葛瑾之書，那末，受書人究竟是誰呢？

據《三國志・蜀書・李嚴傳》等資料判斷，可知受書人是蜀國都護李嚴；書札中說到的「到」是護軍陳到；作書的時間是建興四年(226)諸葛亮籌劃北伐出軍之際。這一書札，與諸葛瑾沒有任何關係。

李嚴，南陽人，少為郡吏，後歷事劉表、劉璋、劉備。章武二年(222)劉備詔李嚴詣白帝城永安宮，拜尚書令。翌年，李嚴受遺詔副諸葛亮輔少主，為中都護統內外軍事。諸葛亮還成都後，李嚴留鎮永安，轉前將軍。諸葛亮出軍漢中，李嚴當知後事，建興四年，嚴遂移屯江州，留護軍陳到駐守永安，統轄於嚴。上述書札就是諸葛亮此時所作，用以回答李嚴所提關於永安駐軍的問題。

據楊戲《季漢輔臣贊》及注，陳到，字叔至，汝南人，「自豫州隨先主，名位常亞趙雲，俱以忠勇稱。建興初官至永安都督、征西將軍，封亭侯」。《華陽國志・後主志》:「(建興)四年永安都護李嚴還督江州，城巴郡大城(按：江州為巴郡首縣，今重慶市)，以征西將軍汝南陳到督永安，封亭侯。」《李嚴傳》繫年同此。陳到督永安，一說在建興初，一說在建興四年。這或是一事的誤記，或是說前者指陳到隨李嚴初鎮永安之年，後者指李嚴赴江州而留陳到獨守永安之年。《華陽國志・巴志》巴東郡:「以尚書令李嚴為都督，造設圍戍。嚴還江州，征西將軍汝南陳到為都督。到卒官，以征北大將軍南陽宗預為都督。」陳到卒官，宗預代守，洪飴孫《三國職官表》謂在延熙中，若爾，則陳到守永安前後歷二十年左右。

此件書札經李昉誤題以後，張溥以下長期因襲其誤而未發覺，如前所述主要是由於作書人諸葛亮在其中稱受書人為兄之故。亮稱瑾為兄，例見《三國志・吳書・諸葛恪傳》注引《江表傳》。但不能因此斷定凡諸葛亮稱之為兄的人就是諸葛瑾。友朋之間稱兄道弟以示親密，也是常情，不必真為兄弟，也不必有年歲長幼之分。何況李嚴與諸葛亮同受遺詔，關係特殊，自然可以兄弟相稱。《李嚴傳》嚴與孟達書曰：「吾與孔明俱受寄託，憂深責重，思得良伴。」諸葛亮亦有書致孟達曰：「部分如流，趨捨罔滯，正方（李嚴字）性也。」史謂「其見貴重如此」。李嚴生年，史無明文。《季漢輔臣贊》謂費觀於建安十八年（213）參李嚴軍事，觀年少嚴二十餘歲。《華陽國志・先主志》謂費觀於建安十九年為巴郡太守。若以費觀始居巴郡太守之年為二十歲，其時李嚴當在四十以上。諸葛亮此年則為三十四歲。李嚴既年長於諸葛亮，亮以兄稱之，更是合情合理的事。

書札謂「白毦，西方上兵」。《御覽》卷三四一引服虔《通俗文》：「毛飾曰毦。」《三國志・蜀書・諸葛亮傳》注引《魏略》：劉備「性好結毦」。所謂「結毦」，說的是以氂牛尾「手自結之」，以為飾物。可知氂牛尾可以稱毦。《御覽》「毦」在兵部。古代軍中符節以氂牛尾為飾，如《御覽》同卷引《漢魏故事》：「與外國節皆二，赤毦一，黑毦十，異於常節。」據此可知，「毦」又可作軍中符節之代稱，所謂「旄（氂）節」是也。又，《後漢書・西南夷傳》「青衣道夷與徼外三種夷賫黃金、旄牛毦，舉土內屬」。注：「顧野王曰：毦，結毛為飾也，即今馬及弓槊上纓毦也」（按：今本顧野王《玉篇》無毦字）。《御覽》同卷《庾翼與慕容皝書》：「今致襦鎧一領，兜牟白毦自（百？）副。」兜牟即兜鍪，白毦與兜鍪連言，當為頭盔之飾可知。綜上所引，「白毦，西方上兵」的白毦，或指以白氂牛尾飾其符節的西方之兵，或指以白氂牛尾飾其弓、馬、頭盔的西方之兵。無論是前者或後者，均以白毦即白氂牛尾為飾，是無疑義的。

蜀國西部羌中出產氈毦。據《華陽國志・蜀志》，氈毦為蜀國一寶。《御覽》同卷，諸葛亮曾以白毦贈孫權。《三國志・蜀書・王嗣傳》，羌胡以馬牛羊氈毦等資姜維。所謂「白毦，西方上兵」，又當指蜀國的羌胡兵以白旄為飾者。蜀國有羌兵和胡兵，前者如《華陽國志・南中志》中所謂「青羌五部」和《後出師表》中所謂「賨叟青羌」之青羌等是；後者如《三國志・吳書・陸遜傳》夷陵戰中吳兵所斬蜀軍胡將沙摩柯和《三國志・蜀書・後主傳》注引後主伐魏詔令中所謂月支、康居胡侯奮戈先驅等是。這些出自蜀國西土及北境的羌胡兵，比較精練，戰鬥力強，故被視為「西方上兵」。他們本來是劉備的帳下兵，劉備死後則由陳到率領，戍守永安。陳到得以統率劉備帳下精兵，那是由於陳到本為劉備豫州舊部，又以忠勇見稱，可以信託之故。

根據以上情節，我們可以斷定，這一書札，就是諸葛亮回答李嚴的問題，說明駐守永安的羌胡兵非不精練。至於書札中「嫌其少，當復部分江州兵以廣益之」云云，意思是說永安防軍本來統屬於都護李嚴，李嚴既移駐江州，自可用江州兵去補充增援。

陳壽所上《諸葛氏集》，其目錄中除有上述《與諸葛瑾書第十五》一篇外，還有《廢李平第十七》一篇。李平即李嚴。陳壽可能以此札列於《廢李平》篇內。陳壽《諸葛氏集》不傳，諸葛遺文編次遂以錯亂，後人才會把諸葛亮致李嚴書札列入致諸葛瑾書札之中，貽誤千年之久。

附帶說及，各書所輯諸葛亮致兄瑾書九件之中，除此件外，還有幾件也不像是致諸葛瑾書，茲不一一辨析。

—— 原刊《文史》第 14 輯，中華書局，1982 年。

作者跋語

這篇短文結尾說：「陳壽《諸葛氏集》不傳，諸葛遺文編次遂以錯亂，後人才會把諸葛亮致李嚴書札列入致諸葛瑾書札之中」云云。這話不夠準確，須要訂正。案陳壽《諸葛氏集》凡二十四篇，《隋書·經籍志》著錄二十五卷，又云梁二十四卷，大抵以陳壽所錄寫者每一篇為一卷而或有所增析。《舊唐書·經籍志》、《新唐書·藝文志》均作二十四卷，可知五代、北宋所見，仍同陳壽錄寫之舊，並無變化。《宋史·藝文志》始著錄此書為十四卷，蓋沿《中興書目》而來，是此書舊本二十四卷者散佚在南渡以後，不在北宋太平興國以前。不過當北宋李昉等人於太平興國年間編纂《太平御覽》之時，《諸葛氏集》舊本既在，諸葛亮之言教書奏單行別出者亦復不少，例如《御覽》所附《經史圖書綱目》之中就有《諸葛亮書》等多種。這些書出於眾手，隨意鈔摘，準確性是難於保證的。考慮到亮集流傳的這種具體情況，我估計《御覽》誤題諸葛亮致李嚴之書為致諸葛瑾之書，有兩種可能。一是陳壽錄寫編次之本已誤，但這種可能性較小；一為單行別出之書之誤而為參與編輯《御覽》之人所沿襲，這種可能性較大。迨二十四卷舊本在南宋時散佚，後來編纂諸葛遺文的人無復舊本可依，收錄此信札時就徑襲《御覽》之誤，以迄於今。

蜀史四題

—— 蜀國新舊糾葛的歷史追溯

十年前草成《李嚴興廢與諸葛用人》一文(以下簡稱《李嚴》文),從李嚴個案論及諸葛用人背景,認為其時蜀國臣僚中的政治糾紛是由「新舊」、「客主」分野之勢演化而成。「舊」和「主」,指劉璋部屬;「新」和「客」,指劉備由荊入蜀所領人物。劉備佔領成都,喧賓奪主,主客地位顛倒,蜀史中一大公案,由此產生。劉備雖然謹慎處理新舊問題,但在用人方面仍然風波時起。劉備死後,諸葛亮用以治蜀的臣僚,主要是分化劉璋舊屬,或吸收,或排抑,使隨劉備入蜀居於少數地位的人,同劉璋舊屬居於多數地位的人,即所謂新舊兩方,逐漸熔融而成。在這一過程中,個別地位特殊、由於利害衝突而可能滋生事端的人,被諸葛亮繩之以政紀法紀,構成一些令人矚目的事件。李嚴是其中重要的一人,此外還有廖立、來敏等。李嚴、來敏屬舊人,廖立屬新人。李嚴廢徙,這一新舊衝突過程始告結束。

上舉《李嚴》一文寫作時,曾發現蜀史中還有一些孤立事件知其然而不知所以然者,似也可以從上述新舊關係中試求解釋。但自覺資料有限,思慮未周,唯恐失之於固,失之於鑿,迄未寫成文字,只留下一些案頭碎紙。近日翻檢,始得整理成篇,用《蜀史四題》之名,公諸同好。

《蜀史四題》可以說是《李嚴》一文的續篇，四題不相連綴，但都與新舊問題有關。每題又都涉及諸葛亮，可以與拙文《〈隆中對〉再認識》參看。四題皆以剖析李嚴個案所形成的思路來剖析其他問題，其中有的論斷自覺尚能言之有據，有的迄無強證，只能視為推測而已。蜀史問題同好者多，行家爛熟故實，如能引起商榷，是異是同，都有益於史學，這是我所企望的。

一　關於舉劉備為漢中王《上漢帝表》

章學誠《知非日札》提出《上漢帝表》的一個問題。[1] 他說：「《三國志・蜀書・先主傳》建安二十四年群下推先主為漢中王，上表漢帝，乃以馬超冠首，許靖、龐羲、射援諸名皆列於諸葛亮前，殊不可解。」《日札》為章氏晚年讀書所記，多有心得。他提出此問題而未作答者，蓋以斷言為難，這顯示了他的嚴謹學風，大家風範。不過我覺得章氏此處似有所蔽，這就是他只是根據諸葛亮的歷史名望，斷定劉備進爵漢中王理應由諸葛冠首上表，而忽略了《上漢帝表》時蜀中文武的複雜情況，以及諸葛在其中尚未取得領銜地位的事實。[2]

《上漢帝表》，廣漢李朝所作，見《華陽國志・先賢士女總贊》。李氏兄弟多人，歷仕劉璋、劉備。李朝為劉備別駕從事。此人當諳悉蜀中政治狀況和人物背景，所以他在此《表》所列人名次第，當是

1　《章學誠遺書》外編卷四《知非日札》，文物出版社，1985 年。

2　《上漢帝表》列名之事，古代史家本已有所斟酌。袁宏《後漢紀》卷三〇錄此表文，謂建安二十四年「秋八月，諸葛亮等上言曰……」云云，將馬超、許靖、龐羲、射援四人之名略去，徑以諸葛亮領銜。度其用意，蓋亦以四人之名列於諸葛亮之前為不可解。《後漢書》記是年「秋七月庚子，劉備自稱漢中王」，《資治通鑒》略同，均不列表文及上表人名，上表月份異於《後漢紀》。袁宏、范曄、司馬光諸家，在列名問題上似乎都有所蔽。

斟酌再四，考慮周詳，而且必經劉備或諸葛亮過目首肯，決非造次所就，是可以斷定的。

劉備以賓客之分而得益州，地盤、營壘驟然擴大。但是作為核心、作為基幹的劉備嫡屬，尚不足以穩居主導，控制局面。因此，急待形成一個穩定、有序、有實力、有權威、得到各方面認可的班底，始能得心應手地處理有關名器的諸多事務，以完成權力升格的程序。這樣的班底，在魏早已有了，在蜀則遠未組建成功。所以我們在《表》中見到作為顯示政治規模的領銜人，竟是臨時湊成的、了無業績譽望可言的馬、許、龐、射輩。他們雖各具一定的社會影響，但合而觀之畢竟顯得猥瑣，不如諸葛響亮。不過諸葛等嫡屬在蜀既然尚未取得絕對的支配地位，也就只好仰仗馬、許、龐、射輩以取一時之用，特別是在劉備進爵為王這樣的名器大事上更必須如此，因而出現了章氏所疑的問題。

劉備稱漢中王，是他躋身政治高層以與曹、孫抗衡的決定性的一步。劉備不王於成都而必於下漢中後始王，除了取漢中以保障成都這樣的軍事和地理原因以外，從政治上說，一是等待曹操先王，後發制人；一是欲步劉邦後塵，為先王漢中後稱漢帝預設地步。相對於曹、孫已成局面而言，劉備起步晚了許多，因此沒有沿着權力階梯逐步上升的充分時間。他跨出的第一步就是決定性的一步，必須得到各方面人物儘可能多的支持。所以上《表》領銜者名稱雖然不夠響亮，卻也都是蜀中實力方面或名望方面可數的人物。劉備取得漢中王名號，再上升就比較容易，無須有太多的張羅。所以今見《勸進表》題名和黃龍甘露殘碑題名，[1] 其人數之多和陣容之規整，反而遠遜此《上漢帝表》。

1　前者見《三國志・蜀書・先主傳》，後者見《隸續》卷一六。

《表》文值得注意的，是說到更始時河西五郡「位同權均，不能相率」，因而共舉竇融為元帥事，並以此證明共舉劉備為漢中王之必要。這表明由於劉備沒有漢室所予的特別名號，蜀中人士與他處在「位同權均」地位，本來是「不能相率」的。只有劉備晉位諸侯王，位居方面，他們與劉備之間的君臣關係才能成立，巴蜀漢中才算穩定。劉備做漢中王，成為一方之主，號令專一，日後是尊崇漢帝，還是自帝抗曹，可以視情況變化而應付自如，不患掣肘。反過來說，劉備只有得到馬、許、龐、射輩的共舉，才能有資格晉爵為漢中王。漢中王之立，對於馬、許、龐、射輩是名分攸關的大事，他們必須鄭重其事地表明態度。至於對早已委質定分於劉備的諸葛亮輩而言，漢中王之立算不了甚麼問題。所以諸葛輩列名，本來只是充數陪位而已，名次在後是當然之事。何況此時蜀政自劉備出，諸葛亮只是偶見畫策而已，並無後來獨斷蜀政的地位，所以也無須由他充任上《表》的領銜人。

馬、許、龐、射輩雖然人物猥瑣，分量似輕，但他們各有特點，所以由他們領銜上《表》，表示共舉，還是有理由的。馬氏是西州之豪。馬超父馬騰，於興平初在關中聯絡劉焉之子、仕於漢室的劉範謀襲長安，以誅李傕。劉焉自蜀「遣叟兵五千助之」，[1] 戰敗，劉範及弟劉誕併見殺。《蜀書・許靖傳》注引《益州耆舊傳》:「初，韓遂與馬騰作亂關中，數與璋父焉交通信。至騰子超，復與璋相聞，有連蜀之意，……〔璋〕拒絕之。」據此可知，劉焉、劉璋父子與馬騰、馬超父子早有稀疏交往，但無牢固關係。劉備圍劉璋於成都之時，馬超曾率輕軍助劉備，未旬而成都降，在關鍵時刻起過軍事威懾作

1　《後漢書・劉焉傳》。

用。馬超有漢爵，在漢中地區又有影響，也是他在《上漢帝表》中列名冠首的重要條件。許靖汝南名士，是士人階層的當然代表。他雖老朽無能，但仍為北國所知。龐羲望出河南，東漢議郎，劉焉通家，曾將劉範、劉誕諸子入蜀，為劉璋姻親，在劉備營壘中足以代表劉璋舊屬，起承前啟後作用。射援來自三輔，有名行，兄射堅曾為劉璋長史，射援本人則仕於劉備幕府。射氏在蜀不明其特殊背景。據知南陽及三輔人流入益州者數萬家，被收為東州兵，是一支重要武力。劉備抬高射氏地位，或者是為了得三輔人心，並利用射氏兄弟關係以周旋於新舊之間之故。《先主傳》注引《諸葛亮集》載劉備遺詔賜劉禪，謂「射君到，說丞相歎卿志量甚大，增修過於所望」云云。此射君即射援，時為丞相從事中郎，自成都來永安。看來射援與劉備、諸葛亮都很親近。馬、許、龐、射四人，馬超爵都亭侯，位在劉備宜城亭侯之上，最有資格領銜上《表》。而許、龐、射三人官職為左將軍府長史、司馬、從事中郎，依次正好是劉備佐官的一、二、三位，也應當排在諸葛亮之前才是。

馬、許、龐、射雖領銜於《上漢帝表》，但在此後的蜀政中都未能起到團聚各類舊人以佐劉備的作用。馬超實際上是窮蹙來歸，力量不厚，而且未幾即死。許靖有虛譽而無實能，居職充位而已，亦旋死。龐羲在劉璋時就恃功驕豪，劉備不會信任他，加上他此時年事已高，與射援都無聞於後。真能起固結蜀士之心而為劉備看重的人是董和。再後幾年，李嚴就脫穎而出了。

概括言之，章氏所疑不由諸葛而由馬、許、龐、射領銜於《上漢帝表》，是由於劉備在益州根基未固，而諸葛亮屬於新人，在蜀政中尚未居於優勢，起不了主導作用，無充分的資格以領銜於《上漢帝表》。馬、許、龐、射各有特殊背景和社會影響，他們領銜上《表》，表達了共舉之意，切合一時需要。但他們人才猥瑣，反映蜀中局面狹小；他們在蜀政中都是匆匆過客，未曾起到綏撫舊人的實際作用。所以後來史家對於他們領銜於《上漢帝表》的原因，也就不甚了了。

二　劉封與孟達

西城、上庸、房陵三郡，分別治今陝東南、鄂西北的安康、竹山、房縣。三郡本是益州漢中郡的三縣，建安末年改郡，是魏、蜀、吳的交界地區。《華陽國志・漢中志》謂其地「在漢中之東，故蜀漢謂之東三郡」。三郡之間山道崎嶇不便，但其北境有漢水可以通航。西城郡城在漢水邊，上庸、房陵郡城則分別有堵水、粉水北連漢水。三郡未入蜀時，蒯祺為房陵太守，其人當出自南郡中廬望族。上庸太守申耽，與弟申儀本在西城、上庸間聚眾數千家，與張魯、曹操往來，是割境自保的土豪。三郡迤南之地漢蠻錯居，更為閉塞。

魏、蜀、吳三國都企圖對三郡地區施加影響，迭有軍事行動。蜀從南方，魏從北方，曾先後佔有三郡之地，但都未越過三郡，入侵對方其他郡縣。吳軍最盛時亦涉足江漢間地，有時也插手三郡事態。

建安十六年劉備入蜀，留孟達屯江陵，受諸葛亮節制。孟達，扶風人，少與同郡法正入蜀，仕於劉璋，事跡主要見《三國志・蜀書・劉封傳》及注、《三國志・魏書・明帝紀》及注。《三國志・魏書・劉曄傳》謂孟達「恃才好術」，《晉書・宣帝紀》謂孟達「言行傾巧」。這說明其人富於機智權謀，與法正相似。劉璋以孟達副法正，各率二千部曲，赴荊州迎劉備。劉備入蜀並於建安十九年得益州後，以孟達為宜都太守。劉備為漢中王，命孟達領部曲四千，從秭歸北攻房陵，殺蒯祺。劉備「陰恐達難獨任」，乃自漢中遣劉封率軍順漢水而下，與孟達會師上庸，以統孟達之軍，並顯授劉封以副軍將軍之職。申耽降蜀，為上庸太守，弟申儀為西城太守。劉封、孟達以及申氏土豪勢力彼此牽制，相持不下，當是劉、孟不助關羽攻襄樊的客觀原因。下年孟達降魏後，申耽被徵徙南陽，申儀則直至魏太和二年為止未離西城。《晉書・宣帝紀》謂申儀「久在魏興（按：即西城郡，曹丕時改名），專威疆埸」。又，《三國志・吳書・陸遜傳》有建安二十四年冬陸遜遣將攻房陵太守鄧輔之事，鄧輔疑為孟達所署用。

劉封，出於羅侯寇氏，長沙劉氏之甥，劉備養子。《劉封傳》：「先主入蜀，自葭萌還攻劉璋，時封年二十餘，有武藝，氣力過人，將兵俱與諸葛亮、張飛等溯流西上，所在戰克。」劉備得蜀，劉封在左右為副軍中郎將，甚受尊寵。劉禪漸長，被立為漢中王太子，劉封以養子身份而地處疑逼，境況複雜起來。

劉封下統孟達之軍，在三郡地區形成了一個敏感的小局面。因為，就歷史背景而言，孟達本劉璋部屬，劉封則劉備所親；劉備以劉封統孟達，無疑是以親統疏，以新統舊，明顯地觸及了蜀政中的新舊糾葛。

劉封與孟達忿爭，並奪孟達鼓吹，這是由於劉封武夫，又有所恃，一味裸露矛盾而不懂得待時而發的道理，使深刻的政治勢力的消長問題表現為一方恃權侵淩另一方的個人關係，造成孟達叛蜀投魏的後果。《三國志・蜀書・費詩傳》載數年後諸葛亮致孟達函還說：「嗚呼孟子，斯實劉封侵陵足下，以傷先主待士之義。」其實真正導致三郡局勢惡化的人，並不是劉封而是劉備自己，是他命劉封下統孟達之軍而啟事端。諸葛亮建議劉備殺劉封，一在一勞永逸地解決劉封地處疑逼問題，一在謝蜀人而圖平衡新舊勢力。

諸葛亮平衡新舊的手法，曾重複使用過。廖立廢徙，主因是不服李嚴，廢廖立所以安李嚴之心。廖立與劉封一樣，是新人；李嚴與孟達一樣，是舊人。劉封、孟達糾葛，與廖立、李嚴糾葛，具體情節不同，但從一個特定角度加以觀察，卻可見其相通之處。當然，從事件整體考慮，處理新人與處理舊人，性質畢竟不一樣。唯其如此，諸葛亮維護新人統治而不枉法以袒新人之短，即《三國志・蜀書・張裔傳》所謂「罰不阿近」者，是諸葛亮的高明處，使他在處理複雜的新舊之爭中仍然立於主動地位。

孟達在蜀居官治績，史籍記載很少。《劉封傳》注引《魏略》載孟達降魏時發佈《辭先主表》，說到自己「列次功臣，誠自愧也」，所指一是迎劉備於荊州，一是拓境土於三郡。我疑孟達是列名於《上漢帝表》的一百二十人之中的。《辭先主表》還引歷史上申生、伍員、樂毅、蒙恬有功而見疑忌諸事，曰：「臣每讀其書，未嘗不慷慨流涕；而親當其事，益以傷絕。」在大臣失節，荊州覆敗之時，孟達孤立房陵、上庸，復受劉封侵淩，處境艱難可想而知，只有降魏之路可走。這是劉備不得不處置劉封的原因之一。不過也應當看到，在劉備無法跨有荊益的情況之下，不論是劉封還是孟達，都不能為蜀堅守三郡之地，是可以肯定的。孟達見疑求存而降魏，劉封被逐歸蜀而賜死，都是關羽覆敗的結果，是蜀國棄荊州之守的插曲而已。

《三國志・魏書・明帝紀》太和元年注引《魏略》：延康元年魏王曹丕聞孟達來降，致書孟達誇說北國安定曰：「……保官空虛，初無質任，卿來相就，當明孤意，慎勿令家人繽紛道路，以親駭疏也。若卿欲來相見，且當先安部曲，有所保固，然後徐徐輕騎來東（按：其時曹丕在譙）。」不難想見，孟達部曲四千餘家，是一支可觀的軍事力量，孟達不會輕易放棄。曹丕在易代紛紜之際也寧願把他們安頓在三郡邊地，而不願調動他們，以免造成事端。這與此年申耽降魏而徙南陽，稍後黃權降魏而詣洛陽為官之事相比，孟達的部曲勢力為魏所重，是很清楚的。《水經・沔水注》載孟達逐劉封後登上庸白馬塞「而歎曰：『劉封、申耽據金城千里，而更失之乎！』為《上堵吟》，音韻哀切，有惻人心。今水次尚歌之」。申耽失上庸，指劉封抵上庸排擠申耽而據之之事；劉封失上庸，指孟達降魏後與魏軍及申氏兄弟共逐劉封之事。此時孟達居新城太守之任，為魏封疆吏，其基本力量就是他原來擁有的部曲四千餘家。這支力量使他得以入主上庸而作上堵之吟，得以在複雜的三郡地區存在數年之久。而他依仗這支力量草率從事，又終於在蜀魏紛爭中遭滅頂之災。

孟達一生主要活動，都在荊州，前八年中無可稱述。《先主傳》二十四年「先主遂有漢中，遣劉封、孟達、李平等攻申耽於上庸」。攻上庸事《通鑒》繫於二十五年。李平為李嚴建興七年改名，事在攻上庸九年之後，而蜀史中又無另一李平，所以史家對這條史料皆不置信，棄之不用。但我認為，史傳偶見以李嚴後來之名來記敘他較早的事，出於史臣的一時疏誤，並非全不可能，還當從情理上細作考察。《李嚴傳》李嚴曾為劉表出宰秭歸，秭歸是上庸、房陵南通長江的出口，所以李嚴應當熟悉或者打聽過秭歸通向房陵之間的道路情況。孟達攻房陵，即由秭歸出發。李嚴宰秭歸的這一經歷，是李嚴參預攻上庸軍事行動的有利條件，也可以作為上述李平即是李嚴的旁證。據上引《先主傳》文意，李嚴受命同攻上庸，當在孟達已得房陵之後，但李嚴似未成行。這次劉備所考慮的三郡軍事配置，是一個新舊搭配的人事組合：實力兼用舊人，孟達、李平是；統帥之權只能在新人之手，劉封是。李嚴擁有軍事實力，觀其本傳於建安末年連連用兵於犍為、越巂等郡之事可知。《先主傳》敘「遣劉封、孟達、李平」三人為一事，實際上是時間地點均有參差。看來李嚴這次未曾直接介入三郡的新舊之爭。李嚴與孟達發生關係，當在數年之後。

《三國志・蜀書・諸葛亮傳》載陳壽所定《諸葛亮集》目錄，凡二十四篇，包括《與孟達書第十六》一篇在內，可知西晉時所存諸葛亮與孟達關係的資料還有不少，後來陸續失傳。諸葛亮與孟達書，今天能見到的只有《三國志・蜀書》李嚴、費詩二傳所錄二件。孟達與諸葛亮書，也只有見於《太平御覽》的饋贈綸帽、玉玦、雞舌香的短函二件，以及見於《華陽國志・漢中志》、《晉書・宣帝紀》談司馬懿來攻軍情的短函二件。又《水經》沔水「又東過西城縣南」，《注》曰：「故孟達與諸葛亮書，善其川土沃美也。」所有今見這些來往書札都是簡短節文，時間都在孟達降魏為新城太守之時，很可能集中在孟達有意歸蜀至司馬懿擒斬孟達的短時間內。分析這些書札的內容，諸葛亮以新舊關係為背景來處理孟達事件的心機，隱約可見。由於有此背景，所以在諸葛亮與孟達聯繫中不時有李嚴的身影出現。李嚴畢竟是新舊問題中的關鍵人物。諸葛亮在解決孟達問題時發揮了李嚴的作用；而在孟達敗死之後，解決李嚴問題的任務也終於提上了諸葛亮的日程。

《李嚴傳》中載有諸葛亮與孟達書及李嚴與孟達書，皆截取原件數語而已。此書札似未見他人解釋，過去我對此的理解也未能得其要領。現在把它們放在孟達問題的背景下來思考，始有豁然貫通之感。

諸葛亮與孟達書曰：「部分如流，趨捨罔滯，正方（李嚴字）性也。」這是諸葛亮調遣李嚴由永安移屯江州以知後事以後所作，時間當在建興四年春後至建興五年春前。此書的表面意思是稱讚李嚴高超的從政能力，表示對他的信任和器重。此年孟達為歸蜀事已與諸葛亮取得直接聯繫。諸葛亮其所以要把對李嚴的信任和委重說給異國疆臣孟達聽，我想是為了向孟達傳遞一個信息，即孟達與李嚴均蜀舊人，孟達如果此時翻然來歸，同樣可以得到信任和委重，同李嚴一樣。

與此同時，李嚴也有書致孟達，從另一個角度說話。他說「吾與孔明俱受寄託，憂深責重，思得良伴」云云。李嚴此書也是話裏有因。我以前認為李嚴以其並受遺詔地位自恃，他奉調進駐江州而與孟達為境外之交，是他欲與丞相諸葛亮相頡頏的表現。現在看來這條資料還有更深的含義，不止說明李嚴自視甚高而已。李嚴之意，重在向孟達傳遞與諸葛亮函意向相同的信息：李嚴表示受遺詔輔政，權責甚重，並非虛有其名；他甚盼孟達歸來，以為「良伴」，共營蜀政。把上述二書放在蜀建興五年即魏太和元年的歷史背景下加以考慮，就不難看出二書的根本目的相同，主要不在於諸葛標榜李嚴和李嚴自我標榜，而在於用李嚴在蜀處境順當之例，策反孟達。李嚴之書如果不是諸葛亮授意，就是諸葛亮知情。而策反孟達這一點，與《費詩傳》載較早時間諸葛亮致孟達書的內涵是一致的。

《費詩傳》載諸葛亮致孟達書，明顯地表露了策反之意。原來，建興三年冬諸葛亮在南征歸途中，有魏國降人李鴻來詣，說及數事：一，李鴻在孟達處遇見原為李嚴部將後來降魏的王沖；二，王沖對孟達說及往年孟達降魏後諸葛亮欲誅其妻子，劉備未聽；三，孟達未信王沖之言，認為諸葛亮必不如此，並仰慕諸葛不已，云云。諸葛亮此時正籌思北伐之事，因而萌生了引誘在東三郡的孟達以為外援之念，而有《費詩傳》所載諸葛策反之書。書中說到：

往年南征，歲末乃還，適與李鴻會於漢陽，承知消息，慨然永歎，以存足下平素之志，豈徒空託名榮貴為乖離乎！嗚呼孟子，斯實劉封侵陵足下，以傷先帝待士之義。又鴻道王沖造作虛語，云足下度量吾心，不受沖說。尋表明之言，追平生之好，依依東望，故遣有書。[1]

書中有「往年南征，歲末乃還」之語，知此書作於建興四年，比上引諸葛亮、李嚴分致孟達之書早一個年頭。《費詩傳》說「達得亮書，數相交通，辭欲叛魏」云云，與諸葛亮欲結外援的初意正合。上引《李嚴傳》諸葛亮、李嚴分致孟達書，正是與孟達作深入一層的意見交換，暗示孟達歸蜀以後可以得到好安排。但是臨到事發之時，卻出現了大的轉折，諸葛亮的措施並不是着眼於促使孟達成功。這是一個值得思考的問題。《晉書・宣帝紀》曰：

〔孟達〕連吳固蜀，潛圖中國。蜀相諸葛亮惡其反覆，又慮其為患。達與魏興太守申儀有隙，亮欲促其事，乃遣郭模詐降過儀，因漏泄其謀。達聞其謀漏泄，將舉兵。帝恐達速發，乃以書喻之曰：「……模之所言，非小事也，亮豈輕之而令宣露？此殆易知耳。」

郭模，《晉書》僅見此處，《華陽國志》記其事有裁截，《三國志》不錄。但其事詳見於西晉司馬彪《戰略》一書中。《太平御覽》卷三五九引《戰略》曰：

1　《華陽國志・漢中志》載此書略同，並於其下著錄李嚴致孟達「吾與孔明並受遺詔，思得良伴」之書。可見常璩之意亦認為此二書在內容上彼此呼應。

……太和元年諸葛亮從成都到漢中，達又欲應亮，遺亮玉玦、織成、障汗、蘇合香。亮使郭模詐降，過魏興，太守申儀與達有隙。模語儀，亮言玉玦者已決，織成者言謀已成，蘇合香者言事已合。

看來郭模詐降事不似無稽之談。《戰略》所記當即《晉書》、《華陽國志》所本。孟達贈玉玦事甚確，《太平御覽》卷六九二引孟達與諸葛亮書曰：「今送綸帽玉玦各一，以徵意焉。」《戰略》所舉孟達遺諸葛亮各物當不是一次而是多次饋贈者，葛、孟聯繫亦可知非常頻繁。[1]

孟達敗死，在太和二年初春。《三國志・魏書・明帝紀》太和元年注引《魏略》記孟達在魏情況，曰：

達既為文帝所寵，又與桓階、夏侯尚親善。及文帝崩，時桓、尚皆卒。達自以羈旅，久在疆埸，心不自安。諸葛亮聞之，陰欲誘達，數書招之，達與相報答。魏興太守申儀與達有隙，密表達與蜀潛通，帝未之信也。司馬宣王遣參軍梁幾察之，又勸其入朝。達驚懼，遂反。

《晉書・宣帝紀》記司馬懿率軍自宛倍道兼行千二百里，八日到上庸城下，即孟達當年作《上堵吟》處，擒斬孟達。這是中國古代軍事史上一次有名的快速反應戰役。不過我在此處所注意的，

1 《晉書・宣帝紀》連載孟達致諸葛亮二書言魏軍來攻事，兩書間隔不過數日，可見書信往返不少。

不在軍事方面，[1] 而在政治方面，即諸葛亮在關鍵時刻對待孟達的態度。

《費詩傳》曰：司馬懿討孟達，「亮亦以達無誠款之心，故不救助也」。觀前引諸葛亮惡孟達反覆，慮其為患而遣郭模泄謀之事，可知諸葛亮本心有甚於此，不但是不相救助，而且是促其敗死。郭模陳述諸葛亮之言，以玉玦寓已決，於古義有徵；但以織成寓謀成，以蘇合香寓事合，則屬羅織成罪。[2] 至於以此故意泄之於申儀，更是借刀殺人。看來諸葛亮在對待孟達態度上，心態的詭譎超過了通常的「兵不厭詐」權謀。《三國志》敍此事只及「不救助」而不及郭模詭譎事，只能解釋成陳壽為賢者諱了。

《三國志》留下為賢者諱的史筆還有不少，其著者如關羽敗死問題。《關羽傳》羽敗死，荊州棄守，讀史者總不免有疑惑，思欲究其所以，論其責任。委罪於劉封並不足以釋此疑惑。人們自然而然地想到劉、葛，特別是劉，但於陳壽書無據可依，因而不敢在劉、葛身上立議。《關羽傳》盧弼《集解》引黃恩彤論及其時措置乖張之處，但是一閃而過，以為「非千載下所敢臆度者矣」。其引姚範之論，則以為「蜀之謀士當不若是之疏，陳壽或不能詳耳」，連陳壽一起都在諱中了。這些都是欲言又止之例。章太炎始脫去忸怩之態，直謂蜀假吳人之手殺此易世所不能御之關羽，且斷其責不在他人而在劉備。[3] 章氏之論確否，姑不置論。至於諸葛亮對孟達問題的心態，《費

---

1 軍事方面亦有可議之處。《晉書・宣帝紀》謂此役蜀、吳軍救孟達於西城之安橋、木闌塞。據《讀史方輿紀要》卷五六，木闌塞在今安康以東，旬陽以西。安橋亦在附近。但是魏興郡治安康在申儀之手，申儀斷蜀道以防蜀軍，蜀軍何得越魏興郡治而至木闌塞？又，上庸城是孟達所守，吳軍又何得越此地而救孟達於其西北數百里之安橋？這是不解的問題。《水經・沔水注》只説吳軍救孟達於木闌塞，未言蜀軍相救。

2 《左傳》閔公二年衛懿公「與石祁子玦，……使守」，注：「玦，示以當斷決。」餘物則無徵。

3 章太炎《檢論》卷九「思葛」，《章太炎全集》第三冊，上海人民出版社，1984 年。

詩傳》盧弼《集解》引亮與孟達書「依依東望，故遣有書」之下注曰：「書詞動人，諸葛亦譎矣。」諸葛亮處理非常之事而用非常手段，詭譎之處文獻不止一見，史家當究其原因而作解釋，不當避忌了之。

以守正見稱的諸葛亮，卻借司馬懿的兵力以除來降的孟達，我認為除了慮其反覆之外，還別有原因。第一，孟達問題不是一般的降人問題，而是數年前東三郡劉封、孟達糾葛的餘波，是新舊問題的再次泛起。諸葛亮思用孟達以制魏，又恐新舊問題有灼手之處而出此策。第二，約降孟達事恰在諸葛亮調遣李嚴赴北以圖解決李嚴問題的關鍵時刻，孟達之來於此有礙；而及時除掉孟達則將有助於迅速解決李嚴問題。這兩者在蜀政中同具深層意義。

諸葛亮籌劃北伐，並因李鴻來談而萌生誘降孟達之念，在建興三年之冬。李嚴奉命向劉備舊將、名亞趙雲的陳到移交永安防務而改駐江州，[1] 在四年春。諸葛亮出軍北伐，孟達與諸葛亮議定叛魏歸蜀，以及李嚴致孟達「思得良伴」之書，諸葛亮致孟達褒讚李嚴之書，皆五年事。司馬懿平孟達，在六年之初。諸葛亮調遣李嚴赴漢中戰場督運，在八年。諸葛亮表廢李嚴，在九年。從這一時間表中，可知諸葛亮處理李嚴問題，與處理孟達問題同步而略後；二事之間的潛在聯繫與諸葛亮的心機，也都隱約可見。

從李嚴、諸葛亮分致孟達之書的內容分析，直到建興五年，李嚴還在諸葛亮的擺佈之中。李嚴自願或者是並不自願地以自己在蜀經歷現身說法，勸孟達來歸；諸葛亮則向孟達表明自己對李嚴的尊重和信任，以為誘餌。這酷似一幕雙簧。孟達敗死以後，事情更明朗化。據

1 《太平御覽》卷三四一《諸葛亮與瑾書》:「兄嫌白帝兵非精煉，到所督，則先主帳下白毦，西方上兵也。嫌其少者，當復部分江州兵以廣益之。」此即諸葛亮建興四年調李嚴至江州之前後時間內致李嚴書，談白帝防務事，史籍遂誤為致諸葛瑾書。參本書《諸葛亮與兄瑾論白帝兵書辨誤》一文。

我推測，李嚴對孟達之死，不能無動於衷。所以他舉止漸失常態，與諸葛亮的不協也頻頻暴露。《李嚴傳》諸葛亮表廢李嚴說到李嚴在這幾年的表現，曰：

> 自先帝崩後，平所在治家，尚為小惠。安身求名，無憂國之事。臣當北出，欲得平兵以鎮漢中，平窮難縱橫，無有來意，而求以五郡為巴州刺史。去年臣欲西征，欲令平主督漢中，平說司馬懿等開府辟召。臣知平鄙情，欲因行之際逼臣取利也，是以表平子豐督主江州，隆崇其遇，以取一時之務。平至之日，都委諸事，群臣上下皆怪臣待平之厚也。正以大事未定，漢室傾危，伐平之短，莫若褒之。然謂平情在於榮利而已，不意平心顛倒乃爾。

根據前面的考敍，大體可以將廢李嚴《表》的內容以及孟達之死和李嚴之廢的關聯之處解釋清楚。《表》敍李嚴在永安事，只是略帶而過。下云「臣當北出」，「北出」指五年春亮北屯漢中事；「當北出」則指北出前籌劃之時。所以四年春李嚴還駐江州，即是諸葛亮「欲得平兵以鎮漢中」的第一步，而李嚴「窮難縱橫，無有來意」，牴牾就開始了。李嚴求為江州刺史，以與益州分陜，並築江州大城以自固，[1] 均在此時。但李嚴畢竟還是做了與諸葛亮合誘孟達之事，可見矛盾猶未至決裂程度。《表》下敍「去年臣欲西征」，指七年征涼州，其時孟達問題已經解決。李嚴既沒有繼續拒調不赴漢中的力量，只有提出要求，穩保退路，作為應調條件，此即所謂「欲因行之際逼臣取利」。

1 《華陽國志・巴志》，《水經・江水注》，《元和郡縣圖志》卷三三。

諸葛亮乃再用李嚴為中都護以「主督漢中」，[1] 並以李嚴子李豐為江州都督，以保證江州仍在李嚴之手。諸葛亮在解決孟達問題的同時，以強制與安撫並舉的手段完成了對李嚴的調虎離山行動，造成了解決李嚴問題的有利條件。李嚴到漢中，一切全受諸葛亮直接節制，因而諸葛亮得以假藉口實，輕而易舉地廢徙李嚴。廢李嚴口實之不足信，我在前舉《李嚴》一文中已作分析，無須贅敍。李豐江州都督一職，亦在李嚴廢徙之年為涪人李福取代。孟達死，李嚴廢，蜀政中新人、舊人糾葛問題至此結束。

通觀此題所論諸事，劉封統孟達軍釀成孟達降魏，早於李嚴輔政四年；孟達歸蜀不成而死，早於李嚴廢徙三年。這些是孤立無關的事件，卻又錯綜複雜地粘連在一起。孟達、李嚴在蜀史中同具某種屬性，孟達是比李嚴先出場又先退場的角色。他們兩人在歷史上都無足輕重，但是使用他們又消滅他們，卻又是治蜀的大事，值得我們注意。

三　黃權降魏索隱

《三國志・蜀書・黃權傳》曰：劉備夷陵敗後，「道隔絕，權不得還，故率將所領降於魏」。《三國志・魏書・文帝紀》黃初三年「八月蜀大將黃權率眾降」條《集解》盧弼曰：「……然則黃權之不得西還者，或水道為吳所阻，陸路為魏所制，進退失據乎，不然，劉、葛

1 《華陽國志・後主志》此時「亮乃加嚴中都護」，它書無此一情節。按：李嚴在永安，本來是以「中都護統內外軍事」，此職在孫吳，孫策死時孫權曾以之授周瑜，見《三國志・吳書・周瑜傳》。其職任略當魏晉常見之「都督中外諸軍事」，例為權臣所居，可見遺詔寄託之重。但李嚴建興四年徙前將軍，八年遷驃騎將軍，已失都護。而且劉禪居成都，永安、江州均非行在，李嚴在永安、江州，亦無從統內外軍事。此時諸葛亮為了「隆崇其遇」，以李嚴「主督漢中」，故又加中都護，虛設名號而已。《華陽國志校注》認為「亮乃加嚴中都護」一句為誤，似亦未必。

『推誠相信』，何竟不戰而降也？」歷來史家說到黃權降魏事都作如是觀，未曾見有它說。[1] 但我疑此事還有隱曲，試作探索。

據前引《三國志・蜀書・先主傳》，劉備入成都，對各類新舊人物「皆處之顯任，盡其器能」。這是一次因政治形勢變化而進行的規模較大的人事安排。其中被安排者中的一類人物是「董和、黃權、李嚴等，本璋之所授用也」。這說明他們，包括黃權在內，都是劉璋舊屬集團中重要的有代表性的人物，對他們安排得當與否，關係到蜀士的歸心和蜀政的安定，劉備是不會等閒視之的。他們三人的名次先後，當反映他們在劉璋舊屬人物中地位的高低，劉備也當明白。董和重用最早，他被署為掌軍中郎將，與諸葛亮並署左將軍、大司馬府事，成為劉備政權中舊人的政治代表。李嚴則拜犍為太守，並有軍號。劉備病篤時，李嚴一躍為尚書令，副諸葛亮受遺詔輔政。其時董和當已卒官，劉備政權中舊人的政治代表這一特定政治角色，就由李嚴代替了。何焯《義門讀書記》曰：「董和並署，李嚴並託，皆所以慰蜀士大夫（按：此指劉璋舊屬而言，非指籍貫）之心。特幼宰（董和）端良，正方（李嚴）傾邪耳。若使黃公衡（黃權）不因喪敗隔絕，則受遺當屬斯人，不傷昭烈之明矣。」何焯看出董和、李嚴分別在重要時刻不次擢升，是為了「慰蜀士大夫之心」的道理，這是他的卓識。他認為黃權本來地位在李嚴之上，也是對的。但是他以黃權若不降魏則必當受遺詔之任，我期期以為未必。

劉備用董和，以其清約殷勤而無愆失。劉備用李嚴，以其有志操幹略。何焯就李嚴經歷立論曰：「荊土歸操，嚴獨西奔，似有志

1 《太平御覽》卷四六三引梁祚《魏國統》：「黃權來降，文帝從容謂權曰：『君捨逆效順，欲追蹤陳、韓耶？』對曰：『臣過受劉氏殊遇，降吳不可，歸蜀無路，是以歸命。且敗軍之將，免死為幸，何古人之敢慕也！』帝善之。」按：梁祚，魏收書有傳。其書兩唐志著錄，章宗源有說。

操；理民治戎，幹略亦優，是故取之。」不過，李嚴還有取得劉備信任的其他原因。他在犍為太守任內以武陽赤水黃龍見而稱祥瑞，並於建安二十六年（按：劉備有意沿用漢獻帝年號，表示不承認曹丕代漢）即章武元年於武陽立廟作碑。[1] 這是李嚴向劉備效忠的突出表現，也是他得以超遷的一個重要原因。李嚴「腹中有鱗甲」[2] 問題，此時尚未顯露出來，或者尚未為劉、葛注意到。至於黃權，他歷來以守正不阿、恪遵臣道而獲名譽，但並不具備為當局特別重視的從政條件。《黃權傳》注引《漢魏春秋》引用他在魏所說的話「臣與劉、葛推誠相信」，只是就他降魏動機的解釋而言。相反，黃權執着而不苟同的立身之道，只能使劉備對他敬而遠之。當劉備初處董和、李嚴於顯任時，《黃權傳》謂只是「假權偏將軍」而已。裴注引徐眾《三國志評》曰：「先主假權將軍，善矣，然猶薄少，未足彰忠義之高節，而大勸為善者之心。」所以我認為黃權未必由於是位在李嚴之上的劉璋舊屬，而自然地成為受遺詔輔政的合適人選。他終於背蜀降魏，可能與他身為劉璋舊屬而又不時與劉備抵觸，頗有關係。

劉備東伐孫吳，黃權阻諫，請為先鋒以當軍鋒，被劉備拒絕。劉備以他為鎮北將軍督江北軍以防魏師，是對他疏遠而非借重。他在江北不聞有落腳之點以資屯駐，與劉備主力隔江相對而無所策應，實際上是孤懸江北的一支游軍。江北魏師，主要是降將孟達與土豪申儀，佈列於東三郡（其時合稱新城郡，旋又於西城另立魏興郡，申儀守之）之地。黃權所當的上庸、房陵之地，都是孟達防區。此外，

1 《隸續》卷一六。

2 《三國志・蜀書・陳震傳》，《太平御覽》卷四九六引《江表傳》。

魏國朝廷委夏侯尚以方面之任，加強了對南方的控制。《三國志・魏書・夏侯尚傳》:「文帝踐阼，……遷征南將軍，領荊州刺史，假節都督南方諸軍事。尚奏:『劉備別軍在上庸，山道險難，彼不我虞，若以奇兵潛行，出其不意，則獨克之勢也。』遂勒諸軍擊破上庸，平三郡九縣。遷征南大將軍。」此所謂「劉備別軍」，指劉封軍；其所「勒諸軍」甚雜，包括徐晃的魏軍，孟達的降軍，可能還有作為聲援的申儀的土豪軍等各種不同的武力。時在黃初元年冬，即孟達降後數月。這是魏國南疆的一次重要的整頓。在此略後，夏侯尚「自上庸通道西行七百餘里，山民蠻夷多服從者」，擴大了魏國南疆的控制面，加強了統治地位。

在上庸、房陵以南的三峽地區，這個階段情況比較複雜。建安二十四年冬，吳軍進入三峽。《三國志・吳書・吳主權傳》:「陸遜別取宜都，獲秭歸、枝江、夷道，還屯夷陵，守峽口以備蜀。」《陸遜傳》:「遜徑進，領宜都太守，……〔劉〕備宜都太守樊友委郡走，諸長吏及蠻夷君長皆降。」陸遜又遣將「攻房陵太守鄧輔、南鄉太守郭睦，[1] 大破之」，又討破「秭歸大姓艾布（一本作文布）、鄧凱等」。以上這些，都是吳取關羽前夕之事。陸遜驅逐了劉備於峽中所置宜都太守，也就是封鎖了三峽，迫使蜀軍向西龜縮，無法下長江接應關羽。吳師擒關羽後，據《潘璋傳》，孫權「即分宜都巫、秭歸二縣（按：巫字原誤作至，標點本已出校。此處指分出宜都郡之巫縣及秭歸縣）為固陵郡，拜璋為太守」。吳增僅《三國郡縣表附考證》於吳荊州部分固陵郡，據前引事考曰:「今考《華陽國志》，先主改巴東為固陵郡，是時宜都屬先主，故以宜都之巫縣移入固陵。二十四年關

1 此二郡太守不知是何方所署置。盧弼認為是劉備所署，與宜都太守樊友一樣。

侯敗後，巫縣當入吳，還屬宜都。故是年權分巫、秭歸二縣，與蜀對置固陵也。及章武元年先主伐吳，復得巫、秭歸二縣地，似吳之固陵當以是廢。二年猇亭之役，吳復有二縣，宜又還屬宜都。」可見三峽地區自吳部署攻關羽以後以至夷陵之戰之中，在吳、蜀二國間曾經易手數次。控制三峽的一方有時從三峽派軍北上，圖取房陵、上庸，如劉備遣孟達自秭歸攻房陵，陸遜遣將攻房陵等是。這就是說，三峽局勢牽動着東三郡局勢。黃權師出江北，孤懸於三峽與東三郡之間的崇山峻嶺之中，三峽與東三郡的軍事動態，都影響着這支軍隊的處境。

黃權出師江北至降魏的幾個月中，軍隊動向不明。其時江南蜀軍攻吳，是主力；江北蜀軍防魏，是接應之師。黃權受命督江北之軍，《通鑒》繫於黃初三年二月，時劉備正在秭歸，並以此為大本營，可知黃權之軍自秭歸出。《水經・江水注》：秭歸城，「古老相傳，謂之劉備城，蓋備征吳所築也」。自秭歸北出，逆今香溪河谷，越山嶺，可接近其時堵水、粉水（均漢水支流）上源，順水道傍河谷可分別通向上庸、房陵郡城。這是蜀魏之間的另一通道，不久以前劉備遣孟達自秭歸北取房陵、上庸，即循此路線。黃權降魏，以通過這條路線而至上庸，由孟達引致，最為可能。

這裏有一個問題，須要略作考察。自從襄樊之敗，亦即《後出師表》所謂「關羽毀敗，秭歸蹉跌」之後，劉備除出峽攻吳之時一度據有秭歸以外，秭歸一直在吳軍手中，蜀人無法使用秭歸這一蜀魏交通的中轉之地，但是由巴蜀至上庸的交通線卻一直維持着，未曾中斷。《三國志・蜀書・先主傳》注引《典略》說到曹操死後劉備遣掾韓冉「賫書弔，並貢錦布。冉稱疾，住上庸，上庸致其書」云云。同傳注引《魏書》略同，但謂「文帝惡其因喪求好，敕荊州刺史斬冉，絕使命」。此事涉及曹劉政治關係，史家有議，本文不論。可注意處是韓冉目的地是洛陽而卻道出上庸這一交通路線問題。韓冉可以自成都北出漢中，乘沔東下上庸，但這太迂遠了。如果韓冉得達漢中，自可以其使臣資格，取道長安而達洛陽，無須繞道上庸。所以他自成都經漢中至上庸的可能性甚小。我想其時蜀、魏交通，必有代替秭歸作為中轉以達上庸的近便地點。《三國志・蜀書・許靖傳》注引《魏書》載黃初四年王朗致許靖書，[1] 有「道初開通」語，這一初開之道，我估計就是韓冉所利用的以及以後雙方降人來來往往的路線。如下所述，永安有降人奔於上庸，上庸也有降人回歸巴蜀，他們熟悉這一地區交通路線，必取最近便之道。我推測這條通道很可能還是在秭歸至上庸路線的不遠之處，因為近便之道莫過於此。

嚴耕望《唐代交通圖考》第二六篇《山南境內巴山諸谷道》，[2] 根據唐以後資料，指出由上庸溯堵水至今四川萬源東境城口地區，再取今明通鹽井，沿前江跨越大巴山，有道可通，但是相當迂遠難行，似非漢末通行之道。嚴著又指出，出巫縣，北越山嶺，沿今九道梁河（唐代稱微江）東北行，有小道至房陵、上庸（參看嚴著圖一五）。以其時軍事形勢度之，並根據該處地理形勢（我曾檢核過這一區域的精確地圖），推測蜀使韓冉東行至上庸，以及蜀魏雙方降人往來，以出巫縣經今九道梁河為便。巫縣在蜀軍所守的永安之東，與永安比鄰，而巫縣越嶺至九道梁河一帶，當時是蜀、吳、魏接壤的三不管區域，山嶺雖險峻而距離較近，蜀、魏小股人員由此往來，當不致出現阻

1　書中王朗謂其子王肅年二十九，以王肅生年計之，書當作於黃初四年。從《集解》之說。

2　嚴耕望《唐代交通圖考》第四卷，1986 年台北版。

礙。所以我疑王朗書中「道初開通」之道，即是指此。但是這些畢竟是據後代資料立說，缺乏強證，不能完全落實。

與黃權相對的孟達，此時境況如何呢？我們知道，監臨孟達的是夏侯尚，他與魏文帝是布衣之交。《三國志・魏書・蔣濟傳》載文帝詔夏侯尚，稱他是「腹心重將，特當任使」，可以「作威作福，殺人活人」。夏侯尚權寄雖然如此之重，但孟達處境尚不艱難。因為，如《三國志・魏書・明帝紀》太和元年注引《魏略》所說：「達既為文帝所寵，又與桓階（按：階官尚書令）、夏侯尚親善。」估計此時孟達還能自主行動，未受限制或限制不嚴。夷陵戰時，孟達自然是十分關切戰情，密切注視軍事動靜，對於接近三郡防區的黃權的動向，更當格外留意，遠斥候，警疆場，儘可能捕捉關於黃權所率蜀軍的信息。

黃權之降，距夷陵之敗只有兩月。黃權居方面主帥之任，所部未經戰鬥，當屬完整。其時也不見有來自吳軍魏軍的強大壓力，情況還不是十分緊迫。黃權是長於審時度勢的人，按情理言他在出降前必有反復權衡和周詳籌劃。特別是部眾當如何安排，是不能不思之再三，以求穩妥的。《文帝紀》黃初三年注引《魏書》載黃權詣荊州刺史夏侯尚降時，所領不過是「領南郡太守史部等三百一十八人」而已。這當然只是官員之數。至於部曲士眾多少，如何安頓，則全無消息。我推測，魏國對黃權部曲士卒已經過了一個處置過程。黃權部曲肯定是被削奪了，所以他與孟達不同，只有孤身歸詣洛陽的路好走。

黃權將降未降之間，在孤軍懸隔又無戰事的條件下，要判斷降魏的得失，要做好投降的各種準備，要傳遞投降的意願並獲得對方的反應，據我推測，唯一便當的途徑是與駐在房陵、上庸的同為劉璋舊屬的孟達取得聯繫，共同商討。據《費詩傳》，魏國降人李鴻來蜀之前，曾在孟達處見到蜀國降人王沖。我們知道孟達的基本士眾，是他和法正各自從益州帶出來的部曲，合共四千家。李鴻來降前曾詣孟達，可知李鴻即是孟達部曲，原籍益州，所以降後在諸葛亮南征歸途的漢陽晉謁諸葛亮，時在建興三年冬。漢陽在今貴州威寧，此處或即李鴻籍貫所在，否則李鴻不會不守候諸葛亮於成都，而必遠道跋涉至漢陽求見。李鴻所見到的王沖，據《費詩傳》附傳，廣漢人，為牙門將，統屬江州督李嚴，懼罪降魏。按：此云「江州督李嚴」，當為「永安都護李嚴」之誤。[1] 王沖降魏，當自永安駐地東奔孟達之所，所經路線當即永安—秭歸—上庸。由此一事例可以考見，蜀國降魏者奔於孟達之所，魏國降蜀者來自孟達之所，他們還在孟達之所聚首，交談所知蜀國情況。所以孟達駐地房陵、上庸，就自然而然地成為南北信息傳遞的樞紐。孟達在蜀在魏關係均多，加上他所具有的恃才好術的個人特點，和三郡地處三國之間的居中地位，都是形成這一聯繫渠道和信息樞紐的重要條件。這些條件在黃權降魏前已經具備，所以我推測黃權之降魏很可能是孟達居間聯繫促成。孟達在蜀在魏均有地位，又與黃權有故舊之誼，所以我認為這種推測是合乎情理的。

如果孟達確實起過居間作用，那麼他對黃權施加影響也是意料中事。孟達根據個人體驗，向黃權分析劉備營壘中劉璋舊屬的艱難處境，堅定黃權降魏決心，也頗符合情理。反過來說，黃權以其「劉璋之所授用」的政治背景、遇事不苟同的個人特點以及夷陵戰後的

1　李鴻謁諸葛亮於漢陽，在建興三年冬。李鴻所述曾見王沖於孟達所，不能晚於三年冬，但是三年冬李嚴尚在永安都護之任，四年春始還駐江州，見《三國志・蜀書・後主傳》。所以，此云「江州督李嚴」為誤。

狼狽境況，接受劉璋舊人、先期降魏的孟達勸降也是順理成章的。孟達有寵於魏文帝，見信於居中的桓階和居外的夏侯尚，也理當起這種作用。因此我認為，黃權之降和孟達之降，表面無任何關係，但從某一角度看來，兩者又都是從蜀政中的新舊糾葛衍生出來的。黃權被迫降魏，這一點劉備清楚，所以他說「孤負黃權，黃權不負孤」；降問至，劉備也未殺黃權妻子。

黃權在蜀史裏只是一個夾縫中的人物，而且還是貳臣，於蜀於魏都說不上有甚麼建樹。但是歷代論史者卻無不褒獎他的為人。陳壽《三國志》評黃權曰：「弘雅思量。」楊戲《季漢輔臣贊》贊黃權曰：「鎮北敏思，籌畫有方，導師禳穢，遂事成章。偏任東隅，末命不祥。哀悲本志，放流殊疆。」袁宏《三國名臣頌》頌黃權曰：「公衡沖達，秉志淵塞。媚茲一人，臨難不惑。疇昔不造，假翮鄰國。進能徽音，退不失德。六合紛紜，人心將變。鳥擇高梧，臣須顧眄。」《華陽國志・巴郡志》謂黃權「應權通變」；同書《益梁寧三州先漢以來士女目錄》列黃權為「雅重」。[1] 陳壽為黃權作了一篇佳傳，通篇無一貶詞，與對待孟達大不一樣。黃權不同於孟達，不是恃才好術者流，降魏後仍然是不苟且，無反覆，終始不易其性，得事君之體。這是古代眾多史家褒獎他的原因。在這眾多的史家中，據我所見，只有何焯把握了黃權的角色特點，把他放在董和之下，李嚴之上的人物系列中來衡量其價值，而不是只從個人品德着眼。本題索隱之作，也從何焯啟發而來。由於書闕有間，直接證據搜尋不到，不敢信為定論，只能說是推測而已。[2]

---

1 《華陽國志》贊黃權的主要文字，當在該書《先賢士女總贊・巴郡士女》中，但該書此一部分已闕。

2 《水經・淯水注》：「淯水又南逕預山東。……山南有魏車騎將軍黃權夫妻二冢，地道潛通。其冢前有四碑，其二，魏明帝立，二是其子及臣吏所樹者也。」

四　劉備託孤語

關於劉備託孤語，拙文《〈隆中對〉再認識》中附帶有所考釋，意猶未盡，現在試作進一步論證。

劉備夷陵敗後，於疾篤之時託孤於諸葛亮，有劉禪「如其不才，君可自取」之語。古人論此事，大多讚其君臣相得之深，並取魚水之喻以相印證。也有個別人認為這是劉備的「亂命」，或者認為是對諸葛亮的「猜疑語」。這些評論雖有不同，但多是揣度心性以成其說，並無深度論證，難於確斷。周一良先生《魏晉南北朝史札記》有「劉備託孤語」條，推崇桂馥《晚學集》卷五《書蜀志諸葛亮傳後》之說，謂劉備「蓋自歎大業未就，又無克家之嗣，與其拱手以讓敵，何如使能者制敵而有之之為快」？桂馥仍從讚美英雄的角度立論，並且相信劉備真有許諸葛亮取帝位之意，這種觀點並不新鮮。但桂馥之論也有特點。他以「制敵」的需要來解釋這一公案，較之純以心術情性為言者要勝一籌。只是劉備「制敵」之「敵」究何所指，似乎仍值得推敲。

劉備兵敗病危，慮不及遠。按情理言，其所思之「敵」當指吳國，拱手讓「敵」亦指讓吳。這是合理的推測，桂馥之意當是如此。但是此時吳國山越不寧，沒有餘力向外進攻；而魏軍壓境的形勢日趨緊迫，濡須、江陵陸續發生戰事，吳國已感窮於應付，更不可能再有攻蜀的可能。陸遜深知吳國夷陵之捷只能是戰略防禦的勝利，而非戰略進攻的勝利。所以當徐盛、潘璋、宋謙等將領競相上表請攻劉備於白帝時，陸遜「決計輒還」，作防魏準備，而不曲從諸將之計。劉備也曾想利用吳國有困難的機會恫嚇陸遜。《陸遜傳》注引《吳錄》劉備聞魏軍大出，書與陸遜曰：「賊（按：指魏軍）今已在江陵（按：《通鑒》作江漢），吾將復東，將軍謂其能然否？」陸遜答曰：「但恐軍新破，創痍未復，始求通親，且當自補，未暇窮兵耳。」事果如陸遜所料，蜀吳未再構釁，荊州前線恢復了相持局面。戰後當年冬，吳使鄭泉聘蜀，蜀使宗瑋聘吳，蜀吳關係已緩和了。所以，要說劉備疾篤之時只是由於懼吳入峽來攻，沒有其他考慮，而遽然作此託孤之語，是不盡符合情理的。

客觀看來，劉備託孤之時，蜀國真正的禍患不在顯舆，而在蕭牆之內，劉備不會不想到此點。如前所論，蜀國臣僚中潛伏着新舊糾葛，是蜀政中最大的隱憂。劉備處董和、黃權、李嚴於顯位，意在固蜀士之心。孟達降魏，蜀士不能無動於衷。賜劉封死，原因之一當在於平蜀士之怨忿。所以劉備稱帝，基礎不能說牢固；夷陵傾敗，劉備病篤，蜀國更有動搖之虞。諸葛亮、李嚴並受遺詔輔政，亮正嚴副，這種安排顯然包含着尊重新舊雙方利益，安蜀國文武之心，以圖共渡難關的用意。劉備既深知新舊問題是蜀國大事而作過許多安排，難道他在託孤時就不為此而焦慮嗎？

從來帝王霸主託孤，都是着眼於穩固遺孤的法統地位和實力地位，如果不是為形勢危殆所迫或有其他特殊隱衷，決不會對顧命臣僚作出相機自取神器的許諾，否則易啟窺竊之心，後患無窮。孫策迫於形勢而作的託孤語，是劉備託孤的重要參考，可以比較。

建安五年孫策臨死，以弟孫權託於張昭，曰：「若仲謀不任事者，君便自取之。正復不克捷，緩步西歸，亦無所慮。」[1] 史臣謂孫策作此語，是由於他「蒞事日淺，恩澤未洽，一旦傾隕，士民狼狽，頗有同異」之故。[2] 士民「頗有同異」，是含蓄之詞，意謂他們

1　《三國志・吳書・張昭傳》注引《吳歷》。

2　《三國志・吳書・張昭傳》注引《吳書》。

離棄或反對孫權。東晉孫盛論孫策死時孫氏在江東，「業非積德之基，邦無磐石之固」；袁宏則謂「桓王之薨，大業未純」。[1] 這些議論都婉轉地說出了時局艱難之所在。嚴峻的形勢使孫策臨終時擔心孫權無力撐持江東危局，才允諾張昭「自取」以固其勢。孫策甚至還擔心，即令張昭等淮泗文武取代孫氏，也未必能在江東穩操勝算，故而再退一步，說出「正復不克捷，緩步西歸，亦無所慮」的話來，意思是萬一張昭取代亦無法立足江東，就徑歸淮泗，另謀出路。孫策慮江東事業難成，缺乏信心，乃有此託孤之言。這正是劉備託孤的殷鑒所在，也正是我們理解劉備託孤隱衷的關鍵之處。

蜀史中未留下劉備託孤的相關資料，發微顯隱比吳史難。而吳史的啟發確實不少。孫權以張昭為長史，以周瑜為中護軍，這樣的文武格局，與後來蜀國丞相諸葛亮、中都護李嚴的文武格局，豈不是很相似嗎？北魏孝文帝曾對兄弟輩言及：「我後子孫，邂逅不逮，汝等觀望輔取之理，無令他人有也。」[2] 這雖不是孝文帝正式託孤之語，但可據以了解，孝文帝知道有心懷覬覦的「他人」存在，才不得不於慮及身後事時作權衡「輔取之理」的囑託。以此觀察孫策、劉備託孤之語，其所反映的危殆之感，豈不是相同的嗎？

在蜀國文武臣僚中，論潛在力量，李嚴一方即劉璋舊屬居於多數，不弱於諸葛亮一方即隨劉備入蜀居於少數地位的新人。劉備傾覆劉璋，把新舊之間本來的主從關係顛倒過來了。劉備尋思萬全之

---

1 孫盛、袁宏所論，分見《三國志・吳書・孫策傳》注及《文選》卷四七《三國名臣序贊》。

2 《魏書・咸陽王禧傳》。孝文帝還直接提及諸葛亮受命輔孤。同書《彭城王勰傳》，孝文於軍中不豫，時勰總攝六師，請另置元戎統軍，己則責專侍疾。孝文曰：「戎務侍疾，皆憑於汝。……諸葛孔明、霍子孟異姓受託，而況汝乎！」魏晉南北朝君主託孤，正式作遺詔允許顧命之臣「自取」，還有一例，就是東晉簡文帝遺詔。《宋書・天文志》(三)載簡文帝遺詔桓溫曰：「少子可輔，即輔之；如不可，君自取。」這是簡文帝確知桓溫有不臣之心，預計身後將有逆謀而出此無可奈何之言，與孫、劉付託以及與孝文帝之言，意義又有所不同。簡文帝詔為侍中王坦之所毀未出。

策以鞏固新人的統治地位，絕不能讓已被顛倒了的主從關係在他自己死後出現再顛倒。這就要儘可能使舊人不生異動之心，萬一出現事端也要能立即加以處置。悠悠萬事，唯此為大，劉備死前不可能不想到這一點。起用李嚴，就是適應此種需要。但是權力賦予李嚴以後，李嚴既能起維繫舊人以事劉禪的作用，也有憑藉威望促成舊人異動的潛在可能。因而又要有控制李嚴這一關鍵人物的辦法才行。新立的幼主劉禪對此是無能為力的，唯一可以付託的人只有諸葛亮。諸葛亮在受遺詔輔政方面，與李嚴是並受，是同列，因此，李嚴的地位相當尊顯。在保障蜀國政權不出現新舊之間的再顛倒方面，諸葛亮還須要被賦予特別的權力，使他能夠控制李嚴而不被李嚴掣肘。所以我認為劉備作此託孤遺言，正是為了在並受遺詔的李嚴面前鞏固諸葛亮的獨特地位，預防舊人另有圖謀。如果不測事端突然出現，連伊尹、周公都無濟於事的時候，諸葛亮還可以走向前台，自取帝位，以應急需。

在這方面，孫策託孤之事也可比較。《三國志・吳書》除了上舉《張昭傳》注引《吳歷》託孤語外，還記有《孫策傳》孫策謂張昭等曰：「中國方亂，夫以吳、越之眾，三江之固，足以觀成敗。公等善相吾弟！」這裏絲毫看不到孫策有允許孫權「緩步西歸」的打算。孫策又謂孫權曰：「舉江東之眾，決機於兩陣之間，與天下爭衡，卿不如我；舉賢任能，各盡其心，以保江東，我不如卿。」這裏也絲毫沒有懷疑孫權能否「任事」之意。而且據《世說新語・豪爽》「陳林道在西岸」條注引《吳錄》孫策臨終舉印綬授孫權時最後的一句話，正好是「慎勿北渡」。而「慎勿北渡」即指不要貿然西歸。由此可見，前引《吳歷》託孤語，只是孫策估量形勢嚴峻，極而言之，並不是確認張昭有「自取」之權，也不認為真可丟棄江東而「西歸」淮泗。同樣，劉備也不會真心授權諸葛亮，讓他判斷劉禪可輔與否而決定是否自取帝位。《先主傳》注引《諸葛亮集》載遺詔敕劉禪曰：「丞相歎卿智量甚大，增修過於所望。審能如此，吾復何憂？」這是劉備對劉禪的基本估計，絲毫看不出還有可輔與否的問題。所以我認為劉備故作此語，是預料到有此授權，能夠進一步預防不測。在這裏，諸葛亮扮演的角色，很像是後世打鬼的鍾馗，這個鬼就是李嚴。

在上述的意義上，前引桂馥所說「與其拱手以讓敵，何如使能者制敵而有之」的話可以得到新的解釋。敵指吳，顯而易見，這是表面之敵。還有更危險的潛在的「敵」，指的是可能滋事的舊人，李嚴是其代表。「能者」意在諸葛亮，諸葛亮憑託孤時賦予他「自取」的權力，可以制服位在同列而又可能滋事的李嚴。當然這只是我借用桂馥的話而作的解釋，桂馥本意可能並非如此。

《諸葛亮傳》劉備託孤語下裴注引孫盛曰：「世或有謂備欲以固委付之誠，且以一蜀人之志。君子曰不然。苟所寄忠賢，則不須若斯之誨；如非其人，不宜啟篡逆之途。」此「世或有謂」之言，不但孫盛不信，桂馥在《晚學集》中也「認為非也」。而我則認為孫盛所引「固委付之誠」、「一蜀人之志」，其論出於距蜀漢未遠之世，是符合實情的有識之見。只不過劉備意所關注者並不在諸葛本人。諸葛忠賢，確無須「若斯之誨」。但要使被委付的諸葛得以「一蜀人之志」而抑「篡逆之途」，則必須首先大大地鞏固他的地位才行。

按照這樣的分析，我認為劉備託孤語是他根據蜀國具體情況深思熟慮的結果，是劉備少有的富於謀略之舉。難怪他臨死前還諄諄叮囑劉禪「閒暇歷觀諸子及《六韜》、《商君書》，益人意智」；而諸葛亮也不辭勞苦，為劉禪手寫《申》、《韓》、《管子》、《六韜》諸書。託孤之語自然是以對諸葛亮的信任為前提的，但不止是個人信任問題。

從以後發生於諸葛亮與李嚴之間的事來看，諸葛亮完全領悟劉備的言外之意，而且在言行上與之配合得相當默契，相當成功。

據《李嚴傳》注引《諸葛亮集》，李嚴曾勸諸葛亮受九錫，進爵為王。按：裴松之所見《諸葛亮集》，當即陳壽錄寫編次的二十四篇；隋志著錄二十五卷，並謂梁二十四卷，這與陳壽錄寫者相符或大體相符，只是改篇為卷而已。由此可知，裴注所見亮《集》來歷清楚，確鑿可信，所引受九錫及進爵事肯定都是李嚴之意，無贋作贋文之可能。李嚴所勸於諸葛亮者，是非常之言、非常之事，李嚴卻敢於出此而無所遮掩。諸葛亮答書也很直率，毫不回避。他說自己：「誤用於先帝，位極人臣，祿賜百億。今討賊未效，知己未答，而方寵齊、晉，坐自貴大，非其義也。若滅魏斬叡，帝還故居，與諸子並升，雖十命可受，況於九耶！」他的意思是，九錫之受不是不該，而是時機未到。他所謂「知己未答」的「知己」，「諸子並升」的「諸子」，從背景說來自然是指同受顧命的李嚴而言。諸葛亮與李嚴似乎是彼此會意，心照不宣。其所以如此，我想是有劉備託孤語作為共同依據的緣故。李嚴敢於勸諸葛亮受九錫稱王，是根據此語；諸葛亮回答說時機到時「雖十命可受」，也是根據此語。諸葛亮所答，是對李嚴政治試探的強烈表態。

對於九錫之勸，諸葛亮可信是無動於衷，決無三讓而後受之之意。他對蜀漢的忠誠，從來沒有人懷疑過。可是他並不義正辭嚴地指責李嚴非所宜言，而是不顧僭越之嫌，委婉作答。「十命可受」雖是假定之詞，可卻是人臣之所大忌，他娓娓道來，不以為意。注疏家不得其解，遂疑此語未必出自以謹慎著稱的諸葛亮之口。可是，誰杜撰此語編次於《諸葛亮集》之中？為甚麼有此杜撰？這些問題還是無從解釋。照我看來，考慮到劉備有「君可自取」之語在先，再來體味諸葛亮、李嚴之間九錫、十命之類的話，理解就容易了。劉備既然鄭重其事地作此囑託，諸葛亮就不必在李嚴的政治試探面前過分拘泥於君臣名分。這就是諸葛亮答李嚴語的實質所在。諸葛亮聰明練達，深諳諸子、《六韜》之義。他治蜀總不忘以先帝付託為言，史家也總以此讚美他忠烈溢於言表。揆之上述，似不無歷史的隱曲寓於其中，蛛絲馬跡依稀可辨。

託孤之語的真實含義既然如此，以後蜀政中的有關問題，都可以循此線索加以考察，而且大體可以得到解釋。李嚴副諸葛亮並受顧命，本是劉備在危機中的權宜之舉，對於穩定劉備身後的蜀國局勢，確實起了重大作用。但是李嚴一旦居位，東西分陝，一國二孔之弊就逐漸有所暴露。加之以人事紛紜，此伏彼起。先有廖立狂惑，來敏亂群；後是孟達來降不果而隕身，李嚴橫造無端而廢徙。歷史遺留的新舊糾葛反復出現，諸葛亮都逐一解決了，而且沒有釀成大亂。他沒有辜負劉備白帝的託付。不過隨着此一公案的結束，諸葛亮走向暮年，蜀政中光彩吸人的時刻也就終止了。

—— 原刊《文史》第 35 輯，中華書局，1992 年。

東三郡與蜀魏歷史

一　東三郡的歷史地理

西城郡，曹魏黃初時改名魏興郡，治今陝西安康。上庸郡，治今湖北竹山。房陵郡，治今湖北房縣。三郡以「東三郡」之名見稱，轄地跨有今陝東南、鄂西北。《華陽國志・漢中志》:「三郡，漢中所分也，[1] 在漢中之東，故蜀漢謂之東三郡。」《輿地紀勝》卷一八九金州 [2]「風俗形勝」引《圖經・山川序》:「自漢中而東，則謂金多山嶺，而均、房而西，則謂金多平曠。」可見西城以東重巒疊嶂，愈行愈險。東三郡各郡城之間有山蹊聯繫。東三郡北境還有沔水相通：西城在沔水邊；上庸及房陵則均在沔水南，分別以堵水、築水連通沔水。東三郡崇山環抱，四塞險固，號為奧區，在地理上自成一體，內部往來雖然比較密切，對外則呈封閉狀態，長期與世隔絕。

秦時，三郡地本為漢中所轄荒裔，其中的房陵歷來為安頓罪人及其他遷人（遷虜）之所。據《史記・秦始皇本紀》，九年秦王滅嫪毐，舍人罪輕者「奪爵遷蜀，四千餘家家房陵」；十二年呂不韋死，舍人的一部分，《正義》謂「遷移於房陵」；十九年王翦滅趙，獲趙王

1　漢中郡，秦惠王攻取楚國之地，治南鄭，西漢末或治西城，參《漢書・地理志》益州漢中郡條王先謙《補注》。

2　唐宋金州即漢末之西城郡治，即今安康。

遷，《正義》亦謂「遷王於房陵」。[1]《華陽國志・漢中志》:「新城郡，本漢中房陵縣也。秦始皇徙呂不韋舍人萬家於房陵，以其隘地也。」隘地當指其地險隘阻隔，遷人難於逃離。

房陵據說以四面山石如室得名，林深地隘，容量有限，所以秦代遷人數量，在蜀者當多於在房陵者。[2]《史記・項羽本紀》項羽謀曰:「巴蜀道險，秦之遷人皆居蜀」，乃以劉邦為漢王，王巴蜀漢中。《漢書・高帝紀》漢元年韓信語劉邦曰:「項羽背約而王君王於南鄭，是遷也。」注引如淳曰:「秦法，有罪遷徙之於蜀漢。」蜀漢分指蜀及漢中，而漢中兼括東三郡地。由此可知，漢王之封，是項羽恃勢以遷虜之例處置劉邦。南鄭向南，沿蜀道入成都；向東，則乘沔水達於西城、上庸、房陵。巴蜀和東三郡，都是劉邦被當作遷虜的謫徙之所，樞紐則在漢中南鄭。

西漢時，西城、上庸、房陵都是漢中郡的屬縣，在益州刺史部。《華陽國志・漢中志》謂西漢時宗室大臣有罪或徙房陵，《漢書・諸侯王表》有例甚夥。[3] 其時上庸亦為遷謫之所。[4] 東漢末年，西城、上庸、房陵三縣均升格為郡。《三國志・魏書・武帝紀》建安二十年曹操擊走張魯而入漢中，「分漢中之安陽、西城為西城郡，置太守；分錫、上庸郡，置都尉」。史家疑「分錫、上庸郡，置都尉」之文為「分錫、上庸為上庸郡，置都尉」之訛奪，[5] 是。東漢制度，邊郡往往

---

1 《史記・趙世家》注引《正義》同。《元和郡縣圖志》卷二一房陵縣北九里有趙王遷墓。又，唐中宗被廢為廬陵王，光宅元年（684）遷廬陵王於房州，即房陵也。

2 秦滅六國後，以六國人為遷虜，處之蜀邊，如臨邛卓氏、程鄭等。《睡虎地秦墓竹簡》第二六一頁《封診式》「遷子」條爰書，有刖足「以縣次傳詣成都」，「遷蜀邊縣，令終身無得去遷所」記載。又，遷人亦有復歸者，如《史記・呂不韋列傳》「復歸嫪毐舍人遷蜀者」是。但遷房陵者未見復歸記載。

3 參劉琳《華陽國志校注》第一三九頁。劉氏所舉尚有可補充者，如《漢書・武帝紀》建元二年濟川王明遷防陵（房陵）是。

4 《漢書・武帝紀》元鼎元年濟東王彭離徙上庸，同書《宣帝紀》本始四年廣川王吉徙上庸。

5 參盧弼《三國志集解》引沈家本說。沈說據《續漢書・郡國志》注引袁山松《後漢書・郡國志》之文。

置都尉，治民比郡。建安時上庸於魏為邊郡，故但置都尉而不置郡守。[1] 房陵設郡不見明文。《三國志・蜀書・劉封傳》建安二十四年孟達「從秭歸北攻房陵，房陵太守蒯祺為達兵所害」。《通鑑》該年胡注謂「此郡疑劉表所置，使蒯祺守之，否則祺自立也」。按：蒯為荊州南郡中廬大姓，劉表在襄陽時，聯絡蒯氏，蒯氏家族得勢，蒯祺當以家族勢力之故，受劉表之命治理相鄰的原益州漢中郡房陵縣地，並受劉表私署為太守。如果此說不誤，則房陵稱郡更在上庸、西城之前。

按：漢中郡地，包括西城、上庸、房陵在內，西漢時戶 101570，口 300614；東漢時則戶 57344，口 267402，分見《漢書・地理志》和《續漢書・郡國志》。以戶數和口數言，東漢時均少於西漢時，可以窺知此處經濟在兩漢時無何發展。[2] 由漢中統領西城、上庸、房陵，主要靠沔水為聯繫紐帶，而沔水水量水勢無常，舟行下水差易而上水甚難，[3] 所以並不便利。漢中郡有時設治於西城，當是為了兼顧自沔水上游統領下游的需要。東三郡自西至東地面如此遼闊，道里如此懸隔，山嶺如此險峻，以漢中南鄭統全境，無論如何是鞭長莫及。當張魯據漢中時，東三郡地事實上已與益州主要部分脫離，不得不各自為政。幾百年來，益州東三郡地與周邊郡縣包括荊州郡縣不能全無交往，日積月累，閉塞狀況當亦有所改觀，不必仰賴漢

1 《三國志・蜀書・劉封傳》注引《魏略》劉封來上庸之前，申耽曾「遣使詣曹公，曹公加其號為將軍。因使領上庸都尉」。按：此當即建安二十年事。二十四年申耽降劉備後，劉備以申耽領上庸太守，從此無都尉之稱。

2 《輿地紀勝》卷八六房州「風俗形勝」，謂至宋時此處猶安於山僻，「男子燒畬為田，女人績麻為布，以給衣食」。遍檢較早的地理資料，包括王謨《漢唐地理書鈔》和陳運溶《麓山精舍叢書》所輯有關古地志，均未發現此處有甚麼重要的社會經濟狀況記載，其落後可以概見。明代此處還是未開化狀態，是流民逋逃淵藪。明英宗天順到憲宗成化年間，房縣發生過大規模流民暴動。

3 《三國志・蜀書・蔣琬傳》延熙中蔣琬屯駐漢中，「多作舟船，欲由漢沔襲魏興、上庸。……而眾論咸謂如不克捷，還路甚難，非長策也」。

中為治。所以後來漢中三縣獨立為郡，其中東端的房陵長久以來即受荊州襄陽的羈縻，也是勢所必然。

《三國志・魏書・劉表傳》劉表初為荊州刺史，各地宗帥（「宗賊」）勢盛，劉表單馬入宜城，要結大族蔡瑁、蒯良、蒯越等人，誘斬宗帥而用其眾。這是劉表所轄荊州部內之事。與荊部地界相連而隔在益部的東三郡內，自然也有宗帥割據問題。還有蠻夷君長，在本地所起的割據作用相當於宗帥。《三國志・蜀書・劉封傳》注引《魏略》敘申耽、申儀兄弟在西城、上庸間聚眾數千家，先後通張魯，通曹操，降劉備，降曹丕，儼然是東三郡首屈一指的宗帥。[1] 申耽先為上庸都尉，與劉封同抗魏兵，失敗後受調徙南陽；其弟申儀未受魏調遣，仍居魏興太守之職，直到太和二年（228）之初始被司馬懿執歸洛陽。申氏兄弟在東三郡事態發展的年代中，始終是交織於蜀魏各種勢力之間的一支重要地方武裝，其破敗晚於荊州八郡宗帥數十年之久。

《宋書・州郡志》梁州：「魏興太守，魏文帝以漢中遺民在東垂者立。」《華陽國志・漢中志》又謂「其人半楚，風俗略與荊州沔中郡同」。「荊州沔中郡」，當指沔水所經、秦漢屬益州、三國以後屬荊州的諸郡，包括魏興以東的上庸、房陵二郡。房陵郡，黃初初年稱新城郡。新城郡民除前代遷人以外，多雜楚人。東三郡地境原來由楚入秦，本屬楚文化區，入秦後始轉而受經由漢中順沔水而來的秦文化的影響。但是自西徂東，秦文化漸淡，楚文化漸濃。唐金州即

1　申氏是西城、上庸土著還是外來戶，史無明文。按：古有神農生於隨州隨縣厲鄉之說；有神農氏之後封於申，以國為氏之說；而周有申國，在今南陽。今神農架地名來歷問題，傳說亦多。這些資料似涉申氏族源，但又難於指實。《元和姓纂》卷三申氏條及岑氏《四校記》多錄申氏人物，均不及申耽、申儀兄弟。

漢西城郡、魏魏興郡地，素有「秦頭楚尾」之稱。[1] 所謂「秦頭楚尾」，既指地理位置順沔水由秦入楚的走向，更指秦楚政治文化關係的交會與熔融。金州以上之地附於漢中而在秦益，文化當以秦為主；金州以下之地雖在政區劃分上也曾歸屬秦益，但地界深入荊楚之境，與荊楚政治文化關係當更為密切。漢末魏初東三郡介於蜀魏之間而發揮其獨特作用，有如上種種原因。陝西安康縣出土戰國晚期以後的文物，兼有秦式和楚式，[2] 也是重要的證據。

對於東三郡在漢末魏初的特殊地位和特殊作用，我在以前所撰論文中有所論述，但有未達一間之憾。本文之作，就是對涉及這一時期東三郡事的舊文的幾點補充。

二　《隆中對》「跨有荊益」解 [3]

拙作《〈隆中對〉再認識》，對於諸葛亮建議劉備「跨有荊益」之說有所論列。我認為諸葛亮身在荊州而建圖益州之議，不能預先設想棄荊州於不顧，故有「跨有荊益」之說。但荊益之間的聯繫，按稍後情況看來，主要靠三峽相連一途。在紛爭局面下，恃三峽溝通荊益，需要峽內峽外維持相呼應的軍事力量。這種條件劉備暫時可以具有，但不能保持長久，所以荊益終難兼而有之。歷史上並沒有割據益州的人長期跨據荊益二州以成穩定局面的先例。入蜀以後的劉

1　《輿地紀勝》卷一八九金州「風俗形勝」。《讀史方輿紀要》卷五六興安州條「唐李吉甫曰：『金州秦頭楚尾，為一都會。』」按：今本《元和郡縣圖志》有關部分及闕卷佚文，不見此語。

2　《文物》1992 年第 1 期李啟良《陝西安康一里坡戰國墓清理簡報》，報導安康縣南郊墓中出土陶器，從風格式樣看來，有的是秦式，有的是楚式，反映這裏是秦楚文化交會和熔融地帶。

3　本節主要內容，曾寫成單篇論文，收入《周一良先生八十生日紀念論文集》，中國社會科學出版社，1992 年。

備暫時可以出入三峽，但遲早要龜縮峽內，放棄荊州。這不是劉備所甘願的，因而他在關羽敗亡後傾國出師，以圖匡復。但蜀師不能發揮順流之勢，躑躅峽中整整半年，既不能不戰，又不能戰，終於師老兵疲，一朝覆沒。這證明劉備傾力以求「跨有荊益」，畢竟是失策之舉。不過我還認為，「跨有荊益」之失，不失在草廬對策之時，而失在形勢屢經變化之後；不失在諸葛亮早年的建議，而失在劉備以後的實踐。曹操南下，劉備奔逃，形勢一變；赤壁之戰，孫權入荊，形勢二變；劉備進蜀，關羽毀敗，形勢三變。劉備無視已變之局，為「跨有荊益」孤注一擲，終於被迫承認現實，守益棄荊。

我先前關於此問題的見解大抵如此。現在要作補正的是，諸葛亮草廬作對時所說的「跨有荊益」並不是指據三峽而跨荊益，而是指據漢沔的東三郡而跨荊益，因此一些相關的問題，都須另作解釋。

諸葛亮居止之地襄陽隆中，雖屬於荊州的行政區劃，卻是處在荊益二州的交壤地帶。我認為，自襄陽向西浸潤至於益州的東三郡，從政區劃分說，就算是「跨有荊益」。諸葛亮指畫天下大勢，絕對不會忽略近處。東三郡是諸葛亮所說「跨有荊益」的漫長走廊，以東三郡為走廊的荊益地境遍佈群山，險塞四固，這又符合「保其岩阻」的設想。「跨有荊益」這一著名政治主張具有這種獨特的地理背景，我們不能忽視。

劉表所治襄陽，本漢縣，居南郡最北端。襄陽三面皆荊州地，唯獨縣西不遠是益州漢中郡房陵縣（後來是益州房陵郡）界。襄陽三面荊州，皆平原和丘陵，無險可守，唯獨縣西不遠即是逶迤無盡的高山，屬於益州地面，絕難進入。益州多山的房陵楔入荊州，像東指的箭頭，尖端逼近襄陽城。從《三國志・魏書・劉表傳》敘事看來，劉表但求保荊，並無遠志，除房陵遠離益州本部而地逼襄陽，劉表不免視之為自己的勢力範圍以外，並未插手上庸、西城事態。劉表制服宗帥，大體只限於荊州八郡，特別是荊州江南部分，並未涉及益部。不過從前揭劉表私署房陵太守一事看來，他實際上已經是跨有襄陽東西兩面的荊益二州而從事政治活動了。

《元和郡縣圖志》卷二一山南道襄州襄陽縣條引「古諺曰『襄陽無西』，言其界促近」。李吉甫解釋，謂縣西十一里有萬山，[1] 與南陽郡鄧縣分界，故云。我疑古諺反映的是漢代襄陽在荊州界內所處的位置，其時襄陽西界迫近益州刺史部，估計縣城去益州界不超過三數十里，所以「襄陽無西」更似指襄陽之西州部相隔的緊迫局促狀況而言。漢代的這種行政區劃，曹魏時由於三郡歸於魏荊州刺史部而改觀，「無西」的原意消失，因而出現了五六百年以後李吉甫所作的另外的解釋，從州部相隔變為一州之內的郡縣相隔了。同書同卷襄州「宜城縣，本漢邔縣地也。城東臨漢江。古諺曰：『邔無東』，言其地逼漢江，其地短促也。」古諺所謂「邔無東」有漢江為基準，含義清楚，所以李吉甫的解釋明白無誤，與對「襄陽無西」的解釋不同。如果要對古諺「襄陽無西」找到一個具有地理基準的合理解釋，與其說襄陽西境隔不大的萬山逼近鄧縣，不如說西出襄陽城三數十里，就由丘陵地帶陡然進入十分險惡的崇山峻嶺，而這崇山峻嶺地帶歷來不屬荊州而屬益州。我認為以此說明襄陽西界「促近」，似乎要妥帖一些。

襄陽縣治西逼益州，諸葛亮宅更在襄陽縣西北二十里，諸葛亮草廬作對的隆中比襄陽縣治更貼近益部地境。我們可以說，隆中地接兩州，東荊西益，幾乎正處在荊益分界線上。這種地理背景，對

1 《續漢書・郡國志》荊州南郡襄陽注引《襄陽耆舊傳》曰：「縣西九里有方山。」按：此方山當即萬山。

於諸葛亮估量政治前景而作出「跨有荊益」的策劃，我想是起了作用的。《隆中對》「跨有荊益，保其岩阻」，所言「岩阻」與其說是就以後蜀國所據全部西南地境而言，還不如理解為遍地「岩阻」的東三郡更為貼切。《隆中對》「天下有變，則命一上將將荊州之軍以向宛洛，將軍身率益州之眾以出秦川」的戰略策劃，更明顯地是沿漢中與襄陽之間的東三郡而「跨有荊益」這一地理背景的產物。

根據此種理解，我們還可以推測諸葛亮所說當時荊州「西通巴蜀」，其通道就是指東三郡；取益州劉璋的捷徑，也是先經東三郡取漢中張魯。而且，「西和諸戎」也有新解，可以解釋為自漢中西出以結氐羌，而不必勉強附會為蜀漢南中之役的預先設計。劉備後來深結馬超，原因之一就是馬超可引氐羌為援。建安二十四年曹操引漢中軍退還長安時，唯恐劉備取武都氐以逼關中，乃從張既之策，徙武都氐五萬餘落出居扶風、天水界。[1] 以後諸葛亮北伐之師屢屢迂回武都、天水諸郡，論者以為仍有結氐羌為援的目的。

總之，對於「跨有荊益」之議，在研究了東三郡的地理歷史狀況以後，應當獲得新的理解。當年「高祖因之以成帝業」之地是漢中；劉備欲得漢中以步劉邦後塵，按草廬三顧之時的設想，只有道出東三郡最為現實可行；出東三郡而得漢中，就具有當時所謂「跨有荊益」的地理歷史完備含義；得漢中，進一步取劉璋囊括巴蜀，就容易了。我認為這樣理解「跨有荊益」問題，比起只從諸葛亮個人聰明睿智來考慮，是較有客觀根據，較為合理，較少先驗色彩。至於以後必須通過長江三峽才能實現「跨有荊益」的策劃，是以後形勢發展使然，草廬作對時恐怕難於逆料。

---

1 《三國志・魏書・張既傳》。

《三國志・蜀書・法正傳》載諸葛亮論劉備入益州事曰：「主公之在公安也，北畏曹公之強，東憚孫權之逼，近則懼孫夫人生變於肘腋之下。當斯之時，進退狼跋。法孝直為之輔翼，令翻然翱翔，不可復制」云云。諸葛亮以劉備入益州有其時不得不如此的原因，功在法正，而根本未把草廬作對時「跨有荊益」之策與此時劉備由荊州三峽入益州之事相並議論，也可見彼時「跨有荊益」之策與此時由荊入益之事本無聯繫。

赤壁戰後，曹操北退，劉、孫周旋於長江中游諸郡，東三郡的戰略地位有所改變。雖然如此，曹操、劉備都還是重視東三郡，一有機會就向東三郡插手。建安二十年曹操將西城、上庸升格為郡，建安二十四年劉備命孟達、劉封分別由秭歸、漢中進入東三郡，都是證明。劉備據漢中以懾秦川，關羽攻樊以震宛洛，劉封、孟達居東三郡一線以為策應，這不正是為東西兩路北伐戰略作鋪墊嗎？

孫權也同樣看重東三郡。《三國志・吳書・周瑜傳》周瑜於赤壁戰後由南郡詣京城見孫權，建策曰：「乞與奮威（按：指奮威將軍孫瑜）俱進取蜀，得蜀而併張魯，因留奮威固守其地，好與馬超結援。瑜還，與將軍（按：指孫權）據襄陽以蹙操，北方可圖也。」周瑜的謀劃還很粗略，沒有打通東三郡以連結漢中與襄陽的具體設想，這是由於當時不具備必要條件的緣故。翌年，即建安十六年，吳將呂岱「遣兵西誘漢中賊帥張魯，到漢興寋城，魯嫌疑斷道，事計不立，權遂召岱還」。[1] 漢興是魏興的異稱，即西城郡。寋城，今地不詳。以當時荊州割據形勢犬牙交錯以及張魯「嫌疑斷道」之舉推之，呂岱之兵當是沿東三郡內山道西出。關羽敗死後，孫權在漢川得勢，曾以

1 《三國志・吳書・呂岱傳》注引《吳書》。按：此事與劉璋遣法正邀劉備入蜀，在同一年。

將軍周泰為漢中太守。[1] 這雖屬遙領性質，亦可見孫權於東三郡時注一目。約在此時，吳將陸遜自秭歸遣將攻房陵太守鄧輔。[2] 再後九年，魏太和二年春，當魏將司馬懿奇襲上庸，攻滅孟達之時，吳軍又遠道奔赴上庸、魏興地區救援。[3] 這些都是孫吳重視東三郡地區之證。但是由於地勢阻隔，吳軍真要插手東三郡事並且持續地在東三郡起作用，畢竟是非常困難的。

蜀軍據漢中，孟達入東三郡，魏國在其南疆處於被動地位。孟達降魏後始終未離開東三郡，魏國被動地位始終未完全改變。其時魏吳有事於江淮，魏國無暇西顧，只以夏侯尚數千人羈縻東三郡，並縱容宗帥申儀盤踞魏興以牽制孟達。諸葛亮自漢中興師北伐，孟達又成為魏蜀之間舉足輕重的人物，在反覆中終於被司馬懿消滅，申氏勢力也同歸於盡。這樣，魏國南疆才得以大大鞏固，東三郡的特殊地位和特殊作用也隨之消失了。

三　東三郡與蜀魏歷史

拙作《蜀史四題》中，「劉封與孟達」及「黃權降魏索隱」二題，也涉及東三郡。其中屬於自漢中、襄陽交通於東三郡諸事，在上節中已作交待。還有一些是自長江三峽內外交通於東三郡（主要是上庸郡）的事例，本節中將着重討論。

蜀將黃權之軍孤懸峽外江北的崇山峻嶺之中，夷陵之戰以後進退失據。黃權降魏，以地理條件和人事條件而言，最便當的途徑是

1　《三國志・吳書・周泰傳》。

2　《三國志・吳書・陸遜傳》。此房陵太守或是劉備所署。

3　《晉書・宣帝紀》。

通過本屬蜀中同僚、此時已是魏國邊將的孟達的撮合。黃權接洽降事以及以後入仕洛陽，必經孟達防區，這個地區在蜀魏兩國之間甚具敏感性質。我曾舉《三國志・蜀書・費詩傳》如下記載為證。建興三年（魏黃初六年）冬，李鴻自魏降蜀，來蜀之前曾詣孟達，並在孟達處得見自蜀降魏的王沖。李鴻當為孟達所率來自蜀中的部曲，估計是朱提郡漢陽縣（今貴州威寧縣境）人。他隨孟達降魏後一直在東三郡，至是歸蜀，並向諸葛亮當面傳遞了孟達的信息。王沖則是李嚴駐永安時的牙門將，降魏投奔孟達，此時仍在孟達處。我根據這些線索判定，孟達駐在的房陵、上庸，是蜀魏兩國之間信息交流、人員來往的樞紐所在；掩護此種特別關係的人物就是孟達；而孟達能夠起這種作用，是由於他在房陵、上庸還維持着他原有的軍事力量。魏國既不能完全控制東三郡，只有對孟達的此種行為持隱忍態度，甚至有意加以利用，以圖獲取蜀國信息，發揮孟達對付蜀國的特殊功能。[1] 孟達曾有引致蜀將黃權的功勞，可能還有挾其蜀中政界舊有關係以自重於魏的打算，這從孟達敢於在蜀魏之間恣意行事可以看出。

蜀國與孟達聯繫，因申儀居於魏興而不便頻繁地使用自漢中東來的通道，所以還要靠自長江北上房陵或上庸，中轉之地是秭歸城。但是在蜀吳之爭中，秭歸頻頻易手。建安二十四年冬，陸遜乘關羽毀敗的有利時機，逐蜀漢官吏而進入三峽，據有秭歸，自秭歸北攻房陵，破諸大姓及諸蠻夷君長，「前後斬獲招納民數萬計」。[2] 夷陵之戰，蜀軍一度奪回秭歸，並以之為蜀軍的大本營。《水經・江水注》：秭

1 《三國志・魏書・明帝紀》太和元年注引《魏略》曰：孟達降，魏王加拜散騎常侍，領新城太守，「委以西南之任」，就是為了對付蜀國，穩定魏國西南疆場。

2 《三國志・吳書・陸遜傳》。參同書《孫權傳》。

歸城，「古老相傳，謂之劉備城，蓋備征吳所築也」。劉備敗退回蜀，傳世《後出師表》「秭歸蹉跌」之語，即指此役。從此以後秭歸屬吳，蜀軍退守永安，不敢出峽。

三峽中郡縣建置，隨着蜀吳軍事進退而迭有變更。《三國志・吳書・潘璋傳》：孫權「分宜都巫、[1]秭歸二縣為固陵郡，拜璋為太守。」吳增僅《三國郡縣表附考證》吳荊州固陵郡條據《潘璋傳》考曰：「今考《華陽國志》，先主改巴東為固陵郡，是時宜都屬先主，故以宜都之巫縣移入固陵。二十四年關侯敗後，巫縣當入吳，還屬宜都。故是年權分巫、秭歸二縣，與蜀對置固陵也。及章武元年先主伐吳，復得巫、秭歸二縣地，似吳之固陵當以是廢。二年猇亭之役，吳復有二縣，宜又還屬宜都。」

在三峽頻頻易手之時，控制三峽地區的一方，多從峽內的秭歸北窺房陵，企圖進入東三郡。這就是說，三峽局勢的變化，牽動着東三郡局勢，影響各國關係。

自秭歸北出，溯今香溪河谷，越山嶺五百里，接近其時粉水上源，順水依谷可通房陵。這是漢代以來的古道。[2]陸遜領宜都太守以後，除了劉備出峽的短暫時間以外，秭歸都在吳軍之手，蜀方無法使用秭歸至房陵這一路線，但是事實證明，蜀方與房陵、上庸聯繫並未中斷。韓冉受劉備派遣弔曹操之喪而停留於上庸，是一顯例。關於此事，《三國志・蜀書・先主傳》注引諸書有如下兩則記載：

《魏書》曰：「備聞曹公薨，遣掾韓冉奉書弔之，致賻贈之禮。文帝惡其因喪求好，敕荊州刺史斬冉，絕使命。」

1　按：巫，原刻誤作至，點校本有校記。

2　參嚴耕望《唐代交通圖考》，台北版篇二六，頁一〇二七及附圖二五。關於古河道走向諸問題，請與中華地圖學社《中國歷史地圖集》北京版有關圖幅對參。

《典略》曰：「備遣軍謀掾韓冉賫書弔，並貢錦布。冉稱疾住上庸，上庸致其書，適會受終，有詔報答以引致之。備得報書，遂稱制。」

按：曹操之死，在建安二十五年（延康元年，黃初元年）一月，曹丕「受終」（即帝位）在該年十月，劉備「稱制」在下年四月。據此估計，韓冉來上庸約在延康元年春夏間；上庸致其書於魏國，當是八月孟達降魏以後的事，所以「適會受終」；其時曹仁以車騎將軍都督荊揚益州諸軍事，屯宛，受孟達轉遞劉備書以致洛陽朝廷者當即曹仁；受魏文帝敕斬韓冉的荊州刺史當是夏侯尚，他正是在曹丕即帝位後領荊州刺史假節都督南方諸軍事的。魏文帝詔書到達成都當在春間，因而劉備得以略事準備後在四月稱制，並以曹丕「載其凶逆，竊居神器」為稱制理據。[1] 此事首尾在一年以內。《魏書》謂敕斬韓冉而絕使命，《典略》謂詔報答以引致之。二說不同，但細加分析，又似有相成之處。

韓冉其所以稱疾停駐上庸而不直接進詣洛陽，當是因劉曹仇隙既久且深，劉備因喪求好，曹丕是否禮接，並無把握。作為行人，韓冉宜有緩衝之計，所以利用孟達在魏地位，稱疾上庸而須曹丕之命。這是劉備原定方略，還是韓冉權宜措置，不得而知。但是韓冉受到孟達保護，他所進行的聯繫交涉事宜得到孟達的合作，是可以肯定的。孟達降魏後，東三郡入魏荊州刺史部，但曹魏勢力尚未能主宰東三郡，所以魏荊州刺史很難執行魏文帝斬韓冉的敕命。史不載韓冉下落，但很可能是既未被引致洛陽，亦未被斬，而是攜魏帝詔書回報成都，完成了劉備向曹丕作政治試探的使命。不過，韓冉送致

1 《三國志・蜀書・先主傳》。

洛陽的是漢中王致魏王函，帶回成都的卻是魏帝下漢中王或者是下漢左將軍宜城亭侯詔，[1] 這是劉備所不願接受的。劉備既不願委質稱臣於魏，所以就以此為契機，匆遽決定稱制。

史籍中沒有留下韓冉行程路線的資料。我們知道，曹操死時劉備已由漢中回到成都，韓冉之行當自成都出發。他不大可能由成都北上漢中，東越申儀所據魏興郡城而抵上庸，因為這不但太迂遠，而且申儀於劉備、於孟達均為異己力量。我疑韓冉經永安而達上庸。其時秭歸在吳軍之手，韓冉不能進入。韓冉東出永安後，當循峽中山蹊北行。《三國志・魏書・夏侯尚傳》：夏侯尚「勒諸軍平三郡九縣」，搜索掃蕩所至，遍及窮僻，客觀上有助於附近道路的探尋與開通。《三國志・蜀書・許靖傳》注引《魏書》黃初四年魏司空王朗致蜀司徒許靖書，[2] 有「道初開通」之語。這一初開之道，當即此數年來蜀魏官私共同使用的通道。王朗之函就是王朗派遣降人送致蜀國的。王朗函首謂「消息平安，甚善甚善」，可見在此之前，許靖先已利用新開通道經過東三郡，與洛陽王朗聯繫。王朗、許靖原來都是北方名士，聲譽相聞；漢末一個居官會稽，一個避地會稽，交往甚多；後來兩人隔居南北，二十餘年音問不通，主要由於沒有往來渠道。一旦新道開通，他們之間的聯繫立即恢復。值得注意的是，奔走於這條代替秭歸—房陵道的永安—上庸道上的，主要是蜀魏雙方的降人。前引《費詩傳》載永安有蜀國降人奔上庸，上庸有魏國降人奔巴蜀，都是利用這條新開的通道。通過這條道路，降人傳播着雙方的信息。

1　劉備左將軍、宜城亭侯官爵皆曹操所表授，參《通鑒》建安二十四年胡注。

2　王朗書中說到大男王肅年二十九。以王肅生年推之，此書當作於黃初四年。參盧弼《集解》。

嚴耕望《唐代交通圖考》篇二六頁一〇二六考山南巴山諸故道，謂五代後唐由房州新開道四百里，即是循堵水南源之九道梁河（當時稱微江）河谷而上，約經今官渡河、白河口，逾烏雲頂山隘，沿大寧河谷，越大昌而至奉節，即當時的永安。這條道路晚至《舊五代史・唐明宗紀》始有正式記載，而且還說是新開之道。但是我疑此等依山傍水的小道，千百年來極可能是經軍事行動的搜求和山民的探索，依局勢需要程度，時而使用，時而廢棄，而使用時總是有所修整，有所拓展。當蜀漢自東門永安不經秭歸而求連通東三郡，曹魏亦思利用東三郡而探求蜀漢消息的時候，開通此一道路是合乎蜀魏雙方需要，而且是並不困難的。永安、秭歸迤北地帶，魏、蜀、吳郊境所接，三方皆當有所活動，三方皆未能固守。所以韓冉入魏所經，蜀魏降人出入，許靖、王朗信使往還，很可能都是利用這條道路。王朗所說「道初開通」，指的就是這條道路。這是三國初年蜀魏之間的一條重要的政治通道。夷陵之戰，蜀將黃權所領江北策應之師，全在這一帶山林之間活動，對於山間小徑的開闢和這條政治通道的形成，也當有重要作用。

嚴耕望前揭書頁一〇二五據後代資料，謂由堵水有路通至今城口、萬源而下巴蜀。此路的大巴山部分，應在《夏侯尚傳》尚自上庸通道西行七百里所經的範圍之內，在當時被發現並被使用，是可能的。但是由萬源通向巴蜀主要地區，道路還很遙遠，所以這條路與永安—上庸道不同，很難作為聯繫蜀魏的主要而又便捷的道路加以利用。

《三國志・魏書・王昶傳》嘉平二年冬至三年春，魏征南將軍王昶遣新城太守州泰襲吳之巫、秭歸、房陵，[1] 皆大捷，吳軍南撤，魏軍

1　洪亮吉、謝鍾英《補三國疆域志補注》卷六謂此房陵二字為衍文，是。

在江北掌握了較大的主動權。不過沿長江的要地魏軍無力固守，仍回到吳軍手中。蜀亡，蜀永安守將羅憲被吳將步協、陸抗圍攻，「或勸南出牂牁，北奔上庸，可以保全」。[1] 由此可知直到此時，前述出永安沿大寧河谷逾烏雲頂而達上庸的道路，作為政治上聯繫蜀魏的通道，一直是開通的，不過已經失去重要性，不一定像過去那樣頻繁地被使用了。

綜上論述，並參考拙作《蜀史四題》以及《〈隆中對〉再認識》二文，東三郡與蜀魏早期歷史關係，可注意者有如下諸端：

一，原屬益州刺史部的東三郡，在地形地勢上自成區域，呈封閉狀態，設治較早，開發緩慢，古地志中記載甚少。東漢末年劉表為荊州牧，以居荊部、益部之間的襄陽為治所，染指房陵，但對上庸、西城無能為力。劉備入漢中，由南北二路交通東三郡：孟達自秭歸北取房陵，劉封由漢中順沔水至上庸，二人並受東援襄樊關羽的呼召。這就是蜀國對魏國早期的軍事態勢。蜀國跨有荊益之土，西端益州自漢中窺伺秦川，東端荊州出襄樊威懾宛洛，東三郡則居中聯絡策應。這種在東三郡兩端的益荊二州境內對魏保持進攻態勢的戰略部署，最初的設想可追溯到《隆中對》。《隆中對》的這種設想，是以居荊益二州之間、連接漢中與襄陽的東三郡的存在為前提的。

二，關羽毀敗，孟達降魏，東三郡之地始脫離幾百年來所歸屬的益州，入魏荊州刺史部。魏國雜用宗帥申儀和降將孟達據守，以夏侯尚為荊州刺史統東三郡，並掃蕩山林，開拓道路，以圖建立東

1　《晉書・羅憲傳》。

三郡的新秩序。但是東三郡實際管轄權依然如故，孟達在上庸、房陵處於半獨立狀態，魏國朝廷羈縻而已，未能實現完全的統治。劉備秭歸蹉跌以後，孟達促成黃權降魏有功，使自己得以暫時自固於魏國朝廷，同時又保持與蜀國的聯繫。看來魏國也是有意默認孟達的這種特殊地位，以求保持通向蜀國的渠道，獲得蜀國的信息，與蜀國維持某種平衡。

三，建安末和黃初年間，蜀魏兩國經過東三郡，維持着一條交通路線，先是經過秭歸而達房陵，即秭歸—房陵線；秭歸入吳以後，又另辟永安以東、秭歸以西的山道，即永安—上庸線。雙方公私，均通過新道進行聯繫。這就是王朗致許靖函中所說「道初開通」之道。這也是蜀魏兩國之間的政治通道，居中介地位的就是據有房陵、上庸的孟達。

四，蜀魏間降人來往，信息傳遞，導致諸葛亮策反孟達以利北伐之事。但是孟達恃才好術，時有反覆；又同與諸葛亮不相容的蜀中政要李嚴同屬一派，容易攪動蜀中政局。所以諸葛亮終於不救孟達於危難之中，促成孟達敗死。從此東三郡中舊日益州殘餘勢力，包括降將孟達，也包括宗帥申氏，悉數被魏軍肅清，魏國南疆始得大大鞏固，而東三郡在蜀魏早期歷史中的特殊作用，也就隨着消失。

—— 原刊北京大學《國學研究》第一卷，1993 年。

作者跋語

東三郡地區發展，古地志記載甚少，明代猶為流民逋逃淵藪。清人嚴如熤居官山南二十餘年，於道光初輯成《三省邊防要覽》一書，頗有難見資料。其書卷二、卷三「道路考」，詳著此間地名、道里、險夷，以及行旅艱難之狀。書中所見，少數地段平原坦途，輿馬俱便。卷五「水道」記傍水處有的地段還有舟行之便。這是三郡內部得以保持較密切聯繫的條件。卷三「險要」記由此南行通向長江口岸，一路大山無際，隨處皆險。如說烏雲頂山隘（本文曾提及此處）「交四川巫山縣界，山大林深，人行碧岫蒼煙之中，最為幽險」。又云此處「砍伐老林，辟為徑路，朽木狼藉，橫塞山巔，緣木而過，登跋為艱」云云。嚴如熤書成甚晚，但山川終古依舊，使我們仍然得以想見一千六百年前此處的艱險閉塞之狀。

孫吳建國的道路

—— 論孫吳政權的江東化

孫吳建國，六朝肇始，史家措意，自古而然。本文搜求剩義，感到孫吳霸業之起，在魏、蜀前；稱王稱帝，在魏、蜀後，其建國道路，曲折而又漫長，似有不得不如此的原因，只是事在若隱若現之間，很不明晰。因而鈎稽前人棄捨的資料，細思陳琳為曹操所作《檄吳將校部曲文》中提及的孫吳與江東諸大族的關係，才恍然若有所得。孫氏霸業稽延，癥結蓋在於調整與江東大族關係的需要。

孫策以袁術部曲將的名分南渡，逐漢官而據江東，既是僭越，又是入侵。這決定了江東大族對孫策疑惑、敵視的態度。孫策對江東大族按不同對象分別對待，或誅戮，或羈縻，或依靠，因而出現了孫吳對待江東大族的三種不同類型，構成孫吳在江東發展的三個階段，使孫吳建國呈現為一個複雜的歷史過程，其內核則是求得孫吳政權的江東地域化。

拙作《暨豔案及相關問題》一文，視暨豔案為孫吳政權江東化最後階段的一個要案，並從此論及孫吳建國的大體過程。本文為該文補充了這一過程的前半段，可以作為該文的上篇來讀。本文與該文同步醞釀，但該文脫稿在前，敘事屬後；本文脫稿在後，敘事屬前，所以可能有交錯重疊、繁簡不當之處，請讀者留意焉。[1]

一　孫策渡江的歷史背景
—— 袁揚州與劉揚州的對立

初平、興平年間，漢天子在西，王綱解紐，江東處於半隔絕狀態，奉漢正朔而已。江東各郡居職守土者，個別人涉足中原的競逐，如丹陽太守會稽周昕分兵以助曹操，[2]但是一般而言，他們對中原世局寧取靜觀態度，並不積極參與。其時袁術已據淮泗，有問鼎意。他用吳郡富春孫堅經略中原。孫堅死後，袁術派孫堅妻弟吳景、兄子孫賁攻逐周昕，分署吳景、孫賁為丹陽太守和丹陽都尉，控制長江津渡。袁術企圖通過孫策，使江東成為自己的支撐力量。

吳郡曲阿是孫氏家族的重要據點。孫堅死葬曲阿（後遷葬吳縣），堅妻吳氏孀居曲阿，堅女適曲阿弘咨，[3]在在說明曲阿為孫氏利益所繫之地。孫氏據曲阿，可以接應南北，聯絡富春，而孫堅故將丹陽朱治居吳郡都尉之職治錢唐，為孫氏控制了這一通道的南段。

孫氏為袁術部曲，世所共知。袁術不臣之跡與時俱增，孫氏也成了附逆之臣，江東人對孫策持非議態度，是意料中事。不過孫策在政治上多少還保有一點自主性，並非一切皆以袁術旨意是從；袁術似也不以死黨待孫策，始終不曾授孫策以中原郡土。這就是孫策

1　考慮到本文和暨豔案之文都落實到論孫吳政權江東化的主旨，所以在本書重訂本中，以文章敘事為序，分別給兩文加上「論」和「再論」的副題。

2　見《三國志・魏書・武帝紀》初平元年。時丹陽太守治宛陵。

3　分見《三國志・吳書》之《孫堅傳》、《孫策傳》、《諸葛瑾傳》以及《孫晧傳》甘露元年注引《吳錄》。

以後終於回江東尋找機會的一個原因。

衰敗的東漢朝廷，於長江一線先後分陳皇室疏宗為州牧，先是劉焉為益州牧，然後是劉表為荊州牧。至是又以劉繇為揚州牧。[1] 劉繇東萊名士，他受命出牧揚州，本有代表漢廷制衡袁術之意。揚州治所壽春在袁術手中，劉繇避袁術而渡江東來，吳景、孫賁秉孫策意，迎劉繇置曲阿，劉繇遂得以曲阿為揚州治所而在江東立足。劉繇成為東漢朝廷打入江東的楔子，孫策則藉助劉繇，改善自己在江東的政治形象。混亂世局中的這種特殊關係，形成了江西（江北）和江東（江南）兩個揚州，即袁揚州和劉揚州並立的局面。[2] 孫策背靠袁術，又暫時結好劉繇，與兩個揚州都保持聯繫，地位可進可退。他此時尚未顯示東渡之意，也無東渡之力，不觸犯兩個揚州的任何一方。不過兩個揚州的並立畢竟是暫時的現象，在世局瞬息變化的時刻，雙方都難於長久維持。

傳世《後出師表》論及此時江東局勢說：「劉繇、王朗，各據州郡，論安言計，動引聖人，群疑滿腹，眾難塞胸，今歲不戰，明年不征，使孫策坐大，遂併江東。」這裏雖未提及袁術，但所說正是以兩個揚州並立為背景，責難劉繇苟安江東，對袁術不征不戰，使孫策得以乘時擴展，浸潤於江東的情況。《後出師表》作者是誰，姑置不論。但是諸葛恪謂得見此《表》，裴松之謂《表》出張儼《默記》，均言之鑿鑿，可據以肯定此《表》至少是三國時人文字，所涉背景以及所述「群疑滿腹，眾難塞胸」，必是三國時人對其時江東世局的一種估量。至於劉繇本人，本非封疆之才，在江東既無治亂安邦長策，又乏強

1　《三國志・吳書・劉繇傳》及《太史慈傳》。《後漢書・劉寵傳》謂繇為寵兄子，「興平中，繇為揚州牧」。

2　袁術自己未嘗用揚州牧名義，而以故吏惠衢為揚刺，但時人仍以袁揚州稱袁術，如《孫策傳》注引《吳歷》孫策謂「欲從袁揚州求先君餘兵」是。

大後盾。他以儒生外鎮，只是漢朝風化所被、正朔所行的一種象徵，別無其他作用。《三國志・吳書・劉繇傳》陳壽評曰：「劉繇藻厲名行，好尚臧否，至於擾攘之時，據萬里之土，非其長也。」《後出師表》謂孫策借劉繇影響而浸潤江東，雖是事實，但把後來孫策吞併江東完全歸責劉繇個人迂闊無能而不究及整個世局，也嫌片面。

漢室疏宗劉焉、劉表，分別出牧益、荊有年。他們都與本土人士建立了較深的聯繫，也多少擴充了自己的實力，做了不少事情。同為漢室疏宗的劉繇出牧很晚，與江東無深層關係。他依以立足江東的孫氏也不是真正的本土強宗。所以他萍漂藻寄，浮水無根，雖然也有自存之謀，畢竟勢危易蕩，比益、荊二牧還是不如。

孫堅早年離開江東，於擾攘之際征戰南北，雖曾受袁術指麾調度，而於漢室多功少愆，於江東大族亦不聞有大嫌隙。[1] 孫策用孫堅餘兵攻廬江太守吳郡陸康，陸氏宗族隨在廬江的百餘人中，死者將半，陸康本人亦旋死。這是震動江東的大事，不能不加劇江東大族對孫策的疑懼和戒備，也引起劉繇的反目。江東表面平靜的氣氛被破壞了，兩個揚州並存局面不能繼續維持。劉繇迫逐吳景、孫賁至於江北歷陽，獨攬丹陽全郡及吳郡北境，並屯兵江渚以防袁術、孫策南侵。《三國志・吳書・朱治傳》說：孫策「為袁術攻廬江，於是劉繇恐為袁、孫所併，遂構嫌隙」。《三國志・吳書・太史慈傳》記載孫策後來向太史慈解釋此事說「劉牧往責吾為袁術攻廬江，其意頗猥，理恕不足」，並申述其時不得不爾的原因。這表現出孫策心虧理短，欲蓋彌彰。總之孫策攻廬江事使他居於與江東大族也與劉繇公開為敵的地位，對孫策以後在江東的發展造成了很不利的影響。

---

1 《三國志・吳書・孫堅傳》注引《吳錄》謂堅為長沙太守時出於鄉誼，曾越境入豫章救助廬江太守陸康從子宜春長某，於陸氏尚有恩德。

富春孫氏本屬「孤微發跡」，[1] 無強大的鄉土勢力可言。《孫堅傳》注引《吳書》謂「堅世仕吳」，這是韋昭在吳而為吳修史，不得不有的虛美不實之辭。《宋書・符瑞志》（上）以及《太平御覽》卷五五九引《幽冥錄》，皆謂孫堅之祖孫鍾與母分居，遭歲荒，種瓜為業。這證明陳壽所謂「孤微發跡」不誣。孫氏門寒，家世不詳，孫鍾與孫堅關係，除上述祖孫之說外，六朝還有父子之說。劉敬叔《異苑》載孫鍾為孫堅之父。《水經・漸江水注》富春亭山「有孫權父冢」。楊守敬《水經注疏》謂權字為堅字之誤，因為若是孫權父冢，當徑稱為孫堅冢，不必累贅為言。楊守敬之說實際上是贊同《異苑》，謂亭山之冢即孫鍾冢。[2] 同時我們知道，孫堅先葬曲阿，後遷葬吳，墳塋並不在富春。《宋書・禮志》（三）謂孫權稱帝，不立七廟，但有孫堅一廟在長沙臨湘，又有孫策一廟在建鄴，這與東晉末年桓玄篡晉立楚，唯立桓溫神主於建康，廟祭不及於祖，以此遮掩其先世隱情之事，[3] 頗為相似。孫氏家族在江東無地位可言，本難見容於江東大族；加上孫策屠戮陸氏子弟，江東大族對孫氏增加了仇視之心，更是可以理解的事。

孫策在兩個揚州對立的背景下銜袁術之命渡江，無根無柢的劉繇一觸即潰。這在軍事方面算不上一件太大的事。只是孫策攻擊劉繇，意味着正式向江東的東漢統治挑戰，也意味着正式向江東大族挑戰，這決定渡江一事的基本性質，對於孫氏以後在江東的活動，有巨大的影響。

孫策渡江準備，已知有下述一些情況。

1　《三國志・吳書・孫堅傳》陳壽評。

2　《新唐書・宰相世系表》卷七三（下）對孫鍾、孫堅輩分問題疑莫能明，所以含糊其詞，説孫鍾其人，「吳先主權即其裔也」。

3　參拙著《東晉門閥政治》（北京大學出版社，2005 年第 4 版）「桓溫先世的隱情」一節。

《孫策傳》注引《吳歷》，孫策在江都，咨張紘以世務，曰「欲從袁揚州求先君餘兵就舅氏於丹陽（按：策舅吳景為丹陽太守，事在策攻廬江以前），收合流散，東據吳會，報仇雪恥（按：此指據吳會而溯江上擊荊州黃祖，以報黃祖軍士射殺孫堅的家仇），為朝廷外藩」，云云。

同傳注引《江表傳》孫策說袁術曰「家有舊恩在東，願助舅（按：吳景時已被劉繇驅逐，退駐歷陽）討橫江（按：指劉繇所遣戍守江渚之兵），橫江拔，因投本土召募，可得三萬兵，以佐明使君匡濟漢室」，云云。[1]

孫策渡江欲為「朝廷外藩」，「匡濟漢室」，都是託辭。張紘為孫策籌劃東渡事，就說過事若得成，「功業侔於桓文，豈徒外藩而已哉」！孫策後來鼎足於江外，也已在張紘的籌劃之中。問題在於，孫策必須就袁術乞得孫堅「餘兵」，始得規劃渡江，而這支餘兵，江東人視為外來異類，力加排斥，增加了孫策立足江東的困難，這是孫策和張紘所不曾預料到的問題。

孫堅之眾，最初是熹平元年（172）在江東召募的，經過二十年的異地征戰，江東舊人當所剩無幾。所以孫策從袁術索得的孫堅餘兵，主要應是後來陸續召募補充的淮泗兵。領兵諸將除孫氏戚屬吳景、徐琨、孫賁等數人外，亦當多為江西人。孫策率領這一支淮泗兵渡江後，本有「收合離散」和「投本土召募」的計劃。但從以後作戰事實來看，除確已收合劉繇潰散之軍以外，本土召募則只見有孫策從父孫靜率富春鄉曲宗族五六百人參加過會稽戰鬥，見《孫靜

1　孫吳早期歷史大事，其年月缺乏史官記注為據，往往有歧異。大事如孫堅死年及孫策渡江之年，都有不同說法，其他事件因無準確的參照年月而不甚明晰。《三國志》裴注、《通鑒・考異》以及其他考證、校勘，雖然於此多所斟酌，也只能做到大體推斷，難於滿足各種異說。所以本文上述孫策渡江前諸事，只是儘可能按順序言之，大抵都是興平間三數年事，而具體年月未敢逐一標明。

傳》。據《孫瑜傳》，稍後孫靜之子孫瑜始領兵眾之時，「賓客諸將多江西人，瑜虛心綏撫，得其歡心」。由此可知，孫策部曲的主力仍是淮泗之眾，即令是新投入的江東鄉曲，也只有融溶於淮泗力量之中，無從保持江東色彩以制約淮泗之眾。孫瑜之兄孫暠甚至在建安五年孫策死後還擬奪取會稽，以與孫權爭奪繼承權，可見孫氏家族內部並不具備足夠的凝聚力。至於孫策在江東作戰時所收合的江東離散，數目雖然可觀，如《三國志・吳書・虞翻傳》翻說孫策「用烏集之眾，驅散附之士」，但這種軍隊不可能構成孫策之師的主力，不能決定孫策之師的基本性質。更值得注意的是，孫策回到本土召募，並不見江東大族特別是吳郡大族擁眾支持孫策。鄉土大族中有為孫策會稽郡縣掾屬者，他們多是原來已仕於王朗郡縣而為孫策所留用的人。

孫策率領過江的軍隊，以淮泗人為主體，又得不到江東人的支援，這使孫策之師完全不具備返回鄉梓為父老所歡迎的形象，而儼然是一支浩浩蕩蕩的袁術入侵之師，是外來的征服者。舊史記事，確實作如是說，雖然紀年頗為紛紜。

《三國志・魏書・武帝紀》初平四年：「是歲孫策受袁術使渡江，數年間遂有江東。」

《後漢紀》初平四年：「是歲袁術使孫策略地江東，軍及曲阿……。」

《後漢書・獻帝紀》興平元年：「是歲揚州刺史劉繇與袁術將孫策戰於曲阿，繇軍敗績，孫策遂據山（江）東。」

《後漢書・劉寵傳》：「興平中〔寵從子〕繇為揚州牧、振威將軍。時袁術據淮南，繇乃移居曲阿。……袁術遣孫策攻破繇，因奔豫章，病卒。」

《三國志・吳書・孫策傳》注引《江表傳》:「策渡江攻繇牛渚營，盡得邸閣糧穀戰具。是歲興平二年也。」

《三國志・蜀書・許靖傳》許靖寄寓會稽，「依王朗，又避袁術之難，遠走交州，輾轉至蜀」。他致書曹操，說在會稽時「正禮(劉繇)師退，術兵前進，會稽傾覆，景興(王朗)失據」。

以上記事，其年份歧異問題，《通鑒・考異》興平二年條及《三國志・吳書・孫策傳》盧弼《集解》均有說，無庸贅敍。值得注意的是，幾乎所有資料都說孫策渡江是袁術所遣，孫策是袁術將，視孫策略地江東為袁術之難。其中的《後漢書・獻帝紀》當是據史官所記，以劉繇為敍事主體，以明東漢法統所在；指名孫策為袁術之將而不具銜，以示非正。《三國志・蜀書・許靖傳》許靖之語是親歷其境的名士的敍述，把孫策之師徑稱為「術兵」。官私記載，自漢末至南朝，對於孫策渡江之事，定性如此一致，都說是袁術入侵。所以流寓江東的北士，凡門望高者幾無一個情願留在江東。除前引輾轉至蜀的許靖外，桓曄、袁忠[1]都在孫策兵到之前泛海而南，他們寧願冒死遠走，也不願留在江東屈從逆臣袁術。

江東大族面對袁術入侵之師，懷着對孫策的家仇舊恨，深感自身危殆。他們絕不會率自己的家族鄉曲去支持孫策，也不能貿然離棄家園。他們或者靜觀待變，或者聚眾自保。孫策在江東遇到的，幾乎到處都是敵意。

孫策佔領了丹陽、吳、會稽三郡，消滅東漢江東政權的軍事抵抗，並進一步與外敵爭衡於戰場，都不是難事。但是要使江東本土

---

1 分見《後漢書・桓曄傳》及注引《東觀記》、《後漢書・袁閎傳》附《袁忠傳》及注引謝承《後漢書》。桓曄即桓嚴、桓儼、桓礹，事見本傳及注以及《世說人名譜》、《水經・漸江水注》。《三國志・吳書・虞翻傳》注引《會稽典錄》載朱育答濮陽興之問，提到桓文遺太守陳業尺牘之爭，桓文指桓文林，即桓曄。

勢力放棄反抗，靠攏孫策，視孫策為一體，卻要困難得多，這使孫策深感憂慮，處境艱難。

二　孫策誅戮英豪問題

孫策在江東，面對的反抗勢力不止一種，反抗方式也不盡相同。《三國志・吳書・吳主權傳》記孫策臨死時的江東局勢說：「深險之地猶未盡從；而天下英豪佈在州郡；賓旅寄寓之士以安危去就為意，未有君臣之固。」史臣意在概述孫權初統事時江東局勢艱險之狀的三個方面，即：

一、「深險之地猶未盡從」，指「山寇」據守深險之地抗拒孫氏，這個問題在吳史中最為突出，延續時間甚久。山寇主要屬於江東鄉土勢力中的中下層次，可能包括山越民族，所以有時以山越為稱，往往以強宗驍帥為其魁首，堅持與孫吳為敵，但主動進攻力量並不甚強。這是孫吳主要的軍事對手。

二、「天下英豪佈在州郡」，指江東社會層次甚高的一些家族人物，包括所謂東漢舊德名臣，以武力或非武力的方式反對孫氏入侵江東。他們與出沒於深險之地的山寇互通聲息，社會影響很大。這是孫策在江東主要的政治對手，孫策對之殺戮立威，無所寬貸。孫策誅戮江東英豪問題就是指此。

三、「賓旅寄寓之士以安危去就為意，未有君臣之固」，指流寓江東的北士，有些不願與袁術部曲將孫策合作，已經離去；尚存的流寓之士，與來自淮泗的孫策本可以協調一致，而孫策也急需他們為自己的助力，所以樂於親近他們，但是他們此時還不知道孫氏在江東能否長期立足，所以意存觀望，不肯表明對孫氏的態度，不願委質定分。

以上三個方面，山寇問題史家關注者多，大概都以山越視之，時有論述，本文從略。關於誅戮英豪問題和賓客動向問題，本文此節和下節將分別申述。

孫策誅戮英豪之事，《三國志・吳書》有籠統記載，語焉不詳。《三國志・吳書・孫韶傳》注引《會稽典錄》曰：「孫策平定吳會，誅其英豪。」《吳主權傳》太元二年注引《傅子》：孫策「轉鬥千里，盡有江南之地，誅其名豪，威行鄰國」。鄰國主要指中原，其時江東士大夫與中原名士個人之間多有交往，政界自然也是信息相通。《三國志・魏書・郭嘉傳》曰：「策新併江東，所誅皆英豪雄傑能得人死力者也。」鄰國傳聞，頗知孫策所誅者都是深具社會影響的人士。我們知道韋昭《吳書》成書之時孫吳政權與江東名豪大族早已合流，因而書中對於孫策誅戮英豪之事不得不有所諱忌，輕描淡寫，着墨甚少，所以陳壽《三國志・吳書》也未大書。裴注為陳志拾遺補闕，始增益了有關問題的資料。

《傅子》所載孫策誅戮名豪，「威行鄰國」，除《郭嘉傳》有所照應以外，《文選》卷四四陳琳為曹操所作《檄吳將校部曲文》[1] 是重要印證。

---

1 《檄》文陳琳所作，以尚書令荀彧名義發佈，不具年月日，因此產生了一些疑點。按：荀彧建安初守尚書令，但久未預南征孫權之役。十七年曹操征孫權，荀彧參丞相軍出征，以疾留壽春，薨。根據情理，《檄》以此年發佈為是，但《檄》中卻有十七年以後之事。前人有謂尚書令荀彧為訛，疑《檄》作於二十一年曹操征孫權之時。《文選》李善注引《魏書》首取此說。今按陳琳有《神女賦》，曰：「漢三七之建安，荊野蠢而作仇，贊皇師以南假，濟漢川之清流。」見《藝文類聚》卷七九。據此知陳琳二十一年確有隨軍征伐之行，不過軍次「荊野」「漢川」，故爾有神女之遐思。此地不在曹操進軍之譙—居巢—濡須路線，或是偏師策應而已，因此這又不是陳琳草議和發佈《檄吳將校部曲文》的合適時機和場合。《三國志・魏書・王粲傳》謂陳琳與徐幹、應瑒、劉楨輩皆死於建安二十二年之疾疫，此年為作《檄》之下限。《檄》文可疑之點現雖無法一一決斷，但其基本內容卻從來無人懷疑，是可信的。

陳琳《檄》文以大量篇幅盛讚曹操武功，謂北方抵定，行將揮戈南向，直指吳會；除孫權外，凡「枝附葉從」，皆所寬宥；江東舊族及吳將校，翻然來歸者必有顯祿。這些都是該《檄》文應有之義，無須深究。值得留意之處，是曹操譴責孫權「殘仁賊義」的事實。關於「殘仁」，只有「孫輔，兄也，而權殺之」一例，顯係襯托，無關宏旨。關於「賊義」，即誅戮英豪，《檄》文大加渲染，把孫策、孫權的事寫在一起，不加區別。所舉殘害周、盛門戶，是孫氏誅戮州郡英豪最重要的事例，而且主要是孫策所為。周、盛以外，受打擊的吳會門戶，《檄》文也有所反映，不過並非列舉不漏。

孫氏誅戮英豪，震動江東，也在鄰國激起忿怒，才成為曹操「弔民伐罪」的重要口實。這裏裒集以孫策時為主而兼及孫權早年，以周、盛門戶為主而兼及其他家族的所謂誅戮英豪諸事，排比如下，並略加考證。

許貢 許貢，漢末吳郡都尉，與北方名士許靖有舊，靖過江，先投許貢。[1] 孫策東渡，許貢已遷吳郡太守，所遺都尉一職由孫堅舊將丹陽朱治繼任，設治於錢唐。《續漢書・郡國志》吳郡烏程條注引《吳興記》:「興平二年太守許貢奏分縣為永縣。」可知此年許貢已在太守之任。許貢是不信任孫策的。孫策過江，許貢曾上表漢廷，謂策驍雄，請召還京師以貴寵之，無令放外為患。表未得達。朱治策應孫策，由錢唐夾攻許貢，敗之於由拳，遂自領吳郡太守，許貢南投山寇嚴白虎，事見《朱治傳》。大約在孫策平定嚴白虎後，許貢被迫出降。孫策候吏曾截獲許貢前此所上漢廷之表，以之責貢，殺之，見《孫策傳》注引《江表傳》。許貢「小子及客亡匿江邊」，建安五年，

1 參《三國志・蜀書・許靖傳》。

孫策終於被他們擊傷致死。許貢郡望無考，或出句容許氏，家在故里，故家人得匿江邊以俟孫策出入而殺之。許貢之死沒有引起江東軒然大波，大概由於許氏以東漢朝廷命官自守，與吳會大族不甚相得，而其門第位望又不夠高之故。影響最大的事例，是下述周、盛門戶。

盛憲　盛憲，會稽人，舉孝廉，補尚書郎，稍遷吳郡太守，以疾去官，事跡見《孫韶傳》注引《會稽典錄》及《孫策傳》注引《吳錄》。盛憲與北方的孔融相善，孔融謂盛憲「有天下大名」，「實丈夫之雄，天下談士依以揚聲」。許貢領吳郡，盛憲不見容，奔匿得免。「孫策平定吳、會，誅其英豪，憲素有高名，策深忌之。」郝經《續後漢書・盛憲傳》推定孫策「不及害憲而卒」。孫權統事，幽執盛憲，「妻孥湮沒，單孑獨立，孤危愁苦」。建安九年孔融與曹操書，[1] 請以制命發使徵盛憲。制命未至，憲為孫權所害。

孫氏害盛憲，反響甚大。《檄》謂「盛孝章，君也，[2] 而權誅之」；又謂「周、盛門戶無辜被戮，遺類流離，湮沒林莽，言之可為愴然」。《檄》文責孫權，最重事例即此。周、盛遺類「湮沒林莽」，按當時情勢度之，可能是投奔山寇，被山寇保護起來，與許貢被迫投靠「山賊」嚴白虎一樣。盛憲事還株連門生故吏。《孫韶傳》：「孫權殺吳郡太守盛憲，憲故孝廉嬀覽、戴員亡匿山中」，也是指投靠山寇。

1　據《三國志・吳書・孫韶傳》注引《會稽典錄》載孔融與曹操書，提到「五十之年忽焉已過，公為始滿，融又過二」。以孔、曹二人生卒年核之，書作於建安九年。又，《太平御覽》卷四〇九引《會稽典錄》，謂盛憲為台郎時逢一童子，年十餘歲，是孔融，則盛憲年長於孔融。所以融書有「海內知識零落殆盡，唯會稽盛孝章尚存」之語，盛憲被逼、逃亡、幽執、見害，對手依次為許貢、孫策、孫權，前後歷十年之久。

2　此謂孫權吳郡人，於俗當尊吳郡太守為君。《三國志・魏書・楊阜傳》阜語姜敍自責，有「君亡不能死」之言；楊阜讓封，亦云「君亡無死節之效」，均謂阜為州吏，未能死刺史之難。又，《晉書・陶侃傳》陶侃尊廬江太守張夔為君，尊夔妻為小君。廬江為陶侃本郡，陶侃為廬江主簿。其時吏民與州將、郡將有君臣名分。

周昕、周昂、周喁　會稽周氏兄弟三人，於初平年間關東兵起之時，均為將守在外，其事跡見於《三國志・吳書》者，有《孫堅傳》注引《吳錄》及《會稽典錄》，《孫靜傳》及注引《會稽典錄》、《獻帝春秋》，《孫賁傳》，《吳夫人傳》；見於《三國志・魏書》者，有《太祖紀》，《公孫瓚傳》及注引《典略》；見於《後漢書》者，有《公孫瓚傳》，《袁術傳》。彙而觀之，三人行事大抵如下，小有牴牾者則擇善而從。

周昕，丹陽太守，前後遣兵助曹操征戰。袁術在淮南，周昕絕不與通。袁術遣吳景攻丹陽，逐周昕，周昕散兵回鄉里。周昂，九江太守，袁術遣孫賁攻周昂於陰陵，周昂弟周喁往助。周昂兵敗，亦還鄉里，為吳郡太守許貢所殺。周喁，先從曹操征戰，後為袁紹將，奉袁紹命攻孫堅之軍於魯陽，遂居孫堅之位為豫州刺史。[1] 周氏兄弟三人均居顯位，處境不利時又多奔返鄉里會稽，其家族在鄉里地位可得而知。三人事跡中，有周喁攻孫堅於魯陽、吳景攻周昕於丹陽、孫賁攻周昂於陰陵等事，可見會稽周氏兄弟與孫氏父子的敵對關係早已形成，根深柢固。孫策過江後攻會稽郡時，周昕家居，猶領兵眾助太守王朗抗拒孫策，為孫策軍所擊斬。可以說，周氏兄弟是這一階段江東大族反對孫氏最有實力的代表人物。

陳琳《檄》文曰：「……周泰明當世俊彥，德行脩明，皆宜膺受多福，保乂子孫。而周、盛門戶無辜被戮，遺類流離，湮沒林莽，言之可為愴然。」周泰明，《選》學注家未詳其名，當即周昕。《孫靜傳》注引《會稽典錄》：「昕字大明。」大明即太明、泰明。昕、昂、喁兄弟之名均從日，字或以明為輩，名與字相葉。《孫堅傳》注引《吳錄》，

1　為袁紹將而攻孫堅於魯陽之人，史籍記載歧異，有作周昕，有作周昂，有作周喁。清人考證，亦紛紜其說，備見《三國志》公孫瓚傳、孫堅傳之盧弼《集解》。此處從周喁說。

喁字仁明，可以為證。孫氏摧殘周氏，與摧殘盛氏一樣慘酷。左思《吳都賦》炫耀江東人物之盛，吳、會並重，卻未提及會稽周、盛二族，此後典籍亦罕見會稽周、盛家族人物事跡，[1] 可見晉時二族已經衰頹，不為世重了。[2]

王晟及其他　《孫策傳》注引《吳錄》:「時有烏程鄒他、錢銅及前合浦太守嘉興王晟等，各聚眾萬餘，或數千，引兵撲討，皆攻破之。策母吳氏曰:『晟與汝父有升堂見妻之分，今其諸子兄弟皆已梟夷，獨餘一老翁，何足復憚乎！』乃捨之，餘咸族誅。」按：嘉興漢末稱由拳，烏程、由拳皆屬吳，與孫氏同郡。王晟是卸職在籍官員，與孫氏為世誼，孫策父執。他亦與鄒他、錢銅一樣疾恨孫氏，聚眾抗拒。孫策對他們處置慘酷，不亞盛、周。

與大族英豪抗拒孫策相應，江東名士縱橫議論，從而成為屠殺藉口之事，也時有發生。據《孫策傳》注引《吳錄》，吳郡高岱善《左傳》，廣交遊，曾為本郡太守盛憲上計，舉孝廉。許貢與盛憲宿怨，貢領吳郡，岱將憲避難，奔走求救。孫策統會稽，高岱隱於餘姚，策命岱出，交談中以為岱輕己，囚之。岱知交及時人皆露坐為請，數里中填滿。策惡其收眾心，遂殺之。江東英豪名士本為一體，往往以接姻、交友聯絡。高岱所友八人，其中有吳四姓之張允，其人即名士張溫之父，以輕財重士名顯州郡；還有吳興大姓沈昬。吳興沈氏又與盛憲為姻家，沈瑜、沈儀為盛

1　《三國志・吳書・孫休傳》孫權第六子孫休，隨郎中盛沖受學。按：孫休曾居會稽，此盛沖或係會稽盛氏孑遺。又，據《宋書・自序》，盛憲與吳興沈氏為姻家。

2　這裏有一個問題，難以確切解釋。《三國志・吳書・虞翻傳》注引《會稽典錄》會稽郡門下書佐山陰朱育向太守濮陽興陳述當年虞翻答王朗關於會稽人物之問，列述會稽古今人物，及於朱儁，但無盛、周。朱育又向濮陽興補充陳述了一些會稽後出人物，亦無盛、周。據我推測，虞翻答王朗問，在孫策誅戮英豪之前，照理說不應漏列盛、周，故疑為後人刪削。但朱育陳述則為孫權時事，盛、周家族已被摧殘，故朱育避忌，略而不言。是否如此，有待新證。

憲外孫。沈儀又與吳四姓之陸績為友，[1] 績父陸康漢末官廬江太守時為孫策所破，績及陸氏宗族在廬江者，死亡甚眾，而陸績反對孫氏言論甚顯，事詳下文。可見江東英豪名士與孫策之間關係錯綜複雜，仇隙甚多，孫策鋤誅異己，以立威名，江東一時為之震懾。

孫策死，孫權為政較為收斂，對江東大族以籠絡為主要手段，但鎮壓之事亦有所聞。原來為孫策所迫而未及誅戮的盛憲，後來死於孫權之手。《吳主權傳》建安九年（204）注引《吳錄》，吳興士人沈友「正色立朝，清議峻厲」，於朝會時有所是非，受詰責後直指孫權有「無君之心」。孫權度其不為己用，遂殺之。沈友並無武力反抗或其他激烈行動，主要是名士受清議之風激蕩，心存漢統，名節為重，對霸業的追求者桀驁不馴。這種現象中原為多，吳蜀亦有。不過孫權時舉賢任能是施政要務，與大族名士的對立雖不能完全消除，畢竟比孫策時緩和多了。以後再出現類似事件，表現形式與內涵都有所不同。發生在黃武三年（224）的張溫、暨豔案是最重大的一宗，已另文探討。

《孫策傳》載建安五年孫策死前，呼弟孫權佩以印綬，謂曰：「舉江東之眾，決機於兩陳（陣）之間，與天下爭衡，卿不如我；舉賢任能，各盡其心，以保江東，我不如卿。」孫策當着張昭等人所說的這一席話，既是對孫氏兄弟能力長短的估量，更是面對江東艱難世局對繼承者孫權的政治囑託。孫策希望孫權不要再像他自己那樣只是專注於武力的征服，繼續與江東大族為仇；而是要留意於舉賢任能，推行文治，首先是爭取那些「以安危去就為意」的淮泗賓客的歸心，並與他們一起去爭取江東大族。只有這樣，才能逐漸改

1 《宋書》一〇〇《自序》。

變孫氏淮泗入侵者的面貌，擺脫孤立地位，以求在江東長久存在和發展。

孫權統事，基本上遵循孫策的遺囑，一步步探索改變軌轍的辦法，首先是求賢接士。陸機《辨亡論》說：「夫吳，桓王（孫策）基之以武，太祖（孫權）成之以德。……其求賢如不及，恤民如稚子，接士盡盛德之容，親仁罄丹府之愛。」陸機在歌功頌德中透露的事實，我想是近真的。這也是本文下節所要探討的主旨。值得留意的是，歌頌孫策、孫權的吳郡陸機，正是當年被孫策攻迫至死的陸康的族人。陸機之祖陸遜，曾隨從祖陸康在廬江任所，逃還吳後為陸康之子陸績「綱紀門戶」。陸績懷恨孫吳，終於以譏刺當局而徙官鬱林，死於徙所，而陸遜則靠攏孫權，漸至顯位。處在分化狀態的江東大族，大部分人物對孫吳政權逐漸由反對、觀望轉為合作，這是一個總的趨勢。

三　賓客去留對孫氏統治的影響

前引《吳主權傳》史臣所述孫策死時世局艱險之狀，有「賓旅寄寓之士，以安危去就為意，未有君臣之固」一條。「賓旅寄寓之士」，《吳書》中又簡稱為「賓客」。[1] 為甚麼賓客去就會成為孫權憂心的重大問題呢？

孫權欲植根江東，必須有江東大族支持；江東大族既然以外來入侵勢力視孫氏兄弟，力圖反抗，孫氏兄弟就不能不另尋支撐以對

1　《三國志・吳書》中這一階段常見的「賓客」，多與「賓旅寄寓之士」同義，而與東漢以來作為依附戶的「賓」和「賓客」不同。不過我推測，如果賓旅寄寓之士長久不能獲得較好的生活和較高的地位，也有沉淪為依附戶的可能。

付江東大族。這個道理淺顯易明，何況其時荊州、巢湖地區時有軍情，孫氏的淮泗軍事集團不能久處孤立無援狀態。孫氏的助力，首應來自本該屬於孫氏淮泗集團後備力量的賓旅寄寓之士。然而賓旅寄寓之士此時還不知道孫氏在江東是否能站穩腳跟，所以疑慮重重，趑趄觀望，不肯對孫氏委質定分。孫氏當務之急，是盡力延攬招合賓客以提高自己在江東的影響，對付江東大族與山寇相聯而形成的巨大壓力。

蓄養賓客這一古老的社會現象，此時在江東具有新的意義。江東寄寓的賓客，原多聚集在劉繇、王朗、華歆等北方名士為江東牧、守者的周圍。《後漢書・劉寵傳》附《劉繇傳》:「繇居曲阿，值中國喪亂，士友多南奔，繇攜接收養，與同優劇，甚得名稱。」《三國志・魏書・華歆傳》注引《華嶠譜敍》，華歆在豫章太守之任，「是時四方賢士大夫避地江南者甚眾，皆出其下，人人望風」。王朗在會稽，北方名士許靖、桓曄、袁忠等均投之，已見前引。王朗身為羈虜以後，流移窮困，仍舊「收恤親舊，分多割少，行義甚著」，事見《三國志・魏書・王朗傳》。後來劉繇奔死豫章，王朗、華歆先後北歸，其賓客從歸者固有人在，留在江東者估計尚多。華歆北歸，本傳謂「賓客舊人送之者千餘人」，其中必多避地江東的「四方賢士大夫」，他們在華歆等人離去後只得星散於江東各地，依附於江東大族和淮泗將領，以觀察孫權的動向，等待孫氏在江東陣腳立定後，再取進止。

孫策初來之時，幕府謀謨之士寥寥無幾，《孫策傳》所列彭城張昭和廣陵張紘、秦松、陳端等四人中，「秦松、陳端各早卒」。[1] 而賓

1 《三國志・吳書・呂蒙傳》孫權謂「子布、文表（按：即張昭、秦松）俱言宜遣使修檄」以迎曹操，《周瑜傳》亦言及「子布、文表」，則秦松死在赤壁戰後。陳端似死在孫策時，因為《陸績傳》説到「孫策在吳，張昭、張紘、秦松為上賓」，而不及陳端。

旅寄寓之士對孫策觀望，若即若離。他們雖不得不就食於孫策諸將，但並不急於向孫策修敬，更不急於進入孫策幕府。《孫瑜傳》「賓客諸將多江西人」。《孫策傳》注引《江表傳》，道士于吉往來吳會，「吳會人多事之。策嘗於郡城門樓上集合諸將賓客，……〔于吉〕趨度門下，諸將賓客三分之二下樓迎拜之，掌賓者禁呵，不能止。」孫策令收于吉，曰：「此子妖妄，能幻惑眾心，遠使諸將不得復相顧君臣之禮，盡委策下樓拜之，不可不除也。」諸將賓客拜于吉，或者可以用宗教原因來解釋；委孫策於不顧，則說明諸將賓客對孫策權威的不尊重。

建安之初，北方漸趨穩定，曹操曾有招賢之舉，對江東賓客動向有很大影響。《後漢書・禰衡傳》：「許都新建，賢士大夫四方來集。」這正是在孫策平輯江東之時。其時江東不臣孫策的北士脫離孫氏羈絆，北歸鄉里以就曹操者，當不在少數，形成極不利於孫策的政治風潮。《三國志・魏書・徐奕傳》：奕，東莞人，「避難江東，孫策禮命之，奕改姓名，微服還本郡。太祖為司空，拜為掾屬」。《魏書・王朗傳》注引《漢晉春秋》：王朗兵敗，沉淪江東，「曹公輔政，思賢並立，策書屢下，殷勤款至」，建安三年終得孫策允許，還抵許都。[1] 又，《三國志・魏書・徐宣傳》：宣，「廣陵海西人，避亂江東，又辭孫策之命，還本郡，與陳矯並為綱紀」。《三國志・魏書・陳矯傳》：矯，「廣陵東陽人也，避亂江東及東城，辭孫策、袁術之命，還本郡，太守陳登請為功曹，使矯詣許」。徐宣、陳矯二人，後來都被曹操辟為司空掾屬。

---

1 關於建安初年曹操求賢，士大夫四方雲集之事，參看萬繩楠《解開千年之謎〈短歌行 —— 對酒當歌〉》一文，載《紀念陳寅恪先生誕辰百年紀念學術論文集》，北京大學出版社，1989 年。

看來，江東的賓旅寄寓之士不樂為孫策所用者，孫策亦不輕易縱歸，所以孫權統事之初賓旅寄寓之士的疑惑情緒，就成為世局艱難的一個重要方面。不過孫策以「舉賢任能，各盡其心，以保江東」期待孫權，孫權也力求緩解與賓旅寄寓之士之間的緊張關係，團聚他們以鞏固在江東的統治。這樣，在孫策時蟄居不出的許多賓客也歸心孫權。張昭、周瑜在這方面起了突出的作用。

張昭本人，就是賓旅寄寓之士。《張昭傳》昭，彭城人，「漢末大亂，徐方士民多避難揚土，昭皆（何焯校改作偕）南渡江。孫策創業，命昭為長史」。孫策死，張昭受顧命輔孫權。廬江周瑜，本為孫策故舊。《建康實錄》卷一孫權統事之初，周瑜為中護軍，「時權位在將軍，諸賓客為禮尚簡，[1] 惟瑜獨盡敬而執臣節」。陸機《辨亡論》論及這一段歷史曰：「賓禮名賢，而張昭為之雄；交御豪俊，而周瑜為之傑。彼二君子，皆弘敏而多奇，雅達而聰哲，故同方者以類附，等契者以氣集，而江東蓋多士矣。」

張昭、周瑜共挽危局的這個階段，太妃吳夫人起了重要作用。原來，孫策在彌留之際，慮主幼邦危，有許張昭自取霸業之託，並進一步說到：「正復不克捷，緩步西歸，亦無所慮。」這當然是極而言之，本意不是說贊成西歸，而是說力求立足江東，勿歸淮上。[2]「助

---

1 這仍然是《三國志・吳書・孫策傳》注引《江表傳》載孫策諸將賓客委孫策於不顧，而迎拜于吉的那種情況。

2 按趙一清《三國志注補》，於《孫策傳》策死前囑張昭「公等善相吾弟」，並謂孫權決機兩陣，「卿不如我」之下曰「此文全用《吳錄》，『善相吾弟』下，尚有『慎勿北渡』四字」云云。趙一清所引「慎勿北渡」之語，見《世說新語・豪爽》「陳林道在西岸」條注引《吳錄》。孫策臨終，舉印綬授孫權時作此語，當是孫策最後遺言。我意「北渡」與「西歸」同義，「慎勿北渡」與「緩步西歸」，都是孫策籌謀立足江東而出現的反復思慮，相反而又相成。孫策激勵孫權非守住江東不可又擔心江東終不可守，故有是語。他認為「西歸」並不可取，只能作為萬不得已的選擇。決定因素是廣招賓客，舉賢任能，只有這樣，才能避免西歸的結局。

治軍國」並主張「優禮賢士」[1]的吳夫人，「以方外多難，深懷憂勞」，[2]問張昭及董襲等人「江東可保安不」，[3]可見她在籌思軍國大事時首先是以確保江東為慮的。諸臣論事，吳夫人常折衝其間。《周瑜傳》注引《江表傳》：建安七年曹操責孫權質子，諸臣猶豫不能決，孫權「乃獨將瑜詣母前定議」。吳夫人是周瑜而非張昭之議，於是不遣質子。張昭、周瑜在對外措置方面雖然有所異同，但在吳夫人參贊之下，廣泛團聚賓客豪俊，共持危局，江東始得改觀，這一點他們二人是一致的。《張昭傳》注引《吳書》謂孫策死，「士民狼狽，頗有同異。及昭輔權，綏撫百姓，諸侯（按：侯字疑衍）賓旅寄寓之士，得用自安」。前引《辨亡論》謂孫策和孫權治道不同，一武一文，其主要內容就是指孫權重視求賢和接士。

孫權統事以後陸續出仕的北士，對孫吳統治起着極為重要的作用。這些人，如魯肅、諸葛瑾、嚴畯、步騭等，孫策渡江時已經來到江東，但是都與孫策保持距離，不為孫策所用。以魯肅為例，魯肅本與周瑜友善，二人同時渡江，但是魯肅並不親附孫策，欲從曲阿北歸巢湖以就鄭寶，以周瑜力勸而止。連那些本已出仕揚州牧劉繇於曲阿的孫邵、是儀、滕胤等人，孫策渡江以後均寂爾無聞。以上這許多人，都是孫權統事後，始陸續入幕府的。

孫權統事後的一段時間內，還有一種現象值得注意，就是江東大族和孫氏諸將，多樂意收恤賓客以成名譽。賓客在江東，處境是困難的。他們之中層次較高的士人，雖然有出處問題須要考慮，但

1 《三國志・吳書・妃嬪・吳夫人傳》及注引《會稽典錄》。
2 《三國志・吳書・張紘傳》注引《吳書》。
3 《三國志・吳書・董襲傳》。

是作為寄寓的賓客，一般說來首先希望託身有所，衣食無虞。《三國志・吳書・全琮傳》：琮，吳郡錢唐人，父柔，以會稽東部尉降孫策。「中州士人避難而南依琮居者以百數，琮傾家給養，遂顯名遠近」。全琮生卒在 198—249 年，[1] 其周濟北士自然是孫權時事。[2] 又《駱統傳》：統，會稽烏傷人，父俊，陳相，為袁術所害。「時饑荒，鄉里及遠方客多有困乏，……統〔謂姊〕曰：『士大夫糟糠不足，我何以獨飽？』姊……乃自以私粟與統，遂使分施，由是顯名。」駱統生卒，據其本傳當在 193—228 年，其分施賓客亦為孫權時事。又《陸瑁傳》：「陳國陳融、陳留濮陽逸、沛郡蔣纂、廣陵袁迪等皆單貧有志，就瑁遊處。瑁割少分甘，與同豐約。」《顧邵傳》：「自州郡庶幾，或四方人士，往來相見，或言議而去，或結厚而別，風聲流聞，遠近稱之。」《朱治傳》注引《吳書》：丹陽朱治之子朱才以父任出仕，領兵有功，猶鄉議嘖嘖，乃「更折節為恭，留意於賓客，輕財尚義，施不望報，……名聲始聞於遠近」。從駱統及顧邵二傳文字看來，被施及的賓客有的是鄉里落魄子弟，但絕大部分當是北士，時間都是在孫權統事後的一段時間裏。

賓旅寄寓之士影響輿論至深，是穩定江東的重要因素。張昭和周瑜合作所形成的孫吳權力結構，具有吸引賓旅寄寓之士的良好形象和容納他們的能力。賓旅之士歸心，淮泗將領得到淮泗文人的合作，孫吳的統治基礎明顯擴大了，立足點也大為穩固。這樣，孫吳政權就能夠在正常的軍務、政務之中更多地吸收江東士人參與，逐漸增加江東士人在政權中和在軍隊中的比重，逐漸消除江東人和江

1　卒年據本傳。《建康實錄》卷二謂年五十二，據以推出生年。

2　《三國志・吳書・全琮傳》謂琮父柔使琮賫米數千斛到吳市易，琮至皆散用，還報柔曰「士大夫有倒懸之患，故便賑贍」云云。這些士大夫主要當指流寓吳郡的北士。

西人之間的隔閡，為孫吳政權的江東本土化，為孫吳政治軌轍進一步的轉折，創造必要的條件。

四　孫權與會稽虞魏、吳郡顧陸諸大族的關係

孫氏誅戮吳會英豪的風波過去以後，孫權急於吸收賓旅之士以壯大自己，保全江東。同時他還要考慮如何採取措施，逐步消除吳會大族的顧慮，取得他們的支持，以圖維持久遠。

建安中，孫權群吏已有不少參用江東人士。《三國志・吳書・步騭傳》載潁川周昭論孫權用人曰：「昔丁諝出於孤家，吾粲由於牧豎，豫章（按：指顧邵）揚其善，以並陸、全（按：指陸遜、全琮）之列。是以人無幽滯而風俗厚焉。」這是說居位的大族人物敢於從江東下層拔擢人才，而孤寒士人亦借大族之援而得以出仕孫權幕府。武職之中，也出現了一批江東的高層人物。孫權還留意聯姻大族，辟大族為郡掾以行郡事，這些都是調整關係中很起作用的因素。

不過，江東大族真心轉向孫權，畢竟需要一個過程。一般說來，在建安中這個階段，大族名士既不拒絕出仕，又保持某種距離；孫權對他們則是既使用，又防制。孫權與其時大族代表人物會稽虞、魏和吳郡顧、陸之間，就是這種關係。

陳琳為曹操作《檄吳將校部曲文》，很重視會稽虞、魏，在譴責孫權誅戮周、盛門戶之後，轉向虞、魏說話，爭取他們反吳迎曹。大概由於北國傳聞虞、魏狀況並不準確，而虞、魏人物的某些不幸遭遇此時又還沒有發生，所以《檄》中慶幸虞、魏子弟尚在，要求他們報漢德以抗孫吳，而沒有以挑撥之言責備孫氏。其實，虞魏大族

代表人物，在此階段中是一時見用，終於被譴；見用不至於為股肱腹心，見譴也不至於公開殺戮。虞翻、魏騰都是顯例。茲以陳琳《檄》中提及的人物為線索，考辨虞、魏諸族有關事跡如後。

虞氏　《檄》曰：「虞文繡砥礪清節，耽學好古。」文繡之名，《文選》注家未詳；《義門讀書記》卷二八判為虞歆，即虞翻之父，是。《三國志・吳書・虞翻傳》注引《虞翻別傳》：翻上奏孫權，有「臣先考故日南太守歆」之語。《北堂書鈔》卷一〇二「文肅不虛」，注引《會稽典錄》，謂「虞歆字文肅」。左思《吳都賦》「虞、魏之昆」，李善注：「虞，虞文秀。」據上舉，虞歆之字，有文繡、文秀、文肅三種說法，或音近，或形似，可以通假。秀字為光武帝諱，《說文》不書，《玉篇》始錄。作為漢人虞歆之字，文秀可以排除。但文繡、文肅，則不知以何為正。

虞歆子虞翻，字仲翔，先仕王朗為郡功曹，後降孫策，仍為郡功曹，策待以交友之禮。他仕孫策盡心力，家族未受孫策摧殘，直到陳琳作《檄》時猶未罹禍難。所以《檄》有「聞魏周榮（詳下）、虞仲翔各紹堂構，能負析薪」之語。《虞翻傳》孫策曾以「為吾蕭何守會稽」許虞翻。《虞翻傳》注引《吳書》：孫策死，從兄孫暠與孫權爭奪繼承權，「整帥吏士，欲取會稽」；又引《會稽典錄》虞翻說孫暠曰：「討逆明府[1]不竟天年，今攝事統眾，宜在孝廉。[2]翻已與一郡吏士嬰城固守，必欲出一旦之命，為孝廉除害，惟執事圖之。」虞翻曾為孫權立功於關鍵時刻，當是孫權沒齒不忘之事。孫氏兄弟之視虞氏，自然與視周、盛截然不同。

1　孫策正式官銜為討逆將軍、會稽太守，故稱討逆明府。

2　孝廉指孫權。《三國志・吳書・朱治傳》治為吳郡太守，察孫權孝廉。

但是虞氏會稽首望，五世傳《易》，宗族強大，為世所重。虞翻本人貴胄公子，能文習武，秉性「狂直」，[1] 傲上不羈，孫權不可能期望他長久與自己相得。所以建安以來，他終於被孫權兩度貶謫。其本傳曰：「翻數犯顏諫爭，權不能悅；又性不協俗，多見謗毀，坐徙丹陽涇縣。」又曰：「翻性疏直，數有酒失，……權積怒非一，遂徙交州（按：治今廣州）」，復徙蒼梧猛陵（按：今梧州西），在南土十九年，竟死徙所。虞翻謂：「自恨疏節，骨體不媚，犯上獲罪，當長沒海隅，生無可與語，死以青蠅為弔客。」他自知獲譴之由在於犯上。他引青蠅為喻，暗示有人讒毀。

虞翻久徙不得歸，並無確實罪名。我認為主要是孫權以曹操疾視孔融的心態對待虞翻。虞翻與孔融交好，曾以所著《易注》示融。孫權酒後曾欲手劍擊虞翻，大司農劉基（劉繇之子）諫阻，孫權曰：「曹孟德尚殺孔文舉，孤於虞翻何有哉！」由此可見，孫氏殺戮英豪，廢徙人物，與北方曹氏一樣，都是出於懼其「亂群」，懼其「恃舊不虔」。名士矯時傲物，激揚風氣，雖有時可能為時主所用，但終於為時主所忌，為皇權之所不容。虞翻之獲譴，江東一些與虞翻類似人物之獲譴，應從這個角度來理解。

魏氏　《檄》謂：「近魏叔英秀出高峙，著名海內，虞文繡砥礪清節，耽學好古。……聞魏周榮、虞仲翔各紹堂構，能負析薪。」魏叔英、魏周榮都是會稽魏氏在東漢末年的代表人物，但《文選》李注未詳其名，亦未詳二人關係。

據《後漢書・黨錮傳・序》及同書《魏朗傳》，魏朗，上虞人，字少英，河內太守，名列八俊，死於黨錮之獄。《三國志・吳書・虞

1　《三國志・吳書・諸葛瑾傳》。

翻傳》注引《會稽典錄》載朱育所述虞翻答王朗之問論會稽人物，有河內太守上虞魏少英，與上引《黨錮傳》同，當即《檄》中的魏叔英。少、叔聲同義近，可以通假。《檄》謂魏叔英「秀出高峙，著名海內」，與魏少英列名八俊，死黨錮之獄的事跡亦可配合。

《吳都賦》「虞、魏之昆」，李善注曰：「魏，魏周。」此魏周當有脫字，應即《檄》中之魏周榮，疑周榮當為其人之字，而非其人之名。《檄》以魏朗（叔英、少英）與虞歆（文繡、文秀、文肅）為輩，又以魏周（周榮）與虞翻（仲翔）為輩，所以盛讚會稽虞、魏二族「各紹堂構」。這就是說魏氏魏朗之後有魏周（周榮），虞氏虞歆之後有虞翻（仲翔），比起同郡的盛、周門戶被戮略盡者要幸運得多。只是得紹魏氏堂構的魏周（周榮），其人事跡尚不得詳。我懷疑見於《三國志・吳書》中的魏騰和魏滕，就是魏周（周榮）。

《三國志・吳書・妃嬪・吳夫人傳》注引《會稽典錄》：「策功曹魏騰，以迕意見譴，將殺之，士大夫憂恐，計無所出。夫人乃倚大井而謂策曰：『汝新造江南，其事未集，方當優禮賢士，捨過錄功。魏功曹在公盡規，汝今日殺之，則明日人皆叛汝。吾不忍見禍之及，當先投此井中耳。』策大驚，遽釋騰。」按：魏騰「在公盡規」而又「以迕意見譴」，可知其人不憚權貴，直言迕意，正是同虞翻一樣矯時傲物的狂直之徒。他也同虞翻一樣仕郡為功曹。正是由於魏、虞家族同為郡著姓，而東漢時俗太守例以郡著姓為掾屬之故。吳夫人料定孫策今日殺魏騰，明日會稽人將盡叛孫策，可見魏騰家族和個人在會稽士大夫中深具影響。因此吳夫人不得不力爭，而孫策也不得不順從母意而釋魏騰。另外，魏騰也同虞翻一樣，並未涉及武力叛亂，其獲譴也無確定罪名，都屬於名士中的「亂群」之輩，與周、盛門戶堅持與孫吳作對者有所不同。

《三國志・吳書・吳範傳》曰：範，會稽上虞人，「素與魏滕同邑相善。滕嘗有罪，權責怒甚嚴，敢有諫者死。……範因突入叩頭流血，言與涕並，良久，權意釋，乃免滕」。魏滕當即魏騰無疑，他在孫策時與孫權時先後兩次獲譴而又得釋。同傳注引《會稽典錄》曰：「滕性剛直，行不苟合，雖遭困逼，終不回撓。初亦迕策幾殆，賴太妃救得免，語見《妃嬪傳》。歷歷山（？）、潘陽（鄱陽）、山陰縣令，鄱陽太守。」這裏所記魏滕性情以及行事，與虞翻相似。

《吳範傳》注引《會稽典錄》還說：「滕字周林。祖父河內太守朗，字少英，列在八俊。」據此可知前引陳琳《檄》中之魏周榮，或者為魏周林之誤，即魏滕，或者為魏滕之兄弟，史失其名。[1] 至於李善注《吳都賦》謂「魏，魏周」，周字下有脫字，也可得到旁證。又《會稽典錄》謂魏滕之祖父為魏朗，疑祖字為衍文。虞歆、虞翻既為父子，魏朗、魏滕為父子的可能性較大。高步瀛《文選李注義疏》亦作如是說。這樣，漢末會稽虞、魏二族家世狀況，可以說得比較清楚了。

不過，孫氏與虞、魏二族關係，陳琳作《檄》時還知之不詳（其時已發生過孫策欲殺魏騰之事），所以不但在斥責孫氏「賊義」時未舉虞、魏之例，反而說到虞、魏得紹堂構。其實，就魏騰在孫策和孫權時兩次獲譴幾殆，虞翻在孫權時兩遭謫徙至死言之，會稽虞、魏與孫氏實際上是貌合神離。他們出仕不至心腹之官，譴謫不罹殺身之禍，與盛、周家族命運有很大不同。這是江東大族與孫氏關係在盛、周以外的另一種類型。

還有一種類型，與會稽虞、魏有異有同。他們以吳郡顧、陸為代表，與孫氏具體關係如下。

---

1 《吳都賦》「虞魏之昆」。按：據《虞翻傳》翻不載有兄弟行輩，則此「昆」或即指魏氏昆仲。

陸氏　《檄》謂「吳郡顧、陸，舊族長者，世有高位，當報漢德」，號召他們與會稽虞、魏一起，大舉反吳，以響應曹操的進攻。《吳都賦》也以吳郡「顧、陸之裔」，與會稽「虞、魏之昆」並舉。實則顧、陸以顧雍、陸遜為代表，處境較為順利，與虞、魏以虞翻、魏騰為代表的坎坷身世又不相同。不過陸氏門中以陸績與陸遜相比，其家族地位經歷了一個變化過程，陸績接近於虞、魏，而陸遜則終成孫吳股肱，同顧雍一樣。

孫堅與同郡大族陸氏，如前所述，無嫌隙亦少瓜葛。孫陸結釁，始於孫策受袁術命，攻陷廬江，郡守陸康宗族受難。陸康之子陸績及從孫陸遜，逃回吳郡。陸遜略長於陸績，為陸績綱紀門戶。陸績作為陸氏嫡宗，在孫策渡江後仇視孫氏，是意料中事。《陸績傳》：孫策與謀士張昭、張紘、秦松等共論「四海未泰，須當用武治而平之」。陸績以童蒙在末座，亟言「論者不務道德懷取之術，而惟尚武」之失，公然反對孫策以武力平輯的方略，氣焰很盛。孫權統事時，陸績出仕，「以直道見憚，出為鬱林太守」，卒死徙所。這是一種沒有確定罪名的嚴厲的貶謫，事在孫權貶徙虞翻之前。陸績死前作遺言，自稱「有漢志士吳郡陸績」。[1] 陸績死於漢正朔尚存的建安二十四年，他標榜「有漢志士」，不啻指斥孫氏為漢室之逆臣，與前引建安九年吳人沈友指斥孫權有「無君之心」一樣。

孫權出於使其政權逐步江東化的需要，非借重吳會大族特別是吳郡顧、陸不可。就陸氏而言，在陸績身上，轉圜的餘地是不存在

1　《三國志・吳書・陸績傳》陸績遺言又曰：「從今已去六十年之外，車同軌，書同文，恨不及見也。」按：「六十年之外」之事，當即太康平吳。陸績生於中平五年（188），死年三十二，則死建安二十四年（219），此至太康平吳，正六十年。所謂陸績預言六十年後事，自是後人附會，但反吳的寓意與陸績生前政治態度吻合。

的。所以只有在陸績之外，另找他人。而陸遜終於被孫權認識到是合適人選。

陸遜歷苦難而力圖自立，但能收斂鋒芒，謹事孫氏。他非陸氏嫡嗣，出仕得不到陸績那樣的正途，[1] 只能為荒地屯田都尉兼領縣事。他長期與山寇征戰，屢有功勞，卻不能從孫權處受兵。他陳便宜乞募「伏匿」，才開始有固定的軍隊，才得以逐步擴充實力。這與淮泗將家子弟之受兵從戰者相比，地位是迥然不同的。陸遜仕途的轉折點，是在孫吳政權江東化的關鍵時刻，受命為吳軍上游統帥。陸遜是孫吳政權江東化最具象徵性、最為關鍵的人物。

陸遜代呂蒙居上游統帥之任，又在夷陵之戰中以其才能和業績鞏固了統帥的地位。過去孫氏迫害陸氏宗族、誅戮吳會英豪所造成的嚴重隔閡狀態，從根本上消除了。跟着上游武職的地域性更替而來的，就應當是當軸文職的地域性更替了，這一任務落到了吳郡顧氏身上。

顧氏　吳四姓，顧在陸前。《世說新語・賞譽》記四姓門風，陸忠顧厚。黃武四年顧雍拜吳王丞相，江東大族遂居首輔之任。此事比陸遜任上游統帥晚了好幾年，我想是由於相位越淮泗人而入江東大族之手，情況比武職替代還要複雜一些，其間經過了孫邵為相的幾年過渡之故。顧雍居相位，重大表現不多，我認為值得注意的是，如《三國志・吳書・顧雍傳》所說：「其所選用文武將吏，各隨能所任，心無適莫。」這就是說相權雖入東吳大族之手，但用人則以才能為準則，安排適度，並不特重地域，從而保證孫吳政權江東化的和

1　《三國志・吳書・陸績傳》：陸績，孫權辟掾，出為太守，漢制此為仕宦正途。後來陸績守荒郡鬱林，這是貶謫。

平進程。不過與顧雍為相同時發生的暨豔案，實際上說明伴隨孫吳政權的江東地域化轉折，並非沒有激烈的衝突。[1]

孫吳與顧、陸的水乳交融關係，其歷史內容就是孫吳政權的江東地域化。陸遜和顧雍相繼居於武職和朝官的顯位，同是孫吳政權江東化的最重要標誌。

從孫策渡江開始，孫吳政權與江東大族關係，按時間順序言可分三個階段。第一階段發生在江東大族武力反對孫策南侵的時候，其代表人物是會稽周氏兄弟和盛憲，其表現為孫策誅戮英豪。第二階段發生在孫權統事以後的建安年間，孫權欲藉助江東大族以撐持艱難局面，補充淮泗集團力量之不足，而江東大族也感到有附託於孫氏的必要與可能，可是還缺乏信任。其代表人物是會稽的虞翻和魏滕，其表現是孫吳對他們既使用又嚴加控制。第三階段發生在淮泗力量後繼無人，孫吳必須與江東大族連為一體，而江東大族也認識到完全可以藉操持孫吳政權以發展自己的家族勢力。其代表人物，是吳郡的陸遜和顧雍，其表現是他們得以分居文武朝班之首。

從這裏可以看到，三個階段是有交叉的，例如會稽虞、魏在第一階段即仕於孫氏，而吳郡陸氏的嫡嗣陸績卻在第二階段與會稽虞、魏同其命運。還可以看到，從三個階段的終極言之，孫吳政權江東化的得利者首先自然是吳會大族，尤其是吳郡顧、陸；不過也不存在太嚴格的排它性，甚至淮泗名臣及其後人，也始終在孫吳政權中

1　另一吳大姓張氏，張溫與暨豔同案，暨豔坐自殺，而張溫罪止廢黜。我想這種差別除了可能有涉案深淺原因以外，更主要的當是張、暨門戶地位和社會影響遠不相同。張溫此一政治經歷，頗似陸績、虞翻之廢徙交廣。看來這些都是孫權終止殺戮吳會英豪名士以後，有意羅致大族，必要時又懲其不馴服者的相同案例。請參看本書《暨豔案及相關問題》。

起着重要作用。只有被孫氏摧毀的會稽周、盛家族，不再見到有可以確認的後人參與孫吳政治。[1]

五　孫吳建國的道路

我在《論東晉門閥政治》一文中論及皇權政治問題，認為東漢世家大族雖然在地方上擁有經濟和文化的、政治和軍事的強大實力，仍傾向於把自己的宗族利益寄託於一姓皇朝，因而對朝廷不敢輕啟覬覦之心。這有利於東漢政權的延續。東漢一朝儒學以仁義聖法為教，風氣彌篤，也影響着世家大族代表人物士大夫階層的心態和行為。[2]他們以支撐不絕如線的東漢政權為己任，使改朝換代成為一種十分艱難的事。魏、蜀、吳三國的出現，都不是權臣乘時就勢，草草自加尊號而已，而是經歷了較長的孕育過程。這就是建安之政得以延續至二十餘年之久的原因。

中原是東漢根本所在，世家大族實力最大，儒學教化沾被最深。東漢雖然國釁屢啟，興廢由人，但董卓擅權之時仍然不得不以重振朝綱的姿態出現，不敢自取神器。關東興討董之師，一時形勢使「郡郡作帝，縣縣自王」[3]成為可能。但真正建號的「仲氏」只不過鬧劇小品而已，其他的草竊者更不足道。何者？不敢冒天下之大不韙也。

1　我在《暨豔案及相關問題》一文中，曾從使用淮域官員或使用本土官員這一特定視角，把孫吳政權江東化過程分為三個階段。在本文中，我又把孫吳政權與江東大族關係分為三個階段。這兩種劃分，有聯繫又不完全相同。前文的第一階段，即孫吳群吏爪牙兼用江東人（建安末年以前）階段，從時間上説相當於本文的第一、第二兩個階段，即誅戮英豪（以會稽周、盛為代表）及委蛇大族（以會稽虞、魏為代表）的階段。這兩處的區分法，着眼點有差別，實際內容則是相通的。

2　《後漢書・儒林傳・論》有此見解。

3　《三國志・魏書・呂布傳》注引《英雄記》呂布與琅邪相蕭建書。

曹操是一個存心「把皇袍當襯衣穿在裏面」[1] 的人。他深知孫權向他稱說天命是「欲踞吾著爐火上」[2] 的道理，不敢魯莽從事。他自如地運轉皇權達二十餘年之久，卻不廢棄漢獻帝。他的存在也使別人不敢率先稱帝。曹操所言所行，不是沒有力量對比的考慮，但是除此以外，還有「畏名義而自抑」的問題，[3] 這具有時代性的內涵，只用奸詐的個人品格特點來解釋是不夠的。—— 這就是魏國建國的道路。

曹丕帶頭做了皇帝，給劉備提供了口實和樣板。本來，劉焉父子經略西陲，早具有昔日趙佗在嶺南的地位，只是礙於漢末形勢和思想風氣，不敢「乘黃屋左纛」而已。劉備代劉璋，隨着中原局勢的演變，刻意模仿劉邦，分兩步走向自帝的目標。第一步，效法魏王之立，稱漢中王，王巴蜀漢中；第二步，效法魏帝，自稱漢帝（蜀漢），紹漢而居名分優勢。不過劉備等不到君臨中土的這一天，只有把滅曹之事留給後人去辦。蜀漢受中原風氣薰染畢竟較淺，本地又還沒有發育出一批足以左右政局的大族，劉備統治層中的矛盾也比較容易解決。因此，蜀漢建國道路基本上只是抄襲歷史，剽竊鄰國，雖有曲折和等待，但比曹魏簡單，沒有多少新鮮之處。只有劉備臨終引李嚴副諸葛亮受遺詔輔政並託孤事，顯露劉備少有的政治智慧。而且依我看來，這也是受到孫策託孤的啟示。

孫吳建國道路又有不同。江東開化程度介於中原和巴蜀之間，閉鎖性比巴蜀小；接受中原影響，無論是思想文化方面，還是政治軍事方面，都比巴蜀敏感。江東大族，其發育成熟程度雖不能與中原世家

---

1 《翦伯贊歷史論文選集》第 449 頁，人民出版社，1980 年。

2 《三國志・魏書・武帝紀》。

3 《資治通鑒》建安二十四年「臣光曰」。

相比，卻比見於《華陽國志》的巴蜀大族要高得多。江東大族在漢末的時候自然有保據一方的政治要求，但是他們內部沒有產生在名望上足以代表、在能力上足以保障江東大族利益的人物。他們本可以同東漢所遣州郡長吏合作，但是劉繇、王朗輩迂闊儒生，擅清議而無關世用，不值得以宗族命運相寄託。孫氏兄弟就是在這樣的條件之下到江東來尋求霸業的。

但是，江東大族從孫策的身世和政治背景中，看不到藉助於他可以保全自己利益的前景，反而擔心江東因此捲入鼎沸之中。陸氏廬江之難，更影響江東大族對孫策的態度。他們對孫策或者憤然抵拒，或者徘徊觀望，嘗試着與孫氏合作的是少數，願意竭誠相結的可以說是絕無僅有。

在這種情況下，從眼前的緊迫要求而言，孫策亟須打破大族的武力抵抗；但從永固江東來說，又必須獲得大族的全力支持。眼前的考慮和長遠的需要，使孫氏兄弟遵循一條曲折道路前進。他們憑藉淮泗武力以誅戮吳會英豪，網羅賓旅之士以壯大淮泗集團力量，在此基礎上尋求可以與之合作的江東大族人物。隨着時日推移，淮泗人才日趨枯絕，江東士人對孫權的態度也逐漸改變。孫權有必要也有可能更廣泛地吸收江東士人，並使他們得以進入高層位置，以至於最後授與他們文武兩途的當軸主政地位，完成孫吳政權江東地域化的進程。

孫吳建國，遷延時日最長。曹丕、劉備已經稱帝，而孫權在赤壁之戰和夷陵之戰中都是贏家，在這種情況下，孫權還徘徊猶豫達數年之久，才登上皇帝寶座。孫權遲回不進，除了山越不寧、外敵威脅等一般原因以外，我想不再是像曹操那樣「畏名義而自抑」，而是等待孫吳政權江東化進程的完成。也就是說，影響孫吳建國的最重要的原因，是內部力量調整，是與江東諸大族關係的演變，是等待江東政權根基的進一步穩固。

如前所論，孫吳與江東大族關係經歷過三個階段，這一方面是孫氏在分化和選擇江東大族，另一方面也是江東大族在等待孫權採取有分量的措施。孫氏與江東大族，只有在雙方互動過程達到一個適當程度的時候，兩者的一體化才能出現，孫吳政權的江東化才能完成。

孫氏以吳人還治吳土，自然會走上江東本土化的道路。這是當然之理。但是孫策為甚麼要大張旗鼓地誅戮英豪？江東大族為甚麼遲遲不靠攏孫氏？孫氏江東霸業起始本在曹、劉之前，為甚麼稱王稱帝卻落在最後？這些問題卻在前述當然之理的掩蓋之下，長期被忽略了。關於孫吳政權江東化，時賢有過議論，並非新鮮問題。本文之作，主旨不在論證孫吳政權必須江東化，而在探索孫吳政權江東化如此艱難的原因及其曲折複雜過程，為時賢的議論作一些補充而已。

探索孫吳建國道路，歸結到江東本土化問題，由此產生了一個題外之題，這就是為甚麼東晉與孫吳截然不同，不須經過江東本土化而能長期統治下來？我認為原因在於時代條件的不同和渡江人物的差異。

孫策以逆臣袁術部曲，逐漢官而居江東，本來沒有堂堂正正的名分。孫吳以偏霸而圖抗衡上國，沒有江東大族的合作就根本不可能長久維持。晉室永嘉沒胡，民族矛盾尖銳，琅邪王晉室統胤，有尊顯的名分地位足以招徠。江東大族沒有理由也沒有力量另起爐灶，就只能接受這一事實，臣服東晉。因此，只要抗胡仍為必需，東晉就無須汲汲於尋求江東本土化。這是第一。

漢末北士流移江東的浪潮，建安之初已經終止，而且南渡之士還陸續北歸。不曾北歸的賓旅寄寓之士，人數畢竟有限；隨着時間的推移，人才素質也有低落的趨勢。所以南士進入孫氏統治集團，人數日益增多，地位日益提高，是不可避免的。這與兩晉之際北士渡江者的情況也很不相同。永嘉以來以迄淝水之戰，北方胡族政權乍興乍滅，北士南渡出現一個又一個高潮。南渡之士，尤其是其中的早渡者，本多士族精英。他們與司馬氏結合而形成的東晉統治集團，其從政能力與社會威望，遠較孫吳時以賓旅寄寓之士為其補充的淮泗集團為高。所以東晉吳士可以參與建康政權，卻無從取代北士在江東的地位。這是第二。

以上兩點，第一點重在吳時與東晉時南北關係的性質不同，第二點重在吳時與東晉時流寓北士的素質和社會影響也有差異。所以孫吳必須完成江東化，才能比較可靠地抗衡曹魏，以求自存；而司馬氏的東晉則必須標榜晉統，才能使吳士有所依傍，共同構成一個足以區別於北方胡族政權的華夏政權。而且，司馬氏畢竟不同於孫氏，不是江東人。如果出現一種司馬氏政權必須江東化才能自存的情況，司馬氏自身也無從完成這樣一種歷史轉折。

《南齊書・丘靈鞠傳》載有丘靈鞠怨恨「顧榮忽引諸傖渡，妨我輩途轍」的著名言論，常為後人徵引。丘靈鞠沒有說到顧榮以前的東漢末年，已有諸傖渡江的事實。那時，顧榮祖輩與渡江諸傖從對抗到合流，因而獲得廣闊仕途，發展了家族勢力，江東始得多士，六朝時代也從此肇始。在這種由其先人造成的歷史背景之下，顧榮才得以其南士領袖地位，接引渡江諸傖。顧榮居兩晉之際，迫於胡漢形勢，不得不作此舉以保全江東大族地位，結果卻與其祖輩得利於諸傖的情況大不相同。顧榮所引諸傖憑藉晉統而擅位，南士途轍受到妨礙，只有自歎屈志。到了南朝，基本情況雖然還是如此，但畢竟已有所改觀。南士地位也有所提升了。丘靈鞠發此憤懣之詞，除涉個人際遇以外，還有這樣一個大的時代背景，這是我們重溫這段史料時應當留意的。

—— 原刊《歷史研究》1992 年第 1 期

暨豔案及相關問題

—— 再論孫吳政權的江東化

一　關於暨豔案

吳黃武三年（224）選曹尚書暨豔坐檢核三署郎官事，與選曹郎徐彪一起被誣自殺，連及名士吳郡張溫廢黜終生。這是吳黃武政局的一件大事。《三國志・吳書・張溫傳》載暨豔案梗概曰：

> 豔字子休，亦吳郡人也，溫引致之，以為選曹郎，至尚書。豔性狷厲，好為清議，見時郎署混濁淆雜，多非其人，欲臧否區別，賢愚異貫。彈射百僚，核選三署，率皆貶高就下，降損數等，其守故者十未能一。其居位貪鄙，志節污卑者，皆以為軍吏，置營府以處之。而怨憤之聲積，浸潤之譖行矣。競言豔及選曹郎徐彪，專用私情，愛憎不由公理。豔、彪皆坐自殺。溫宿與豔、彪同意，數交書疏，聞問往還，即罪溫。[1]

1　《通典》卷二三《職官》（五）引此文，字句微異。又此案《通鑒》繫於黃武三年，案情涉及是年冬曹丕南侵退軍後張溫之事，可能遷延至四年始結案。又，《張溫傳》於案情梗概之下載孫權幽張溫所下令文和駱統疏理張溫表文，均包含不少與此案有關的材料，文長不錄。

關於暨豔案，我在 1959 年所撰一篇討論曹操的文章[1]中曾經提及，主要是感慨暨豔以舉清厲濁遇禍，譴責孫權不能勵精圖治，並以此襯托曹優孫劣。現在看來，關注到暨豔問題是讀書心得所在，但是議論卻未究及暨豔案情的幽微，因而也未能說清此案的實質，是沒有深度的皮毛之見。只是從那時起，在我腦中就留下一個暨豔問題。其實，崔琰、毛玠為曹操典選，號稱亮直，也終於不見容於曹操，一死一廢，與較晚出現於吳國的張溫、暨豔見逼於孫權事，不也有相似之處嗎？[2]《資治通鑒》宋元嘉二十二年載孔熙先說范曄之言，論及「昔毛玠竭節於魏武，張溫畢議於孫權，彼二人者，皆國之俊乂，豈言行玷缺，然後至於禍辱哉？皆以廉直勁正，不得久容。」[3]孔熙先以毛玠、張溫並論，就是由於此二人事相似而理相通。其禍辱之至，皆由於廉直勁正而不得久容於朝。

典選拔士，從來都是十分敏感的事，因為這不但是被選者個人的榮途所繫，而且往往涉及權勢階層和當途家族的現實利益。在世局轉折的時候，這類問題甚至可能干犯帝王，引起政治風浪。歷史上有些由於典選而產生的個案，事關大局而情多隱祕，成為千百年難發之覆。崔琰、毛玠一案比較著名，歷來議論紛紜；張溫、暨豔一案則史家關注者少，事遂湮沒。《十七史商榷》卷四二有「張溫黨暨豔」條，只說到孫權既銜張溫稱美蜀政，而其廢張溫令又不及此意。王鳴盛只是從這樣一個枝節問題議論，而沒有探究暨豔案的根本。

1　即本書所收《關於曹操的幾個問題》。

2　何焯《義門讀書記》卷二八「暨、徐之獄，類魏崔、毛誅廢事」。中華書局，1987 年。

3　《宋書》、《南史》范曄傳載孔熙先說范曄之言，皆略去毛玠、張溫句。

胡守為先生《暨豔案試析》一文，[1] 是我所見專論暨豔案的唯一的一篇論文。胡文認為暨豔案之發生，主要是由於暨豔為選曹尚書清濁太明，違背了孫權「忘過記功」、「以功覆過」的選士宗旨，因而招致「怨憤之聲」和「浸潤之譖」。胡文用《陸瑁傳》、《朱據傳》中當時人物責難暨豔的言論來解釋暨豔案發生的原因，是言之有據的。創業者用人都應輕其過而重其功，否則不但難於網羅人才，而且還可能為叢驅雀，為淵驅魚，對自己不利。曹操創業用人，也是賞功而不罰過。曹操別駕畢諶和操所舉孝廉魏种均於興平元年附兗州之叛而離棄曹操，後來又都被曹操擒獲，曹操釋其罪而復用之，事在官渡之戰前夕。官渡戰後，曹操得許下及軍中人與袁紹書，一皆焚之，概不追究。士大夫清議獲譴，曹操也不許追究。《三國志・魏書・陳矯傳》注引《魏氏春秋》載曹操令曰：「喪亂已來，風教凋薄，謗議之言，難用褒貶。自建安五年已前，一切勿論。其以斷前誹議者，以其罪罪之。」這大略可見，建安五年官渡之戰的勝利使曹操地位穩固下來，對臣下的功過賞罰得以比較全面地執行，不止是賞功而已。儘管如此，《周官》八議議功之條到曹魏時正式入律，說明以功覆過已具有法律效力。《三國志・魏書・夏侯玄傳》注引《魏略》許允謂袁侃曰：「卿，功臣之子，法應八議，不憂死也。」曹操賞功而不罰過和魏時八議議功之條入律，有助於理解孫權「忘過記功」、「以功覆過」的用人宗旨。

暨豔案發的江東黃武之世，離孫策過江近三十年。孫吳雖然內外有成，但畢竟帝業未立，所以用人仍當「忘過記功」。暨豔為選曹尚書而悖此旨，以此獲譴是不無道理的。即令黃龍稱帝以後，孫權

1　見《學術研究》1986 年第 6 期。

猶以天下未一，不敢備郊祀之禮，因而還不能改變「忘過記功」宗旨。可以說終孫權之世，「忘過記功」宗旨都有存在的理由。

《三國志・吳書》所記此一用人宗旨，除胡文所用《朱據傳》、《陸瑁傳》涉及暨豔檢核三署的黃武時二事以外，還有數處，年代涵蓋孫策過江之初以至孫權嘉禾之時。試舉如下。

《三國志・吳書・妃嬪・吳夫人傳》注引《會稽典錄》：

> 策功曹魏騰，以迕意見譴，將殺之，士大夫憂恐，計無所出。夫人乃倚大井而謂策曰：「汝新造江南，其事未集，方當優賢禮士，捨過錄功。魏功曹在公盡規，汝今日殺之，則明日人皆叛汝。吾不忍見禍之及，當先投此井中耳。」策大驚，遽釋騰。[1]（按：這是建安五年或稍前之事。）

《三國志・吳書・陸遜傳》遜在武昌上疏陳時事曰：

> ……然天下未一，當圖進取，……且世務日興，良能為先，自不奸穢入身，難忍之過，乞復顯用，展其力效。此乃聖王忘過記功，以成王業。……（按：這是黃龍中事。）

《三國志・吳書・潘璋傳》陳壽評曰：

> ……潘璋之不脩，權能忘過記功，其保據東南，宜哉！（按：此條胡文亦用。潘璋數不奉法，孫權惜其功而輒原不問，故陳壽有此評。事載嘉禾三年潘璋死前不久。）

---

1 《吳書・吳範傳》及注引《會稽典錄》載孫權時魏滕被孫權譴，吳範救之之事，魏滕與魏騰當是一人。可知魏騰後來在孫權左右。

以上所引連同黃武時朱據、陸瑁諸條，可見「忘過記功」宗旨孫吳是數十年一貫遵循的，以之解釋釋魏騰之死、重陸遜之議、原潘璋之過諸事皆可，以之解釋暨豔案亦可。擴而言之，建安五年以前曹操用人，亦同此宗旨。從這個意義說來，胡文所見是通達之論，是符合吳、魏歷史實際的。

不過，我覺得這畢竟只是從一般意義立論，理由似寬泛了一些。如果要探究暨豔個案，說明其所以在吳國、在黃初年間出現的原因，弄清其特定意義，只究及此一宗旨是不夠的。一般說來，這樣的大案，與吳國黃武年間的特定條件不能沒有更為緊密的關係。此案幕後人物張溫，出吳四姓。其父張允，孫策時為高岱八友之一，而高岱以不見容於孫策而被殺，見《吳書・孫策傳》及注。孫權時張允為東曹掾，典選舉之任。[1] 張溫本人曾為吳選曹尚書，兩代典選，不為無功，依孫權「忘過記功」宗旨，對張溫處置也當有所寬貸才是。然而張溫一涉此案，身在不宥，廢棄終生。而且家門株連慘酷，甚至累及已出。據《張溫傳》注引《文士傳》，溫姊妹三人均不得免，已嫁者皆見錄奪；《陸績傳》注引《姚信集》，溫弟白為陸績婿，「遭罹家禍，遷死異郡」，溫弟祇亦廢。這樣重的處置，是與「忘過記功」宗旨大相徑庭的。這豈不是說「忘過記功」並非統一的、準確的尺度，還須要看是對待何人，並且要看是何功何過嗎？

所以我認為，為弄清暨豔案問題，有進一步作縱橫探索的必要。這裏擬先就橫向探索，剖析暨豔檢核郎署所涉問題；然後再作縱向探索，究明此案在孫吳政權江東化過程中的意義。

1　魏東曹掾典選舉，見《魏書・崔琰傳》。吳制當亦如此。

二　暨豔案與吳四姓

暨豔檢核三署之事，涉及人物上自丞相孫邵，[1]下至百僚，但最集中、最主要的是三署郎官。按：五官、左、右三署各以中郎將統領郎官之制，起源於漢，魏、吳承之。[2]郎有郎中、中郎、侍郎等名目，無員數，來自察舉、徵拜、任子諸途。郎官日在帝王左右，宿衛扈從，有被甄選升進的便利條件。所以三署實際上是吳國官員養成和儲備機構，是貴遊子弟麇集之所。《後漢書・楊秉傳》秉上桓帝疏：「太微積星，名為郎位，入奉宿衛，出牧百姓。」這即指三署郎官。漢制王國置郎中令，郎中令統領三署中郎將。吳有郎中令及三署中郎將，當始於孫權受封為吳王之時。但是孫權以前，其將軍幕府不能沒有官員待職機構，只是不具有正式名稱而已。

吳國黃武時的郎中令，已知有汝南陳化、[3]東萊劉基，[4]但二人行跡均與三署職事無關。以張溫、暨豔奏孫邵事觀之，似其時制度草創，三署職務暫由丞相承吳王命直接領之，所以三署有事，只責丞相而不責郎中令。[5]黃武時吳三署中郎將姓名無考。三署中之五官署，

1　《三國志・吳書・吳主權傳》黃武四年注引《吳錄》：孫邵「黃武初為丞相，……張溫、暨豔奏其事，邵辭位請罪，權釋，令復職」，黃武四年卒。張溫、暨豔奏孫邵何事，於史無考。以情理言，當為坐三署混濁，丞相失職事。

2　三署中之五官署，其郎將一職，在曹操居丞相、魏王時，以世子曹丕為之，副貳丞相，為時特例。

3　《三國志・吳書・吳主權傳》黃武四年注引《吳書》。

4　《三國志・吳書・劉繇傳》。

5　漢代郎中令（後改稱光祿勛，王國仍稱郎中令）領三署，有選拔郎官以供朝廷任用之責。三國以來，禁軍制度變化，光祿勛不復居禁中，郎官無宿衛之責，為居位享俸待調之「散郎」；三署中郎將至晉罷省。《通典》卷二三《職官》（五）引《華譚集》「尚書二曹論」（按：二曹指賊曹與選曹），記劉道貞（《晉書》作劉道真，即劉沈）語稱「吳、晉重吏部」，又稱「今吏部非為能刊虛名、舉沉樸者，故錄以成人，位處三署，選曹探鄉論而用之耳，無煩乎聰明」。（按：「選曹」原文作「聽曹」，據《全晉文》卷七九改）是吳、晉之三署郎由選曹據中正品第（按：即「鄉論」）擢用選拔，郎中令（光祿勛）不負選拔之責。參閱步克《從任官及鄉品看魏晉孝秀察舉之地位》，見《北京大學學報》1988 年第 2 期。故孫吳選曹尚書暨豔有權直接檢核郎署，而郎中令及中郎將不預其事。

其郎官可考者有吳郡朱據(郎中),[1] 沛國薛綜(中郎),[2] 會稽謝承(郎中)。[3] 此外,確知為黃武時三署郎官而不明在何署者,尚有雲陽殷禮、[4] 陳郡鄭泉、[5] 河南褚逢。[6] 以黃武時可考郎官的籍貫言之,[7] 僑寄的賓旅之士為數尚多,江東人數量也已不少。這種地域分佈有一定的參考價值。當然,這只是偶然留下的幾個例證而已,只能窺其一斑,不是郎官籍貫的準確統計。

自漢以來,郎署猥雜是常有的事,詔令難於澄清。孫吳「郎署混濁,多非其人」,也不只是黃武時如此。《吳主權傳》赤烏二年注引《江表傳》載詔曰:「郎吏者,宿衛之臣,古之命士也。間者所用頗非其人。自今選三署皆依四科,不得以虛辭相飾。」這反證黃武選郎吏不依科目,漫無準則,情偽之多是意料中事,[8] 所以當暨豔檢核三署釀成事端之時,勸阻者及評論者並無人否認郎署混濁淆雜的事實,只是認為積弊深重,難以澄清,強行之易致禍難。陸遜評暨豔之舉,「以為必禍」;陸瑁勸阻,說暨豔欲使善惡異流,厲俗明教,事雖必要,「恐未易行」;朱據則認為只須「舉清厲濁,足以沮勸」就夠,切

1 《三國志・吳書・朱據傳》。

2 《三國志・吳書・薛綜傳》:「士燮既附,孫權召綜為五官中郎。」按:士燮遣子入質在建安末,燮死於黃武五年,故可定薛綜為五官中郎在黃武中。

3 《三國志・吳書・妃嬪・徐夫人傳》:「權為討虜將軍,在吳,聘以為妃,使母養子登。」同書《謝夫人傳》:「權納姑孫徐氏,欲令謝下之,謝不肯,由是失志,早卒。後十餘年,弟承拜五官中郎。」按:據《孫登傳》,登赤烏四年死,年三十三,則生於建安十四年,徐夫人母養登當即此年或略後事。謝夫人「失志早卒」當在此後不久。從此時再「後十餘年」謝承拜五官中郎。據此推算,謝承拜此官只能在黃武時。

4 《三國志・吳書・顧雍傳》注引《通語》。

5 《三國志・吳書・孫權傳》黃武元年注引《吳書》。

6 《三國志・吳書・孫權傳》黃武五年。郡望原書失載,但據知褚氏只此一望。

7 以上所考,參考了洪飴孫《三國職官表》及楊晨《三國會要》(中華書局,1956年)。

8 其實赤烏以後郎署污濁問題也未解決,讀《抱朴子・吳失》記吳末「貢舉以厚貨者在前,官人以黨強者為右」可以推知。黨強主要指吳公族及四姓子弟等大族操縱選舉,壟斷仕途。本文下面就要說到這種情況。

忌用貶黜等激烈手段，否則「懼有後咎」。[1] 這些都是深明底細而又諳練官場的言論，以清議為己任的狷介書生暨豔卻不明白。暨豔差斷三署時「頗揚人暗昧之失，以顯其謫」，這就不只是暴露三署郎吏本人的貪鄙卑污，還觸及舉主及有關官員的黑暗腐敗，影響這些人的仕進和其家族利益，甚至牽動敏感的政局，引起怨憤之聲和浸潤之譖。孫權站在郎吏及其家族一邊，企圖穩定已有秩序，反對暨豔檢核，因此暨豔、徐彪、張溫的厄運是無可避免的。

如前所考，黃武時三署郎官，江東子弟已佔相當比例。吳郡太守朱治選大姓子弟入官事，提供了一個考察暨豔檢核郎署問題的重要線索。朱治，丹陽故鄣（今浙江安吉境）人，以州從事隨孫堅外出征戰，又扶翼孫策還定江東。孫策、孫權先後自領會稽郡時，朱治一直為吳郡太守。孫策、孫權屯吳，吳郡吳縣實際上是江東首邑。朱治守吳郡歷三十一年，直到黃武三年即暨豔案發之年病死為止。朱治既是從龍勛貴，又是帝城守將，其地位之特殊可知。他在郡先後舉孫權、孫翊、孫匡兄弟三人為孝廉。朱治之子朱紀，妻孫策女；朱治養子朱然，呂蒙臨死時舉以自代。這些都說明朱治與孫氏關係，既久且深。

《三國志・吳書・朱治傳》：治在吳郡，「公族子弟及吳四姓多出仕郡，郡吏常以千數，治率數年一遣詣王府，所遣數百人」。這是一條很值得重視的資料。按：刺史、太守在任，使管內士人仕進路泰，本是他們自認的職責所在，也是穩固他們自己地位之所必需。[2] 朱治汲汲於貢舉公族及四姓子弟，目的是十分明顯的。「遣詣王府」泛指遣詣孫權原來所居的將軍幕府和後來的吳王府，因為朱治數年

1　分見《三國志・吳書》陸遜、陸瑁、朱據等傳。

2　《三國志・吳書・陸遜傳》遜至荊，以荊士仕進或未得所為慮，上疏請曰：「今荊州始定，人物未達，臣愚慺慺，乞普加覆載抽拔之恩，令並獲自進，然後四海延頸，思歸大化。」陸遜所慮，可為參考。

一遣，累計至數百人，決非都是黃武元年至三年即孫權稱吳王至朱治之死的兩三年內所遣。可見朱治為孫氏公族子弟及吳四姓鋪設仕宦之路，為日已久。孫權稱吳王前，朱治所遣當居停將軍幕府；稱吳王以後始有三署之設，所遣當以三署為居停之所，從郎吏遷轉它官。吳四姓之一的朱桓給事孫權幕府，即是孫權為將軍時事；朱桓弟朱據黃武初徵拜五官郎中，補侍御史，則是孫權為吳王時事。朱氏兄弟二人入仕，當經太守朱治薦舉，其時入仕程序固當如此。我們知道，吳四姓並稱，起於東漢末以至三國時期。《世說新語・賞譽》注引《吳錄・士林》曰:「吳郡有顧、陸、朱、張，三國之間，四姓盛焉。」吳四姓之起與日後江東歷史關係至大，它們勃興於三國之世，朱治當起了重要的促進作用。

據上引《朱治傳》，知朱治遣詣王府之公族子弟及吳四姓，一般不是白衣入選，而是先仕郡為吏，從郡吏中選拔。郡吏並非都是大姓，非大姓的郡吏要獲得被拔擢的機會，往往須有大姓的提攜。《三國志・吳書・顧邵傳》:「初，錢唐丁諝出於役伍，陽羨張秉生於庶民，烏程吾粲、雲陽殷禮起乎微賤，邵皆拔而友之，為立聲譽。……諝至典軍中郎，秉雲陽太守，禮零陵太守，粲太子太傅。世以邵為知人。」顧邵為顧雍長子，吳郡首望。他雖未曾做過吳郡太守，但是對於上列四名吳郡寒庶出身的士人，卻以其家族勢力和個人在鄉黨的影響，對他們「拔而友之，為立聲譽」。不過他們正式得官，還是必須經郡辦理，一般是不能超越的。四人中之殷禮，「少為郡吏，年十九，守吳縣丞。孫權為王，召除郎中」。[1] 這無疑是經郡舉得官，而

1 《三國志・吳書・顧邵傳》注引殷基《通語》。殷基，殷禮之子，記其父仕履，當極準確。又，《張溫傳》載孫權令，謂殷禮本為「占候召」，《趙達傳》謂達「治九宮一算之術」，「自闞澤、殷禮皆名儒善士，親屈節就學，達祕而不告」云云。

被吳王召入三署。暨豔本人為官，亦當循此。

《三國志・吳書・張溫傳》載駱統疏曰：暨豔「先見用於朱治，次見舉於眾人，中見任於明朝……」，出仕軌轍與前面所舉諸人相同，其中包括一個「見舉於眾人」的程序，這就是鄉論。暨豔出仕大概也需要本郡大族扶持，始能獲鄉論而立聲譽，如顧邵之於丁諝、張秉、吾粲、殷禮一樣。扶持暨豔的吳郡大姓應當不是別人而是張溫。鄉論程序，於仕途至關重要，特別是在孫權為吳王，立王國制度以後更是如此。《朱治傳》注引《吳書》：朱治之子朱才，以父任為校尉領兵，未循一般士人的仕進途徑，「本郡（按：指丹陽郡）議者以才少處榮貴，未留意於鄉黨。才乃歎曰：『我初為將，謂跨馬蹈敵，當身履鋒，足以揚名，不知鄉黨復追跡其舉措乎！』於是更折節為恭，留意於賓客，輕財尚義，施不望報，又學兵法，名聲始聞於遠近」。丹陽郡鄉黨所議論於朱才者，吳郡鄉黨於吳士亦然。此外，本州舉命，於士人前途也深有關係。《陸遜傳》注引《吳書》：陸遜身為上將軍、列侯，年近四十之時，孫權為嘉其功德，欲殊顯之，「令歷本州舉命，乃使揚州牧呂範就辟別駕從事，舉茂才」。州辟掾，舉茂才，按照東漢制度，也須要採擇輿論。吳時偶見大族子弟以不就辟舉而增身價者，陸遜弟陸瑁，「州郡辟舉皆不就」，必待公車徵拜，始出仕朝端。這也是東漢遺風，不過吳時並不多見。

黃武年間，公族及四姓子弟經朱治遣詣王府者已有數百人之多，此數以外，不能排除還有不經郡的以它途入王府仕進的四姓子弟。他們雲集郎署，以次補官。這就使吳四姓，尤其是其中的顧、陸諸人在孫吳政權中的地位迅速上升。我們知道，東漢後期，顧、陸諸族已有在朝人物，所以陳琳說：「吳諸顧、陸，四族長者，世有高位」。[1]不過像黃武年間以及以後幾十年中這樣多的顧、陸子弟充斥於江東小朝廷的局面，卻是以前所沒有的。三國之間是顧、陸等四姓家族的躍進時期，也是他們與江東政權結合最為緊密的時期。孫皓時陸凱上書陳事，說到孫權「外仗顧、陸、朱、張，內近胡綜、薛綜，是以庶績雍熙，邦內清肅」。[2]這當然不是指孫權統治的全部時間，而是特指黃武以後。吳四姓以顧、陸為著，陸在顧後，但陸氏更強。《世說新語・規箴》:「孫皓問丞相陸凱曰:『卿一宗在朝有幾人？』陸曰:『二相，五侯，將軍十餘人。』皓曰:『盛哉！』」注引《吳錄》曰:「時後主暴虐，凱正直強諫，以其宗族強盛，不敢加誅也。」陸氏經濟力量，也更充實。

三國時期，吳四姓在政治地位、社會地位日益提高的過程中，逐漸形成了各自獨特的門風。《世說新語・賞譽》:「吳四姓舊目云：張文、朱武、陸忠、顧厚。」按:「舊目」之「目」當是人物題目之義，而非版本文字之訛誤。[3]名士題目人物，起於後漢之末，三國時南北此風相同。《世說新語・品藻》:「龐士元至吳，吳人並友之，見陸績、顧劭(按:當依《三國志・吳書》作邵)、全琮而為之目。……或問:『如所目，陸為勝耶？……』」[4]又,《三國志・吳書・潘濬傳》注引《襄陽記》，習溫為荊州大公平(按：猶魏之大中正)，潘祕謂習溫曰:「先君昔因君侯當為州里議主……」，何焯校改「因」為「目」，即題目之義，[5]甚是。《三國志・吳書・孫登傳》注引《江表傳》，謂胡

1 《文選》卷四四陳琳所撰《檄吳將校部曲文》。

2 《三國志・吳書・陸凱傳》。

3 景宋本「舊目」作「舊日」，如此則全句不似六朝文字，當以作「舊目」為是。

4 《三國志・蜀書・龐統傳》無「而為之目」，但注引《吳錄》有「或問統曰:『如所目，陸子為勝乎？』」之語，與《世説新語》同。

5 黃惠賢《校補襄陽耆舊記》(中州古籍出版社，1987年)「習溫」條有「祕過辭於溫，問曰:『先君昔曰君侯當為州里議主，今果如其言。』」按:「曰」亦「目」之訛字，似以出校為宜。

綜作《賓友目》，亦題目品藻之作，以贊孫登諸賓友。《通鑒》太和三年胡三省注此條曰：「目者，因其人之才品為之品題也。」由此可知：「舊目」當為吳國流傳的人物題目彙集，舊目所說四姓各有特點，必興論認為四姓代表人物中有足當此所謂文、武、忠、厚的特點者。據今見吳國人物資料論之，以張溫為文，[1] 朱桓為武，陸遜為忠，顧雍為厚，完全合轍。舊目無疑是以題目此四人者概括此四族，而且其說當形成於黃武之時或者略後。

從朱治大量遣送公族及四姓子弟詣王府一事推知，檢核郎署對吳四姓觸動不小，因而他們反應最強。《三國志・吳書》中所見非議暨豔的陸遜、陸瑁、朱據，都是吳人，而且都出於吳四姓。當然，《三國志・吳書》中所見郎吏也有其他江東大族，如會稽謝承；[2] 也有江東的非大族子弟，如吳郡殷禮。而且，在一個時期內，北方（主要是淮泗）賓旅寄寓之士在郎署佔有相當比例是不可避免的。所有這些人入居郎署，也並非沒有混濁淆雜問題。不過，隨着吳人、其他江東人中人才的成長，隨着賓旅寄寓之士來源的斷絕，郎署中吳四姓數量將日增，淮泗人數量將日減，這是必然的趨勢。所以郎署中的問題，以吳四姓子弟最為突出，也是必然的。在暨豔案中與暨豔同主其事的選曹郎徐彪是廣陵人，《三國志・吳書》所見同情暨豔所行的唯一人物文士陳表是廬江人。他們都不是江東人，與非議暨豔的陸遜、陸瑁、朱據等人有顯著的地域差別。這與上述三署郎籍貫變化即江東人日多，淮泗人日少的趨勢符合，也許不是偶然的。至

1　徐震堮《世說新語校箋》（中華書局，1984 年）有此說，但謂此條「張文」所指為「張昭之族」。不過張昭非吳四姓之張，所以徐說不能成立。

2　會稽大族在孫吳早年被誅戮者多，所以我估計其子弟在郎署者比吳四姓少。《世說新語・政事》謂吳中強族罵吳郡太守會稽賀邵為會稽雞，賀邵遂至諸屯邸檢校諸顧、陸役使官兵及藏逋亡事，罪者甚眾。「陸抗時為江陵督，故下，請孫晧，然後得釋」。這說明顧、陸門戶力量特大，也說明吳、會二郡大族有矛盾。

於張溫、暨豔均吳人而不苟同於吳四姓的眼前利益，斷然檢核三署，其原因將在本文下節解釋。

《三國志・吳書・諸葛瑾傳》:「吳郡太守朱治，權舉將也，權曾有以望之，」諸葛瑾為之解說，事遂得釋。「有以望之」的望字，梁章鉅訓為怨望，[1] 與瑾傳文義切合。趙一清更謂孫權有望於朱治者，「殆謂暨豔」。若依趙說推之，或者是說暨豔本見用於朱治，而朱治薦之於孫權之朝，卒成亂階，因而孫權怨望朱治。這只是推測，難於確說。

三　張溫與暨豔

張溫、暨豔都是吳郡人。張溫是大族名士，大族名士居職選曹是當然的事。暨豔門戶較低，[2] 非張溫引致難入選曹，更難於以選曹郎代張溫居選曹尚書職。他們二人社會層次有所不同，居然「更相表裏，共為腹背」，[3] 演出檢核郎署這樣一台大戲，招致嚴重後果，其中有許多問題值得我們琢磨。

我們知道，江東大族蜂擁入仕，產生嚴重弊端，因而出現要求檢核郎署與反檢核的衝突，這是暨豔案的實質。江東大族經由郎署

1　《吳書》中所見望字作怨望解者，還有一些例證。《呂範傳》範為孫權主財計，孫權私有所求，範不敢專許，「當時以此見望」。《胡綜傳》注引《吳歷》:「怨望朝廷。」

2　六朝時期，暨氏人物事跡在史籍中極為罕見，可知暨氏不是在官的權勢家族。但暨豔因張溫引致，得居孫吳選曹尚書之職，而其家族還曾「附於惡逆」以抗孫策（事詳下文），所以暨氏亦非小戶。敦煌所出《新集天下姓望氏族譜一卷並序》（斯二〇五二號），其第八所錄江東（南）道二十郡，「蘇州吳郡出五姓：朱、張、顧、陸、暨」;「杭州餘杭郡出四姓：暨、隗、戢、監」。（據唐耕耦等編《敦煌社會經濟文獻真跡釋錄》〈一〉，書目文獻出版社，1986）。又，《古今姓氏書辯證》卷三七，入聲九:「暨，今餘杭及閩中多此姓」，並列舉歷代暨氏人物，其中有暨陶。據葉夢得《石林燕語》卷八，暨陶，崇安人，預神宗元豐五年殿試。秦漢以來，會稽境內地名多有帶暨字者，如餘暨（蕭山）、諸暨等，其起源難於確說，或與暨姓人戶分佈有關。吳郡暨氏當為一方土豪。暨豔一度得居顯職，家族地位本可因緣上升，但大獄旋發，遂一蹶不可復振。我早年為文涉及暨豔者，斷暨為小戶，是錯誤的。

3　《三國志・吳書・張溫傳》孫權罪張溫令。

登朝，是江東大族特別是吳四姓利益所在。為甚麼支持暨豔檢核郎署，從而阻滯四姓仕宦之路的，偏偏是出於四姓的名士張溫呢？這個問題，我覺得須從當時士大夫中的清議風氣和張溫的個人特點來回答。

張溫其人，品格、文才、言議、容止無不出眾，加上他的家族地位，具備漢末以來名士首領的各種特徵。所以《張溫傳》顧雍謂張溫「當今無輩」。《會稽典錄》云：會稽虞俊「至吳，與張溫、朱據等清談干雲，溫等敬服」。[1]可見北方名士清議之風也吹扇於江東的吳會地區，而張溫是江東清議主要人物之一。清議的中心內容是臧否人物，激濁揚清，江東不會例外。江東題目人物之風盛行，當與清議有密切關係。《張溫傳》駱統疏理張溫時，說張溫「亢臧否之談，效褒貶之議」。張溫所引致的暨豔，其人也是「性狷厲，好為清議」。張溫與暨豔正是由於同具清議志趣和好尚而結合在一起的。他們臧否所指，自然容易集中到當時社會所注目又為他們所熟知的公族子弟及四姓入仕的各種弊端和郎署混濁淆雜問題，同漢末名士清議所指往往是宦官外戚以及依附宦官外戚的士人一樣。

駱統為張溫疏理，說他以荷寵恃才，肆情褒貶招嫉，是得實的。《張溫傳》注引《會稽典錄》說，曾在暨豔案發之前與張溫清言議論的虞俊，預言張溫「才多智少，華而不實，怨之所聚，有覆家之禍」。[2]這透露張溫議論已涉及當時深為敏感的政治問題。陸機《辨亡論》論及吳國人才，曰：「奇偉則虞翻、陸績、張溫、

1 《太平御覽》卷四九一引。又，《朱據傳》謂據文武全才，「有姿貌膂力，又能論難」。他們是吳國少有的善清言的人物。

2 《吳書・孫策傳》注引《吳錄》建安五年孫策殺廣交遊、善議論的名士高岱，而張溫之父張允是高岱八友之一。據此推測，張溫家族與孫策存在嫌隙，是可能的。這與虞俊所說可以照應。

張惇，以諷議舉正。」[1]「以諷議舉正」者，應當就是狂直之輩，不以人主喜怒為意。暨豔案發之後，曾在張溫使蜀時與之交往的諸葛亮，「初聞溫敗，未知其故，思之數日，曰：『吾已得之矣。其人於清濁太明，善惡太分』」。再後，陳壽著《三國志》，評張溫「才藻俊茂，而智防未備，用致艱患」；裴松之注《三國志》，也說張溫「名浮於德」，「華傷其實」。張溫同輩和後代史家評論張溫，都認為他的名士氣質和所受清議影響，是他罹禍的主要原因。

漢末以來，涉足清議的士大夫，議論的着眼點和具體人物對象或有不同，但多事關時政，觸及權勢，具有多方面的社會政治影響。就臧否人物而言，其所激所揚既可能有助於朝廷選士用人，澄清吏治，也可能干犯皇權，擾亂已成的政治秩序。有些名士所論問題，具有更為直接、更為敏感的犯上性質。如「清議峻厲」的沈友，關注的是孫權的「無君之心」；[2] 以「直道見憚」的陸績，臨終猶自稱「有漢志士」，[3] 以示不贊成孫權的僭越。張溫所議被虞俊認為有「覆家之禍」，正是屬於這一類型。至於暨豔，不但是「好為清議」，影響輿論，而且以選曹尚書的權位，行檢核、黜陟以至於拘束人身之實。他不滿足於舉濁厲清，而是大加撻伐，以至於百僚震懼，郎吏自危，使澄檢淆雜演變為一場尖銳激烈的政治衝突，導致孫權干預，張溫、暨豔覆敗。

清議造成政治糾紛，甚至導致相當規模的廢黜和殺戮，這樣的事魏、蜀皆有，不獨吳國為然。三國之間，此種風氣彼此激蕩，彼

1 據《文選》卷五三。《晉書》卷五四《陸機傳》作「以風義舉正」，風義即是諷議。只是所列人物只有虞翻、陸績和張惇，而無張溫，當為唐人刪削。

2 《三國志・吳書・吳主權傳》建安九年注引《吳錄》。

3 《三國志・吳書・陸績傳》。

此影響，而以魏國為著。魏有孔融，浮華交會，譏刺侮慢，影響及於蜀、吳。孔融生前，江東人物與之交往者頗不乏人。[1]張溫晚出，與孔融年輩相錯，沒有直接接觸，但孔融立身行事諸端，張溫當是熟悉而景仰的。[2]蜀有來敏，諸葛亮謂「來敏亂群，過於孔文舉」。[3]張溫其人，就其清議的影響和作用說來，就是吳國的孔融、來敏。張溫、孔融、來敏都出自名門，有文學，尚浮華，敢於干犯當軸。他們三人的結局也大略相似：孔融被殺，張溫廢黜，來敏廢而復起，居職而已。這是一代士風分別在三個國家的反映。

暨豔一案，畢竟重在主其事者的暨豔本人，不在張溫。前引暨豔「性狷厲，好為清議」，以此成為張溫的同道是無疑的。不過暨豔之不能免死於孫權之世，除了他以選曹尚書主司檢核以外，還有一層比較隱晦卻極為重要的原因，即暨氏家族染於「惡逆」問題。這是孫吳早期歷史遺留的問題，須要略加探討，以明究竟。

《張溫傳》載孫權廢黜張溫令曰：「昔暨豔父兄，附於惡逆，寡人無忌，故進而任之，欲觀豔何如。察其中間，形態果見。」駱統疏理張溫，亦有言曰：「國家之於暨豔，不內之忌族，[4]猶等之平民。」孫權由於暨豔家庭身世的原因而加重對暨豔一案性質的認定，加重對暨豔的懲處；其事在當時人是知之甚稔的，所以孫權令中只是一提

1 江東人物，包括北人南人，與孔融有過聯繫的計有：盛憲（《三國志・吳書・孫韶傳》注引《會稽典錄》）、孫邵（《三國志・吳書・吳主權傳》注引《吳錄》，《建康實錄》卷一）、王朗（《三國志・魏書・王朗傳》注）、張紘（《三國志・吳書・張紘傳》注引《吳書》，《三國志・吳書・虞翻傳》）、虞翻（《三國志・吳書・虞翻傳》）、徐宗（《三國志・吳書・潘濬傳》注引《吳書》）等。

2 《後漢書・孔融傳》融「辟司徒楊賜府。時隱核官僚之貪濁者，將加貶黜。融多舉中官親族」云云。此事與江東檢核郎署混濁淆雜之事相似。清議名士志趣相同，孔融如此盛名，張溫對之應當是感同親炙的。

3 《宋書・王微傳》。參《三國志・蜀書・來敏傳》及注引《諸葛亮集》。

4 忌族即圮族。《書・堯典》：「方命圮族」；孔傳：「圮毀族類。」

了之，未曾多着筆墨，但是後來讀史的人卻不易明白這一背景，事遂湮滅。

《三國志・吳書》中屢有「惡逆」、「舊惡」、「宿惡」、「惡民」、「奸叛」等稱，迭見於顧雍、陸遜、張溫、駱統、朱治、潘璋、諸葛恪等傳及注，所指皆揚州山區守險不服的山民，或稱「山寇」、「山賊」。有的地方也有山越人包括在內。[1] 他們的魁帥往往是大姓英豪，堅持與孫氏為敵，孫策對之仇恨甚深。「暨豔父兄附於惡逆」，無疑指他們早先參預了山民阻險反抗活動，與孫氏有過較量，孫權不曾忘懷此事。

暨豔父兄「附於惡逆」，當非魁帥。據知「惡逆」經撲討者，如《孫策傳》注引《吳錄》的鄒他、錢銅諸例，是要一概族誅，亦即「內之忌族」的。孫權對暨氏不但不「內之忌族」，而且「猶等之平民」，才有後來暨豔得以出仕之事，這大概與暨氏只是「附於惡逆」而非為其魁帥有關。還有，暨豔父兄大概是出山投降的。「惡逆」降者稱為「去惡從化」，史有其例。《三國志・吳書・諸葛恪傳》：恪「敕下曰：『山民去惡從化，皆當撫慰，徙出外縣，不得嫌疑，有所拘執。』臼陽長胡伉得降民周遺，遺舊惡民，困迫暫出，內圖叛逆，伉縛送言府。恪以伉違教，遂斬以徇」，我疑「舊惡」之從化者不得拘執，當是諸葛恪循孫權舊規，與孫策時嚴厲處置有所不同。暨氏如果真是「舊惡」之從化者，暨豔得「等之平民」，並獲出仕機會，就更便於理解了。

據駱統上表所言暨豔仕宦經歷，所謂「先見用於朱治」者，當謂初為吳郡吏；「次見舉於眾人」者，當謂獲得鄉論薦舉；「中見任於明

---

1 《三國志・吳書》薛綜、呂岱、鍾離牧等傳及注也有類似稱謂，指荊州、交州山民聚眾阻險者，其中蠻、俚等族佔相當比例。

朝」者，當謂與吳四姓子弟一樣經郎署而貢於吳王府。這本是當時便捷的出仕升遷途徑。但是如駱統所說，黃武三年瑕釁一出，暨豔家族「附於惡逆」的舊事被重新揭出，反而成為處置暨豔的最嚴重的罪名。孫權所謂「欲觀豔何如，察其中間，形態果見」，指的是對暨豔在觀其後效之中，從檢核三署一事發現了他的異心，終於證成他與其父兄「附於惡逆」相同的動機和態度，因此使他罹叛逆之罪。這當然是誅心之論。暨豔因新賬舊賬算在一起而被窮究，以至於無人（包括駱統在內）敢於從整飭郎署、區別清濁的初衷來為暨豔開脫。

值得注意的是，駱統疏理張溫表中，針對孫權廢張溫令所說張溫「何圖凶醜，專挾異心」之言，為張溫細加辯解。駱統說張溫「實心無它情，事無逆跡」，這當然是要表明張溫的過失與暨豔家族「附於惡逆」者根本不同。這是駱統表中最着意之筆。孫權令中謂張溫受命以重兵討豫章「宿惡」，會曹丕兵出淮泗，張溫「悉內諸將，佈於深山，被命不至」，因此引起孫權疑惑。駱統為之申述，辯明張溫「取宿惡以除勁寇之害，而增健兵之鋭」，並無它意。豫章太守王靖「以郡民為變，以見譴責」，[1] 其事涉及豫章「宿惡」問題，而彈劾王靖的正是張溫。駱統欲以此事證明張溫在對待「宿惡」問題上既無隱私可言，更無任何「逆跡」。駱統諄諄以張溫與「宿惡」無染為說，應當是真實的。孫權似不堅持張溫「逆跡」之疑，但還是不納駱統的請求，張溫終於被廢黜。

前面論及清議釀成巨案，除了名士以矯時慢物為榮的風氣使然以外，往往還有更直接更具體的政治原因。孔融被殺，涉及劉姓皇位問題，這是眾所周知的。來敏一度被廢，關係到蜀政中新舊客主

1 《三國志・吳書・周魴傳》。參《張溫傳》。

兩類臣僚的利益之爭，拙文《李嚴興廢與諸葛用人》有論。張溫支持暨豔檢核郎署，確似帶有針對孫權的用意，所以才有孫權之令「昔令召張溫，虛己待之，既至顯授，有過舊臣。何圖凶醜，專挾異心」等等，雖不是「惡逆」問題，仍似有言外之意，我懷疑還另有文章。

據《張溫傳》，張溫被召廷見，在劉基為大司農、顧雍為太常之時。以劉基、顧雍所居九卿之官可以看出，張溫出仕一定是在孫權稱吳王的黃武之時，而其時張溫年已三十有二。這對於當時大族名士起家拜官的年齡說來，已經是非常晚了。《陸遜傳》「遜年二十一，始仕幕府」，言其晚仕。張溫三十二始仕，晚之又晚。有盛名的張溫雖然生長在朱治、孫權眼瞼之下的吳郡吳縣，年輕時卻未為太守朱治所用，更未薦詣孫權的將軍幕府，必待歲月蹉跎之後，大局有了變化，[1]張溫始有脫穎而出的機會。張溫既仕，兩三年內迅速擢升，由議郎、選曹尚書而至太子太傅，以輔義中郎將使蜀，又率宿衛重兵入豫章董督三郡，周旋於「宿惡」之藪，部伍出兵事宜。這就是說，張溫其人以才以地，早就具有擔當大任的潛在優勢，一旦有機會出任，立即扶搖而上。這是一個方面。另一方面，他起家拜官如此之晚，又說明在孫權看來，用不用張溫涉及某種利害，必須思考再三，猶豫至十年之久，才在就吳王位的黃武時拿定主意，重用張溫。[2]究竟是甚麼原因影響孫權對張溫的估量，歷史上沒有留下可供考證的資料，只有依情理稍作推測。孫權在處置暨豔之後，幽張溫而羅織其罪，與暨豔家世附逆之事夾雜言之，言外之意，似

1　這裏所說大局變化，指孫權加速其政權的江東化過程，說詳下節。

2　張溫出仕時年三十二，溫傳所載如此，本文據溫傳立說。但駱統表中說溫「年紀尚少，鎮重尚淺」，似與年三十二之說不合。《太平御覽》卷四〇七引《吳錄》謂溫使蜀，與諸葛亮結金蘭之好。此年亮年四十四，溫年似亦不能太小。疑駱統為張溫開脫，故有此含糊之說。《吳書・張昭傳》昭以孫權田獵事進諫，權謝昭曰：「年少慮事不遠，以此慚君。」盧弼《集解》曰：「時權已年三十矣，不為少矣。」所以男子三十是否屬於年少，端在所論何事，本無絕對界限可言。

張溫家族與孫吳之間也有過某種嫌隙之事，因而對張溫難於信任。從後來對張溫處置相當嚴酷的情節看來，要說孫氏藉此以報其家仇宿怨，也不無道理。如前所論，張溫之父張允為高岱八友之一，孫策誅高岱，張氏有所牽連，遂留嫌隙，也是可能的。不過高岱事畢竟是侮時傲物性質，不是直接附於惡逆，所以張溫終得不死。當然，張溫不死，還可以從張氏吳四姓之一的家族地位尋求解釋。

我們知道，直到建安中期後期，吳四姓代表人物尚無一人被孫權委以文武重任。顧雍曾為會稽郡丞行太守事，而孫權領會稽太守居吳，所以顧雍長期不在孫權身邊，至黃武初始擢居吳王府為卿。至於陸氏，與孫氏本有深酷家仇，[1] 孫策領會稽郡時以郡丞行郡太守事的陸昭，當出吳郡，但不悉與陸康的親疏狀況。陸康子陸績被孫權貶謫，死於貶所。陸遜謹慎處世，靦顏事吳。陸遜領縣，陳便宜召募伏匿（按：此當包括阻險山民），得二千兵自領，為孫權討伐「惡逆」立功，沒有通山民以反孫氏的嫌疑。但是陸遜在呂蒙薦舉以前，迄未獲得孫權的顯授。吳四姓中顧、陸為首望，孫權畢竟不得不有所借重，所以與顧、陸聯姻。顧、陸拔起於儕輩之中，都比較晚，在建安末、黃武初。此外，吳郡朱桓以討伐山民聞，黃武以前亦不顯。餘下的就是本節所論張溫一族。張溫父允，雖然「名顯州郡」，曾為孫權東曹掾，卻無事跡可述。我疑張溫家族牽連於高岱一案，於孫氏有隙，已見前述。張溫出仕如此之晚，廢敗如此之速，而且一人之廢，影響一族，與陸氏很不一樣，當不是偶然的。

《張溫傳》張昭謂張溫：「老夫託意，君宜明之。」似覺話裏有因。但張昭所託何意，為何託於張溫，概莫能明。又《太平御覽》卷

1　孫策昔為袁術攻破廬江，太守吳郡陸康宗族百餘人，遭罹飢厄，死者將半，陸康旋死。見《後漢書・陸康傳》。陸績即陸康子，陸遜即陸績姪，遜、績均曾居廬江圍城中。

八九九引《吳錄》載張溫自理表，用百里奚以養牛諷養民干秦穆公故事，其文不全，難明張溫申訴主旨。姑志於此，以待後證。

四　孫吳政權的江東化與暨豔案

現在，轉到對暨豔案作縱向考察上來。

孫權嚴懲暨豔，並及張溫，表明了孫權維護江東大族特別是吳四姓仕宦特權的決心。我們知道，孫吳立國以江東大族特別是吳四姓為支柱，這是毫無疑義的，但是形成這種局面卻是較晚的事。孫氏渡江，以淮泗人物為主體，對於不親附的特別是對敢於聚眾阻險的江東大族曾予嚴厲處置，掀起了誅戮吳會英豪的大風波，牽動面頗為廣泛，歷時亦頗長久。所以孫吳與江東大族的結合，亦即孫吳以淮泗人為主體的政權轉變為以江東人為主體的政權，經歷了一個曲折複雜的過程，可以稱之為孫吳政權的江東化。它大體可分為年代交錯的三個階段，即一，群吏爪牙兼用江東人，在建安末年以前；二，顧、陸先後成為當軸主政人物，在建安末年至黃武年間；三，全面的江東化，在黃武年間及以後。暨豔案是第二階段的產物，第三階段的前奏。

孫權統事以後，山民繼續阻險反抗，大姓名士清議峻厲，意味着孫氏淮泗集團仍被視為移植江東的異物，受到江東本土上下的排斥。但是從另一方面看來，北士南流運動既已停止，淮泗集團無法獲得人才的補充，孫吳所需群吏早已參用江東人。武職中也出現了一批江東籍的高層將校。這說明孫權在繼續固結淮泗軸心的時候，地域性轉化跡象已經出現，只不過在當時還是一股潛流，未被人們充分注意。

《三國志・吳書・陸凱傳》陸凱表上孫晧，陳述孫晧時用人取士標準比孫權時有明顯變化。他說「先帝簡士，不拘卑賤，任之鄉閭，效之於事，舉者不虛，受者不妄。今則不然，浮華者登，朋黨者進」，云云。此表是否為陸凱所作，陳壽存疑，但表中指責孫晧之失，都符合實情，可斷孫權與孫晧取士標準確有不同。這種變化實際上就是孫氏淮泗集團江東地域化的表現，只不過此事在建安、黃武之間已經明顯，無待孫權之死，孫晧之立。

孫權群吏參用江東人，其中雖有大姓如陸遜、全琮輩，但多數可信出自寒微卑賤的社會較低階層。前舉吳郡顧邵拔丁諝、張秉、吾粲、殷禮於微賤而友之之事，潁川周昭論之曰：「昔丁諝出於孤家，吾粲由於牧豎，豫章（按：指顧邵）揚其善，以並陸、全之列，是以人無幽滯而風俗厚焉。」[1] 為顧邵所拔而友之的人，都得到孫權重用，可見陸凱表中所說孫權簡士「不拘卑賤，任之鄉閭，效之於事，舉者不虛，受者不妄」屬實，而且時間較長。在孫氏殺戮吳會英豪風波稍稍平息，大族尚有所警惕而與孫氏保持距離之時，孫權簡士自然難拘族姓，只能從孤寒南人中尋覓，以應淮泗集團的急需。孤寒之士一旦見用並獲升遷，其門戶地位也將逐漸變化。周昭評顧邵拔孤寒「以並陸、全之列」，必然導致這種結果。

孫權取士由「不拘卑賤，任之鄉閭，效之於事」，進而重用江東大族，其宗旨與曹操行之有效的「治平尚德行，有事賞功能」並無二致。有事賞功能的宗旨，就曹操、孫權的早年說來，一個謂之賞功而不罰過，一個謂之忘過記功，實質是一樣的，只是在實行的年代上，曹操比孫權要早得多。有國者在創業和守業的不同階段，選

1 《三國志・吳書・步騭傳》。

士本有不同的要求。孫權之初，江東猶在草創之中，淮泗軸心求群吏爪牙於本地，取士用人重在功能，即所謂「效之於事」。有功能事效者不究過誤，也不辭卑賤，所以往往在江東大族以外的寒微中尋求。後來孫權立足已穩，赤壁戰後又形成了三分鼎足的外部環境，雖然名義上尚未自王自帝，但是局面已成，按治平的要求來用人選士就逐漸成為必需，因此「尚德行」的標準就自然而然地被重視起來了。「尚德行」必重姓族，所以《陸凱傳》中所說的變化，主要就是孫吳政權轉而靠近江東大族，想讓他們發揮較大的統治作用。這是孫吳政權江東化的一個重要標誌。其實，這種變化本來就是孫策臨死時所期待於孫權的。《孫策傳》策「呼權佩以印綬，謂曰：『舉江東之眾，決機於兩陳（陣）之間，與天下爭衡，卿不如我；舉賢任能，各盡其心，以保江東，我不如卿。』」這不只是兄弟二人能力長短的比較，而且是對古人創業者馬上得之不能馬上治之的經驗的傳授。而要舉賢任能，必不能忽視比在江東的淮泗士人多得多的江東本土士人。孫權統事後的若干年內，由於內外條件不具備而未得實現由得天下到治天下的轉折，到建安末和黃武初始得逐步實現。

《陸凱傳》還說到孫權簡士「任之鄉閭」。鄉閭之論在九品官人法實施以前，原則上需要地著的條件，這個條件，只有江東人才能具有。《魯肅傳》肅說孫權抗拒曹操，曰：「今肅迎操，操當以肅還付鄉黨，品其名位，猶不失下曹從事，……累官故不失州郡也。將軍迎操，欲安所歸？」這話是說，魯肅臨淮東城人，鄉里在北，歸曹操後可以付鄉里品其名位；孫權品第必在吳郡，曹操無能為力。事實上，孫權兄弟三人品第察舉，皆吳郡太守朱治通過鄉閭為之。朱治之子朱才初以父任領兵，後來必經丹陽鄉議，始獲名譽。建安時江東人士頗有郡察孝廉、州舉茂才之例，前者如孫權兄弟和賀齊，後者如虞翻和陸遜，都是江東大族和公室子弟。這是他們按舊制仕進的正途，孫權主政，承襲舊制，所以江東子弟雖在淮泗集團主軸當權之時，猶得有此晉身之階。後來九品官人法移植江東，乃有襄陽習溫、武陵潘濬為荊州大公平（大中正），[1] 桂陽谷朗為郡中正、州大中正，[2] 丹陽葛洪之父為郡中正 [3] 等例，南士出仕遂循此以為保障，這使他們獲得比淮泗人要大得多的出仕機會。

江東的賓旅寄寓之士與南士不同，他們考詳無地，出仕得不到鄉論和九品官人法的憑藉，只能指靠任子或特殊徵拜為官，或者代父兄領兵。這是他們出仕的主要途徑。也有很多重要的淮泗人物，子孫或者因細故被廢，或者完全無聞於世。而淮泗子孫如果改注江東籍貫，當可依江東子弟之例仕進。沛郡薛綜及子薛瑩兩代仕吳，薛瑩子薛兼生於吳世，《晉書》本傳謂為丹陽人，而且與同時的顧榮、賀循、紀瞻等南士齊名，號為南金東箭。彭城張昭曾孫張闓亦生於吳世，《晉書》本傳作丹陽人，而且累官至丹陽郡中正。薛兼、張闓二例，足以說明仕進制度和程序促進了江東的淮泗子弟土著化這樣一種事實。當然這是一代兩代以後的事，是事物演變的結果。

孫吳政權江東化的第一階段就是如此。

建安末、黃武初，孫吳政權江東化進入第二階段，其主要標誌是當軸人物進行更換，由淮泗人更換為江東人，特別是吳人。這種地域更換，主軍者先於主政者。武將和文臣在轉型期的代表人物，

---

1 《三國志・吳書・潘濬傳》注引《襄陽記》。此條前文已用。

2 《八瓊室金石補正》卷九《九真太守谷朗碑》。

3 《抱朴子・自序》。

前者是呂蒙—朱然—陸遜，後者是孫邵—顧雍。替換時機都是舊人病故，所以替換具有和平性質，沒有出現衝突，這對於鞏固孫吳統治是有利的。

主軍者的地域替換，不是指馳騁疆場的「虎臣」，而是指任專方面的統帥。孫權早年，孫吳開拓性的軍事活動主要在荊州地區，指揮者周瑜、魯肅均淮泗人，兼具文武氣質。建安二十二年魯肅死，孫權本欲以嚴畯為代。嚴畯，彭城人，避難江東，張昭薦用，具有人望基礎和淮泗地域條件。但是《嚴畯傳》畯自謂「樸素書生，不閑軍事」;《步騭傳》周昭謂嚴畯「學不求祿，心無苟得」。可見嚴畯根本不是一個富有進取心的軍事人才，孫權屬意於他，除文才以外，顯然是看重他的地域、人事背景，淮泗本位的考慮是一目了然的。後來孫權改用呂蒙，其人出自淮泗，長於江東，以武勇事孫策。呂蒙為上游統帥，基本條件合適，而且兼具淮泗、江東的雙重地域條件，欠缺的是不學無文。所以他當途掌事後孫權特別囑他留意術學，他也發憤於此，多所開益，彌補了孫權所望於統帥的兼具文武的要求。無武的嚴畯和少文的呂蒙先後為孫權屬意，與周瑜、魯肅相比皆遜，這正說明嚴格地從淮泗人物中求帥，是越來越不容易了。呂蒙任職不久即死，時在襄樊戰役之後，荊州形勢未全明朗。孫權求帥，淮泗既難有適當人選，於江東人物中求之，就成為勢所必需的了。不過屬意於誰，一時尚難以確定。

呂蒙破關羽前以療疾為名還建業，吳郡陸遜建取關羽之言，與呂蒙意合。後來呂蒙答孫權「誰可代卿」之問，[1] 遂薦陸遜。孫權拜陸遜為偏將軍右部督，以當荊江上流之任，領宜都太守。呂蒙死前，孫

1 《三國志・吳書・陸遜傳》。

權又有「誰可代者」之問，[1] 呂蒙曰：「朱然 [2] 膽守有餘，愚以為可任。」呂蒙死後，孫權遂以朱然假節鎮江陵。

孫權兩次以上流任寄詢問呂蒙，呂蒙兩次薦代，所答不同，但都是江東人。這是孫吳統治集團地域性轉化中的又一件大事。陸遜（183—245）和朱然（182—249）從其個人條件和家庭背景說來，都具有替代呂蒙的資格。朱然是朱治養子，少年時與孫權「同學書，結恩愛」，稍長，受兵征戰。他兼得淮泗武將門戶和江東丹陽籍貫這樣的雙重背景，但淮泗特點較為強烈一些。陸遜則出吳四姓，門戶地位比朱然突出，但與孫權關係本遠，為海昌屯田都尉領縣事時，陳便宜乞募伏匿，始得有兵。陸遜、朱然先後被薦，說明孫吳荊州統帥由淮泗人轉入江東人手，已是不移的趨勢，只是轉變是驟是緩，還將視形勢需要和孫權意向為定，欲緩則用朱然，欲驟則用陸遜。孫權初意似不在陸遜，故有向呂蒙的第二次詢問。看來孫權對此問題有所猶豫，由於荊州軍情態勢發展迅速，他才作出最後的決斷。

朱然被薦代在陸遜之後，但他得以假節鎮守荊州首邑，位置自然在陸遜之上。孫權荊州用兵，例置左右部督，指揮不專一人，取其制衡之意。《三國志・吳書・孫皎傳》：皎，孫權從弟，為孫權所重，以將軍、都護督夏口，「都護諸將於千里之外」，[3] 任寄甚重。建安二十四年呂蒙襲公安，孫權欲令孫皎、呂蒙分別為左、右部大督，呂蒙拒絕受命，說孫權曰：「『若至尊以征虜（按：孫皎為征

1 《三國志・吳書・朱然傳》。

2 朱然墓於 1984 年於安徽馬鞍山市郊發現，其地吳時屬丹陽郡。出土文物甚多，其中有木刺十四枚，木謁三枚，所書姓名、籍貫、封爵、官職與《三國志・吳書・朱然傳》合。參看《文物》1986 年第 3 期有關發掘報告和文章。

3 從其時孫權用將的情況看來，他似有以孫皎為荊州上游統帥之意。孫皎比朱然更為親近。但是孫皎有以小忿侮大將甘寧的過失，似不協諸將之心，所以呂蒙拒絕與孫皎分任左、右部督。孫皎雖然原已都護諸將，終不得統帥之職。

虜將軍)能，宜用之；以蒙能，宜用蒙。昔周瑜、程普為左、右部督，共攻江陵，雖決事於瑜，普自恃久將，且俱是督，遂共不睦，幾敗國事，此目前之戒也。』權寤，謝蒙曰：『以卿為大督，命皎為後繼。』」如呂蒙所陳，赤壁戰後，孫權並用周瑜、程普為左、右部督襲江陵而事決於瑜；襄陽戰前呂蒙襲南郡，孫權用孫皎、呂蒙為左、右部督而呂蒙為大。此後呂蒙、孫皎均死，朱然、陸遜二人均有顯授而朱然居上。夷陵之戰，劉備傾國來攻，按照孫權用兵遣將成規，以陸遜、朱然分督左、右部以應敵，是合乎情理的。[1] 但是孫權卻「命遜為大都督，假節，督朱然、潘璋、宋謙、韓當、徐盛、鮮于丹、孫桓等五萬人拒之」。這樣，陸遜始得專上游之任，位在朱然等上，朱、陸在荊州戰場的指揮地位顛倒過來，孫吳上游統帥之職的地域性調整正式確定，陸遜作為吳四姓代表人物終於破繭而出，執掌了孫吳上游兵權。這是孫吳當軸武職地域變化的重要標誌。

孫權改用江東大姓為上游統帥，淮泗老將和貴戚並不心服。《陸遜傳》：「當禦〔劉〕備時，諸將軍或是孫策時舊將（按：如韓當），或公室貴戚（按：如孫桓），各自矜恃，不相聽從」。陸遜制之以軍令，又以書生受命為謙退之辭。他在答孫權之問中說：「此諸將或任腹心，或堪爪牙，或是功臣，皆國家所當與共克定大事者。臣雖駑懦，竊慕相如、寇恂相下之義，以濟國事。」夷陵戰中陸遜表現了優異的指揮才能，獲得大捷，鞏固了統帥地位，也鞏固了這一地域性的替代過程。從此以後至吳亡，陸氏子孫專上流之任達五十餘年之久。

孫吳政治上當軸人物的地域性替換，比軍事統帥的地域性替換要曲折一些，時間延續較久，黃武中始得完成。

1　其時陸遜有右部督銜，見《陸遜傳》，但《朱然傳》未説朱然有左部督之授。

孫吳中樞政要人物，最早的莫過張昭。張昭有主迎曹操而怫孫權意之失，但他畢竟是顧命之臣，人望所在，南北知名。赤壁戰後阮瑀《為曹公作書與孫權》，[1] 猶有責孫權「內取子布，外擊劉備」之語。張昭是謀謨之臣，並不直接主事；孫權大權在握，也不特仗張昭。黃武元年吳國初置丞相，其時陸遜已為荊州統帥，照理說孫權徑用江東人為丞相以與武職統帥之江東地域性轉化同步，是最合理的選擇。但是朝議仍在張昭，這顯然是出自淮泗人物的固執要求。孫權未用張昭而用孫邵，引出後世史家許多議論猜測。在我看來，除了孫權以方嚴憚張昭、以往事慪張昭等舊說以外，還應當估計一種情況，即用張昭則相權太重，孫權所不能容，[2] 更不利於完成中樞人物的江東化。孫邵北人，頗有聲譽，老成持重，這些與張昭條件相當。他隨劉繇過江，[3] 仕於劉繇州府，孫策時無聞，孫權時始復出仕，非淮泗從龍勛貴和顧命重臣之比，無權重難制之虞，可以由孫權自由進退，所以孫權放心用他。孫權用孫邵為第一任丞相，還可以顯示自己與劉揚州（繇）甚至與東漢法統的繼承關係，有利於改善孫吳政權的形象。孫邵旋死，孫權再一次排除了請以張昭為相的朝議，相位移至顧雍之手，完成了當軸文臣江東地域化的轉換過程。

張昭（156—236）、孫邵（163—225）、顧雍（168—243）三人生年相次，有數歲之差，他們交替當權，年齡結構是合適的。孫權擇

1 見《文選》卷四二。此書未著年月。書謂「往年在譙，新造舟舡」，事在建安十四年，知書作於十五年以後；而書謂「外擊劉備」者，必備仍在荊州時事，知書作於劉備十六年入益州之前。又《三國志・魏書・王粲傳》附《阮瑀傳》注，謂瑀死於十七年。

2 周壽昌《三國志注證遺》卷四「張昭不相」條，認為張昭之不得相位，關鍵在孫策遺言「若仲謀不任事者，君便自取之。正復不克捷，緩步西歸，亦無所慮」數語，使張昭成為過於敏感的人物。見《二十五史三編》第四分冊，岳麓書社，1994 年。以孫氏兄弟與張昭關係貼近程度以及張昭個人心性觀之，周壽昌說是有見識的。

3 《三國志・吳書・吳主權傳》黃武四年注引《吳錄》載孫邵事跡，説孫邵「從劉繇於江東」；《建康實錄》卷一徑謂孫邵「漢末隨劉繇過江歸國」。

相，本來不是以萬機相期待，而重在得心應手。按此要求，孫邵、顧雍都合適而張昭不合適。朝議兩度請以張昭為相，反映了淮泗人物在朝的勢力和強烈的願望，與數年前公室及舊將反對陸遜為上游統帥事件性質一樣。顧雍與孫權有舊而非孫氏近臣，拜相後「其所選用文武將吏各隨能所任，心無適莫」。[1] 這意味着他安排適度，並不以江東人排斥淮泗人，而且成為風尚。所以在孫吳當軸文武地域轉換過程大局已定之後，孫吳將相人物出自淮泗者還是不少，而他們與江東人之間的畛域之見則越來越淡化了。考慮到前舉彭城張昭、沛郡薛綜家族數世之後已落籍為丹陽人的事例，可以認為劉禹錫《烏衣巷》詩中「王謝堂前燕」句所反映的歷史變遷，在吳晉之際已經一度出現過了。

以陸遜出任統帥、顧雍出任首輔為標誌的孫吳政權江東化的第二階段，就是如此。武文兩途，一陸一顧，而且是相繼出現，也真湊巧。接着就是第三階段，即孫吳政權的全面江東化。

發生於黃武三年的暨豔案，是孫吳政權江東化進程中的插曲，是全面江東化的前奏。全面江東化急需用江東士人充實各級政權，這種從政人才正由各種渠道進入官府，其中重要渠道之一即是由各郡貢舉，在郎署快速養成。人才的貢舉和養成中出現混濁腐敗現象是意料中事，可是一些受清議之風影響，執着於激濁揚清的士子，以先後居吏曹之任的張溫、暨豔為代表，卻堅持澄清檢核郎署，兼及百僚，而且使用嚴厲的處置手段，引起強烈反抗，於是暨豔案就發生了。暨豔案出現在黃武年間而不是更早或更晚，並非偶然。孫權嚴懲暨豔，並及張溫，正是為了維護江東大族特別是吳四姓的仕

1 《吳書・顧雍傳》。

宦特權，滿足孫吳政權對人才的需求，鞏固孫吳政權江東化這一歷史進程。

孫吳政權完成了江東地方化，徹底改變了淮泗入侵者的形象，政權大大鞏固，但是孫吳的偏霸地位也從此確定了。用黃武、黃龍年號表示土德代漢，只是一種徒然的粉飾。吳王之封受之於魏，是不移的事實。孫權即帝位告天時自認「權生於東南」，旋又接受與蜀漢交分天下之議，實際上自居東南之帝，所以不敢行郊祀之禮。一直到吳亡，孫吳始終未能改變法統相爭中的劣勢。

但是就江東大族特別是吳四姓而言，由於孫吳的江東地方化而獲利甚多，黃武以後大為發展。張勃斷言四姓盛於三國之間，陸凱向孫晧自詡家門人物之盛，左思讚美四姓威武富實，張華謂晉滅吳「利獲二俊」陸機、陸雲，葛洪則感慨江東仕宦之路全為大族操縱。這些都說明四姓門戶勢力憑藉政權而獲得突飛猛進。在吳四姓突飛猛進之中，像張溫、暨豔那種敢於遮道作梗的人物，卻是再也看不見了。

—— 原刊《中國文化》第 4 期，1991 年，香港。

作者跋語

中國古代政權當其興建之際或經歷其他變革之時，往往從受益階層中培植相當數量的人物，使之通過某種渠道進入仕途，充實統治機構，鞏固這一變革。以此登進於朝的一代人物，必然是權勢為先，魚龍混雜。與此相應，選舉制度弊端百出，社會、政治矛盾難於避免。主事者如果練達圓通，用漸進、溫和手段，在較低的層次上作局部調整，治標而不奢求正本，或許可以小有作為，使矛盾不致激化，政權不致動搖。如果主事者不識時務，不容忍這種腐敗，而欲堅持沙汰穢濁，惟平是務，就難免引發利害衝突，導致當權者的暴力干預，甚至釀成大獄，出現悲慘結局。孫吳選曹受東漢清議之風影響，執意澄檢郎署而爆發暨豔一案，即屬此類。

暨豔案發的黃武之時，孫吳統治機構剛從將軍幕府升格為吳王朝廷，內外繁劇，不遑創制，政務實施大體比照東漢舊制，依稀近似而已。東漢選舉制度，順帝陽嘉時曾用左雄之議，有所改革，除限定應舉者年齡以外，增加了「諸生試家法，文吏課箋奏」的考試內容，並有端門覆試規定。接着還用黃瓊之議，增設四科。陽嘉改制如黃瓊所說，目的在「澄洗清濁，覆實虛濫」。後來張溫、暨豔檢核郎署，其初衷本亦如此。陽嘉改制行之以漸，似曾起作用於一時而未引起對抗，但也不能期望有長期而顯著的效果。到了東漢末年，選舉制度圮敗不堪，取人以權勢第一，此外只論族姓虛譽。孫吳黃武造國，選舉方面因襲這種頹風敗俗，權勢及族望者易成聲譽，脫穎登朝。於是孫氏公族及吳四姓子弟遂得以魚貫而進，毫無障礙，以至於郎署淆雜猥濫，不可收拾。這可以說是發生暨豔案的制度上的背景。

張溫、暨豔輩相繼出掌選曹，效法東漢清議的遺風舊習，卻缺乏練達圓通的從政才能。他們無從提出穩妥可行的節制辦法以救弊於一時，只求逞心快意，用行政手段強對幸進者降貶拘執，以至招致孫吳最高執政的猛烈報復，而郎署混濁現象依然如故。赤烏二年孫權有依四科察舉之詔，實際上是求恢復東漢陽嘉時黃瓊所議四科，但是終吳之世迄無成效。

暨豔一案，如果只從政治上的腐敗和反腐敗的通常意義上立說，不過是歷史上曾反復出現過的事端案例的重演，顯得平淡無奇。但是把暨豔案放到孫吳政權演化進程中來審視，意義就深刻得多。暨豔澄檢郎署，受影響受損害最大的不只是一群幸進的年輕人物，而是一個急於在社會政治中上升到統治地位的階層。孫吳政權庇護這個階層，是為了用他們來衛護自己的存在。孫吳急速地扶植了後來在江東歷史上長久地起作用的吳四姓，培育了一批撐持孫吳統治的有用人才，成效雖然顯著，但是卻進一步腐化了自己的機體。孫吳的短祚，不能不與此有重大關係。這一點，可以說是暨豔案發人深省之處。

北府兵始末

一　梗概

史家論東晉北府兵，多着眼於北府名稱的起源、謝玄組北府兵而有淝水之戰的勝利、劉裕起自北府終以復晉篡晉等數事，而重在謝玄以北府兵戰勝苻秦。但是謝玄北府兵事跡史籍只草草幾筆，淝水之戰過程記載也頗簡略。所以北府兵在中國古史中雖甚知名，而人們對其來龍去脈和具體狀況卻論之甚少，因而對淝水之戰的勝利不免有得之偶然、取之甚易之感，對於晉宋間北府兵居然能夠改變一個時代的政治格局，也覺茫然。

其實，名稱始見於孝武帝太元初年的謝氏北府兵，並非謝玄一朝募集，立刻形成強大的戰鬥能力。謝氏北府兵的出現，有其頗為深遠的歷史基礎和隱約可見的發展過程。約而言之，北府兵的梗概如下：

一，謝氏北府兵並非新軍，而是由若干流民帥分領的久在江淮間活動的老軍，其歷史淵源可追溯到永嘉、建興之際。這些流民軍名義上附晉，一般用晉名號，但卻是自力圖存，對江左政權的關係時鬆時緊，若即若離，具有相當的獨立性質。各支流民軍大致按其所從來的籍貫區分，他們之間聯繫也較鬆散，彼此並無嚴格的統屬關係。

二，以江淮流民充北府之兵，始於成帝咸和年間的郗鑒。郗鑒是南來的流民帥之一，王敦之亂時立功東晉，為晉誠臣。他曾駐廣陵，後移京口，是最早的以京口為基地的北府鎮將，也是江淮流民軍的組織者和盟主。在郗鑒、郗氏後人以及歷任北府鎮將的維繫掌握之下，一支實實在在的北府兵早已出現，而且歷久猶存。

三，北府兵時有聚散。穆帝永和年間褚裒、殷浩等人自北府大規模北伐，後來歷任北府鎮將也陸續向北用兵，北府兵不斷消耗，難於得到及時的補充。有時戰爭失利，北府兵瓦解潰散在江淮之間，與北府斷絕聯繫，成為無所統屬的流民武裝。有時北伐再起，潰散的北府兵又進入北府行列，成為東晉官軍。

四，以京口為基地的徐州北府兵與以歷陽為基地的豫州西府兵，在戰場上協同呼應。永和九年（353）殷浩北伐失敗，謝尚受命為西府豫州刺史、都督軍事，鎮守歷陽。此後朝廷賴建康附近的下游北府和上游西府支持；北府、西府兩藩也結成密切的關係，出軍應敵，總是進退協同。這種情況在謝尚、謝奕、謝萬兄弟相繼為西府鎮將的十餘年中一直如此；三十年後淝水之戰的勝利，也是由北府謝玄、西府桓伊二藩兵力密切配合而取得的。

五，謝玄的北府兵是此前潰散的北府武力的重新集結，也是北府、西府武力的重新組合。謝玄募北府兵，主要是募將，特別是募散落而脫離建制的北府舊將。一般說來，將皆各自有兵；兵員不足，則以江淮流民補充。江淮之間，北府、西府各有其潛在勢力，謝玄的北府兵，就是這兩府在江淮間潛在勢力的結合。謝玄本人居北府鎮將之位，而謝氏家族勢力卻起自西府。謝玄北府兵的實際掌握者是劉牢之，而劉牢之之父劉建本是謝氏西府舊將。如前所述，淝水之戰的兵力，亦兼有徐、兗謝氏的北府兵和豫州桓伊的西府兵，而此戰的主戰場也在西府豫州境內。只是北府地位和傳統勢力遠勝西府，謝玄組軍必得利用北府的這一優勢，因此北府兵得以馳譽千載，而歷史上並未留下西府兵的專稱。

六，淝水戰後北府兵出現分化。淝水之戰的勝利改善了東晉的處境，也提高了謝氏及其北府兵的威名。其時一部分北府兵為朝廷的司馬道子所用，停駐江表，戍守建康；大部則隨謝玄北征，轉戰河淮，損耗頗大。謝玄內遷，死會稽內史之任，隨征北府諸將失去了長期、穩定的統屬關係，名義上轉轄於繼督北府的原桓氏荊州舊將朱序，實際上則處於無主狀態。這部分北府兵重又散在北方，雖瓦解猶得保全。孝武帝末年，后兄王恭出鎮京口，引北府將劉牢之為北府司馬。大概在此前後，散在北方的北府將陸續率所部南還，駐屯京口附近。孝武帝死後，隨着東晉統治者內部權力矛盾的激化，本來是對付外敵，馳騁疆埸的北府諸將，紛紛在江左捲入內戰，為人驅除，幾經反覆，終於在桓玄篡晉後被誅鋤殆盡，殘存的北府士卒，則落入諸桓之手。

七，劉裕再建北府兵和宋、齊間北府兵逐漸消失。劫餘的北府舊將劉裕在京口、廣陵重新聚集勢力，以再建的北府兵逐滅桓玄。正是這支再建的北府兵，以其實力支持了義熙之政，使東晉的北府兵權逐步轉化為劉宋皇權。劉裕所行義熙土斷，規定徐、兗、青三州居晉陵者不在斷例，以圖維持北府兵的戰鬥力和士卒補充渠道。劉裕代晉前後，北府兵除充台軍宿衛以外，還隨諸將和劉宋諸王出藩而擴散到長江上游。但是劉宋時期政治格局起了變化，北府的地位和作用也隨之變化，兵將的來源，日益移到西楚的襄陽。京口雖以桑梓帝宅而繼續保有相當的地位，但兵源已經枯竭，宋文帝元嘉之末不得不移民充實京口。北府兵完成了它的歷史作用，從史籍中逐漸消失。蕭齊代宋，北府軍鎮被正式取消；蕭梁之初，晉陵土斷，北府兵賴以存在的社會條件也消失了。

史籍所見北府兵，其始末線索大抵都在這一梗概之中，毋庸一一鋪敘。現在只就梗概所述北府兵出現和發展的歷程，選擇一些問題，試作考證分析。

二　兩晉之際的北府

《世說新語・排調》「郗司空拜北府」條注引山謙之《南徐州記》曰:「舊徐州都督以東為稱。晉氏南遷，徐州刺史王舒加北中郎將，北府之號，自此起也。」按：山謙之所稱的南徐州，即東晉僑立於京口的徐州。山氏關於北府稱號由來之說，論北府者或加徵引。其說大體符合歷史實際，但亦有粗率及不準確之處。

山氏所謂「舊徐州都督」云云，明指西晉制度。西晉徐州治下邳，為都城洛陽東藩，故徐督所帶中郎將或征、鎮、安、平諸將軍號，皆以東為稱。其時以東為稱者，還有兗、青、揚督，皆以與都城相對方位為準。山氏所謂「晉室南遷」，因而改東為北云云，其更改的具體時間不是司馬睿渡江的永嘉元年(307)，而是司馬睿稱晉王的建武元年(317)。建武以前，洛陽雖然早已陷落，江左猶用長安愍帝建興(313—316)年號，因而藩鎮所帶方位名號，一仍西京舊貫，並無改易。司馬睿本人也只是由鎮東改為「大都督陝東諸軍事」。《晉書》卷六《明帝紀》:司馬睿子司馬紹(即以後的晉明帝)於「建興初拜東中郎將，鎮廣陵」。廣陵屬揚州，雖為建康北門，於洛陽猶為東，司馬紹所冠東中郎將的名號，顯然還是以洛陽為基準。

建武元年，西晉正朔不存，廣陵鎮將始得不必以東為稱，然猶未徑改為北。據《晉書》卷六四《琅邪王裒傳》，司馬睿是年稱晉王，以晉王子裒代晉王太子紹鎮廣陵，為使持節、都督青徐兗三州諸軍事、車騎將軍。據晉、宋官制：車騎二品，四征、四鎮三品，四中郎將四品；征、鎮及中郎將均須帶東、西、南、北方位之稱。司馬裒非嫡長子，而得超越司馬紹曾居東中郎將之位，以車騎而不以征、鎮及中郎將出鎮廣陵，得避免稱東稱北，而且還帶「使持節」的位號。這是晉室法統名分正經歷由關洛轉向江左的變化而又尚未完成的反映。就兩晉統緒嬗變而言，這是一個重要的而又微妙的信息。就司馬睿個人而言，這是藩王即將得勢而又尚未登於至尊的敏感時刻。

司馬睿先後以子紹、裒出鎮廣陵，是西晉宗王出鎮制度的沿襲。《朱子語類》卷一三五：「晉大封同姓，八王之亂以此，元帝中興亦以此。」中興的晉元帝出鎮建康，也是西晉宗王出鎮制度的產物。然後他又從建康以子嗣為藩衛，出鎮要害，只是由於他本人未即帝位，其子嗣出鎮者尚無宗王名號。但是時勢畢竟不同，西晉宗王強大的局面，江左不復存在，紹、裒出鎮均不得不以琅邪王氏的王舒為軍府司馬，實權與王舒共有。這種情況，又是八王之亂後期以來逐漸形成「王與馬共天下」政治格局的一種表現。

司馬裒出鎮，當年即死，先後為紹、裒軍府司馬的王舒受命代替司馬氏出鎮廣陵。《晉書》卷七六《王舒傳》謂舒「除北中郎將、監青徐二州軍事」，這就是山謙之所說的「北府之號自此起」。

山謙之記事粗率之處在於，此時的北府特指廣陵，還不是《南徐州記》所指的京口。而且山氏謂王舒以徐州刺史本官加北中郎將，也不確切，因為王舒未嘗為徐州刺史。此時居徐刺之任者為蔡豹，其人尚活動於江淮之間，治所未嘗至廣陵。王敦亂平後，郗鑒始領徐州刺史，以廣陵為治。成帝咸和初年，徐州刺史郗鑒自廣陵過江，移鎮京口，以後，京口始得專北府之稱。此時上距王舒以北中郎將監青徐二州軍事駐廣陵而為北府，已經有十二年之久了。以地理論，京口、廣陵脣齒相依，本為一體，無京口後援則廣陵不足以羈縻江淮，無廣陵屏蔽則京口也難於經營成輦下重鎮。不過京口、廣陵畢竟有大江之阻，作為建康安危所繫的內鎮，只能是京口而不能是廣陵。

廣陵、京口間江面遼闊，達四十里，隔江如同隔海。所以魏晉時期，此處並不是南北交爭的便捷津渡。曹魏黃初年間曾有兩次廣陵之役，但是據考魏文帝意在耀兵以圖削平青徐割據勢力，而不在渡江以圖京口。入唐以後，此處江面變窄，只餘十八里。但是下至南宋，陸游《入蜀記》有採石江面狹於瓜洲之說；清初顧祖禹《讀史方輿紀要》引據陸游之說曰：「古來江南有事，從採石渡者十之九，從京口渡者十之一，蓋以〔採石〕江面狹於〔京口〕瓜洲也。」這一問題，拙作《漢魏之際的青徐豪霸》一文中有所探討，可以參看。

徵之史實，兩晉之際，廣陵、京口確實不曾有過北方胡騎侵襲的危險，頻繁的邊警往往來自壽春、合肥、歷陽一線。既然如此，司馬睿用王子率重兵，又與琅邪王氏配合，不是嚴守合肥、歷陽，而是嚴守廣陵，因而廣陵先京口而有北府之稱，這究竟是出於何種需要呢？

在我看來，兩晉之際廣陵屯重兵，從主要方面說來其目的並不在於備胡，而在於第一，接應南下士族；第二，遏制流民帥擁眾過江。這兩方面都是司馬睿為了立足江左而又提防覬覦的迫切需要。

永嘉亂起，流民絡繹南行，士族家庭亦奔逐其間。他們既利近便，又圖安全，覓津尋渡，所在皆有。但是就關東各州流民而言，只要可能，他們寧願選擇自泗、淮沿中瀆水方向南下，經廣陵渡京口的路線。這條路線一來可以儘早離開中原戰場，擺脫胡騎追逐，比較安全；二來接近江左政權所在的建康，易於獲得政治保障。所以自永嘉、建興年間以迄東晉之初，廣陵以北，江淮之間，就成為流民麇集之區。流民中的士族，往往經廣陵、京口以達建康。

其實，司馬睿南來也是循這條路線。《太平御覽》卷一七〇引《建康圖〔經〕》:「西晉亂，元帝自廣陵渡江。」《宋書》卷三五《州郡志》:「晉亂，琅邪國人隨元帝過江千餘戶(《晉書》卷六《元帝紀》作「近有千戶」)，太興三年立懷德縣」云云。隨司馬睿過江的琅邪國人，以路徑便捷而言，自然也是經由泗、淮，於廣陵過江，止於建業附近。元帝以國兵興建業，這琅邪國兵，有許多當即隨司馬睿過江的琅邪國人的家庭成員，他們無疑也是經此道而來。又，《晉書》卷七七《諸葛恢傳》：司馬睿過江後，身邊參贊機務的多琅邪國人士，如王氏兄弟、諸葛氏兄弟、顏含、劉超等等，「時人以帝善任一國之才」。一國，指琅邪國。這些士族人物來到建康，追隨司馬睿，也當以此道為順。

過江士族，大體上都成為司馬睿「百六掾」的人物，是司馬睿奠定江左基業的支柱。他們一般是父母兄弟子姪偕行，沒有部曲或部曲無多，歷盡艱辛，始能抵達建康。《建康實錄》卷五注引《南徐州記》曰:「費縣西北八里有迎擔湖。昔中宗南遷，衣冠席捲過江，客主相迎，負擔於此湖側，至今名迎擔湖，世亦呼為迎擔洲」云云。按：費縣即懷德縣改名，在建康宮城西北三里。衣冠士族負擔南來，鄧攸即其一例，見《世說新語・德行》「鄧攸始避難」條注引王隱《晉書》。窮蹙南遷的士族，自然須要依託司馬睿以求保障。

但是還有不少南行而不得過江或不願過江的人，則滯留江淮之間，他們多是統率宗族鄉黨，千百為群的流民帥。流民帥的門戶背景並不相同，但他們多少都有戰鬥經驗，起初都有抗胡復土的要求。他們原不受司馬睿節制，未必竭誠效忠於司馬睿。司馬睿對他們頗多疑忌，唯恐他們率部曲過江後競逐權力，成為江左政權的肘腋之患，危及東晉。他們自己也慮及一旦脫離部曲，入仕建康，就將失去憑藉，擺佈由人。所以他們一般寧願停駐江淮，以觀形勢。這樣，江淮之間，廣陵左近，就有不少流民帥各據一隅，大股多虛擁晉室名號為將軍、刺史、太守，小股則依附於大股以求自存。有的流民帥還與北方胡族政權保持直接或間接關係，處於南北兩屬狀態。流民帥之間出現利害衝突的時候，有時不免要以兵戎相見。

由於這種情況，司馬睿乃於廣陵大力設防，制止流民帥拒命強渡，已渡者則儘可能促其北歸。祖逖率部曲南來時，司馬睿「逆用」之為徐州刺史於淮北泗口，就是為了阻止他繼續南行。祖逖本人後來雖然應辟建康，部曲隨過江者只能停駐京口，無法安頓，甚至不得不以盜竊攻剽為生。祖逖有抗胡志向，終於又率部回歸淮北戰場。尊經閣本《世說新語・考異》談到江左「百六掾」時說：「或曰不得者以為恥，而志士不為。」「志士」所指不詳，我推測祖逖辭睿府諮議參軍而復北，大概就是「志士不為」一例。志節不如祖逖的人，司馬睿忌之更甚。蘇峻率數千家泛海南來，已達廣陵，猶受命北返，駐守淮北。蔡豹用兵淮上，戰敗南歸，司馬睿竟命北中郎將王舒於廣陵收之。這些也都是有部曲相隨的流民帥一般都不見容的例證。司馬睿於廣陵設守的用意，是顯而易見的。

一般說來，過江入仕建康者多為士族，停留江外者多為門戶較低的武人。但是有些人的姓族，不易準確辨別。如蘇峻，《晉書》卷一〇〇本傳說：峻，長廣掖縣人，「父模，安樂相。峻少為書生，有才學，仕郡主簿」，其家族至少應屬下層士族；而《太平御覽》卷三五一引其同時人梅陶在盆口與三公（按：指陶侃、溫嶠、庾亮，事在蘇峻亂起之時）書卻說：「長廣人釋鋤犁執干戈，何知戰法？」這說的卻是寒庶。兩說相較，梅陶之說當較可信，但亦不可確斷。除了姓族高下以外，還有人物特點問題。同屬陳留蔡氏，蔡豹「有氣幹」，南行終不得過廣陵；而蔡謨南下時卻得為駐廣陵的東中郎將司馬紹參軍，轉司馬睿丞相府掾，遂立功於江左。同時，北人率宗族部曲以千百數而得以安居江左者，也並非完全不可能。東莞徐澄之與鄉人臧琨率子弟並閭里士庶千餘家南渡，定居京口，即是顯例。北人得居京口者雖有相當數量，但是得居建康近處者則不多見。

至於零散流民過江至三吳諸郡者，所在多有。他們既受江左大姓奴役，又成為東晉朝廷兵役徵發對象。東晉發流民之淪為江左僮客者為兵以配戴淵、劉隗，見《晉書》卷六《元帝紀》；也曾募流民為台兵、郡兵，見《晉書》卷七八《孔坦傳》。流民盲目奔竄於江左者，大興三年遇三吳大饑，又流還江北，數亦不少，見《晉書》卷二六《食貨志》。繼續浪蕩三吳的流民，除為豪族併兼者外，「或客寓流離，名籍不立」。直到太元中，朝廷為了防備苻堅南侵而搜簡名實，正其里伍，「其中時有山湖遁逸，往來都邑者」，執政謝安不敢糾檢，見《世說新語・政事》「謝公時兵厮逋亡」條注引《續晉陽秋》。這種零散流民渡江以前，聞風奔走，所在覓渡，就不知有多少人是循廣陵、京口路線而來了。

兩晉之際，南來的流民帥眾多，東晉設防的對策，其得失如何呢？東晉對策，自然是以江左司馬氏政權的狹隘利益為依歸的，但也不可一概而論。處流民帥於長江以北，可以維持其抗胡復土的信念，使之成為一支積極力量，可以說用得其所。如果聽任他們率部流徙過江，一時又無妥善安頓的長策，他們在江左可能變成不安定的因素，影響東晉政權的穩定，這在民族矛盾激化的時候是不利的。蘇峻等流民帥被召自淮域來到江左，雖然取得了削平王敦之亂的成果，但是蘇峻得以馳騁江左，立功受爵，據歷陽內史之位，卒以坐大。沒有幾年，蘇峻聯絡統率祖逖流民之眾駐於壽春的豫州刺史祖約，終於掀起了更大的叛亂。這是一個極大的教訓。八百年以後的兩宋之際，曾出現與兩晉之際類似的情況，給人們留下了一些可資比較的材料。那時北方的敗將潰兵裹脅流民蜂擁過江，形成一股一股的爭財搶位的巨盜，使南方社會不得安寧。莊綽《雞肋編》卷中：「建炎後俚語，有見當時之事者。如『仕途捷徑無過賊，上將奇謀只是招。』又云：『欲得官，殺人放火受招安……。』」取後事與前事相比較，司馬睿設北府於廣陵以處置流民帥的對策，也可以說不盡是出於一姓的私利，在當時形勢下畢竟是有其必要性的。

流民散處江淮，有強臣就流民所在統之而用於北伐，如兩晉之際祖逖之在徐、豫，兩宋之際宗澤之在汴京，這樣最有可能發揮流民的作用，但也最易遭南方偏安政權之忌。祖逖受制於王、馬，宗澤受制於汪、黃，都怏怏不得志而死。晉、宋南渡後權力結構中的利害衝突，使這種局面難於避免。《朱子語類》卷一三六「唐太宗以晉陽宮人侍高祖」條言及此事，頗為深刻，可以參看。東晉郗鑒是個特例。他有流民帥而兼為士族的特殊身份，有引流民帥安反側而拯救東晉朝廷的特殊功勛，有安撫流民為兵以為東晉所用的特殊環境，有居輦下而善與中樞相處的特殊關係，所以得為朝廷執政信任而形成以他為首的東晉北府和北府兵。

北府作用的變化，開始於郗鑒率流民軍入駐京口的成帝咸和初年。蘇峻之亂，兵鋒及於京口、晉陵以及三吳腹地，東晉驟然出現土崩之虞。其時郗鑒以都督徐兗青三州軍事、徐兗二州刺史鎮北府廣陵。他遣使間道說江州刺史溫嶠曰：

> 今賊謀欲挾天子東入會稽。宜先立營壘，屯據要害，既防其越逸，又斷賊糧運。然後靜鎮京口，清壁以待賊。賊攻城不拔，野無所掠，東道既斷，糧運自絕，不過百日，必自潰矣。（《晉書》卷六七《郗鑒傳》）

溫嶠和後來成為討伐祖約、蘇峻諸軍盟主的陶侃，採納郗鑒建議，作為江北流民帥之一的郗鑒得以率眾過江。但是出於疑慮，他們只是命郗鑒會師於建康附近，控制而使用之，而未按照郗鑒原來的建議，部署其眾於京口以節制兩浙軍事。分別在浙西、浙東的虞潭、王舒軍，與蘇峻部眾連戰失利，不能控制局勢，因而又有陶侃長史孔坦之議：

> 本不應須召郗公，遂使東門無限。今宜遣還，雖晚，猶勝不也。（《晉書》卷七八《孔坦傳》）

陶侃初尚猶豫，經孔坦固爭，始令郗鑒與郭默等還據京口，並於京口東南立大業、曲阿、庱亭諸壘以拒蘇峻軍，東方戰場局勢才得以穩定下來。從此郗鑒長駐京口達十一年之久，在他的經營下，京口逐漸成為東晉戰略重鎮，繫建康朝廷安危，北府之名也就由江北的廣陵移於江南的京口了。

三　郗鑒與北府

郗鑒由廣陵移鎮京口，上距五馬渡江，已經過二十有一年。其時由永嘉之亂驅動的流民沿中瀆水南徙高潮，已逐漸轉緩，用重兵扼守廣陵以保障建康安全的必要性也減低了。前此，朝廷之患在北，建康以合肥、淮陰為其戰略外圍支撐；王敦之亂和蘇峻之亂以後，上游諸方鎮持續地以其強大的軍事力量威脅建康，朝廷之患移於上游，合肥、淮陰外鎮懸遠，緩不濟急。建康另需其他更為近便而又強大的戰略支撐點，京口正好符合需要。北府移駐京口後，與京師建康密邇，又無大江之阻，緩急易於策應。京口與仍然具有軍事重要性的廣陵隔岸呼應，足以觀察江北動靜並節制江淮軍事行動。所以京口地位的重要性，此時已逐漸為江左執政認識到了。但是京口地區是否有條件維持一支強大的軍隊以鞏固北府強藩的地位，就成為問題的關鍵所在。

京口迤南的晉陵地區，丘陵榛莽，人口絕少，土地開發水平甚低。孫吳時此地原為毗陵屯田區，入晉始立郡縣。《元和郡縣圖志》卷二五、《太平廣記》卷一九三引《搜神記》、《太平御覽》卷三五三引《異苑》以及《南史》卷五二《始興王憺傳》附《蕭曄傳》，這些資料都說明東晉時期此處仍然地廣人稀，虎群出沒，而且缺少陂渠水利，土地非常貧瘠。兩晉之際陳敏率運兵於廣陵過江南來，曾於此處開闢練湖，用以調節運河水量以利漕糧運輸，也兼供灌溉之用。東晉張闓開新豐湖，也有灌溉之利。但是晉陵的荒涼面貌，改變並不很大。《太平御覽》卷一七〇引《輿地志》，謂「丹徒（京口）界內土堅緊如蠟。諺云：『生東吳，死丹徒』，言吳多產出，可以攝生自奉養，丹徒地可以葬」云云。京口、晉陵地區自然條件雖然不好，但多空荒無主之地，可以容納相當數量的流民，從而又可以從流民中簡拔士卒以為北府之用。郗鑒率部過江後能夠長期在京口立足，而且始終擁有實力，背景就是如此。

郗鑒改變了司馬睿以來的流民對策，從消極防範轉為積極招撫。他於徙鎮京口之次年，即有徙淮南流民以實晉陵之舉。《宋書》卷三五《州郡志》南徐州條曰：

> 晉永嘉大亂，幽、冀、青、并、兗州及徐州之淮北流民相率過淮，亦有過江在晉陵郡界者，晉成帝咸和四年（329）司空郗鑒又徙流民之在淮南者於晉陵諸縣。

淮南流民被招徙過江，終於植根晉陵，不再流動，這主要是郗鑒給流民分配田宅，使他們生計有託之故。《晉書》卷六七《郗鑒傳》載咸康五年（339）郗鑒臨終前上疏遜位，有言曰：

> 臣所統錯雜，率多北人，或逼遷徙，或是新附，百姓懷土，皆有歸本之心。臣宣國恩，示以好惡，處與田宅，漸得少安。聞臣疾篤，眾情駭動……。

郗鑒與江北流民帥的關係，史籍無直接記載。郗鑒於過江參與平定蘇峻之亂的前夕，曾於廣陵設壇場，刑白馬，大誓三軍，這就是自比齊桓、袁紹，號召同盟共赴國難。在這裏，郗鑒在江淮間流民帥中的盟主地位，是很明顯的；而諸流民帥原與東晉朝廷的疏遠關係，也隱約可見。郗鑒其所以在流民帥中享有威信，與其說由於他是朝廷命官，居北府都督之重，無寧說他本人也是流民帥，因而便於董督流民之故。

郗鑒本人原是來自兗州的流民帥，而他又具士族的身份，由他充任流民帥的盟主，是有資格的。郗鑒效忠東晉朝廷，由他出任北府鎮將，招撫流民，聯絡流民帥，建立一支強大的軍隊，也是非常適宜。他的軍隊雖然不曾獲得北府兵這一專門稱號，實際上卻已是具有特殊地位的北府兵。這支軍隊以兗、青、徐州流民以及晉陵本地人為多，但如前引咸和四年淮南移民籍貫所示，幽、冀、并三州人當也不少。這對於了解日後謝玄所募北府兵將之事，是一個重要的線索。

郗鑒受命以北府之兵「靜鎮京口」以後，建康戰略形勢改觀。第一，通過京口，加強了對三吳的控制力。在此以前，江左出現變亂，牽動三吳士族，三吳動輒不寧，建康鞭長莫及。在此以後，三吳長期平靜，糧道基本暢通。三吳有事，京口重兵足以威懾。晉末東南八郡農民暴動，鎮壓力量也主要是來自京口。第二，加強了建康的應變能力。咸和年間，石勒所部屢次由青、徐泛海南侵，入長江口，寇掠郡縣，威脅糧道安全。排除這一威脅的，正是郗鑒北府之兵。第三，支持建康執政抗禦上游，這是此一時期京口北府所發揮的最大的戰略作用。蘇峻亂後，陶侃、庾亮分據建康上游的荊、豫各州；陶侃死後，庾亮自豫兼併荊、江，獨霸上游。他們先後都與建康中樞執政王導有某種程度的對立。咸和五年，陶侃擬自荊、江起兵，下建康以廢黜王導；咸康五年，庾亮也有順流以廢王導之謀。這些都是對江左政局關係重大，足以導致內戰的非常舉動。由於擁強兵坐鎮京口的郗鑒採取持重的態度，陶、庾都未敢貿然興兵，東晉政局轉危為安。郗鑒終北府之任，自己從未舉兵干預中樞，卻以北府力量維持了建康政局的穩定。司馬睿渡江、建國以迄明、成之時江左內戰頻仍的局面，確實是改變了。此後北府在郗氏後人的影響或主持之下，繼續起着這種重要的作用，使東晉內部的和平環境得以延續數十年之久。

北府雖不以武力直接干預中樞，但在外警出現和禁衛匱乏之時，卻能及時支援，向朝廷輸送軍隊，以解急需。咸康元年石虎游軍出現在歷陽，朝廷聞警，立即向歷陽、蕪湖地區進行大規模的軍事調遣。其時刺豫州鎮蕪湖的庾亮本人，趁上游陶侃之死，已離豫州上據江、荊，執政王導急需軍隊奪取庾亮留下的豫州，以解建康的扼喉之困。所以上述的軍事調遣，實際上既是備石虎，又是抗庾亮；而且備石虎只是一時之需，抗庾亮卻是長久之計。正在這時，據《晉書》卷七《成帝紀》:「司空郗鑒使廣陵相陳光帥眾衛京師。」陳光為廣陵相，自然是北府重要將領，他率眾至京師後並未遇到戰爭，以後也未聞回歸北府建制。過了四年，郗鑒死，蔡謨代北府之任。《晉書》卷七七《蔡謨傳》曰 :「時左衛將軍陳光上疏請伐胡，詔令攻壽陽。」蔡謨反對此舉，上疏曰「今征軍五千，皆王都精銳之眾。又光為左衛，遠近聞之，名為殿中之軍」云云。按：左衛為東晉宿衛六軍之一。左衛將軍陳光當即數年前北府郗鑒所遣入援建康的廣陵相陳光，此時所部已成為遠近聞名的王都精銳之師。北府在軍事上為建康所賴，於此可見一斑。

四　北府與西府的協同呼應

郗鑒之死至桓溫自領徐、兗刺史，即自咸康五年至太和四年（339—369），歷任北府督將除少數以重臣、外戚出鎮者外，一般都有下述特點：一，居任以前已有為北府參佐的經歷，比較熟悉北府情況及其與中樞的關係；二，郗鑒後人或為鎮將，或居參佐，郗氏家族在北府始終保有強大的影響，沒有間斷。這種特點，是其他任何藩鎮所沒有的。北府鎮將的連貫性保證了北府本身的穩定，雖有人妄圖插手，卻無成功，沒有引起太尖銳的鬥爭。

郗鑒的繼任者蔡謨（成帝咸康五年至八年，即 339—342 年在職），有甫過江即助司馬紹守廣陵的經歷。郗鑒疾篤時，蔡謨已就郗鑒軍司，後來他繼北府鎮將之任亦出郗鑒之薦。後任何充（成帝咸康八年至康帝建元元年，即 342—343 年在職）原與北府無舊，以參錄之重避諸庾暫時出督北府，但長史則用郗鑒子郗愔。後任桓溫（康帝建元元年至穆帝永和元年，即 343—345 年在職）挾外戚之重，以琅邪內史遷督北府，資淺勢微，時間不久，影響未嘗深入京口、晉陵。後任褚裒（穆帝永和元年至五年，即 345—349 年在職）雖居外戚之重，但曾為郗鑒車騎參軍駐廣陵，出督北府後又以郗愔為長史。後任荀羨（穆帝永和五年至升平二年，即 349—358 年在職）曾為褚裒征北長史，居職後又以郗愔弟曇為軍司。升平二年至五年（358—361），郗曇為北府督將。再後二任是范汪（升平五年在職）、庾希（哀帝隆和元年至廢帝太和二年，即 362—367 年在職），都被大權在握、咄咄逼人的桓溫罷廢，其中范汪亦曾為郗鑒司空掾。庾希之後是郗愔（太和二年至四年，即 367—369 年在職），他曾先後充任北府督將何充和褚裒的長史。

還須指明的是，自從郗鑒以來直到安帝隆安二年（398），居北府之任者都是僑姓門閥士族，無一例外，足見京口北府對於建康朝廷的重要性。這也是北府的一個特點。

北府例以本鎮參佐升為督將，北府保存郗氏家族的強烈影響，以及北府督將職任門閥士族以外的人物不能染指，這些特點有利於維持北府重鎮的穩定性，有利於發揮其舉足輕重的政治作用和軍事作用。

北府兵力，並無定制，當以居其任者實際地位的不同和形勢的變化而有所區別。郗鑒先後以車騎將軍、司空、太尉領徐刺為都督，位望隆重，所統當不只徐州的府兵和州兵。他身為流民帥的盟主，居京口節制江淮，當有獨到作用。蔡謨繼為鎮將，地位和威望自然不如郗鑒。《晉書》卷七七《蔡謨傳》謂謨「所統七千餘人，所戍東至土山(北固山)，西至江乘，鎮守八所，城壘凡十一處，烽火樓望三十餘處」。這是指蔡謨直接控制指揮的徐州兵和沿江防區而言。蔡謨都督範圍是徐、兖、青三州以及揚州之晉陵、豫州之沛郡，所守當然不止是北固至江乘，所統亦當不止七千人，但其直接統屬，大概不出上述的範圍和兵力。至於羈縻江淮，蔡謨大概是無能為力的。北府指揮地點在京口，亦稱京城。該城係咸和六年北來海寇猖獗時郗鑒就孫吳京口督所治京城擴大而成，其遺址近年已被發現，情況見《考古》1986 年第 5 期所載有關諸文。

一般說來，江淮無事時，北府無須北顧，任務在於江防警備和拱衛京師。《蔡謨傳》所列部署，大體適應這種要求。永和以後，東晉乘後趙石虎之死、北方混亂之機，連年北伐，北府兵的活動也就大異於往時。荀羨居北伐之任，由京口移鎮淮陰；郗曇居任，又移下邳。都督軍事的範圍也有變化，除徐、兖、青以及揚州晉陵外，郗曇、范汪加冀、幽，郗愔加幽，桓溫最盛時，則不但併吞北府、西府，還都督中外。

這裏所說的西府，指扼建康上游咽喉的豫州。《廿二史考異》卷二二:「考南渡以後，豫州或治歷陽，或治壽春，或治姑孰，而都督例以西為號。」豫州僑置於長江岸邊近於建康之處，始於庾亮，其時治所在蕪湖，與姑孰貼近。祖約、蘇峻為亂，即發自豫州。《宋書》卷三五《州郡志》揚州淮南太守條謂「蘇峻、祖約為亂於江淮，胡寇又大至，民南渡江者轉多」云云。其時祖約為豫刺治於壽春，後趙石聰攻祖約，引起流民南徙，為爾後庾亮出都刺豫鎮蕪湖時組織西府軍隊，提供了人力條件。當永和以後北府兵北伐，移鎮淮陰、下邳等地時，豫州西府也自長江南北的蕪湖、歷陽向北方移鎮馬頭、壽春、汝南等地，參與北伐，其都督軍事範圍除豫州外，督將謝尚加冀、并、幽，謝奕、謝萬、袁真加冀、并。

值得注意的是，處在北伐態勢下的北府和西府，都曾或加督冀、并、幽，或加督冀、并，或加督冀、幽諸州軍事，而且有時其中的一州或二州，又同時受督於北、西二府。這恐怕不止是北伐復土願望的反映而已。如前節所述，咸和四年郗鑒徙淮南流民過江，過江流民籍貫即分屬青、兗、徐以及冀、幽、并諸州；其時或稍後除僑置有徐、兗二州或治江北，或治江南以外，還於江北僑置幽、冀、青、并四州，均見於《宋書》卷三五《州郡志》南徐州條。這可證明江淮間除多徐、兗、青流民外，還有許多流民籍隸幽、冀、并州，其群體之中各自有帥。所以當北府、西府之軍進駐淮域之時，朝廷乃擴大其都督軍事範圍於幽、冀、并州，以便北府、西府督將節制各自駐區內幽、冀、并州的流民帥，用其力量於北伐戰爭。我們知道，《晉書》卷八四《劉牢之傳》謝玄募江淮勁勇為將時，入選諸人籍貫，即彭城、東海、琅邪、樂安、東平、西河、晉陵諸郡國，無一不在上述六州及京口所在地揚州之晉陵郡，這種情況肯定不是偶然的。

豫州成為一個可靠的為朝廷所用的重要軍府，始自永和二年（346）朝廷以陳郡謝氏謝尚為西中郎將、督揚州之六郡諸軍事、豫州刺史，鎮歷陽之時。謝尚原領江州刺史時所督豫州四郡，當仍如舊，為尚所督。謝氏兄弟在豫州經營十餘年之久，使豫、揚、徐聯為一體，豫州西府與徐州北府成為衛護首都建康的有力的雙臂。豫州西府之立，一方面減緩了相繼佔據上游荊、江等州的庾氏和桓氏對朝廷的軍事壓力，一方面在北伐活動中與徐州北府協同呼應，在軍事上同步進退，增加了東晉的應敵力量。而且，西府軍事力量的存在，西府與北府之間形成的持久的歷史關係，對以後謝玄組建北府兵，也起着極重要的作用。

回顧歷史，西府與北府協同北伐，事跡是相當多的。永和五年褚裒北伐，據《晉書》卷九三《褚裒傳》:「除征討大都督、青揚徐兗豫五州諸軍事」，北府和西府的兵力都在他的指揮之下。褚裒敗死後，永和八年殷浩北伐，據《晉書》卷七七《殷浩傳》，也是「假節、都督揚豫徐兗青五州軍事」，兼督北、西二府。殷浩大軍以西府豫州的安西將軍謝尚、北府徐州的北中郎將荀羨為督統，謝尚屯壽春，荀羨屯淮陰，東西呼應。殷浩兵敗被廢後，升平二年（358）三月，據《晉書》卷八《穆帝紀》:「詔安西將軍謝奕、北中郎將荀羨北伐」，也是北府、西府協同動作。此年謝奕、荀羨相繼死。次年十月，《紀》又載 :「遣西中郎將謝萬次下蔡，北中郎將郗曇次高平」，以擊前燕慕容儁軍。這仍然是兩府協同作戰的部署。

北府和西府，就兵力言並不平衡，北府強於西府，所以協同作戰，始終是以北府為主，西府為輔。西府地境雖然也有不少流民，但就江左一側而言，缺乏如北府擁有晉陵那樣安全而又有空荒可供開發之地足以容納流民家庭的自然條件。西府謝氏兄弟居任頗久，心向朝廷，但謝氏在西府畢竟沒有形成如郗氏在北府那樣強大的家族影響和軍事實力。所以西府的力量，始終沒有發展到足以與北府相匹敵的程度。

永和北伐，北府和西府的兵力損耗都很大。褚裒代陂之敗，死傷大半，裒歸京口，但聞死者之家哭泣之聲。殷浩連年北伐，屢戰屢敗，糧械都盡。謝氏經營西府十餘年，練就了一批軍力，謝萬率之臨陣，軍還潰散，謝萬狼狽單歸，謝氏豫州基業完全喪失。

北府、西府的北征事實上不可能再進行了，坐大於上游的桓溫輕而易舉地搶走了北伐的旗幟，當專征之任。桓溫北伐，也都傳檄下游的北府、西府，同時進軍。升平五年（361）之役，據《晉書》卷九八《桓溫傳》「以譙梁水道既通，請徐（按：北府徐刺范汪）、豫（按：西府豫刺當是袁真）兵乘淮泗入河」云云。太和四年（369）桓溫伐燕，又請北府郗愔、西府袁真同時出兵。結果郗愔在其子郗超慫恿之下，度量形勢，辭北府之任；袁真則受逼叛變，被桓溫剷平。桓溫以上游之重，又囊括了下游的北府和西府，才進入了權力的頂峰。但此時北府、西府在長年戰耗之餘，又經桓溫攪亂，將卒死傷者有之，潰散者有之，實力所剩無多。此後若干年中，北府、西府的軍事活動，都寂爾無聞。

孝武帝嗣位後，桓、謝家族勢力幾經調整，東晉恢復了上下游相對平衡的傳統格局。其時執政謝安深慮無軍事實力以為後盾，而前秦入侵又迫在眉睫。在這種背景下，謝玄憑藉北府、西府長期形成的歷史關係，才得以在旦夕之間組建了千古聞名的北府兵。

五　謝玄的北府兵

孝武帝太元二年（377），謝安都督揚豫徐兗青五州諸軍事，總攝下游。原來繼統桓溫之眾、都督揚江豫三州諸軍事、揚豫二州刺史的桓沖，由於種種原因，一退而至徐州京口，再退而至豫州姑孰，又於此年回駐荊州江陵，就荊州刺史、都督江荊梁益等七州諸軍事之位。上下游門閥士族勢力平衡局面被桓溫破壞後，至此又得恢復。

桓氏家族以桓沖為代表，退出中樞權力角逐，但仍握重兵居上游；謝氏家族以謝安為代表，雖督五州居執政位，卻無軍事實力以制衡桓氏並應付前秦威脅。所以謝安於桓氏宿將朱序此年離兗州刺史任後，利用桓沖西歸荊州的機會，不失時機地以姪謝玄出就兗州刺史、領廣陵相、監江北諸軍事。謝玄涖職後，立即籌建北府兵以應家國急需。太元四年謝玄加領徐州刺史，廣陵、京口復為一體，這對於北府兵的組建，非常有利。

在組建北府兵的過程中，桓伊是一個值得注意的人物。桓伊與桓沖同屬譙國桓氏，但桓伊出於譙國銍縣而非譙國龍亢，與桓沖有別。據《晉書》卷六四《武陵王遵傳》，桓伊與桓溫兄弟本是「疏宗」，《世說人名譜・龍亢桓氏譜》則列桓伊為桓沖的「別族」。總之，他們之間有一定的宗親關係，卻非嫡親。桓伊曾參大司馬桓溫軍事，遷淮南、歷陽太守。其人既為名士又有武幹，有拒捍疆場之能。謝玄刺兗州時，曾與桓伊共破前秦別將之軍，桓伊以功進都督豫州諸軍事、西中郎將、豫州刺史，正式成為西府督將。吳廷燮《東晉方鎮年表》據《續晉陽秋》，定桓伊刺豫州在太元三年六月，時當謝玄為兗州刺史募北府兵的後一年，在謝玄以君川之捷加領徐州刺史正式成為北府督將的前一年，大致是可信的。

正當謝氏在下游加強實力的時候，桓伊就任豫州鎮將，使我們窺測到某種政治的原因。東晉荊揚對峙，例有某種勢力或在江州，或在豫州，居間緩衝，荊揚的平衡始能維持，政局始能穩定。太元初年荊揚對峙，桓強謝弱。其時荊、江一體，居間緩衝的勢力不能在江州，只能在豫州。桓伊勢力楔入豫州，正起着這種作用。桓伊於桓沖既非血親，於謝氏也無它關係，在桓強謝弱的總體條件下，這樣的人，桓謝雙方都可以放心，都可以接受。桓伊出刺豫州，我們可以視為東晉在前秦壓力下桓、謝勢力為了應敵而作的又一次調整。荊、江與豫的聯繫，可以使桓沖消除對江淮謝氏勢力的某種疑慮；徐、揚與豫的聯繫，可以使北府指望在戰場上繼續得到西府的呼應和協同。這對於共抗前秦無疑是有利的。桓沖勢力和謝安勢力，長江上游和長江下游，其接合部位就在豫州。豫州的桓伊忽然間成為局勢中的關鍵人物，這是一個值得注意的因素。

太元初年以來，南北戰爭存在荊襄和江淮兩個戰場。戰爭初起階段，主戰場在荊襄；決戰階段，主戰場在淮淝。兩個戰場，兩個階段，都可以看到桓謝關係中相互制約又相互支援的作用。就此而論，我們可以說謝玄組建北府兵既是南北關係的產物，又是南方桓謝關係的產物。桓謝彼此之見並未完全消除，所以謝玄只能在北府範圍內籌募軍隊而未曾涉足西府；桓謝此時又以協和為主，所以謝玄北府兵中有西府成分而西府並不掣肘。這也是關於謝玄募北府兵一事不可忽視的背景，這一背景分析，有助於理解史籍所見的北府兵資料。

現在我們回到謝玄募北府兵的本題。

> 太元初，謝玄北鎮廣陵。時苻堅方盛。玄多募勁勇，牢之與東海何謙、琅邪諸葛侃、樂安高衡、東平劉軌、西河田洛及晉陵孫無終等以驍猛應選。玄以牢之為參軍，領精銳為前鋒，百戰百勝，號為北府兵。（《晉書》卷八四《劉牢之傳》）
>
> 玄募驍勇之士，得彭城劉牢之等數人，以牢之為參軍，常領精銳為前鋒，戰無不捷，時號北府兵。（《通鑒・晉紀》太元二年）

史籍所載謝玄組建北府兵的主要資料，據知只有這簡單兩條。以此分析，可以得到如下一些見解。

北府「募勁勇」，「募驍勇之士」，與歷朝將帥募集軍隊不同，主要是募將而不是募兵。所以《劉牢之傳》只列應募為將者數人的姓名，《通鑒》徑謂募得「劉牢之等數人」而已。這當然不是說謝玄組建的北府兵不需士卒，只是說北府管內自有眾多的流民，構成豐富的兵源，一般說來，有將就能有兵。如前所述，當郗鑒在京口着手充實北府兵力的時候，曾有過徙流民之在淮南者於晉陵郡界之事；謝玄在江淮間組建北府兵的前一年，即太元元年（376），恰也曾有「移淮北流人於淮南」之詔，見《晉書》卷九《孝武帝紀》。詔徙的淮北流民，當即謝玄補充北府諸將的主要兵源。《晉書》卷七九《謝玄傳》：「時（按：當太元三年）苻堅遣軍圍襄陽，車騎將軍桓沖禦之。詔玄發三州人丁，遣彭城內史何謙（按：即謝玄所募得的東海何謙）游軍淮泗，以為形援。」所謂「三州」，以其時江淮間形勢度之，當指僑立的徐、兗、青三州，北府鎮將例帶此三州都督；而「三州人丁」，當非指有實土實民的郡縣正式編戶，而是指由淮北徙淮南後繫於上述三州的流民，其籍貫即屬此三僑州。《宋書》卷三一《五行志》（二）：太元四年「氐賊圍南中郎將朱序於襄陽，又圍揚威將軍戴逌於彭城。桓嗣以江州之眾次郗援序，北府發三州民配何謙救逌」。這也證實新募的北府將何謙得到三州民丁的補充。

北府補兵還有更殘暴的辦法。《晉書》卷八一《毛璩傳》：璩為鎮北將軍譙王司馬恬軍府司馬，時「海陵縣界地名青蒲，四面湖澤，皆是菰葑，逃亡所聚，威令不能及。璩建議率千人討之。時大旱，璩因放火，菰葑盡然（燃），亡戶窘迫，悉出詣璩自首，近有萬戶，皆以補兵」云云。據《晉書》卷三七《譙王恬傳》及《通鑒》太元十三、十五年條，恬職為都督兗、青、冀、幽、并、揚州之晉陵、徐州之南北郡軍事，領鎮北將軍，兗、青二州刺史，鎮京口。據譙王恬所居職及所鎮地言，他實際上就是北府鎮將。他之所以未帶徐州刺史，如下節所詳述，是由於其時司馬道子以宰相遙領徐州之故。毛璩為司馬恬司馬，也就是北府將的一員，所以逃亡民戶所補者亦即為北府兵。此事雖在謝玄組建北府兵十年之後，亦可藉以理解流民並非都樂於補北府為兵，因而才有毛璩這種殘暴之舉。

謝玄所募諸將籍貫，以西晉時北方政區為準，劉牢之、何謙、諸葛侃為徐州人，高衡為青州人，劉軌為兗州人，田洛為并州人，孫無終為京口所在地揚州之晉陵人。以常例言，這些地方都在北府都督範圍以內，也與郗鑒當年所徙江淮流民籍貫一致。所以謝玄在江淮間所募諸將，與江淮間徐、兗、青、冀、幽、并諸州流民，特別是與該將同籍的流民，應當原來就有聯繫或者易於建立聯繫，他們也可能就是流民首領，即流民帥。

不但如此。謝玄所募北府諸將，有些人原來就是北府舊將，久戰江淮。例如東海何謙，十餘年前為北府鎮將庾希部屬。《晉書》卷八《哀帝紀》隆和元年（362）七月，「庾希部將何謙及慕容暐將劉則戰於檀丘，破之」。庾希被桓溫罷廢後，何謙大概即留在江淮間，無所歸屬，十餘年後遂從謝玄，這只是謝玄所募將領中有案可查的一人而已。從謝玄征伐的北府將戴遂（逌），譙國人，晉隱士戴逵之弟。戴遂原為北府鎮將荀羨參軍。《晉書》卷七五《荀羨傳》：荀羨攻慕容儁，還，留「參軍戴遂、蕭錧二千人守泰山」。戴遂自受荀羨之命守泰山，至從謝玄征伐，其間二十年以上，事跡不見於史籍。估計荀羨死後戴遂即脫離北府，擁眾於江淮間，獨立活動。至謝玄召募，始得歸還北府建制。《謝玄傳》附戴遂，謂遂以武功顯，封侯，位至大司農，當為隨謝玄立功以後之事。又，荀羨死年，即升平三年（359），西府豫州督將謝萬兵潰於渦、潁，謝萬狼狽單歸。西府潰散之眾，自然也是分佈淮域，無所統屬，與北府何謙、戴遂的情況，應當類似。

既然應謝玄之募者多是散在江淮的老將，其中有些又可確認是永和以後東晉北伐時北府的舊部，我們就可以據此推測，他們不只是憑個人驍猛應募，而是各有所統武力。北府將卒因主帥變易或因潰敗而散在江淮者，往往還是將卒相隨，共求生存。這就是說，他們由東晉官兵變成了流民和流民帥；謝玄召募，他們又由流民和流民帥重新成為東晉北府官兵。他們或者還須作一些兵員補充，才能投入戰鬥，而補充兵員也是來自流民。從數十年的歷史過程看來，這些北府將卒和流民、流民帥，其基本成員本來是一回事，只是名義上時有變化而已。由於有此歷史背景，謝玄北府兵才會那樣容易組成，組成後不須整編訓練，只須授予名號，就成為聞名的北府兵。這種情況西府也是一樣，只是由於西府地位不具備北府那樣的穩定性，士卒也沒有北府那樣充足的來源，所以歷史上並沒有留下西府兵的專稱。

不過，北府、西府既然地境相鄰，經常協同作戰，有時還同歸一個統帥指揮，而將卒籍貫又大體相同，所以兩府部將彼此改屬，也是自然的事。劉牢之就是顯例。《晉書》卷八四《劉牢之傳》：牢之「父建，有武幹，為征虜將軍，世以壯勇稱」。同書卷七九《謝萬傳》：西府督將謝萬北伐，「先遣征虜將軍劉建修治馬頭城池」。兩處劉建官位一致，時間也符合，無疑即是一人。所以劉牢之本為西府豫州將家之後。劉建一家在謝萬北伐潰敗以後不見於史籍二十餘年，到了太元之初，劉牢之卻在江北應謝玄之募，由西府轉隸北府。在這方面，謝玄與劉牢之有相同之處。謝氏家族勢力的基礎本在豫州西府，謝玄在西府的號召力應當大於北府；謝玄所募諸將中，出身於西府將家的劉牢之也具有特殊地位，在戰場上的表現最為突出。儘管如此，謝玄所統之兵，是北府兵，而不是西府兵，因為謝玄居官北府。

從實際說來，謝玄北府兵是北府、西府的聯合力量。北府將卒可能來自潰散為流民、流民帥的兩府舊部，以北府為多，但指揮力量卻多出自西府或與西府有關的家族人物。北府兵組成後，謝玄指揮征戰多時。淝水之戰，謝石以征討大都督為統帥，謝玄以徐兗二州刺史為前鋒都督，都居於指揮之任，只是層次不同。西府的西中郎將、豫州刺史桓伊任居方面，協同作戰，與謝玄、謝琰軍並肩強渡淝水。前秦、東晉決戰，戰場包括壽春、洛澗、淝水，都在西府豫州境界之內，這對於劉牢之突襲作用的發揮，對於謝氏的戰場指揮，無疑都有便利之處。

苻堅南侵求戰，其預想的戰場即在西府豫州的壽春地區，其戰場對手自然是謝玄的北府兵以及桓伊的西府兵。《太平御覽》卷三〇九引《晉中興書》:「苻堅率眾五十萬向壽春，謂〔苻〕融曰:『晉人若知朕來，便一時還南，固守長江，雖百萬之眾，無所用之。今祕吾來，令彼不知。彼顧江東，在此必當戰。若其潰敗，求守長江不復可得，則吾事濟矣。』」《晉書》卷一一四《苻堅載記》(下)苻堅兼道奔赴壽春時，確有令曰:「敢言吾至壽春者，拔舌。」苻堅求戰目的是達到了。但是，如果沒有謝玄預先建立的北府兵，如果沒有桓伊西府之眾在豫州境內與北府兵協同作戰，如果沒有謝氏在壽春地區以攻為守的戰略方針，戰事的進展很可能是另外一種情況，戰爭的結局也可能會有不同。在分析謝玄北府兵的組建和淝水之戰的勝利時，我們不能不追溯到謝尚以來三十餘年中北府、西府傳統的協同呼應關係及其所發揮的作用。

六　淝水戰後北府權力分配的變化

淝水戰後，東晉權力結構急劇改組。影響東晉權力結構改組的因素，有的來自外部，有的來自內部。來自外部的是：北方軍事威脅已經解除，而且出現了北征的機會。來自內部的是：東晉主相對於功高不賞的謝氏疑慮加深，謝氏必須考慮自處之道。桓謝二族的權力在新形勢下應當有所調整，以期繼續維持平衡。謝安以謙退的氣度，處理由這些因素引起的權力衝突，取得了暫時的效果。但是接着出現的，卻是孝武帝和司馬道子之間，也就是主相之間，兄弟之間，在更高層次上形成更大的權力衝突。

就北府、西府而言，淝水之戰結束後的短期內，權力結構出現了兩次重大變化，其結果是，謝氏退出北府，桓氏退出西府，而孝武帝和司馬道子則不遺餘力地明爭暗鬥以奪取二府權力。孝武帝死後，有關北府權力的爭奪繼續進行，終於導致東晉末年統治者內部的大動亂。

戰後第二年，即太元九年，桓沖死，桓氏子弟中以威望言，本無人足以代替桓沖居分陝之任。謝安明智地排除了用謝玄代桓沖位以逐桓氏勢力的朝議，而用三桓居三州之任：桓石民較有才望，以之為荊州刺史；桓石虔勇猛有軍功，居險遠恐有難制之虞，乃授豫州刺史；原豫州刺史桓伊改授江州刺史。這樣桓謝得以相安無怨，上下游的大局穩定了。同年謝安請以徐兗二州刺史謝玄為前鋒都督北征，自己也離京師出駐廣陵，以避免捲入正在醞釀中的東晉主相的矛盾。謝氏北府兵北征，桓石虔西府兵按慣例應協同作戰。桓石虔以母憂去職，當未果行，暫時繼任西府的原為桓氏舊將的豫刺朱序出軍，受謝玄節制。到此為止，謝安處置得當，延緩了東晉局勢的惡化。

謝玄進駐彭城，北府諸將多數隨玄北征，劉牢之軍是中堅力量。太元十年謝安死，十一年謝玄以故自彭城退屯淮陰，西府朱序遂得於十二年代鎮彭城，總統以北府兵為主的北伐諸軍。至此，謝氏勢力逐步退出北府，桓氏宿將朱序則以西府總北府之任。這是與北府有關的權力結構的第一次調整。

謝玄病，療於京口，太元十三年初，死於會稽。《宋書》卷六七《謝靈運傳》載《山居賦》自注曰：「余祖車騎（謝玄）建大功淮淝，江左得免橫流之禍。後及太傅（謝安）既薨，遠圖已輟，於是便求解駕東歸，以避君側之亂。廢興隱顯，當是賢達之心」云云。由此可知，謝玄南還療疾，兼有避亂之意。「遠圖已輟」，當指北伐停頓，諸軍征戰無成，猶散駐江淮以外，朱序代督，未必能起節制北府兵將的作用。

此後出現了權力結構的第二次調整，目的是從長江下游排除桓氏勢力，由孝武帝和司馬道子分取各鎮權力。由於情況較為複雜，兹分州加以說明。

豫州　太元十二年桓石虔服闋復豫州職，朱序始離西府出監兗青二州諸軍事、二州刺史，代謝玄鎮彭城，後駐淮陰，正式成為北府統帥。朱序督北府後，西府桓石虔拒絕了出鎮馬頭參預北征之命，意在維持桓氏實力在西府穩定的存在，避免損耗。看來桓氏勢力其時囊括了下游兩重鎮，這對東晉朝廷是非常不利的。太元十三年桓石虔卒官，給朝廷造成了可乘之機。於是，出於桓氏世仇庾氏家族的庾準（庾亮之孫，庾羲之子）得以脫穎而出，受命為西中郎將、豫州刺史。據《晉書》卷二七《五行志》，太元十五年八月，庾楷代準之職出鎮西府。這樣，桓氏喪失了從太和四年（369）以來一直控制在手歷時二十年之久的豫州西府陣地；而庾氏從咸康八年（342）庾懌死後失去的豫州，經過近半個世紀，至此復得。考慮到王恭出為北府在庾楷受任西府的同年二月，可以看到，孝武帝企圖恢復穆帝永和年間北府、西府協同拱衛建康的意向，是很明顯的。不過東晉政權此時壞爛已甚，庾氏家族也衰敗不堪，西府實際上難有獨立作為。只是在東晉孝武帝與司馬道子主相衝突中西府庾氏究竟將站在哪一邊，這一抉擇還會對時局具有影響。

兗州和青州　謝玄北征時職銜軍號是都督徐兗青三州、揚州之晉陵、幽州之燕國諸軍事，說明他是以北府督將出征。他以北征軍前鋒都督之職，得節制西府諸將，但並沒有總統北、西二府權力。北征渡河後三魏皆降，謝玄以功加督徐兗青司冀幽并七州軍事。他上疏謂司州應統於豫州，也就是說應以西府統司州而不應以己所任北府統之，可見此時謝玄並無排擠西府桓氏勢力的意向。值得注意的是，從職銜上可知，謝玄都督七州後失掉了都督揚州晉陵郡軍事之權，而晉陵卻是北府兵的根本之地。這可能是北府兵督將隨戰局發展而進退，逐漸失去了與京口、晉陵聯繫的一種反映；也可能是朝廷有意割斷謝氏與北府根本之地聯繫的一種措置。在我看來，這兩種可能性都存在。謝玄歸京口療疾，是他與京口的最後一次聯繫，但旋即赴會稽之任。

朱序代謝玄居職，也只帶監兗青二州軍事、二州刺史之號，不帶徐州，似乎也說明朱序雖得權宜指揮淮域的北府兵，但也不能與北府根本之地聯繫。朱序雖然是再度居兗州之職，但與北府無舊，難於服北府之眾。其本傳謂序「表求運江州米十萬斛、布五千匹以資軍費，詔聽之」。由此可知，朱序兗青軍資得不到京口轉輸供給，不得不仰賴上游桓氏地境，因而他在軍事指揮關係上和軍隊給養上都不具備在淮域持久活動的可能。太元十三年四月朱序西歸，桓氏勢力終於被從長江下游排除，東晉宗室譙王司馬恬取得了兗青之職。

司馬恬並不是像前此的謝玄、朱序那樣屯駐彭城、淮陰，就地指揮北征諸軍，而是鎮於京口，遠離正在淮域的北府兵。從職能上說來，司馬恬是正式的鎮京口的北府督將，但我們知道，他卻不是徐州刺史。這給我們提供了兩個信息：一個信息是北府兵孤懸淮域，不得返鎮京口，又無人指揮聯繫，最可能的前途是重新成為流民帥和流民，下文將要提及的本來兼領徐州刺史的宰輔司馬道子，忽然以彭城劉該為徐州刺史出鎮鄄城，我認為其目的正是為了搶奪淮域諸軍的指揮權。另一個信息是此時的徐州京口地位異常，似乎正醞釀着權力衝突。

徐州　謝玄南歸以前已失都督揚州晉陵軍事之權，至少說明他不能完備地控制徐州。謝玄南歸後，他統領的由徐兗青三州合成的北府，正式分為徐州與兗青二州兩鎮。此事錢大昕言之甚確，見《廿二史考異》卷二二。其時司馬道子權勢已盛，除以司徒、錄尚書事、假節、都督中外諸軍事、領揚州刺史外，還兼領謝玄所遺徐州刺史。道子以宰輔領徐州，自然無法履職，只能在建康設局遙領，這就是《元和郡縣圖志》卷二五所說「後徐州寄理建業」的一段歷史。我們發現，咸和以來徐州刺史都督徐州軍事鎮京口為北府鎮將的傳統制度，至此出現了新的變異：

一、司馬道子繼謝玄兼領徐州刺史，按理說是要取得指揮北府兵之權。但是他不帶徐督，不居京口，又不進駐淮域，自然難達目的，只是虛銜遙領而已。

二、繼謝玄居彭城指揮北府兵的朱序，不帶徐刺徐督，沒有京口作為根本之地，不可能勝任指揮。如前所述，朱序此任，只能視為朝廷把桓氏勢力排擠出長江下游過程中的權宜過渡之計。

三、繼朱序為青兗二州刺史、都督的譙王司馬恬，是孝武帝所倚仗的東晉宗室勛望，所督除兗、青、冀、幽、并及揚州之晉陵外，還有「徐州之南北郡」，而且鎮於京口。他除了沒有徐州刺史的合法名義以外，最符合北府鎮將的條件。但是他與徐州刺史司馬道子同具一個弱點，就是遠離淮域的北府兵，不可能引北府兵作為自己的實力。至於他所督「徐州之南北郡」之語，只見於本傳，而不見《本紀》及《通鑒》。我認為督「徐州之南北郡」當是詔令中含糊之詞，意在區別於都督徐州軍事的全權，目的是為徐州刺史司馬道子留有餘地。司馬道子其時勢傾內外，孝武帝雖惡之而猶不得不加優崇。

從北府傳統制度的這種變異中，我們看到其實質是主相暗爭北府權力。這一暗爭，由於太元十五年司馬恬死後王皇后之兄王恭出任都督兗青冀幽并徐諸州及揚州（揚州據《廿二史考異》卷二二補）之晉陵諸軍事、兗青二州刺史、鎮京口而明朗化了。王恭督徐已無「徐州之南北郡」的限制，他作為北府鎮將的資格，比司馬恬又進了一步，所缺的仍是實力的補充。以後王恭引遠在淮域的北府將劉牢之回駐京口以為司馬，北府京口的軍力也在逐漸充實之中。

有關北府的第二次權力結構調整的結果是，繼謝氏之後，以朱序為代表的桓氏勢力也退出了北府，北府歸於朝廷。但是州治出現了轉移：例在江北的兗、青刺史移治於江南的京口，權力入孝武帝之手；本在京口的徐州刺史卻為司馬道子所得，治所寄於建康。主相權力衝突，在北府問題上形成一個死扣。終孝武帝之世，主相鬥爭雖持續發展，但尚未達到反目程度，因此這一不正常的州治轉換問題始終未得解決。孝武帝死，司馬道子盡攬權力，京口北府的王恭成為道子的最大障礙，矛盾就激化了。

據《晉書》卷六四《司馬道子傳》，晉安帝即位，道子解徐州刺史之任。安帝即位在太元二十一年九月，而《通鑒》是年五月乙卯記有「以散騎常侍彭城劉該為徐州刺史，鎮鄄城」。劉該自京師外任為徐刺在前，司馬道子解徐刺在後數月，此點殊不可解。我推測很可能是事機緊迫，權宜版授以促劉該速行，而後才有解除道子徐刺的制命。但是無論如何，司馬道子在關鍵時刻以近臣劉該遠戍疆埸為徐州刺史，是一個值得探究的具有隱情的政治事件。

彭城劉該，事跡不見《晉書》，其北戍鄄城，似未得到達而只是駐止於其故里彭城附近或稍北區域。《魏書》卷二六《長孫肥傳》：魏兗州刺史長孫肥「步騎二萬南徇許昌，略地至彭城。司馬德宗（晉安帝）將劉該遣使詣肥請降，貢其方物」。此事《通鑒》繫於隆安五年（401）七月，距劉該奉命北出已逾五年，時劉該稱將軍而不稱徐州刺史。按：隆安二年王恭於京口起兵敗死，謝琰乃受徐州刺史之命，劉該名義上的徐州刺史之銜，大概在此時被改換了。劉該最後的職稱是北青州刺史。北青州治東陽，今山東安丘境。《宋書》卷一《武帝紀》晉元興三年（404）「北青州刺史劉該反」；同書卷五一《劉道憐傳》記此事，並謂劉該引北魏為援。道憐時為南彭城內史，於義熙元年（405）率部追斬劉該。

劉該外出之前，在建康居官散騎常侍，此官在晉末宋初可用將門子弟為之。劉隗之孫劉波自北投南，曾居此職；劉牢之子劉敬宣亦嘗居此職。據《司馬道子傳》，隆安元年（397）道子以其衛將軍府及「徐州文武」悉配世子元顯，可知前一年劉該以徐州刺史北行時並無「徐州文武」隨行，或者隨行者甚少，當是到達彭城後在當地另選「徐州文武」，而在當地可以充選的人，除了劉氏宗族人物之外最方便的莫過於散在淮域的北府將卒和流民。劉該在彭城，反覆於晉、魏之間，處於南北兩屬狀態。凡此種種，都說明此時的劉該更似是有武幹的將家，劉該本人有出身於北府將而早已投身建康依靠司馬道子之可能。還有一點可注意的是，劉該出鎮之時，東晉並無重新在淮北用兵北征的可能。劉該銜司馬道子之命，以徐州刺史匆匆北出荒裔，必然另有目的。

正是根據這些情況，我推測劉該以徐州刺史北出，是出於司馬道子搶奪淮域北府兵指揮權的需要。原來孝武帝通過王恭，取得了京口地利，但司馬道子居徐州刺史之職，在名分上比王恭還是略高一籌。孝武帝死，解決北府歸屬問題已是迫不及待。司馬道子及時利用這一名分優勢，派劉該赴淮域對北府兵進行聯絡，意在相機加以實際控制，使之不落入京口王恭之手。劉該利用北府將舊誼，憑藉鄉里影響，估計起了相當的作用，所以他本人得以在彭城立定腳根。但是隆安以來東晉內亂迭起，各種力量都想要招攬遠在淮域的這一較為強大的軍隊。而北府諸將之間本來聯繫鬆散，無嚴格的隸屬關係，謝玄去職後他們處在無主狀態已有了很長時間。所以劉該奪取北府諸軍的願望，是不可能實現的。如下文所述，重要的北府將有歸於京口王恭的，是北府將中較強的部分，如彭城劉牢之、晉陵孫無終；有歸於建康司馬道子的，是出於特殊考慮，如樂安高素。至於不願南歸而滯留淮域為流民帥以觀形勢的，大概也不會沒有。這就是各方對北府兵進行爭奪的結果。

劉該出彭城叢亭里。依劉該先人仕履及劉該行事看來，叢亭里劉氏既是士族，又是將家。劉該降魏後娶崔玄伯姊妹為妻，孝文帝時的劉芳是劉該之孫，事見《魏書》卷五五《劉芳傳》以及《元和姓纂》

卷五、《新唐書》卷七一《宰相世系表》。據劉該北行後多在彭城附近活動看來，司馬道子似乎特別須要利用他的鄉里宗族勢力，團聚北府之眾以為己用。

司馬道子奪取北府兵的計劃，成果無多，因此沒有兵力以應付京口王恭的挑戰。此點與道子父子不得不於兩年之後甘冒風險而強徵「樂屬」為兵一事，我認為很有關係。如果淮域北府兵通過劉該而入司馬道子之手，並真正為他們所用，那麼冒險強徵「樂屬」的事就不一定有必要。這是影響以後政局發展的一個重要情節，我們應當予以注意。

徐州北府權力爭奪之際，豫州西府也有權力之爭。太元十三年（388）以後庾氏兄弟迭居西府之任，解決了逐桓氏勢力於西府之外，並防制桓氏自上游覬覦朝廷的問題，但庾氏在朝廷主相之爭中偏向何方，尚未完全明朗。最晚到孝武帝死時（396），庾楷已與司馬道子及其妃黨太原王氏王國寶結為黨援。《晉書》卷八四《王恭傳》：恭本擬乘入赴山陵之機，起兵誅王國寶，以「庾楷黨於國寶，士馬甚盛，恭憚之，不敢發」。卷六四《司馬道子傳》隆安二年（398）道子約庾楷共拒王恭，使人說楷曰：「本情相與，可謂斷金。往年帳中之飲，結帶之言，寧可忘邪？……」《通鑒》於此前尚有「昔我與卿，恩如骨肉」之語，胡注謂「此必太元二十一年庾楷赴難（按：指庾楷兵衛建康以防王恭發難）時事」。庾楷覆司馬道子曰：「王恭昔赴山陵，相王憂懼無計，我知事急，即勒兵而至。去年之事，亦俟命而奮，我事相王，無相負者。既不能距恭，反殺國寶，自爾已來，誰復敢攘袂於君之事乎？」王恭和王國寶，同出太原王氏，一個是孝武帝皇后之黨，一個是會稽王司馬道子王妃之黨。庾楷先是在司馬道子和王國寶一邊，但並無堅定立場。隆安二年司馬道子以王國寶異母弟王愉為江州刺史督豫州四郡軍事，侵犯了庾氏豫州利益，庾楷轉與王恭聯合。以後他又降桓玄，背桓玄，終為桓玄所殺。庾氏雖出門閥士族，但已衰敗不堪，庾楷對待東晉末年社會複雜矛盾，除了以個人眼前利益為歸趨以外，看不出固定的政治意向。他的行徑和結局不像門閥士族，倒像政治上尚處在盲目狀態的北府將劉牢之。庾楷的無所作為，反映了門閥士族的衰敗，也反映了西府勢力的衰敗。

關於淝水戰後北府的狀況，涉及江東社會的方方面面，表現紛繁複雜，而且都與中樞相涉。開始是桓謝矛盾，以謝氏的謙退和桓氏的大度而有所緩和。但這只是表面現象。問題根源在朝廷中的主相之爭，北府本身無能為力。《東晉門閥政治》中有專章討論主相之爭，請參看。

七　北府將彭城劉牢之

安帝隆安以來，東晉原來的門閥政治秩序已被破壞，社會失去重心。逐鹿者此伏彼起，形勢瞬息變化。內戰各方究其實力的基礎，大致有如下四類：

一、挾晉安帝以自重的以司馬道子父子為代表的東晉皇室勢力。他們所慮，是實力嚴重不足。《魏書》卷九六《司馬德宗傳》：「自德宗（晉安帝）以來，內外乖貳：石頭以外，皆專之於荊、江；自江以西，則受命於豫州；京口暨於江北，皆兗州刺史劉牢之等所制。德宗政令所行，唯三吳而已。」司馬道子控制淮域北府兵的計劃既無成果，只有貿然徵發東土免奴為客者即所謂「樂屬」，移置京師為兵，以實宿衛。《魏書》卷九七《桓玄傳》玄討司馬元顯檄文：「……加之以苦發樂屬，枉濫者眾，驅逐徙撥，死叛殆盡。」經過這樣大規模的暴力驅迫，除死叛者外，必然還有許多樂屬被逼移置京師。《金樓子》卷三《說蕃》記此事，下連「元顯大治兵器，聚徒十萬」云云。十萬之數容有誇張，但他們人數眾多，在當時的條件下不可能來自其他途徑，顯然就是東土的所謂樂屬。樂屬屢經苦難，要使之形成可觀的戰鬥力是困難的。道子父子力求控制士族，重振司馬氏皇權。他們自然也想得到士族的助力。但此時真正可為他們所用的士族，主要只有道子的妃族太原王氏王忱、王愉等人而已。

二、王恭、殷仲堪、桓玄為代表的居於上下兩藩的門閥士族勢力。他們最有資格與司馬道子抗衡，以圖恢復與東晉共天下的門閥政治。他們之間利益並非始終一致，經過反復拼鬥，最後只剩下桓玄一支。桓玄順流東下，消滅了司馬道子父子力量，進據建康，儼然成了昔年的王敦。桓玄沒有汲取王敦事件的教訓，走得太遠，竟輕易地取代東晉，獨佔權力，使自己陷於孤立，以致失敗。

三、孫恩、盧循以道教紐帶與東土農民暴動結合而成的勢力。從基本群眾和他們的起事動因來看，這無疑是一場大規模的農民戰爭。吳姓士族據郡參加，是由於東晉徵發「樂屬」嚴重損害了他們利益的緣故。道教徒、農民與吳姓士族，這三種力量是偶然的結合，並不存在共同利益的牢固基礎。就孫恩、盧循而言，他們是僑姓士族的沉淪者，起兵目的是衝破僑姓門閥士族與司馬氏共天下的局面，以求得本身政治地位的上升，如是而已。

四、以劉牢之為代表的北府將。他們在東晉時期的社會地位略同於孫恩、盧循，屬於士族的較低層次。儘管如此劉牢之以及以後的劉裕一方，與孫恩、盧循一方，在戰場上卻是長期交鋒的生死對手。終劉牢之之世，北府兵是門閥政治的工具，始終未完全脫離附庸地位。楊佺期的襄陽兵，與劉牢之的北府兵性質相同，也是來源於流民，依附於門閥士族，只是比劉牢之失敗要早，其作用未引起人們的重視。北府兵基礎雄厚，最具有收拾動亂局面的可能。但這種可能不是實現於劉牢之，而是實現於劉裕。劉牢之以自己的失敗為劉裕鋪平道路。

我們簡略地探索一下北府將劉牢之由外戰力量轉化為內戰力量的過程。

如前所述，彭城劉牢之，將家出身，父建，西府謝萬部將，協同郗曇北府諸將北征。謝氏離西府後，劉氏事跡無聞，但未離江淮地區。謝玄募北府兵，劉牢之以驍勇入募，為謝玄參軍、前鋒，歷淝水之戰及北征。謝玄南返，北征停歇以後，劉牢之大概與北府諸將一樣，暫時滯留淮域。他引眾歸於京口，不得晚於太元、隆安之間。《晉書》本傳：「及王恭將討王國寶（按：在隆安元年），引牢之為府司馬，領南彭城內史，加輔國將軍」，旋又領晉陵太守。王恭兼有外戚和名士之重，為主相相爭中孝武帝的重要支柱。孝武帝死，司馬道子獨攬中樞。王恭雖居北府重藩而無實力，所以不得不借重北府舊將劉牢之以與司馬道子抗衡。據《晉書》卷七四《桓脩傳》，與劉牢之同於此時回京口的北府將，還有晉陵人孫無終，而彭城人劉裕此時就在孫無終軍中為司馬。這是長期被擱置於荒裔的北府諸將南歸的時機。南歸諸將有附王恭者，也有附司馬道子以供驅使者。郗鑒死後從未直接參預江南內爭的北府兵，此時逐漸成為內爭所賴的軍事主力。

王恭出鎮京口，並無徐州刺史之名，徐州刺史劉該，為司馬道子派遣，此時遠在彭城。但是王恭得將劉牢之北府兵眾後，既居京口，又有實力，自然成為實際的北府督將。而南歸後的劉牢之尚無獨樹一幟以逐鹿江東的要求，只有依附內戰一方以求自存。

劉牢之北府兵漸具獨立性，是王恭敗死以後的事。王恭死後，京口的都督職任與刺史職任分離為二：原由王恭所刺以京口為治的兗青二州復改徐州，謝安之子謝琰為刺史；王恭所遺都督兗、青、冀、幽、并、徐等州及揚州之晉陵郡諸軍事職，則由劉牢之繼任，亦在京口。刺史不帶都督，雖有州兵，不甚強大；而都督擁有重兵，北府督將之名遂專歸於都督。《晉書》卷一〇〇《孫恩傳》謂謝琰以徐州刺史南討，加督會稽等五郡軍事，遂「率徐州文武戍海浦」；而同書卷八四《劉牢之傳》則謂牢之奉朝廷命討桓玄，「率北府文武屯洌洲」。這裏「徐州文武」與「北府文武」分屬謝琰與劉牢之，一戍海浦，一屯洌洲，區別是很清楚的。

《世說新語・文學》注引檀道鸞《續晉陽秋》，謂「及平王恭，〔牢之〕轉徐州刺史」，誤。錢大昕《廿二史考異》卷二二辨徐、兗分合問題甚詳，但該書謂「安帝即位，道子解徐州，其刺史當即王恭兼領」，亦誤。吳廷燮《東晉方鎮年表》記徐刺次序為司馬道子、劉該、謝琰，是準確的，而萬斯同《東晉方鎮年表》則於司馬道子、劉該二任徐州刺史並漏。又，近人著作也有以謝琰所率戍於海浦的「徐州文武」即是北府將士，其說亦可酌。

劉牢之率北府兵由王恭府司馬上升為北府督將，這是北府兵地位轉變的開端。原來劉牢之在王恭軍府時，王恭本以行陣武將相遇，禮之甚薄；劉牢之則頗負才能，深懷恥恨。可是王恭為了得其死力以對付司馬道子，又不得不屈尊與劉牢之結為兄弟，並在自己生死攸關時刻，向劉牢之許諾：「事克，即以卿為北府。」同時，王恭的對手司馬元顯為了策反，派遣時為廬江太守的另一北府將高素遊說牢之，其諾言也是：「事成，當即其（按：指王恭）位號。」交手雙方都對劉牢之以北府督將相許，說明時勢如此，劉牢之已處在舉足輕重的地位，非劉牢之不能統帥北府，非北府兵不能決定戰局。此時此刻時局的重心既不是司馬皇室，也不是門閥士族，他們都失去了實力。如果劉牢之善於運用自己的權力，如果他有足夠的智謀識見以判斷前程，業已開端的北府兵地位的轉化將得到繼續，歷史的進展可能就不會是後來的那種情形。

可是，新近居位、處在歷史演變關頭的劉牢之，並不理解歷史將向何處發展。劉牢之一生戎馬，為當權者馳驅，目光是非常短淺的。他既不能綜觀時局，也就無法自如地運用手中有可能決定時局的北府兵。《劉牢之傳》說：「牢之本自小將，一朝據恭位，眾情不悅。乃樹用腹心徐謙之等以自強。」劉牢之先後屈服於司馬氏皇權的名分和士族桓玄的社會影響，惶惶然不知所措。他叛王恭而降司馬元顯，叛司馬元顯而降桓玄，叛桓玄而致滅頂。劉牢之之敗，當然有個人的原因。《晉書》卷七九《謝安傳》說謝安預見劉牢之「不可獨任」；牢之以亂終，「識者服其知人」。這裏以氣度、才具解釋劉牢之之敗，不能說沒有一定的理由。但是與他同輩的北府將，例如下節將加以分析的樂安高氏，行事雖不如劉牢之富於戲劇情節，但也是一事無成，俯首就戮，這就不能不考慮時代條件這一因素對於北府諸將的普遍影響了。

歷史的演變總是迂回曲折的，人們處在歷史轉折關頭，不免帶有不同程度的盲目性，古人更是如此。劉牢之是徹底失敗了。他不是敗於軍事，而是敗於思想理念，敗於政治。政治上失敗，軍事力量也就隨之瓦解，北府兵遂被分割於諸桓之手。但是從劉牢之失敗中獲得的認識，卻大大地幫助了劉裕。後來劉裕準備興北府之師以克桓玄，雖已沒有現成的兵力可用，不得不另起爐灶，但是行動之前卻是冷靜觀察形勢，決不輕舉妄動。據《宋書》卷一《武帝紀》，劉裕曾拒絕隨劉牢之北奔廣陵，並對劉牢之之甥何無忌說：「鎮北（牢之）去必不免，卿可隨我還京口。桓玄必能守節北面，我當與卿事之；不然，與卿圖之。」劉裕果然是按此計議行事，等待有了強硬的口實，就毅然獨樹旗幟，卒獲成功。從劉裕的成功逆而觀之，劉牢之活動的失敗作為負面經驗，在歷史上並不是沒有價值。

八　北府將樂安高氏

郗鑒至王恭七十年間，北府督將都是門閥士族，無一例外。而他們下屬的北府諸將，大致與劉牢之一樣，多為行伍世家，也有士族之沉淪者，一般都是供門閥士族驅使，無它抱負。東晉末年，北府諸將面臨十分複雜的政治局勢，無所適從，甚至難逃「戰敗則傾宗，戰勝亦覆族」（《劉牢之傳》何穆說劉牢之語）的命運。與劉牢之同應謝玄之募，後來又同在王恭軍府的晉陵孫無終，也是一降司馬道子，再降桓玄，終於在元興二年（403）與大批北府將一起為桓玄所殺。這許多北府將偶有行軍作戰的點滴事跡附於史籍，其他方面則已無聞。另一與劉牢之同應謝玄之募的北府宿將樂安高衡，其命運同於上述諸人，其行事及其家族後人略有可考。茲據說部及史籍所載，合而觀之，以見北府諸將在晉末政局中，其出處興廢頗為一致。

> 晉太元中，樂安高衡為魏郡太守，戍石頭。其孫雅之，在廄中，云有神來降，自稱白頭公，拄杖，光輝照屋。與雅之輕舉宵行，暮至京口來還。後雅之父子為桓玄所殺。（《搜神後記》卷五）

按:《搜神後記》,舊題陶潛撰,顯係偽託。但此書文辭簡古,所敍人物事跡多暗合史實,可知亦非晚出杜撰之書。《高僧傳・序》提到過陶淵明《搜神記》,當即此書,則此書梁代已經流傳,余嘉錫先生《四庫提要辨證》小說家類有考。所以我認為此書有些故事,其基本情節是具有史料價值的。又,《太平廣記》卷二九四引《幽明錄》亦有此則故事,「來還」作「晨已來還」,「所殺」作「所滅」,餘同。

此則故事,其神異部分在道術流行的東晉時期並不罕見,可不置論。可注意的是關於樂安高衡及其孫高雅之的片斷事跡。

高衡於太元二年應謝玄募,《晉書》載其後來事跡,僅見《謝玄傳》、《苻堅載記》所說東莞太守高衡與彭城內史何謙軍泗口、援留城一項。何謙為庾希居北府任時的舊將,高衡既與他官守相當,估計也是久在江淮活動的流民帥,有在北府軍中較長的經歷。《搜神後記》所載高衡的青州樂安籍貫,與《晉書》合,而多出如下一些事實:一,高衡曾為東晉魏郡太守,戍石頭。據《宋書》卷三五《州郡志》,咸康四年(330)僑立魏郡,寄治京邑(建康),所以高衡得以魏郡太守而有石頭之戍。二,高衡為魏郡太守的時間是太元中,其時絕大部分北府將還在北征,駐軍淮域,所以可斷高衡未曾參與謝玄北征而是附於建康的司馬道子,為道子所倚重。三,高衡為高雅之之祖,所以年事應當已高,此應為高衡未預北征的一個原因。四,高雅之與京口常有往來,這符合北府將的一般情況。以上幾點都言之確鑿,頗有印證,沒有可疑之處,可補史闕。只有「後雅之父子為桓玄所殺」一語,有扞格之處,疑誤,須另作稽考。

《搜神後記》未著高衡之子、高雅之之父的名諱仕履,《晉書》也未明文交待。但其人亦為北府將,參與北府兵的戰爭活動,當無疑問。考之晉末人物事跡,其人應是北府將高素。

高素隨謝玄北征，官淮陵太守，見《謝玄傳》及《苻堅載記》所附《苻朗傳》。最晚到太元末、隆安初，也就是劉牢之已歸京口附於王恭之時，高素附於司馬元顯，為廬江太守。高素之父高衡、子高雅之既然都在司馬道子一邊，則高素南歸後附於建康的司馬道子父子而不附於京口王恭，是理所當然之事。不過高素南歸前後，史籍已久不見高衡事跡，估計高衡已經老病或者老死。王恭隆安二年起兵，司馬元顯遣高素說劉牢之使叛王恭，並代表元顯許諾事成後以劉牢之襲王恭北府位號，見《劉牢之傳》。是役，司馬元顯又以高素隨左將軍謝琰討伐王恭，滅之，見《司馬道子傳》。稍後，謝琰以衛將軍、徐州刺史鎮壓浙東義軍，高素為衛府司馬，受遣助北府督將劉牢之，見《劉牢之傳》。隆安五年孫恩軍至丹徒，高素以冠軍將軍戍守石頭，見《安帝紀》。元興元年（402）桓玄入建康，隨即大殺劉牢之同黨的北府舊將，高素也在被殺者之中，見《桓玄傳》。高素被殺時官吳興太守，當是高素鎮壓義軍有功，得以繼謝邈（謝安弟謝鐵子）、庾恆（或作庾桓，庾亮孫，庾和子）出守吳興。東晉三吳太守、內史例以門閥士族居之。高素得為吳興太守，與桓玄為奪劉牢之兵權而以牢之居會稽內史之任一樣，說明劉、高兩家在北府將中地位顯赫，得以突破門閥士族禁區為官。這一點，與劉牢之繼替門閥士族而居北府督將之任一樣，在晉末門閥士族之衰，次等士族包括北府勢力之起的時局變化中，頗具象徵意義。不過從門閥士族的傳統觀念看來，這畢竟是一種不尋常、不得已的安排，只要有可能，門閥士族總要加以排斥。

取上列史實與《搜神後記》對勘，以高素為北府宿將高衡之子，高雅之之父，除最後一點留待討論外，都可以入扣而無所滯礙。據《王恭傳》，劉牢之倒戈反王恭，王恭敗還京口城，高雅之閉城門不納，則其時高雅之尚在京口而不在建康。這是因為與許多北府將一樣，高氏也是寄家小於京口故里，所以才有高雅之自建康「輕舉宵行，暮至京口來還」，即頻繁往來於官舍和家宅之間的事。高雅之又是劉牢之之婿，所以當王恭反時高雅之適在京口家居，得以拒王恭於京口，更是完全符合情理。高素其所以受遣說劉牢之倒戈，除由於北府舊誼的考慮以外，更重要的還是由於劉氏與高氏本是姻親之故。我們知道桓玄後來進至姑孰，勸劉牢之降時，所遣行人是劉牢之族舅何穆之，也是利用親戚關係，以便祕商。

劉、高二家在江左多變的局勢中曾一度分屬司馬道子與王恭兩個對立陣容，是當時的歷史條件造成的。劉牢之隨謝玄北征時，局勢中的一些矛盾還未完全明朗，朝廷在形式上還有統一的政令。所以北府將或出征淮域，或留守建康，並不包含明顯的政治分野的意義。加以高衡為劉牢之的父執，年事已高，所以留守建康為司馬道子所用，而其子高素則隨謝玄北征。北征停息、北府將陸續南歸時，建康與京口對立形勢已成，而高素則以高衡居官建康之故而歸於司馬道子，劉牢之與司馬道子沒有牽連，可以徑還京口而附於王恭。這種政治上所屬不一的情況，對於將門劉、高說來並不是重要問題。及至王恭敗死，劉牢之降司馬道子後，劉牢之、高素二人進退就基本一致了。劉牢之後來決定背叛桓玄時，企圖先奔廣陵，以就廣陵相高雅之，而當劉牢之途窮自縊後，偕劉牢之子劉敬宣北奔的也是高雅之。又經數月，高素被桓玄殺害，結局亦與劉牢之相似。劉敬宣、高雅之等據山陽欲起兵反桓玄，不克而走，投奔南燕，他們二人更是命運與共。

《搜神後記》敍及高雅之，未著官守，其時在太元中，高雅之似尚在未仕之年。《晉書》錄高雅之事跡，最早的是《王恭傳》高雅之閉城不納王恭一條，亦未著其官守，只是說劉牢之遣子劉敬宣與婿高雅之共擊王恭云云。但是《通鑒》此處已謂高雅之官東莞太守，胡注謂此東莞為僑置於晉陵郡的南東莞郡。我們知道，高衡曾居此職，此職是北府將的傳統官守之一。隆安二年高素以衛府司馬隨謝琰東出，高雅之或亦在軍。四年，高雅之與桓不才、孫無終等北府將共擊孫恩，戰於餘姚，敗績；又戰於郁洲，被孫恩俘獲，分見於《安帝紀》、《孫恩傳》及《天文志》(中)及(下)。其時高雅之為寧朔將軍。高雅之何以得從孫恩軍中歸來，不知其詳。元興元年(402)劉牢之叛桓玄失敗，欲奔高雅之時，雅之為廣陵相，見《劉牢之傳》。廣陵相在北府中按慣例僅居督將之下，可見高雅之此時地位已相當重要了。高雅之北投慕容德，見《劉敬宣傳》及《慕容德載記》。元興三年劉裕驅逐桓玄，高雅之南歸，南燕人追及殺之，見《通鑒》。《晉書》及南朝諸史均不見樂安高氏後人事跡，大概高氏在高雅之死後不是絕後，就是沉淪了。

高雅之事，史籍所見如是，與《搜神後記》衝突之處，只有「雅之父子為桓玄所殺」一點。桓玄殺高素，據《通鑒》在元興元年十一月，其時高雅之在北，不可能罹於高素之難。高雅之之死，當以南燕追兵殺之一說為是。所以「雅之父子為桓玄所殺」一句，必有某種文字錯誤。我疑有幾種可能。一是「子」字為衍文，如果去掉這一個字，此則故事就可以詮釋通暢。另一可能是「父子」為「父祖」之誤，或者高雅之之祖高衡老而未死，與高素同時遭難。除此以外，還有一種可能，即《搜神後記》原文並無誤字，「雅之父子」不包括雅之本人，而是指高雅之之父高素和高雅之之稚子。不過未得確證，這些都只是推測罷了。

由上所考，我認為高衡、高素、高雅之為北府將門樂安高氏三代之說是可以成立的。三代之中除高素外，高衡或以年老，高雅之或以年幼，都未曾隨謝玄北征。高氏祖孫兩人都曾為東莞太守；祖父兩人都曾為謝氏（謝玄、謝琰）部將，都曾為司馬道子戍守石頭。樂安高氏是北府將門中僅次於彭城劉牢之的一個家庭。他們與許多北府將一樣世居京口，與劉牢之一家交誼甚深。高衡與劉牢之之父劉建輩分相同；高素與劉牢之為姻戚；高雅之與劉敬宣為郎舅關係，他們北奔共度患難，結果一死一存。

在晉末的紛紜政局中，樂安高氏三代經歷的浮沉反覆雖比劉牢之要少一些，但也屢履險境，而且在桓玄之亂中，高、劉同歸失敗。捲入上層政治鬥爭漩渦的將門人物不知如何自處，盲目被動，高氏和劉牢之沒有實質差別。他們都是其時較低社會階層奪取最高統治地位以代替門閥政治這一歷史運動的先驅者和犧牲者。劉裕從前輩眾多北府將的失敗中汲取了教訓，逐漸看清了道路。此中除劉牢之外，樂安高氏也以自己的失敗提供了負面經驗。

北府將樂安高氏家世事功考述既竟，還留下一個雖有關係但難斷言的問題，附錄在這裏以待後證。樂安高氏之僑寓江左者，據知尚有高柔其人。《世說新語・言語》「孫綽賦《遂初》」條及同書《輕詆》「高柔在東」條及注，頗載高柔事跡。高柔字世遠，樂安人，南渡後居會稽，營宅於會稽東山之畎川，娶泰山胡母氏女，與名士孫統、孫綽兄弟鄰居友善，並為謝尚所重。孫統作《高柔集・敘》，謂高柔「家道隆崇」，曾為司空參軍、安固令。此司空指郗鑒，郗鑒為司空在成帝咸和三年至咸康四年（328—338）。安固縣，屬揚州臨海郡。《高柔集・敘》又謂「尚書令何充取為冠軍參軍」。何充咸康四年、五年為吏部尚書，進號冠軍將軍，六年遷尚書令。高柔為冠軍參軍，年代與為司空參軍、安固令銜接。樂安高氏非一流高門，但是從高柔婚宦及交遊狀況看來，當在次等士族之列，非寒庶可比。北府將樂安高衡出現稍晚，他與此樂安高柔有宗族關係，可以肯定。但高衡一支是否由營居會稽東山畎川的高氏分離出來，尚無直接證據。我根據《世說新語・輕詆》、《晉書・謝尚傳》以及本文前節所考，可以確知如下一些情節：一，謝尚居東山時甚重高柔；二，謝尚出仕後即有一段戎旅生涯，後來更長期居豫州西府督將之任；三，西府與北府歷來關係密切，謝玄所募北府將有些即是豫州西府舊人。根據這些已知情節，我推測樂安高衡或其父兄有可能與高柔同居會稽，後來隨謝尚出充戎旅之任，遂留西府豫州為將；謝萬的西府兵潰敗，高衡遂率兵流蕩淮域，太元初始歸北府建制。這只是一種推測，如果屬實，則樂安高衡—高素與彭城劉建—劉牢之經歷相同之處更多，同屬於北府兵中的西府勢力，同為謝氏多年舊部。這就是說，北府與西府的親緣關係，我們所見更多了。

九　北府的罷省和北府兵的逐漸消失

當劉裕在京口策劃反抗桓玄之時，原來的北府舊將已被誅戮無餘。剩下的北府兵也轉入衛將軍桓謙、徐兗二州刺史桓脩、青州刺史桓弘之手，分處於建康和京口、廣陵。豫州則入「京口之蠹」的士族刁逵之手。劉裕「地非桓、文，眾無一旅」，唯一可指望的，只有利用舊誼，糾集同道，共謀起事。他所糾集的人，雖然都是世居京口，其家庭多與北府有不同程度的歷史關係，本人也有一些成為北府諸桓的僚佐，但他們的威望與能力都與昔日馳騁疆場、屢立戰功的北府舊將無法比擬。真正稱得上北府將的，只有曾為孫無終參軍、劉牢之司馬的劉裕一人而已。

北府諸桓，在當地本無基礎，劉裕消滅他們，比較順利。但是劉裕於倉猝之間所聚之眾並不強大，當他本人被推為盟主向建康進軍時，所率徐兗二州之眾不過千餘人而已。嗣後桓謙以衛將軍率北府舊眾堵截劉裕，北府舊眾反戰潰散，當有人投向劉裕，但數量不知多少。而桓玄退回荊州後，憑藉其家族經營荊州半世紀以上的影響，猶得擁眾數萬；桓氏子弟更是遍佈雍、梁等州，嚴陣以待下游的進攻。所以當何無忌、劉道規、劉毅等軍攻向荊州時，按兵力說始終都是以寡敵眾，以弱敵強。上下游的戰局屢有反覆，劉裕所領北府新軍的損耗，是可想而知的。儘管如此，劉裕還是只能指靠這支北府新軍力戰，別無其他兵力可用。

新的北府諸將，還將經歷一場不可避免的分裂鬥爭。劉裕在京口，是以反對桓玄篡晉為口實而起兵的，當時並沒有顯示其他目的。與劉裕一同起事的劉毅、何無忌、魏詠之、檀憑之、孟昶、諸葛長民等將領，據《宋書》卷一〇〇《自序》載沈約《上宋書表》說，他們全是「志在興復，情非造宋」。也就是說，這些將領並沒有考慮驅桓復晉以後進一步的問題。劉毅是他們中的突出代表。他讚賞昔日的正始風流，在周圍團聚了不少士族名士。他對於劉裕以驅桓復晉的盟主逐漸演變為咄咄逼人的權臣，深表不滿。劉裕陸續消滅了他認為足以成為自己權力競爭者的一批北府將領。劉裕親歷舊事，殷鑒前人，知道除了逐桓玄、滅盧循、興復晉室以外，還必須西征北討，建立對外敵的疆埸功勛，才能取信於朝野，並於其中物色可以隨同他「造宋」的人。劉裕必於滅南燕、滅譙縱、滅後秦，而自己已入五十八歲的遲暮之年，始敢篡晉稱帝，原因就在這裏。

劉裕義熙之政，實際上是軍中之政，也可以說是北府之政。他深知自己成功與否，完全繫於北府兵。自元興三年（404）起兵京口以後，十三年間，劉裕都是自領徐州刺史、都督，直到義熙十二年（416）始以宋公世子劉義符為徐、兗刺史。《宋書》卷二《武帝紀》載劉裕下書曰：「吾倡大義，首自本州，克復皇祚，遂建勛烈，外夷勍敵，內清奸宄，皆邦人州黨竭誠盡力之效也。」北府的勛業如此，使京口、晉陵在全國處於特殊地位。義熙九年土斷民戶，規定「唯徐兗青三州居晉陵者不在斷例」，意在繼續維持京口、晉陵的特殊地位，使其中的僑籍民戶但充北府兵，不必負擔編戶齊民的其他賦役。《宋書》卷七八《劉延孫傳》還載有劉裕遺詔，曰：「京口要地，去都邑（建康）密邇，自非宗室近戚，不得居之。」自此至宋末元徽四年（476），基本上都是如此。此後蕭道成得勢，亦居中遙領北府，以成篡事，可見北府的傳統影響。

儘管北府仍居優重地位，特別受到重視，但北府兵經晉末的徙撥和元興、義熙以及劉宋永初、元嘉年間的大量徵發外調，將卒戰亡墜沒者非常多，晉陵人丁戶口日益枯竭，不能滿足補充北府兵的需要。《宋書》卷五《文帝紀》：元嘉二十六年（449）文帝幸京口，詔曰「……頃年岳牧遷回，軍民徙散，廛里廬宇，不逮往日。……可募諸州樂移者數千家，給以田宅，並蠲復」云云。諸州募徙者，以東晉咸和、太元之例言之，當為江淮流民；給田宅而又無限期蠲復，一同白籍僑民，不預土斷，只充北府兵。但是畢竟時過境遷，劉宋政治格局非東晉之舊，東晉北府強藩所具獨特的戰略地位，劉宋時已在起着變化。

北府地位的變化，始自文帝元嘉年間荊雍兵之起。武帝劉裕鑒於東晉荊揚之爭，以荊州居上流之重，土地廣遠，資實甲兵居朝廷之半，遺詔令諸子次第居之。文帝劉義隆自義熙末年以來，均在都督荊雍諸州軍事、荊州刺史之任，終於自江陵入承大統。元嘉一代，既用南徐京口的北府兵，又用荊雍襄陽的西楚兵。資深功大的北府宿將檀道濟於元嘉十三年（436）死後，襄陽兵在劉宋政治中的作用更為顯著。元嘉二十六年文帝欲廣襄陽資力，乃罷江州軍府，文武悉配雍州；湘州入台租稅，亦悉數資給襄陽。此事與募徙諸州數千家以實京口晉陵之事，恰在同年，可見北府兵力日衰，荊雍兵力日盛，是同一個歷史過程的兩個方面。翌年劉宋北伐，東西齊舉，東路敗退，而西路柳元景的荊雍兵則勝利入關，亦可見劉宋兵力變化的狀況。孝武帝自江、荊入統，據《宋書》卷六《孝武帝紀》：孝建元年（454）「始課南徐州僑民租」，北府的特殊地位動搖了。

文帝以後，內亂迭起，歷朝用兵，無分東西。荊雍府將，屢有入充宿衛，而桑梓帝宅、內鎮優重的北府，其軍事力量則已失去對建康舉足輕重的作用。蕭道成入據中樞，並不恃北府之重；他在遙領北府以後始成篡事，只是由於北府猶為輦下近藩之故。其後蕭衍、陳霸先立國，在他們即帝位之前，都遙領南徐，或督或刺，也是出於同樣的原因。

入齊以後，北府的傳統影響已大不如前。據《南齊書》卷三五《桂陽王鑠傳》，齊建國第八年，即武帝永明二年（484），蕭鑠出為南徐州刺史鎮京口，是年京口「始省軍府」。這意味着北府自東晉咸和以來形成的獨特軍事地位，正式宣告結束，馳名南北屢具戰功的北府兵，也不再被稱道了。《梁書》卷二《武帝紀》：蕭衍以襄陽兵入建康，於天監元年（502）即帝位後立即下令「土斷南徐州諸僑郡縣」。這意味着正式取消義熙九年劉裕所行徐州晉陵不在土斷之例的規定，取消徐州晉陵民但充北府士卒、不負擔其他傜賦的特權，從此京口再無軍事優勢可言。所以隋開皇九年（589）賀若弼率軍自廣陵渡江，在這素以北府精兵著稱之地，竟未遇到有力的抵抗，一舉而下京口。

以江淮流民為主體的京口北府兵，從建立軍府起到罷省軍府止，一共存在了一百五十餘年。它抗拒過胡族南侵，支撐過東晉門閥政治，也參預過江左政治權力的角逐，最後轉化為江左皇權。北府兵在南朝初年的一段時間裏還發揮過一定的作用，然後逐漸從歷史上消失。從此以後，它所經歷的漫長曲折的過程，也鮮為人所道及了。

十　後語

陳寅恪先生在《述東晉王導之功業》一文中，涉及東晉時長江下游以京口為基地的和長江上游以襄陽為基地的兩個「南來北人武力集團」問題。他指出京口武力集團形成於永嘉之亂以後，襄陽武力集團形成於「胡亡氐亂」以後；後者晚於前者，其戰鬥力之衰退亦較前者稍遲；梁武帝的興起，實賴後者的兵力。陳先生對五朝歷史動態的這一觀察，深具啟發意義。只是陳先生並沒有就此作進一步的研究。《北府兵始末》一文探索北府京口武力集團出現的時代背景和興替過程，論證它的歷史作用，補充陳寅恪先生的見解並以此紀念陳寅恪先生。

—— 原刊《紀念陳寅恪先生誕辰百年學術論文集》，
北京大學出版社，1989 年。
又見《地域社會在六朝政治文化上所起的作用》，
谷川道雄主編，日本玄文社印，1989 年。

南北對立時期的彭城叢亭里劉氏

一　劉該其人其事

彭城叢亭里劉氏是處於南北界上河淮地區的著名士族，它不曾傾族南遷，永嘉以後仍在彭城本鄉保持着強大的宗族勢力。憑藉其可南可北的地理條件，族人有時南移江左，有時回歸本土，有時又投奔北方，以求保護和發展宗族勢力。這是一種與江左王、謝高門不同類型的士族。我們擬以東晉太元、隆安之際劉該北出一事為切入點，探索此一家族在南北朝對立時期的動向及其際遇。

《東晉門閥政治》一書[1]提到劉該之事。該書謂太元二十一年（396）東晉孝武帝死，安帝即位，會稽王司馬道子解徐州刺史之任，《通鑒》云「以散騎常侍彭城劉該為徐州刺史，鎮鄄城」。[2]該書認為這是司馬道子為招攬散在河淮地區北府諸將的一項措施。劉該被司馬道子派遣之事不見於今本《晉書》，《通鑒》當另有根據。《宋書》卷一《武帝紀》東晉元興元年（402）「北青州刺史劉該反」。同書卷五一《宗室長沙王道憐傳》義熙元年（405）北青州刺史劉該引索虜為

1　參看田餘慶《東晉門閥政治》，北京大學出版社，2005 年第 4 版第 241 頁。

2　《資治通鑒》卷一〇八太元二十一年五月。孝武帝死於九月，《晉書》卷六四《司馬道子傳》謂安帝踐阼，道子解徐州。兩書記時不同，授劉該徐刺在前，是由於事機緊迫，權宜版授，以促其行，而後才有解道子徐刺詔令。

援，寇徐州，圍彭城，劉道憐率眾追斬叛將劉該於光水溝。[1] 據此，知劉該已由徐州刺史轉北青州刺史，並投降北魏，協同魏將圍攻彭城等地。劉道憐於劉該降魏數年之後，猶以其東晉官守稱之，可知劉該一直依違於南北之間，且不遠離彭城據點，而殺劉該的劉道憐，亦為彭城人物。劉該具有何許背景？因何故投降北魏？降北魏後際遇又如何？《東晉門閥政治》對於這些問題未予深究。書出版後，在討論中，發現北魏孝文帝時劉芳的祖父劉該，就是司馬道子派往鄄城作徐州刺史的劉該，而劉該背後有一個強大的士族門戶的存在。這樣，彭城叢亭里劉氏人物時南時北的活動軌跡，始見端倪，引起我們探索的興趣。

《魏書》卷五五《劉芳傳》：劉芳「彭城人也，……祖該，劉義隆征虜將軍，青徐二州刺史」;《北史・劉芳傳》：劉芳「彭城叢亭里人，……祖該，宋青徐二州刺史」。若以宋文帝元嘉時間計，此劉該晚於受司馬道子之命北鎮鄄城的劉該約 30 年。這是以前未曾將兩劉該聯繫起來思考的原因。但細究起來，兩劉該實即一人。《魏書》、《北史》將劉該東晉安帝元興時事，誤記為宋文帝元嘉時事，而將北青州刺史誤脫北字。這類錯誤，在《魏書》中常見，不勝枚舉。《魏書》及《北史》劉芳傳均云：「芳祖母，〔崔〕浩之姑也。」此言劉該妻就是崔浩姑母，崔玄伯姊妹。崔玄伯作為漢族士人受到道武帝拓跋珪的寵任，正好是在劉該降北魏期間。天興元年（398）北魏朝廷制官爵、撰朝儀、定律令、申科禁，「吏部尚書崔玄伯總而裁之」。[2] 後來崔玄伯又「通署三十六曹，如令僕統事，深為太祖所任，勢傾朝

1　《晉書》卷七五《荀羨傳》：「羨自光水引汶通渠。」此言光水為汶水支流。《水經注》卷二四「汶水」、卷二五「泗水」「洙水」各條，光水皆作洸水。

2　《魏書》卷二《太祖紀》。

野」。[1] 北魏朝廷為羈縻自南奔北重要官員的政治需要，多以宗室或大臣子女與之聯姻，所以劉該才有機緣與崔玄伯之姊妹婚配。

《宋書・武帝紀》謂東晉元興元年（402）「北青州刺史劉該反」，元興元年應是劉該配合魏將進攻彭城的時間。《魏書・長孫肥傳》：「除肥鎮遠將軍，兗州刺史，給步騎二萬，南徇許昌，略地至彭城。司馬德宗（晉安帝）將劉該遣使詣肥請降。」通觀事件的發展過程，長孫肥出征前為衛尉卿，當從平城出發，根據《魏書・太祖紀》，其時在北魏天興四年（401）七月。長孫肥先繞道征許昌，然後再略地至彭城，估計至少需時數月。所以，我們推測劉該投降長孫肥的時間當在北魏天興五年（402），即東晉元興元年，其時東晉形勢已發生巨變。東晉元興元年三月桓玄佔領建康，自為丞相、錄尚書事，流放太傅司馬道子，殺道子子元顯等。劉該南歸之路既絕，而青齊地區的廣固又有慕容德的南燕政權。當長孫肥重兵壓境之時，劉該除了投降一途以外，沒有別的出路。《通鑒》繫劉該降魏於隆安五年（401）七月，與長孫肥從平城出發同時，此當為敘事方便，沒有顧及事件發展的時間順序。當然，這還只是根據當時形勢發展對於劉該降魏動機的合理推測。嚴格說來，在北魏天興四年七月至五年六月長孫肥撤離彭城[2] 之前，都有接受劉該投降的可能性。

劉該是北魏入主中原後第一批降魏的南方重要將領。劉該降魏後僅二年多時間即戰死，他的兒子劉遜之、劉邕，[3] 可能由於孤立無援，也可能由於南方朝廷的招引，又倒向東晉，並出仕東晉、南朝邊州軍府。

---

1 《魏書》卷二四《崔玄伯傳》。

2 《魏書》卷二《太祖紀》天興五年（402）六月詔長孫肥等征平陽。

3 《元和姓纂》卷五「彭城劉」條作雍之，據此推斷劉邕亦可作劉邕之，南北朝人名中「之」字常見省略。

二　叢亭里劉氏世系

《新唐書・宰相世系表》叢亭里劉氏：漢「高祖七世孫宣帝，生楚孝王囂。囂生思王衍。衍生紆。紆生居巢侯般，字伯興。般生愷，字伯豫，太尉、司空。生茂，字叔盛，司空、太中大夫，徙居叢亭里。愷六世孫訥，晉司隸校尉。孫憲生羨。羨生二子：敏、該。」[1] 此言劉該高祖為劉訥，彭城叢亭里人。劉訥在西晉是著名的士族名士。《世說新語・品藻》「劉令言始入洛」條劉孝標注引《劉氏譜》曰：「納[2]字令言，彭城叢亭人。祖瑾，樂安長。父甝，魏洛陽令。納歷司隸校尉。」同書《言語》「庾穉恭為荊州」條注引《文字志》曰：「〔劉〕劭字彥祖，彭城叢亭人。祖訥，司隸校尉。父松，成皋令。」又《隋書》卷七一《劉弘傳》云：「劉弘字仲遠，彭城叢亭里人，魏太常卿芳之孫也。」以上數條皆確證劉該為彭城叢亭里人，且親從關係較詳。

參照《新唐書・宰相世系表》、《後漢書・劉般傳》、《晉書・劉隗傳》、《魏書・劉芳傳》及各附傳，能夠大致弄清由兩晉南北朝下至隋唐叢亭里劉氏的世系，並編製成如下的簡略世系表。

1　《新唐書》卷七一上《宰相世系表》。

2　余嘉錫《世說新語箋疏》（上海古籍出版社，1993 年）引程炎震《箋證》曰：「宋本納作訥，《晉書・劉隗傳》亦作訥。」程說是。

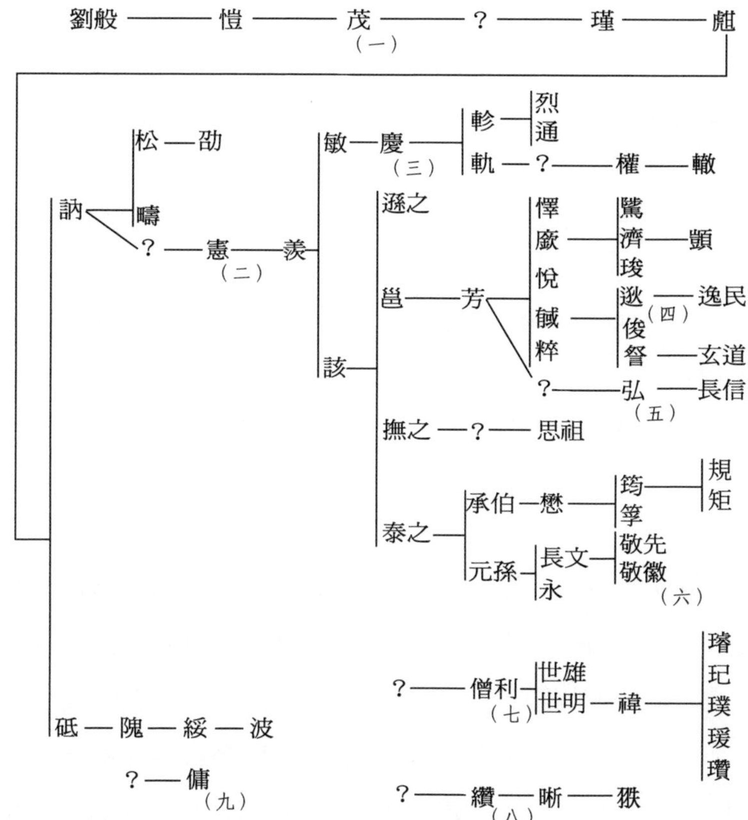

說明：

（一）劉茂以上數世據《新唐書・宰相世系表》及《後漢書・劉般傳》。

（二）此據《新唐書・宰相世系表》，參考《元和姓纂》卷五「彭城劉」條：「愷六世孫訥，晉司隸校尉。孫憲生羡，羡二子：敏、該。」劉憲為劉訥之孫，但不明為何人之子，其父可能是劉松，也可能是劉疇，也可能是劉訥另一子，故用疑問號表示。

（三）劉慶以下世系，據《新唐書・宰相世系表》及《魏書・劉芳傳》。《世系表》載叢亭里劉氏共 91 人，多為劉敏後裔。《魏書・劉芳傳》錯訛較多，只作參考。如謂劉芳為劉慶之孫，與各書均不同，似誤。但《魏書・劉芳傳》記劉芳後裔頗詳，特別是劉芳後裔在唐代的情況，並記劉敏後人劉軌之子孫分居豐縣，均為它書所不載。

（四）劉逖及劉逸民，據《北齊書・劉逖傳》。

（五）劉弘見《隋書》卷七一《劉弘傳》，謂弘為劉芳之孫，但不知其父名諱。

（六）敬徽，《魏書・劉芳傳》作徽，同書《崔光傳》謂崔光之女婿為彭城劉敬徽，蓋即其人。《劉芳傳》脱敬字。

（七）劉僧利，《劉芳傳》謂為芳族兄，《新唐書・宰相世系表》謂為劉敏從子，兩者所敍相差一輩，此依《劉芳傳》。

（八）劉纘等三人皆見《劉芳傳》，謂纘為芳族兄。劉纘等人亦散見《南史・齊武帝紀》及《梁書》。

（九）劉傭，劉隗從子，見《晉書》卷三二《簡文宣鄭太后傳》。

史書中尚能發現一些其他叢亭里劉氏人物，如《宋書・劉延孫傳》所說的「豫州刺史劉懷武」;《隋書・劉子翊傳》謂子翊「彭城叢亭里人，父徧，齊徐州司馬」。因不明親從關係，此表中無法注明。

在兩晉及南北朝成書的各種史籍中，均謂叢亭里劉氏為漢高祖劉邦弟楚元王交後裔。《宋書・劉延孫傳》云:「延孫與帝室雖同是彭城人，別屬呂縣。劉氏居彭城縣者，又分為三里，帝室居綏輿里，左將軍劉懷肅居安上里，豫州刺史劉懷武居叢亭里，加上呂縣別屬，凡四劉。雖同出楚元王，由來不序昭穆。」此言彭城劉氏四支皆為楚元王之後。又如《魏書・劉芳傳》:「劉芳字伯文，彭城人也。漢楚元王之後。」再如唐初成書的《晉書・劉隗傳》，亦如是說。此說的主要根據當是《世說新語・品藻》所引之《劉氏譜》，此譜《隋書・經籍志》及新、舊《唐書》皆無著錄，疑隋唐後已散失。唐中宗時劉知幾撰《劉氏家史》及《譜考》，有新說：推「彭城叢亭里諸劉，出自宣帝子楚孝王囂曾孫司徒居巢侯劉愷之後，不承楚元王交，皆按據明白，正前代所誤。」[1] 林寶《元和姓纂》兩說俱存，其所述之叢亭里劉氏譜系，明言據劉知幾所考，基本與《新唐書・宰相世系表》同，故知劉知幾的考證就是《新唐書・宰相世系表》的根據。據《後漢書・劉般傳》，劉般封侯在建武九年（33），離楚孝王囂只有六十餘年，親從僅三世，記載明確；《漢書・楚孝王囂傳》與《後漢書・劉般傳》所述世系皆能銜接，一般說不會有誤。劉般子劉愷，愷少子茂，其事跡見《後漢書・劉般傳》，也是信史。

三　永嘉亂後叢亭里劉氏在彭城地區的宗族勢力

據知永嘉時過江的彭城叢亭里劉氏人物，有劉隗與劉劭。《世說新語・言語》「庾穉恭為荊州」條注引《文字志》：「〔劉〕劭博識好學，多藝能，善草隸，初仕領軍參軍，太傅出東，劭謂京洛必危，乃單馬奔揚州。」劉劭為劉訥之孫，南渡時間在永嘉四年（310）十一月東海王越出許昌之後不久，當時洛陽尚未陷落，但形勢已明朗，故「謂京洛必危」。而劉訥姪劉隗過江時間，難於確考。司馬睿監徐州鎮下邳時，劉隗為彭城內史，彭城屬徐州軍府，劉隗當在司馬睿統督之下，他隨司馬睿於永嘉元年（307）同時過江，是可能的。

隨劉隗及劉劭過江的劉氏宗族，或從彭城，或從洛陽，必有人在。永昌元年（322）王敦第一次舉兵時，劉隗被迫北奔石勒，帶走妻子親信二百餘人，其中當有叢亭里劉氏南渡的宗親。王敦以誅劉隗為名舉兵叛亂，似未觸及劉劭一支。劉劭在成帝咸康時仍任侍中、豫章太守等職，但並不顯赫。

1　《舊唐書》卷一〇二《劉子玄傳》。

在劉隗、劉劭等避亂南下後，當有叢亭里劉氏的部分宗族仍留在彭城。《新唐書・宰相世系表》及《元和姓纂》中，劉憲及其子劉羨，羨子劉敏，有名諱而無職任，這與《宰相世系表》所載人物體例不合，絕非疏忽脫漏。疑劉憲、劉羨、劉敏子孫三人皆在彭城平居或作塢主，未受朝廷之命。《魏書・劉芳傳》各附傳中，劉芳從兄弟劉元孫「養志丘園，不求聞達」，劉僧利「從容鄉里，不樂台官」等，都是顯例。

叢亭里劉氏在江左，有為北府將者。《宋書・劉延孫傳》所述之劉懷武屬叢亭里，他在劉宋時任豫州刺史，應出身東晉的北府將，推測他應居京口。另外，《太平廣記》卷四一《劉波》（原注：出《異苑》）云：「劉波，字道則，晉孝武帝太元年中，移居京口。」《異苑》是劉宋時人劉敬叔的志怪小說，除去神怪荒誕部分，往往有一定的史料價值。據《晉書》卷六九《劉波傳》，劉波為劉隗之孫，曾隨劉隗在石趙作官，石虎死後，劉波南奔，長期投靠桓氏為將，淪為門閥士族的爪牙。太元四年（379）苻丕攻克襄陽，劉波率軍救援，因畏懦免官。他移居京口，當是此時之事。淝水戰前劉波為冠軍將軍、散騎常侍，史籍只記軍號而不記具體職掌，疑亦有因。戰後劉波被授為「督淮北諸軍、冀州刺史，以疾未行」。劉波此時上疏中說「苻堅滅亡，於今五年」[1]，知此授當在太元十三年（388），其時譙王司馬恬已為「都督兗、青、冀、幽、并、揚州之晉陵、徐州之南北郡軍事，領鎮北將軍、兗青二州刺史、假節」，鎮京口。[2] 譙王恬是北府主將，劉波為冀州，正在譙王都督之下，當已轉為北府將。

1 《晉書》卷六九《劉隗傳》附《劉波傳》。按：劉波所任之冀州，應是江北僑立之冀州。《晉書・地理志》徐州條，元帝過江，「是時，幽、冀……流人相帥過江淮，帝僑立郡縣以司牧之」。成帝時，「江北又僑立幽、冀、青、并四州」。

2 《晉書》卷三一《宗室司馬恬傳》，卷九《孝武帝紀》。

此外，如前所述，孝武帝死前後，司馬道子為搶據河淮之間北府諸將屯駐之地，招攬北府諸將，命彭城劉該出任徐州刺史，亦當有利用劉該鄉里宗族力量的考慮，而劉該亦當具有北府將資歷無疑。

彭城叢亭里劉氏之居官北方者，也不乏與鄉里宗族聯繫的跡象。《魏書・劉芳傳》附《劉騭傳》謂永熙三年（534）劉騭父劉廞（劉芳之子）被高歡誅殺，其時劉騭為徐州開府從事中郎，騭即率鄉部赴兗州，與刺史樊子鵠共同抵禦高歡。與此同時，劉芳第五子劉粹為徐州別駕，亦因「兄廞死，粹招合部曲，就兗州刺史樊子鵠，謀應關西」。[1] 劉粹、劉騭二人，皆為徐州開府上佐，在叢亭里劉氏宗族勢力集中之地，故能隨時集聚鄉部。

叢亭里劉氏擁有強大的宗族勢力，除劉騭、劉粹之例以外，還有不少。太和二十二年（498）南齊豫州刺史裴叔業進攻徐州，「疆埸之民頗懷去就，高祖憂之，以〔劉〕芳為散騎常侍、國子祭酒、徐州大中正，行徐州事」。[2] 北魏把徐州事務交給劉芳處理，目的當是利用叢亭里劉氏的影響，來穩定此地動亂形勢。翌年八月，孝文帝死，宣武帝初即位，南徐州刺史[3] 沈陵南叛，徐州又發生大水，為防止彭城地區發生騷動，[4] 朝廷「遣〔劉〕芳撫慰賑恤之」。[5] 劉芳兩次出使徐州之後，皆有升遷，第一次「徙兼侍中」，[6] 第二次「正侍中」。《通

1 《魏書》卷五五《劉芳傳》附《劉粹傳》，卷八〇《樊子鵠傳》。

2 《魏書》卷五五《劉芳傳》，卷七《高祖紀》。

3 北魏南徐州或東徐州及州治問題，《魏書》卷一〇六《地形志》（中），中華書局點校本校勘記四七辨證頗詳。

4 《魏書》卷六〇《韓麒麟傳》謂「高祖時，拜給事黃門侍郎，乘傳招慰徐、兗，叛民歸順者四千餘家」。知南北交界地區，時有騷動。

5 《魏書》卷五五《劉芳傳》，卷八《世宗紀》。

6 「兼侍中」即「長兼侍中」。「長兼」一詞，錢大昕《廿二史考異》云：「長兼者，未正授之稱。」歐陽脩《集古錄》卷四謂長兼為「當時兼官之稱，如唐檢校官之類。」錢氏與歐陽氏說法不一。《魏書・崔光傳》附《崔鴻傳》將長兼與試守並列，疑應以錢氏《考異》為正。

典・職官》(三)謂「北魏尤重門下，多以侍中輔政。」劉芳由散騎常侍徙兼侍中，再正侍中，說明劉芳在徐州穩定局勢有功。

值得注意的是，劉該投降北魏，並與北魏勢家崔玄伯聯姻，他的子孫理應居官北魏。但史實卻相反，他的兒孫皆在南方，劉芳入平城時竟是孑然一身。這原因何在？依我們看來，叢亭里劉氏的門戶地位離不開彭城地區的宗族勢力，當時彭城在南方政權控制之下，叢亭里劉氏只有回到南方才能倚靠宗族勢力。劉宋泰始年間失淮北徐、兗、青、冀四州，彭城由北魏穩定地佔領，叢亭里劉氏宗族大都歸於北魏，以劉芳為代表的叢亭里劉氏家族地位始在北魏迅速升起。劉芳有《徐州人地錄》行世，可見他對鄉里事物的關注。

總的說來，叢亭里劉氏既為士族，又是將家，其宗族主體仍以彭城及左近為基點，不曾傾族遷徙。叢亭里劉氏人物無論在南在北居官，大多與鄉里宗族保持聯繫，以利觀望；而南北朝廷也往往利用劉氏人物的此一特點，任命他們為彭城地區的將軍刺守或其上佐，以圖穩定局勢，發展勢力。叢亭里劉氏在南北紛爭中宗族不衰，蓋由於此；而他們無論在南在北都難於穩穩上升而至顯赫地位，亦由於此。

四　叢亭里劉氏門第在江左的變遷

《山公啟事》記載山濤領選時的選例，其中有云：「近啟修武令劉訥補南陽王友，詔曰：『友誠宜得有益者，然以長吏治民不易，屢易為疑，令散人無所依仰。』又啟：『今者職散中誠自有人，然劉訥才志外內非稱，臣以為宜蒙此者，是以啟及，不審固可用不？』詔：『可爾所敢。』」[1] 此條中「劉訥才志外內非稱」，從前後文內容連貫看，「非稱」應為「所稱」之誤。此言劉訥在入洛陽作官之前曾作修武令，因才智出眾，領選的尚書僕射山濤向晉武帝推薦劉訥調南陽王友，這就是《世說新語・品藻》所說的劉訥初入洛的情形。武帝子司馬柬於咸寧三年（277）八月徙封南陽王。柬與惠帝同為楊皇后所生，特為武帝所寵愛，所以得以徙封大國，其開府僚佐應為高門清顯。這不僅是因劉訥所秉賦的才智，當亦有門第因素。

叢亭里劉氏之先人劉般，光武帝時初封菑丘侯，徙封杼秋侯，再改封居巢侯。其子劉愷三登三事，愷子劉茂亦位至司空。史言劉般「修經學」，「講誦不怠」。劉愷讓居巢侯爵與弟劉憲，並敢於抵制外戚鄧騭，這些都是當時名士所景仰的行為。在士人與外戚、宦官的鬥爭中，劉茂與太尉陳蕃等聯名上書救護李膺，影響深遠，也當是叢亭里劉氏進入世家大族的重要階梯。劉茂之後三世無顯宦，其孫劉瑾為樂安長，曾孫劉彪為曹魏洛陽令，但仍維持世家大族地位。東晉王敦檄文攻擊劉隗為邪佞，亦未曾詆其門第。

劉訥之子劉疇，史稱「善談名理」，看來正處於由儒入玄的轉變之中，這有利於叢亭里劉氏門戶地位的進一步提升。劉疇曾代傅宣為吏部郎，[2] 也正是高門美選。永嘉中，他曾為司徒左長史。據《晉書・懷帝紀》，其時相繼為司徒者有王衍、東海王司馬越、傅祗三人。傅祗永嘉五年（311）五月始為司徒，六月劉曜入洛，傅祗退屯盟津，暴疾而亡，大概未曾開府置佐。我們推斷，劉疇應是王衍或東

1 《太平御覽》卷二四八「王友」條。

2 《文選》卷四六任昉《王文憲集序》李善注引傅暢《晉諸公贊》。

海王越為司徒時之左長史，也就是說，劉疇與東海王越應有較深關係。江左司馬睿朝廷公卿多是東海王越府的僚佐，[1] 這應是王導及蔡謨推崇劉疇的原因之一。《晉書・劉疇傳》:「司空蔡謨每歎曰:『若使劉王喬得南渡，司徒公之美選也。』又王導初拜司徒(按:當以《裴劭傳》拜司空為正，王導拜司空在大興四年七月)，謂人曰:『劉王喬若過江，我不獨拜公也。』其為名流之所推服如此。」[2] 蔡謨和王導論及劉疇，是對劉疇人才的讚許，也是對叢亭里劉氏門第的推崇。探王導之本意，還有感歎時事艱難之意。因為其時王敦之叛如箭在弦，劉疇若過江，也許能以其所具影響調解矛盾。

劉疇未能過江，而被閻鼎殺害，這是叢亭里劉氏門戶利益的一大損失。劉隗盡力事元帝，被門閥士族目為佞臣，又「驕蹇失眾心」。[3] 他被迫北投石勒，出仕僭偽，叢亭里劉氏門戶地位和在江左的影響大大降低。劉劭雖仍能作侍中、尚書，但已絕非劉疇那樣的重名，所以後嗣不顯。

婚姻關係是士族門第的一個重要標誌。叢亭里劉氏在南的婚配，我們可以舉出劉傭為例。據《晉書・簡文宣鄭太后傳》:鄭后，河南滎陽人，世為冠族，先適渤海田氏而寡居，納為元帝夫人。鄭氏尚有二妹，鄭氏憂曰:「恐姊為人妾，無復求者。」於是元帝從容謂劉隗曰:「鄭氏二妹，卿可為求佳對，使不失舊。」滎陽鄭氏在江南無顯官，失去了高門地位;鄭夫人又非正妃，形同妾媵。劉隗自然知道，王、庾等高門絕不會求偶於鄭氏，只能退求其次，於是「舉其從子傭娶第三者，以小者適漢中李氏，皆得舊門。」此知叢亭里劉氏與

1　參看《東晉門閥政治》第 4 版，第 10 頁。

2　亦見《晉書》卷三五《裴楷傳》附《裴劭傳》,《世說新語・賞譽》「王丞相拜司徒」條。

3　《資治通鑒》卷九二永昌元年(322)正月。

漢中李氏夠得上「舊門」，但並不顯赫，與王、謝有相當差別。漢中李氏本是東漢反對外戚梁冀而死的名士李固的後裔，[1] 李固與其父李郃均位三公，[2] 但《華陽國志》及《晉書》中未見漢中李氏有顯宦，其門第與叢亭里劉氏大概相若。不過劉氏子弟納鄭氏女是劉隗在南之事，劉隗出奔後劉氏門第就當別論了。

劉劭之後，東晉後期叢亭里劉氏見於記載的，就是劉隗之孫劉波及劉憲之孫劉該。劉波淝水戰前為散騎常侍，戰後出為督淮北諸軍、冀州刺史；劉該亦為散騎常侍，後出為徐州刺史。散騎常侍在西晉初本為顯職，後來逐漸淪為閒散，劉宋以後此職用人頗輕，[3] 宋齊多沿襲晉制。東晉後期散騎常侍已開始用將家，如劉敬宣曾加散騎常侍。[4] 敬宣，劉牢之子，將家無疑。劉波、劉該已降為將家，淪為次等士族，他們雖善於經營武力，但不能接近中樞。可注意的是，劉波督淮北諸軍，其作用與劉該出刺徐州相同，即懷輯北府諸將；其所具有的特殊條件亦當相同，即有彭城鄉部宗族可以依託。不過劉波以疾未行，劉該雖行而未獲成效，是相異處。

五　叢亭里劉氏在北魏的際遇

南北朝時，叢亭里劉氏在南方似已消聲匿跡，但卻在北魏興起。劉芳以平齊民身份入平城，幸運地受到文明太后的賞識。其中原因，一是劉芳的個人儒學修養，一是叢亭里劉氏的門望。

1　《新唐書》卷七二上《宰相世系表》。

2　《後漢書》卷六三《李固傳》，卷八二《李郃傳》。

3　《通典》卷二一《職官》（三），《初學記》卷一二《職官》（下）。

4　《宋書》卷四七《劉敬宣傳》。

《北史・儒林傳・敍》謂「劉芳、李彪諸人以經書進」。劉芳經學精洽，尤長音訓，號稱劉石經，被目為儒宗。這與叢亭里劉氏的家學似有關係。叢亭里劉氏所傳何經，史無明文。從劉芳一生言行及所留著作殘文看，儒學素養絕非一般。劉氏子孫好學強立，文翰及經史兼綜者不少。

叢亭里劉氏在北魏的婚姻關係，限於士族的狹隘範圍。除劉該與崔玄伯聯姻外，我們尚知劉芳與清河崔光為中表親，劉芳族孫劉敬徽又為崔光之婿，[1] 劉芳從妹與北魏顯貴李洪之結婚，[2] 劉芳之舅為青齊著名強族房元慶。[3] 後來孝文帝選劉芳族子劉長文之女為太子恂孺子，不為無因。孝文帝特重漢人門第，他規定六皇弟必須選擇隴西李氏、滎陽鄭氏、范陽盧氏諸高門女子為婚。[4] 史稱「世之言高華者，以五姓為首」，[5] 五姓：崔、盧、李、鄭、王。滎陽鄭氏是五姓之一，而叢亭里劉氏之女「與滎陽鄭懿女對為〔太子〕左右孺子」，[6] 叢亭里劉氏與滎陽鄭氏門第應當相近。由此可見，叢亭里劉氏雖然消聲於南而猶顯貴於北，這是叢亭里劉氏入唐後還能持久不衰的重要原因。

〔後記〕 本文之作，滕君昭宗與我共同發明指意，起草之任屬滕君，清定之責在我。滕君畢業於北京大學歷史系，供職於連雲港市博物館。他在閱讀拙著《東晉門閥政治》一書時，提出該書所論東晉徐州刺史劉該可能就是北魏劉芳之祖劉該。我們經過往返研討，

1 《魏書》卷六七《崔光傳》。

2 《魏書》卷八九《李洪之傳》。

3 《魏書》卷五五《劉芳傳》。

4 《魏書》卷二一《咸陽王禧傳》。

5 《資治通鑒》卷一四〇。

6 《魏書》卷五五《劉芳傳》。

覺得此說不誤，並有深入研究的價值。時值湯用彤先生百年壽辰，我建議共以此意撰文紀念。劉該屬彭城叢亭里劉氏，故里在河淮之間可南可北之地，未曾傾族遷徙。劉氏人物之居官者，其動向是忽南忽北，在相當程度上視彭城故里屬南屬北為準，也就是說以保全家族利益為依歸。劉氏既為士族，又是將家，像這樣的家族自成一種類型，在南北對立時期還能找到一些。我們認為對彭城叢亭里劉氏進行研究，可以說明一些歷史現象，開發一些類似的研究課題，是有益的。不過本文只能算是初步嘗試，深入的工作有待同好共同鑽研。

田餘慶　1992 年 11 月

—— 原刊《湯用彤先生誕辰百周年紀念論文集》，1993 年。

彭城劉氏與佛學成實論的傳播

《南北對立時期的彭城叢亭里劉氏》一文寫於十年以前。其後思考所及，覺得居於南北中間地帶的彭城，其地位除影響南北政局之外，還對南北經濟文化交流起過重要作用。南北朝時期流行的佛學成實論，就是公元五世紀時在壽春、彭城研習養成，通過僧人傳佈南北，成為中國佛學發展中的一件大事。其時劉氏撐持彭城一方，染習其中，自多襄贊。彭城劉氏人物播遷，隨形勢變化，或南或北，與同時間內僧人流佈南北，並傳播成實論，動向大體一致。彭城劉氏人物與成實論的傳播，頗有因緣。

按：成實論，鳩摩羅什居後秦時於長安譯出，當東晉安帝義熙年間。其時北方擾攘，兩淮之地長期屬南。劉裕滅後秦，以子義真留守長安。義熙十四年（418）義真被赫連勃勃攻逼，賴長安僧人釋僧導之助，得以逃歸南方。翌年劉裕受晉封為宋王，以壽春為王都，遂立東山寺於壽春，僧導得以來東山寺講說經論。羅什譯成實論時，僧導曾「參議詳定」，深諳其說，成實論乃得因僧導而南傳。後來北魏太武帝毀佛（446），北方僧眾紛紛避難南行，或歸壽春，或投彭城，壽春、彭城成為兩淮地區的成實論重鎮，壽春為時略早，彭城則影響大於壽春。兩處僧人又多移駐建康，建康成實之學遂盛於南朝。溯江而上，江陵、長沙諸寺亦講習成實。

彭城成實論研習開講，始於僧嵩，當在太武毀佛前後。僧嵩後來轉駐建康，但僧嵩在彭城的傳人，自僧淵以下，入北者頗多，時間當在劉宋泰始五年（北魏皇興三年，469）北魏奪得青齊之地、彭城入魏之後。所以北朝成實論之盛，在北魏馮太后、孝文帝時，較南方晚。

《魏書》一一四《釋老志》，太和十九年（495）孝文帝「幸徐州（彭城）白塔寺，顧謂諸王及侍官曰：『此寺近有名僧嵩法師（僧嵩），受成實論於羅什，在此流通。後授淵法師（僧淵），淵法師授登（道登）、紀（慧紀，亦作慧記、惠紀）二法師。朕每玩成實論，可以釋人染情，故至此寺焉。』」孝文帝提及的道登，其時在孝文帝侍講之列。孝文愛好成實論，並重視成實諸僧，於此可見。馮太后亦愛成實，置成實師於左右。另有釋曇度者，本江陵人，遊建業，造徐州，從僧淵受成實論。《高僧傳》論謂「曇度、僧淵，獨擅江西（江北）之寶」，即指研習傳授此學。曇度亦自彭城至平城，開講成實，徒眾遠近至者千餘人。這些就是孝文帝幸彭城白塔寺所言的背景。不過北方義學不如南方，一時興起的成實之學，並不像南方那樣名僧輩出，歷時較久。

彭城成實之學研習養成及其與彭城劉氏因緣，頗有痕跡可尋。當僧嵩、僧淵開講成實之時，彭城首望劉氏人物不能不受到濡染，涉獵成實，蔚為風氣。彭城儒生與僧侶酬對往還，當為常事；劉氏盡地主之誼，必然多所贊助。「隱士劉因之舍所在山，給〔僧淵〕為精舍」，即是一例，事見《高僧傳・僧淵傳》。

彭城劉氏在北魏的代表人物劉芳，其經歷頗多與成實論傳播相關之處。據《魏書》五五及《北史》四二《劉芳傳》，劉芳當是生長彭城，北魏平青齊以後，輾轉入北。其時他年十六，家窮窘，常為諸僧抄寫經論，「晝則傭書以自資給，夜則誦經不寢」。他「與德學大僧多有還往」，歷十餘年之久。這些「德學大僧」，以平城當時佛學狀況言之，多習成實論無疑，而且有一些來自彭城。劉芳少年時在鄉里所習染的成實論，此時竟成為他在平城謀食的手段，稍後又成為他進身入仕的階梯。劉芳以平齊民的身份而能得到馮太后和孝文帝的眷顧，我想就是由於與諸「德學大僧」多有還往之故。

《劉芳傳》載：「南方沙門」惠度為馮太后師，以事被責，暴亡，「芳因緣關知」，受馮太后鞭責。此事《南齊書》一八《祥瑞志》記其原委，謂魏人獲璽，文曰「坤維聖帝永昌」，欲因惠度獻於馮太后，以求攀附。惠度以正朔在南，遂私託僧人送至建康，事發，惠度被責，劉芳株連。惠度其人，在南經歷亦可略考。據《高僧傳・釋慧球傳》，慧球在湘州麓山寺，「與同學慧度（惠度）俱適京師，……後又之彭城，從僧淵受成實論。」由此可知，惠度有南居彭城和研習成實論且師從僧淵的經歷，在平城為馮太后身邊的德學大僧之一，自然權勢在握。劉芳與他親近往來，坐「因緣關知」受罰，當由於劉芳本人鄉里、家世、學養諸多關係之故。不過劉芳受罰止於一時一事，於前途未產生影響。他終於以「篤學有志行」，受到馮太后、孝文帝的賞識拔擢，在朝地位不斷上升。

劉芳後來以儒學顯，號稱「劉石經」，應對稱旨。他除了儒學素養為孝文帝器重之外，其餘經歷包括自幼染習彭城成實論義學，得以與平城諸僧親近，以此為媒介而為馮太后、孝文帝所顧等等情節，都是據相關資料推斷而來，《劉芳傳》未置一詞。彭城劉氏處在南北對立的特殊時代，居南北之間的特殊地理位置，經歷時南時北的政治變遷，又受到在彭城興起的成實論的耳濡目染，因而襄贊成實諸僧研習傳播，促成南北文化交流，是很自然之事。劉芳事跡，是彭城劉氏對南北文化交流所起促進作用的一個實例。

湯用彤先生在其名著《漢魏兩晉南北朝佛教史》中，論述成實論在南朝、北朝的流行，曾單獨標舉「彭城之佛學」一段文字，只是未述及與彭城劉氏人物的關係。十年前撰文紀念湯先生誕辰百年，未能與湯先生畢生研究的中國佛學相聯繫，頗以為憾。茲添補彭城劉氏與成實論一段因緣，為該文續筆，以期切合紀念大師之初衷。

2002 年 11 月

古運河開發中所見的一個問題 *

中國唐史學會、杭州大學、江蘇省社會科學院、安徽省社會科學院、河南省史學會等單位聯合組織的唐宋運河考察隊，於 1984 年 7 月 14 日至 8 月 25 日，沿浙東運河、江南運河、江淮運河（邗溝）和唐宋汴河故道，作了一次實地考察。考察隊成員來自全國各地的三十餘所高等院校和科研單位，考察行程三千餘里。野外考察在酷暑中進行，當然影響考察效果，但是冒暑活動，更能反映大家求知的迫切心情。

現在出版的這本《運河訪古》，是考察隊員們分別撰寫的論文的彙集。論文質量不一定整齊，但畢竟都是作者們在考察中得到的啟發或積累的心得，可能各有一些特點。

我忝為隊長，伴隨研究古運河的專家和有志於此的同行們進行考察，長了不少見識。由於有別的事情要辦，我在揚州離隊回京，未能參與邗溝和汴河故道的考察活動，頗感遺憾。這個前言，只是略書我個人在考察過程中的所見所思而已，與考察隊的各項活動和本書的內容，不一定有多少聯繫。

我的所見所思有下列幾點：一，浙東、江南、淮南運河，湊巧都是分裂時期的歷史產物；二，分裂時期修鑿這些運河，主要是為

* 原題《古運河遐想 ——〈運河訪古〉前言》。

了發展與外界的交往，而不是為了造成一個閉鎖的地方系統以鞏固分裂割據；三，把分裂時期鑿成的這些運河改造為發揮全國效益的大運河的一部分，沒有國家的統一是不可能的。現在，我對這幾點意見依次加以說明。

中國大運河是隋煬帝為了統一帝國的需要而鑿通連接起來的，這是習知的史實。但是，大運河的長江以南、甚至淮河以南各段，卻都不是統一時期的產物，其始鑿是在分裂時期，連通也是在分裂時期。

先從最南端的浙東運河說起。浙東運河可能首鑿在春秋末年。《越絕書》中所謂「山陰故水道」，歷史地理學家認為就是今紹興至上虞一段運河。浙東運河全線西起錢塘江的西興堰，東至上虞的通明堰，當連通於兩晉之際的賀循，事據《嘉泰會稽志》。至於從通明堰更向東引，連接餘姚江、甬江以通於海，使整個浙東運河發揮最大效益，則是南宋時事。南宋偏安一隅，首都臨安所倚的錢塘江難於通航。臨安物資供應仰賴浙東，海外貿易賴浙東明州港以為吞吐，所以倚重浙東運河。南宋帝陵在浙東紹興，梓宮啟運和謁陵活動，都需運河。所以浙東運河與餘姚江的全線暢通，對維持南宋朝廷極為重要，從經濟上和從政治上說，都是如此。

江南運河也主要是分裂時期的產物。其南段和中段水源充足，土層深厚，地勢平坦，開河較易，當通於春秋末年。江南運河的關鍵部分是北段，即今丹陽至鎮江一段，這一段運河，我推測是吳王夫差時初開，或者是吳王就山間自然河道，部分地修治利用。吳王過江爭霸中原，很注意利用水路。他既然能開通邗溝於江淮之間，又能從海上攻齊，也當有可能於自己的後方儘量利用水道以通長江，從而構成這段運河的雛形。《越絕書》所謂「吳古故水道……入大江，奏（湊）廣陵」，當是反映這一事實。這段運河秦始皇曾加利用和改造。三國孫吳末年，岑昬曾主持過這段運河的重大改造工程。據《太平御覽》卷一七〇引《吳志》，岑昬「鑿丹徒至雲陽」，「皆斬絕陵襲，功力艱辛」。這是指岑昬在重疊的丘陵山嶺間開闢運河新道，從而形成後世蜿蜒曲折河道的基礎。為運河調劑水量的練湖是陳敏所開，時間在兩晉之際。

至於江淮之間的邗溝初開於吳王夫差之時，更是沒有問題。邗溝由原來連接博芝、射陽諸湖的彎曲水道改變為由津湖徑渡，初創於漢魏之際的陳登，兩晉之際的陳敏可能也起過作用。

吳越古運河規模不算太大，其地河湖水網密集，地勢平坦，開河工程一般並不甚難，所以分裂時期的吳越小國，也能興建。小國為了求存，更關注本地的迫切需要。

中國古代歷史上有這樣一種現象：中央集權國家，輝煌的文治武功，燦然可觀的典章制度，規模巨大的建設工程，儘管多出現於統一時期，但是地區的經濟、文化發展，包括小工程的興建，卻往往在分裂時期更為顯著。一般說來，統一王朝的政治、文化以至經濟中心多在首都及少數重鎮，只有這些地方才有優先發展機會；遠離交通幹線的地區，例如南方腹地廣大地區，發展速度則要緩慢一些。各地區發展的不平衡現象，往往在交替出現的分裂時期逐漸得到一些彌補。分裂時期的小國，為了自立自存，不得不勉力開發一些道路河渠等工程，以促進地區經濟發展。而分裂時期地區經濟的發展，又給以後出現的統一局面提供便利條件和更高的經濟、文化基礎。這是中國古代歷史的一個周期性的發展過程。吳越時期，六朝時期，十國時期，南宋時期，江南地區從開發到提高，逐步發展到接近北方、趕上北方、超過北方的水平，對秦漢、隋唐、元明清大帝國的出現和維持，起了重要作用。鑿成於分裂時期的淮南、江南、浙東古運河，促進了地區的發展，到統一時期成為貫通南北的大運河的重要部分，又使統一多了一重保障。這一運河開鑿過程，與古代國家的周期性的發展是一致的。近年來，我國地方史的研究成果，為這一現象提供了不少的證據。這是我的第一點認識。

首鑿於秦統一前的南方各運河，在促進地區經濟、文化發展的同時，客觀上也起過鞏固分裂局面的作用，這在分裂時期是不可免的。佔據江東一隅的人，首先的要求就是保全由運河所溝通的基本區域作為自己的立足之點。但是從長遠看來，這並不是運河所發揮的政治作用的主要方面。南方統治者開鑿運河，利用運河，並不重在使南方自成一個閉鎖系統以與外界隔絕，而重在更方便地與外界開展各種交往，包括經濟、文化、政治交往，也包括進行戰爭。我們可以說，江南地區正是通過運河增進了與外界的關係，提高了自己的發展速度，增加了自己的活力。浙東運河的開鑿，與持續甚久的吳越戰爭有密切關係，這是沒有疑問的；江南運河北段和邗溝的開鑿，服務於吳王夫差北上爭霸的政治要求，也很清楚。以後，秦末項羽北進，西漢吳王劉濞反漢，都沿江南運河和邗溝方向通向北方。他們都想憑藉江南力量，取代北方政權，但是都未成功。早期孫吳歷史也反映了同樣的趨勢。孫吳植根於江南運河流域，而又不安於局促一隅的局面，一定要將政治中心從太湖所屏蔽的吳，沿運河北遷至瀕臨長江的京口，以適應孫吳政權開展對外界交往的需要。後來孫吳立都建業，離開了運河。但不久以後鑿成的破岡瀆，又使建業經秦淮水直接與運河聯通。孫吳仍然賴運河以立國，運河則支持着建業向外界發展。

在中國歷史上，江淮運河、江南運河、浙東運河，都從來不是分裂割據的象徵。紹興現有禹廟、禹陵、禹穴，是紹興重要的名勝古跡。禹東巡會稽而死，司馬遷作如是說。今紹興會稽山麓禹廟興建的歷史，據方志說可上溯至南朝的蕭梁。據我所知，會稽有禹廟，至少在東漢時。《三國志・魏書・王朗傳》注引《王朗家傳》載：王朗於東漢末年為會稽太守，時會稽祀秦始皇，與夏禹同廟，王朗蒞郡，除秦始皇之祀。以秦皇與夏禹並祀，是當地民情的反映。民情重夏禹，當然由於他是華夏聖君，且又為治水而至會稽。民情重秦始皇，應當是重他一統南北而且有會稽之行。夏禹與秦始皇並祀於會稽，是華夏文化南被和南北一統的象徵。我們知道秦皇會稽之行是循運河一線而來的，《越絕書》有始皇修水道到錢唐的記載。運河的存在也成為一統的象徵和一統的因素。

所以我認為南方運河在政治上所起的主要作用，不是使江南自成閉鎖系統而與外界隔絕，而是使江南與外界更快、更緊地聯為一體。這是我的第二點認識。

如上所述，浙東、江南、淮南運河主要都是開鑿於分裂時期，在政治上卻都主要起着促進統一而非鞏固分裂的作用。但是把這些運河作進一步修整，並連通北方水系而構成大運河，使之發揮全國性效益，還得靠統一國家的作用，分裂時期是無能為力的。在這方面，隋煬帝的確是值得紀念的人物。揚州市郊雷塘的隋煬帝荒冢，雖然真假難分，但也有加以保護的必要。晚年仕於吳越錢鏐的餘杭人羅隱作《煬帝陵》詩曰：「入郭登橋出郭船，紅樓日日柳年年。君王忍把平陳業，只換（一本作博）雷塘數畝田。」這是慨歎煬帝陵平凡荒圮，不稱其平陳偉業，現在讀來，令人深思。我想如果考慮到煬帝開河之功，把「平陳業」三字改為「開河業」，不是也可以發出同樣的感慨嗎！順便提及，王國維《人間詞話》引此詩，謂之為「政治家之言」，「詞家所忌」。他從詩詞境界立論，自有道理。但是有些感事懷古的詩詞也自有意境，給史家帶來啟示，是史家所愛讀的，《煬帝陵》詩屬此。當然，這是題外的話，無關本文主旨。

除隋煬帝外，我還想提及秦始皇在開通運河方面值得紀念的事跡，而這一點是從不為人注意的。秦始皇東巡，沿長江而下，經金陵，至丹徒，南折而下錢唐，以至會稽，其南折一段路程與運河恰合。根據各家古地理書的記載，這條運河線上有許多地名，是秦始皇東巡時改定的，原因都是說望氣者以其地有天子氣，所以秦始皇用刑徒掘地以敗其勢，並且變更地名。例如：以赭衣徒鑿谷陽地而有丹徒之名，即今鎮江；鑿雲陽直道使之阿曲而有曲阿之名，即今丹陽；令囚徒掘污檇李地而有囚卷、由拳之名，即今嘉興，等等。秣陵也是秦始皇時由於同樣的原因而改易的名稱。甚至由秣陵溯秦淮水至其上游之方山，然後向東鑿通破岡瀆以連江南運河的工程，據說也始鑿於秦始皇時。《通鑒》梁中大同元年六月甲子條胡注曰：「破嶺在今鎮江府丹陽縣，秦始皇所鑿，即破岡也。」就連破岡瀆西端起點的方山埭亦建於此時。《元和郡縣圖志》卷二五潤州上元縣方山：「秦鑿金陵以斷其勢；方石山垝，是所斷之處也。」《資治通鑒》齊武帝永明元年（483）胡注引宋白之言曰：「《丹陽記》云，秦始皇鑿金陵方山，斷處為瀆。則今淮水經城中入大江，是曰秦淮。」秦始皇北歸，由江乘渡江，後人遂推測丹徒至江乘大道，就是「南極吳楚」的一段馳道。

這裏最值得注意的，是曲阿名稱的含義。江南運河丹陽至鎮江段，穿行丘陵山嶺之間，地勢時高時低，水位落差問題極難處理。秦始皇鑿雲陽直道使之阿曲，實際上是順應地形地勢以開通一條彎曲河道。彎曲河道比直道能增加河道長度，降低河牀坡度，調整水位落差，便利船隻航行。這同今天在山間選擇盤山路線以利車行，道理是一樣的。秦始皇顯然做了許多與這一段運河的修治有關的事，但史籍卻從未提及秦始皇有此功勞，所以後世關於此段河道工程修建問題異說紛紜。據我所知，有的方志傾向於認為這段運河即是秦始皇所開，如《至順鎮江志》；有的著作認為岑昏以前沒有這段運河，如《十七史商榷》「小其」條。我則如前所述，推測是吳王夫差初開，秦始皇作過改造，岑昏又作過重大改造。由於地形地勢的原因，這段運河設計施工都很艱難，在古代的技術條件下一次成功而又維持久遠，是不可能的，必須經過多次改造，反復維修。秦時鑿直道使阿曲，與四百多年以後孫吳時「斬絕陵襲」相比，其工程內容與改造重點，應當是類似的。

大運河開通以前，陳敏是認識淮南、江南運河水系對於支持北方政權有巨大作用的少有人物之一。西晉末年，陳敏為倉部令史，請求離開洛陽，着手建立一個轉運系統，通過江南運河、淮南運河以及北方可用的河流段落，漕運江東糧穀以濟中原。他先後任合肥、廣陵度支，掌握一支運兵，渡江後又興建練湖以調劑江南運河水量，便利漕運。陳敏後來乘晉亂割據吳越，《晉書》遂歸之於叛逆之例。今天我們從其初衷和行事看來，也許可以認為陳敏已有了南北大運河的某種構想，同隋煬帝所修大運河的藍圖相近。當然，真正形成溝通南北的大運河，只有在穩定的統一時期才有可能，陳敏之時並不具備這個條件。

大運河修成後，唐和北宋政府在很大程度上仰賴大運河，大運河效益發揮的程度影響唐宋政權的興衰。而且，大運河的作用，也不限於唐宋帝國內部。大運河的一端通過明州港以通海外諸國，另一端則從洛陽西出以銜接橫貫亞洲內陸的「絲綢之路」。可以說，大運河起着溝通陸上「絲綢之路」與海上「絲綢之路」的巨大作用。當然這種作用發揮的程度如何，與其時中國國內的具體狀況，也與域外各地段的具體狀況有直接關係，不能一概而論。關於這層意思，請參看本書《唐宋運河在中外交流史上的地位和作用》一文。從這個角度看來，我認為大運河作為東方世界主要國際交通路線的穩定的一環而起作用，也只有在中國統一時代才能較好地實現。這是我的第三點認識。

在中國古運河考察中所獲得的這三點認識，也可以說是我自己從一個側面所見中國古運河開發史的某些特點。中國這樣一個歷史延綿不斷的統一的文明古國，是中國先民留給我們的寶貴遺產。就統一這一點說來，我認為最可寶貴的還不是統一時間的長久。事實上中國歷史上的分裂曾反復出現過，分裂時間也不很短。中國歷史中並不是只具備統一的條件，而絲毫沒有分裂的條件。民族的、地域的、內戰的諸多原因，都有可能導致一個時期的分裂。封建經濟的閉鎖性的一面，是長期存在的影響統一的因素。不過我更認為，按照歷史的昭示，最值得寶貴的地方還在於，即令在分裂再現之時，中國人並不自安於分裂，分爭各方總是力求尋得恢復統一的路徑，人們生活的各個方面，包括思想、感情、文化交流、經濟聯繫、政治交往，也自然而然地孕育再統一的條件，使統一成為全社會不可抗拒的潮流。而且在此以後形成的統一國家，其立國的基礎、統一的地域規模和鞏固程度，往往比過去的統一國家更要寬廣，更要牢固。中國古運河開發的歷史，具體而微地體現了中國歷史的這一特點。我從古運河考察中所見所思而產生這種認識，也許是憑藉以小見大的歷史眼光，也許只是主觀臆斷，所以我不敢信其必是，提出來供這方面的專家學者研究參考。

——1985 年作。

原刊《運河訪古》，唐宋運河考察隊編，1986 年上海人民出版社出版。

附錄一

魏晉南北朝史研究的回顧與展望

—— 在中國魏晉南北朝史學會成立大會閉幕式上的發言

中國古代史的研究狀況，各段很不平衡。長期以來，周、漢、唐、明諸朝歷史最受重視，主要的原因是國家「一統」，有盛世，有英主，有武功，典章制度燦然可觀，經濟文化比較發達。至於分裂時期的歷史，歷來總是被忽視，因為它往往延續於動亂之中，沒有多少可以被稱道的文治武功，典章制度也比較混雜。魏晉南北朝的歷史，總是處於被忽視、受冷落的地位。

魏晉南北朝時期，當代史料編纂很盛，但都屬於別史、雜史、載記之類，多出私家之手。後來正史編纂告成，大量史料也就陸續散失。魏晉南北朝歷時不過四百年，所含正史卻有一志八書二史，加上隋書，總數達十二種，種類佔二十四史之半。這一事實，正好說明魏晉南北朝史料紛繁雜亂，亟須作進一步的綜合整理工作。但是在中國的王朝時期作過這種系統綜合整理工作並取得重大成果的，我認為只有北宋劉恕一人。經劉恕整理的這四百年的歷史資料，構成《資治通鑑》的一部分約一百二十卷。它揉合十幾部正史的主要資料，還增添了一些正史以外的資料，敘事精密，首尾相呼，南北對應，極具水平。《宋史・劉恕傳》說：劉恕「於魏晉以後事考證差謬，最為精詳」。這個評價是恰當的。劉恕以後數百年間，魏晉南北朝史料散佚更甚。唐宋以下頗富史料價值的筆記小說中，也沒有多少魏晉南北朝史料可供鈎稽，史料整理更無從說起。乾嘉考據風起，出現了錢大昕、王鳴盛、趙翼等家考史著作。魏晉南北朝史以其所含正史種類特多，在諸家考史著作中佔有較大比重。此外在正史的補表、補志中，涉及此段歷史的也較多。乾嘉的務實學風是非常可貴的，在這種學風影響下形成的考史、補史著作，有很高的學術價值。但是乾嘉學者的史學流於餖飣，缺乏新意，沒有導致魏晉南北朝史研究的重大突破。

歷代關於魏晉南北朝史的研究成果不過如此，比之於漢、唐盛世歷史，這塊學術園地顯得非常荒蕪。究其原因，我認為主要是古人囿於其時代水平，不具備理解魏晉南北朝歷史的眼光，因而不能從深處思考這段動亂歷史的意義和作用，不懂得魏晉南北朝歷史為甚麼會孕育、生成，它為甚麼又會孕育、生成另一段歷史。

二十世紀以來，中國史學界發生了重大變化。西方資本主義世界歷史的研究方法和研究成果，啟發了中國史家的思想。一部分中國史家繼承乾嘉務實學風，超越乾嘉狹隘視野，參考西方史學方法，重新探究魏晉南北朝歷史的內涵，出現了一批前所未有的研究成果，其中貢獻最大的，是深受國內外史家景仰的陳寅恪先生。

陳寅恪先生具有愛國思想，具有正直的士大夫情操和博學深思的中國文化習養。他在學術研究方面雖然保持着傳統史學的風貌，但是他的史學思想和史學方法卻具有全新的內涵。他着眼於較長的歷史過程，在較高的層次上探討魏晉南北朝歷史的脈絡所在，提出並解答了許多前人的認識所不能及的問題。他重視以不同的種族、家族、地域、文化為背景的社會集團的活動，從中發現歷史的聯繫和推移，並以之解釋各種紛繁的歷史現象。他師承乾嘉而又不拘泥於乾嘉，在魏晉南北朝史的研究中奠定新基礎，開闢新途徑，起了劃時代的作用。陳寅恪的研究影響了幾代史學工作者，近幾十年來國內研究魏晉南北朝史最有成就的學者，幾乎都是陳寅恪的弟子或私淑弟子，而他們的研究工作，基本上都是在陳寅恪的啟發下或者是在陳寅恪的基礎上進行的。誠然，陳寅恪的功力和成就更多地是在唐史研究方面。但是他的唐史體系在內容和方法上都是上承魏晉南北朝史。正是從魏晉南北朝史研究中發現了重大的線索，才使他的唐史結構得以形成。他分析唐史中的文化影響、制度淵源、地域關係、家族傳統、政治背景等方面的問題，跟他分析魏晉南北朝史是一脈相承的。我們現在在這裏召開魏晉南北朝史學術討論會時，不能忘記這位碩果纍纍的先行者。

陳寅恪按照他自己的家世背景、學術素養從事研究，在本世紀四十年代就達到了一個真正的高峰。陳寅恪晚年繼續按照他自己的獨特途徑從事研究，發表了許多精闢的論著。由於他篳路藍縷的開拓之功，才吸引了那樣多的史學工作者從事魏晉南北朝史的研究。今天魏晉南北朝史的研究欣欣向榮，再也不像過去那樣處於冷落狀態了。

但是千餘年來魏晉南北朝史的研究成果，就其積累總量說來畢竟有限。近年來由於各種干擾，特別是由於「文化大革命」的破壞，魏晉南北朝史家浪費了不少精力，喪失了不少時間。今天看來，研究工作剛剛恢復，譬如墾荒，房前屋後，道畔水邊，凡是方便易墾之處雖然都已有人盡力耕耘，獲得成果，但在深遠處有待開發的空白還是不少。特別是要靠高瞻遠矚才能看得到的問題，要花大氣力才能有成的工作，今天做得還很不夠。在政治史、經濟史、文化史、民族史等方面，提出來的新課題並不很多。研究工作往往是圍繞着一些老問題進行，而一時似乎又難於取得重大突破。這裏讓我舉例加以說明。

四十多年以前，陳寅恪於《魏書司馬睿傳江東民族條釋證及推論》文中，曾引用《陳書》所載梁末「郡邑岩穴之長，村屯塢壁之豪」乘時而起的資料，認為這是江東「世局之一大變」。陳寅恪識見敏鋭而又慎重，他把這一見解列入推論，當含有待證的意思。但是迄今為止，似乎還沒有人對這一問題作出深刻而又確鑿的驗證。「郡邑岩穴之長，村屯塢壁之豪」大量出現在梁末歷史上，不可能是一朝一夕突然的事。它必然反映江左腹地經濟文化發展和社會交往，業已達到相當可觀的水平。只有這樣，在政治上、軍事上足以割據一方的豪霸才能出現。他們乘侯景亂後局面而坐大，浮現到了社會的表層，成為爾後陳朝重要的統治力量。但是江南腹地社會經濟在六朝時的發展進程究竟如何，達到了怎樣的水平，腹地豪霸作為一個社會階層的政治代表如何逐步興起，凡此等等都是南朝歷史的大事，我們卻還沒有千方百計地去發掘資料，加以說明。所以就這一點而言，陳寅恪四十多年前提出的問題，現在基本還停留在原來的水平上，沒有大的進展。所謂江東「世局之一大變」的問題，仍然說不清楚。

中國古代歷史上有這樣一種現象：輝煌的文治武功儘管多出現於國家統一時期，但是地方經濟的發展在分裂時期有時也頗為顯著。一般說來，統一王朝政治、經濟、文化的重心均在首都，只有首都以及首都所仰賴的經濟供應線（例如漕運線、商品流通線）附近，首都與重鎮之間交通線附近，才有較大的發展機會，此外的廣大地區，發展速度要緩慢得多。《史記》所列舉的重要都會，多半是分裂的戰國時期各國的首都和重鎮，而到了秦漢統一時期，大發展的只是長安、洛陽等數處而已，其他大多不再發展，有的甚至趨於衰落。按照這個道理，我們可以理解長江以南經濟、文化開始取得突破性的進展，不是在統一的秦漢時期，而是在分裂的六朝。梁陳之際南方腹地豪霸紛紛出現，正是南方在分裂時期發展較快的一種反映。從這裏看來，我覺得分裂時期的歷史並非沒有積極意義可尋。何況在中國這個多民族國家，民族融合現象也多在分裂的年代特別顯著。分裂時期的社會變遷和民族變遷，往往為即將重建的國家統一準備更廣闊的地域，奠定更厚實的基礎。

在這次學術會議上，我聽到有些南方省區的同志所作該省區在魏晉南北朝時期經濟發展狀況的研究報告，頗有啟發。這些報告能夠在習見的史料以外發掘本省區的地貌、物產、土壤、氣候以及地志、口碑等多種資料，進行探索。如果南方各省都作類似的探索，若干年後探索有成，也許我們對六朝時期南方腹地開發進程能得到較多的了解。這不但可以大大開闊我們對南朝歷史研究的視野，而且還可以把陳寅恪所作江東「世局之一大變」的推論加以證實。

當然，僅就這一個方面說來，待研究的也不只是南方各個地區，全國其他地區也有分別研究的必要。

從這裏我還想到，今後若干年內，魏晉南北朝史的研究，應當在務實的基礎上多提出一些新問題加以探索，而不要把研究工作局限在幾個老大難的問題上爭論不休。外國漢學家的研究成果，也要多多吸收。探索新問題，借鑒外國，可以豐富我們的思想，有助於尋找解決老大難問題的途徑。發展魏晉南北朝史研究工作，一需要功力，一需要思想，思和學相輔相成。陳寅恪取得豐碩的成果，原因也在這兩個方面。為了矯正長期以來史學研究中空泛的弊病，目前應當把扎扎實實放在第一位，把熱熱鬧鬧放到第二位去。也許經過「十年生聚，十年教訓」之後，魏晉南北朝史的研究能出現較大的突破。也許再有若干年，魏晉南北朝史研究的隊伍中能出現幾個新時代的陳寅恪，他們既有微觀的功力，又有宏觀的眼光；既熟悉中國傳統的史學，又有精深的理論修養，還能夠把全世界學者的相關研究成果盡收眼底。這樣，魏晉南北朝史就會成為高水平的學科。不過在這種成就出現以前，我們還是要多研究具體問題，力求多取得具體創獲。具體創獲哪怕細小，其總和將是可觀的。重大問題的解決，有時要依賴長期積累的一點一滴的研究成果。

人文科學、社會科學的發展似乎有這樣一種規律：在取得重大突破之前，往往需要一個資料積累和整理的比較冷寂的過程。歐洲中世紀的經院對學術知識材料的搜集整理，為資本主義時代學術大發展作了準備。中國乾嘉之學用考據方法整理資料，研究學術，為一個世紀以後人們用新思想來探索社會歷史提供了重要的素材。現在，我們的研究工作也同各項物質文明和精神文明的建設一樣，處在撥亂反正之後行將起飛的時刻。為了迎接史學研究的高潮，我們應當多做一些具體的扎實的準備工作，並且多培養一些適應這種需要的有功力又有眼光的青年人材。史學研究真正的高潮，說不定更要靠我們的下一輩。

——1983 年作。

原刊《魏晉南北朝史研究》，1986 年四川社會科學院出版社出版。

附錄二

消除「代溝」，共同前進

——《文史哲》筆談

近幾年來，一部分青年史學工作者對當前中國歷史研究狀況感到不滿，認為研究課題不夠豐富，思路局限，視野狹窄，方法陳舊。有的年輕人還提出中國史學處在危機之中。他們要求借鑒西方史學，借鑒史學以外的學科包括某些自然科學的思想和方法，對中國史學作若干改造。他們的呼籲和努力，引起了史學界廣泛的注意，同好者有之，附和者有之，觀望者有之，疑慮者亦有之。這是史學界的止水漣漪，反映了全國改革聲中史學界有志青年的新的追求，新的探索，是史學發展的一種推動力量。

史學界同行聚首，常有人議論起上述史學危機問題。凡是幾十年風風雨雨的過來人，絕大多數都不同意所謂危機之說。他們認為中國的史學危機確實存在過，持續時間還很長，但是上帝保佑，危機畢竟是過去了，眼下正是埋頭苦幹的大好時機，不要分散精力。他們估計，以往史學所受摧殘曾影響到幾代人的身心，後果嚴重，今天要想立竿見影地出大成果，也許不切實際，但是新成果畢竟是會源源不斷地出現的。十年生聚，十年教訓，再過一些時日，年青一代史學工作者成熟了，其中完全可能出現一批高手，出現一批富有創造性的劃時代的成果。那時候，歷史學定會出現真正的新氣象。而在目前，我們最需要的，是腳踏實地，穩紮穩打。所以今天談史學危機，近於故作危言，並無好處。

青年們則申辯說，現在形勢很好，對此並沒有不同的看法。他們只是擔心在史學研究有可能騰飛的時候，由於史學工作者幾十年生活在學術的閉鎖狀態而缺乏必要的世界性眼光，缺乏新方法論和技術手段，缺乏時代氣息，因而有可能飛不起來。他們認為所謂危機之說由此而發，希望在聳聽之餘，能起到激勵作用。有的青年還抱怨一些年長學者只是感到危機一詞的刺耳而聽不進年青人理智的呼聲，不理解他們在現代化潮流中對史學現狀的憂慮，不重視他們為了尋求改革而作的努力。他們認為自己的時代責任感和科學良心被誤解了，並因此深感委屈。

也許，這就是當今社會所謂的「代溝」在史學領域的表現。

當然，「代溝」之說也只能是就其傾向性而籠統言之。青年們的思想未必完全一致，年長者對此的看法恐怕也頗有參差。不過，問題既然已擺在我們面前，就希望有更多的史學工作者把自己的看法說出來，彼此討論，互相溝通。

變革的時代，青年總是最富於創新精神，史學界當然不會例外。創新是一種探索，探索必然有準確有不準確，有成熟有不成熟，有成功有不成功。這些都只能留待實踐即史學研究成果來加以檢驗，而不能預先作出確實而又具體的判斷。青年們要求探索的願望是合理的，我們只能尊重他們這種願望，切盼他們少走彎路，早獲成果。學術的發展，在正常情況下總是後浪推前浪，後人勝前人。如果青年人沒有開拓精神，不善於思考，也許只能在前輩後面亦步亦趨。如果這樣，他們最多只能出於其師而等於其師，創新、突破、前進就談不上。國畫大師齊白石誡弟子，有「泥我者死」的名言。繪畫不能拘泥於師法，否則就會喪失藝術的生命力，史學難道不也是這樣嗎？

近代學術的發展，各學科彼此滲透是必然的事，而且不限於方法論和技術手段。人文科學、社會科學中任何一個學科出現的、在當時看來是重大的成果，毫無例外地都會反映到史學中來。甚至自然科學的重大進展，也會直接或間接地在史學中得到反映。西學東漸以來中國史學的第一次大改造，與生物科學中進化論思想進入史學領域有重要關係，這是大家所熟知的。社會科學中的馬克思主義被引入歷史研究中，對史學的影響尤為深刻，這就更不待言了。計量方法、比較研究方法、比較語言學方法、社會學方法等等也都或早或遲地被引進歷史研究之中，史學界也認為是自然而然的事。電腦用於史學研究，當前更是迫不及待。只要我們對被引進的思想和方法有比較、有取捨、有較充分的理解，較恰當地估計它的價值，不曲解不誇大，而又能用得其所，用得其法，一句話，只要我們能消化而吸收之，這種引進對歷史研究是大有好處的。眼下青年們談論最多的自然科學中的所謂「老三論」、「新三論」，恐怕也應這樣看待，只不過要先弄清楚它們的主要內容是甚麼，弄清楚它們究竟在甚麼地方、以甚麼方式、在何種程度上可以與歷史科學交叉，為歷史科學所用。

較年長的史學工作者出於持重的考慮，總覺得還應當把自己親身得到的教訓，提出來供青年們參考。教訓之一就是，理論浮誇風曾使史學研究吃過大虧，千萬要注意防止。任何新思想、新方法，即令都很正確，我們對它的內容有較充分的理解，對它的作用也有恰如其分的估計，即令如此，也不能代替每個人扎扎實實的、堅持不懈的具體研究。只有在具體研究中，新思想、新方法的應用確實幫助解決了一些問題，取得了一些實際成果，這些新思想、新方法才算被證明對史學研究是有用的，才會獲得較廣泛的認同。有志探索的人應當發揚苦學深思的精神，一步一個腳印地前進，不要企求忽然間得到一種仙方，短期之內不太費力就能解決千百年歷史中重大的疑難問題。否則，總有一天會感到大失所望。

借鑒和引進是為了振興中國史學，這要求我們理解中國史學當前的弱點和優勢所在，以便借用新思想、新方法，發揚優勢，克服弱點。中國史學的弱點，如前所述，青年們有自己的看法，談論很多；但中國史學的優勢，是否同樣受到注意了呢？

在我看來，中華民族是世界上最重視歷史、最富有歷史感的民族之一，所以幾千年來才能出現那麼多卓越的史學家，留下那麼豐富的典籍和研究成果。歷代史家潛心著述，磨練出嚴謹地對待史料的成套方法，講究扎實的基本功和深厚的史學根柢，並且凝聚為實事求是的傳統學風。這應當是中國史家的一大優勢。與外國研究中國歷史的學者相比，中國學者研究的是本國歷史，具有對文化背景和文字理解方面的天然優勢。只有尊重自己的好傳統，發揚自己的優勢，練好基本功的人，才最具有強大的消化吸收能力，就像根深柢固的樹木最具有強大的攝取養分的能力一樣。反之，自己功夫淺，底子薄，想借鑒也是無能為力。我們的先輩史家中富有創新精神而又有豐碩成果的，都是根柢深厚的人，這一點，無論是馬克思主義史家還是非馬克思主義史家，都是一樣。

還有個善於借鑒、善於吸收問題。借鑒不是簡單的移植，而是要消而化之。借鑒新的思想、新的方法，不免要引進一些新的術語、新的概念。新術語、新概念如果不能在相當的深度上有機地應用於中國歷史的分析，還不能說完成了借鑒的目的。善於借鑒的人，並不以術語、概念取勝，而是將借鑒來的新思想、新方法化為自己的思想和方法，用在具體的研究之中。例如治魏晉南北朝隋唐史最有成就的陳寅恪先生，他發揮中國史學的傳統優勢，汲取西方近代史學的思想和方法，融會貫通而又不露痕跡。有時他僅僅根據並不罕見的史料，以之論證歷史問題，卻能見人之所未見，發人之所未發。他並不多用外來術語，不自詡某學某論。他撰文著書，體裁風貌陳舊，當然不足為法，但無礙於其內容之新穎。他的思想和方法使人感到是中國產品而非舶來品，舶來品已中國化了。前輩的馬克思主義史學家，他們的成功之作也不是靠術語、概念，而是寓論於史，值得我們學習。

話還得回到「代溝」上來。史學界年長者和年輕人，一般說來各有長短。史學的大發展，歸根結柢要靠年輕一代。年長者應當尊重年輕人的探索精神，年輕人應當理解年長者的持重態度。年長者與年輕人，在一個時間內研究興趣可能各有偏重，對學術評價的標準可能並不全同，應當彼此包容，等待實踐的檢驗。只要實事求是地對待史學研究，實事求是地對待自己和對待別人，大家都會心安理得，各得其所，相互補充，相互促進。史學研究中不同意見的存在，對史學的發展是好事而不是壞事。為了繁榮歷史科學，年長者多發揮指引作用，年輕人多發揚進取精神；年輕人從年長者潛心學習，博採眾長以加速自己的成長，年長者扶持年輕人，鼓勵年輕人儘快地超越自己。才人代出，各領風騷，這才是史學界兩代之間的正常關係。

所以我確信，作為史學界一時話題的「代溝」應當消除，而且可以消除。只有消除「代溝」，才能共同前進。

——1986 年作。原刊《文史哲》1987 年第 1 期。

重訂本跋

《秦漢魏晉史探微》出版至今，已是第十個年頭了。此書上市不久就告脫銷，常有友朋同行因購買不到而向我索取，我無以為報。過去與中華書局談及再版問題，書局意見是可以重印，但不要改動。我覺得既然有該改的地方而不能改了再印，心裏不踏實，所以打算等到十年合同期滿，另出重訂本。現在刊出的，就是那時設想的本子。

重訂本有如下幾類改動：

一，**調換文章**　《論東晉門閥政治》這篇文章原在雜誌刊出，後來《東晉門閥政治》一書已以之作為「後論」，本無須收入本書，所以這次撤掉了。原來還收了紀念翦伯贊教授的文章，「是想藉此表達對先輩史家正氣的追思，也表示恪遵先生提倡的歷史主義」。翦先生一生的最後幾年，在席捲全國的極左思潮中頂風而行，大聲疾呼，提倡歷史主義，影響史學界，也使當時北大歷史系的學術方向沒有偏到最極端、最荒唐的地步，而先生卻以此陷入厄運，終於在文革中殉身。這是他學術生涯中最值得紀念的一頁。但是該文迄今已為多種書刊轉載，為免重複，這次也撤了。新補入《南北對立時期的彭城叢亭里劉氏》一文，新近又寫成《彭城劉氏與佛學成實論的傳播》，作為前文的補充，一併刊出。

二，**增刪和修改**　這類變動比較多，有資料性的，有論證性的，也有文字表述方面的。變動之處，字數不論長短，都不另注明。有些資料增補和考證未入正文，作為附注徑置頁下，與原有之注並列，未加區別。

三，更換文題或增設副題　這類改動都是為了與內容更貼合一些，一般是技術性的，無關文章主旨。

附帶說明一下，最後兩篇短文，即《魏晉南北朝史研究的回顧與展望》和《消除「代溝」，共同前進》，與本書格調並不吻合，本想一併撤掉，但終於還是留下來了。上世紀八十年代，是一個好時代，學術思想很像是宋儒說的「活潑潑地」。我自己一生中的研究工作也差不多集中在那個年代之中。但是那個年代史學界的思想解放畢竟剛剛起步，而學術思想解放是一個漸進過程，氣氛是逐步明朗起來的。我們置身其中，有時不免有所猶豫，觀望形勢，不敢解放；有時又有點急躁，生怕耽誤時機，因此引發一些議論。這兩篇短文原是有感於此而作的發言。前一篇，是在 1983 年魏晉南北朝史學會成立大會閉幕式上的發言，主旨是論證陳寅恪先生對這段歷史研究的劃時代貢獻。這種意見本是史界的共識，並不新鮮，但在當時卻是與會者由於學術氣氛還不很明朗的緣故，而未曾說出或未曾暢快說出來的。其實我也不是沒有猶豫和顧慮，在發言中也說了一些多餘的話，這次稍作了刪削。後一篇，則是根據 1986 年該學會年會上的發言宗旨寫的，目的是想化解一些青年史學工作者所發「史學危機」警號之後出現的史學界所謂「代溝」隔閡，說說我自己對當時史學研究的一點看法，與青年學者商量。現在，這兩篇短文所涉問題都不存在了，而當年的青年史學工作者已成為當前史學領域的主力軍。這兩篇文章好在字數不多，把它們留在這裏，是為了保存轉折期思想的一點陳跡，紀念那個「活潑潑」的八十年代。套用古人的一句話，算是「述往事，思來者」。

田餘慶